JOHANNES HOLEY

Der

JESUS
CODE

amadeus-verlag.com

Vom Autor ist außerdem erschienen:

»*Jesus 2000 – Das Friedensreich naht*«,
1997, Ama Deus Verlag
»*Bis zum Jahr 2012 – Aufstieg der Menschheit*«,
2000, Ama Deus Verlag
»*Alles ist Gott – Anleitung für das Spiel des Lebens*«,
2002, Ama Deus Verlag

Die Gemälde und Zeichnungen von Brigitte Jost sind über den Verlag
oder direkt bei Brigitte unter www.brigitte-jost.de erhältlich.

Copyright © 2007
AMA DEUS – Verlag
Postfach 63
74576 Fichtenau
Tel.: 07962-1300
Fax: 07962-710263
www.amadeus-verlag.com

Druck:
Ebner & Spiegel, Ulm
Satz und Layout:
Jan Udo Holey
Umschlaggestaltung:
Atelier Toepfer, 85560 Ebersberg
e-mail: info@ateliertoepfer.de

ISBN 978-3-938656-54-9

„Ihr seid jetzt soweit,
dass die Saat aufgehen kann,
die ich gesetzt habe.

*Viel Zeit ist vergangen aus eurer Sicht,
jedoch erfüllt sich der Plan aus unserer Sicht
in den vorgesehenen Zeitabständen.*

*Ihr habt das irdische Leben erforscht,
und ihr habt den Ruf gehört,
der aus geistigen Welten an euch herangetragen wird.*

*So könnt ihr jetzt beide Blickwinkel zusammenfügen,
um das zu vollenden, was ich begonnen habe.*

Es war vorher nicht möglich.

*Jetzt ist die Zeit der Liebe des Herzens und des Einen.
Freuet euch!*

Es ist vollbracht, und die Zeit der Ernte steht bevor.

Jesus zu Georgia Fritz im Sommer 2005

INHALTSVERZEICHNIS

Befreiung...11
Jesus ist immer gegenwärtig.................................16

Teil I

1. Die Entschlüsselung
Der Code der Schriften.....................................25
Der Code der Bilder.......................................33
Der Code der Wunder.......................................38
Der Code der Liebe..50
Der Code des Leidens......................................60
Der Code der Erlösung.....................................73

2. Jesus ohne Kreuz?
„Für wen haltet ihr mich?"...............................80
Der neue Jesus?...85
Das Kreuz mit dem Kreuz...................................91
Das Kreuzzeichen in der Praxis............................97
Passionskreuz ohne Zukunft?..............................105

3. Tausend Antworten
Die geistige Dunkelheit..................................109
Die Zeitalter..113
Die Theorien...118
Die Heilige Hildegard als Beispiel.......................122
Neues fordert Altes heraus!..............................124
Ist Jesus klerikal vermenschlicht worden?................127
Hat Jesus womöglich gar nicht gelebt?....................133
Wann wurde Jesus wirklich geboren?.......................133
Ist Bethlehem nur eine Legende?..........................137
Lebte Jesus in Nazareth?.................................139
War Jesus ein Essäer oder Nazoräer?......................139
Hatte Jesus einen Stammbaum?.............................145
War Jesus ein Wunderknabe?...............................150
Hatte Jesus einen Beruf?.................................153
War Jesus mehrsprachig?..................................153
War Jesus ein Messias?...................................153

Jesu Studienreisen 156
War Jesus verheiratet? 159
Was geschah vor der Kreuzigung? 169
„Frohe Ostern!" 171
Ist Jesus ein Außerirdischer?. 176
Die Wolke – ein altes Rätsel 185
Jesus oder Christus? 187
Hatte Jesus Erfolg? 190
Warum ‚starb' Jesus in Jerusalem? 192
Jesus im geheimen 198
War Jesus in Kaschmir?. 201
Nichts geht ohne Liebe. 203

Teil II

4. Das Erbe der christlichen Kirchen

Die Väter im Hyperraum. 207
Was kann der Morgenstern dafür? 214
Die unsichtbaren Emotionalebenen 222
Das göttliche Erbe 232
Das orientalische Erbe 246
Das paulinische Erbe. 242
Das Erbe der Reformation 246
Das Erbe des Vordenkers Descartes 250
Das Erbe des Vordenkers Weishaupt 254
Das Erbe der Frauen 259

Teil III

5. Die sieben wichtigen Lebensregeln des Heilands. 267

„Seid gewiss, ich bin bei euch alle Tage bis ans Ende der Zeiten!" (Mt. 28,20). . .269
Die universale Liebe. 272
Das Licht in uns 277
Der Christus in uns. 279
„Selig sind die Friedfertigen, denn sie werden Kinder Gottes heißen!"(Mt. 5,9) .282
Übe aktive Friedfertigkeit. 284
Der Friede in dir. 288

„Richtet nicht, auf dass ihr nicht gerichtet werdet!" (Mt. 7,1-2) 292

Eine Welt der Vernunft? 296

„Ja oder nein!" (Mt. 5,37) 298

„...denn sie wissen nicht, was sie tun!" (Lukas 23,34) 302

„Du sollst deinen Nächsten lieben wie dich selbst!" (Mt. 19,19)...............306

„Alles, was ihr von anderen erwartet, das tut auch ihnen!" (Mt. 7,12) 316

Teil IV

6. Die Versöhnung
Vernunft und Gefühl – Gott und Göttin.................................321
Ein deutscher Michel?...336
Freiheit ist wie Licht und Sonne..340
Freisein durch Versöhnung...341
Lieben statt Leiden bringt Licht in die Welt!..............................346
Statt Blumen...352
Das ist nicht mein letztes Wort!..354

Der Autor über sich...356

Zitierte Wissenschaftler 357

Namenregister...358

Sachregister...360

Bildquellen..361

Quellenverzeichnis und Anmerkungen 362

Befreiung

Liebe Leserinnen, liebe Leser!

Anstelle des ‚Vorwortes' präsentiere ich gleich den Arbeitstitel dieses Buches, der sich durch alle Kapitel und Berichte zieht: *die Befreiung*. Meine vielen erlebten und gesammelten Erkenntnisse können auch viele andere Erdengeschwister frei machen von eingefahrenen Meinungen, von bequemen Traditionen, von vordergründigen Erwartungen, von hilflosem Wunschdenken und einer immer inhaltsloser werdenden christlichen Gläubigkeit.

Es geht nun schon ins dritte Jahrzehnt meiner Spurensuche rund um unseren Heiland und unseren Umgang mit seiner Frohbotschaft. Vor zehn Jahren schrieb ich mein Buch »Jesus 2000 – das Friedensreich naht« und konnte mich selbst schon durch meine damaligen Sichtweisen und Veröffentlichungen befreien von viel Altem und Einseitigem und Patriarchalischem. Doch wie es so im Leben geht – kaum haben wir etwas Erledigtes vom Tisch, ist Platz für Neues. Und da kam Massives zu mir, was *Jesus als göttliche Wesenheit* betrifft. Dadurch, dass wir seine Kreuzigung und nicht seine Auferstehung als Höhepunkt seiner Erdenkarriere verherrlichen, haben fast alle von uns eine viel zu kleinkarierte und verirdischte Vorstellung von seiner eigentlichen Größe, seiner Herrlichkeit, seiner Göttlichkeit. Dass wir ihn zum Sohn Gottes erklären und dann in seinem Namen individuell töten und Völker morden, ist sehr beschämend. Ein solches bescheidenes, irdisches Bild kann also nicht stimmen.

Das Bewusstsein von Jesus ist für uns kosmisch unvorstellbar riesig und vielschichtig, also in unterschiedlichen Frequenz-Spektren schwingend. Dadurch ist vorstellbar, was er mir versucht hat zu erklären: *„Meine Energie ist so gewaltig und so vielfältig, dass ich auch in jedem Menschen sein kann..."* Matthäus hat es schon mit den Worten *„...ich bin bei euch alle Tage.."* überliefert. Und jeder dieser Teile in jedem von uns ist ‚wahr', hat seine eigene, segmentierte Wahrheit. So könnte es verständlicher sein, dass es von Jesus viel zu viele Wahrheiten gibt – Raum und Zeit spielen da auch noch mit.

Der Schweizer Pädagoge, Sozialreformer und pragmatische Idealist Johann Heinrich Pestalozzi (1746-1827) lehrte: „Es ist das Los der Menschen, dass die Wahrheit keiner hat. Sie haben sie a l l e, aber verteilt." Die *Wahrheiten*, die jeder für sich hat, versuche ich zusammenzuführen, wie Spielkarten neu zu mischen und in Form dieses Buches auf den Tisch zu legen (wobei ich weiß, dass ich noch ein paar Trümpfe im Ärmel habe).

Zum Beispiel löst bei mir der Anblick jedes Kreuzes mit einem leidenden Jesus inneren Protest aus, manchmal bis hin zum Unwohlsein, und mir wurde im Laufe der Jahre immer klarer, dass hier etwas ganz Grundlegendes falsch verstanden und dargestellt wird. Es war ein Weg vom Fühlen zum Wissen.

Eines Tages war es soweit, und ich wusste, wonach ich suchen sollte: Ich habe nacheinander zwei Damen kennen gelernt, die bei heftigen Schmerzzuständen mit der Seele aus ihrem Körper gehen und in diesem Zeitabschnitt auch schmerzfrei sind. Was hier mit einfachen Worten ausgedrückt wird, hat längst auch wissenschaftliche Form angenommen, ohne sie jemals auf die Schlüsselfigur der größten Weltreligion auszudehnen. Mein erfolgreiches Finden von ‚Belegen' wurde auch von Jesus selbst unterstützt, der ja am Kreuz nicht gestorben war, sondern strahlend und mächtig aus der geistigen Welt heraus präsent ist, so wie er es uns damals versprochen hat: „...seid gewiss, ich bin bei euch alle Tage..."

Nachdem ich dann irgendwann fest davon überzeugt war, öffneten sich schleusenartig weitere überraschende ‚Demaskierungen', und es zeigte sich, wie sehr die wundervolle Botschaft der Liebe, auch im Zusammenhang mit Maria Magdalena, gekonnt *codiert* und chiffriert worden war. Hochintelligente Männer haben die Worte und Gleichnisse und die Lebensregeln des Meisters geschickt verschlüsselt, damit auf dem Weg zu einer Weltreligion eine Weltmacht entstehen konnte – es kam dank der Reformatoren nicht dazu, und ich bin ganz sicher, dass es Jesus selbst war, der mutige Männer geschickt hatte, als die Technik des Buchdrucks auf unserer Erde erfunden worden war.

Mein inneres Wissen und meine Visionen wurden allmählich zu einer fast süchtigen Spurenlese. Und weil sie auch immer globaler wurde, ‚reiste' ich nicht nur in die Vielzahl theologischer und wissenschaftlicher Berichte, sondern auch in die historischen Reiche der Antike und per Seelenreisen in die spirituellen Welten. Meine Vision »Lieben statt Leiden« ist keine Mission, kein Missionieren. Ich möchte Sie einfach durch die zweitausendjährige Welt der göttlichen Wesenheit Jesus führen wie ein ortskundiger Reiseleiter. Die neuen Wege sollen neue Sichtmöglichkeiten erschließen und Befreiungen ermöglichen.

Befreien möchte ich *Jesus*, den mächtigen, kosmischen und liebenden Frohboten, der hilflos am Kreuz gestorben sein soll und nun milliardenfach in Kirchen, wo sich die Gläubigen zum Gebet treffen, an ihren Arbeitsplätzen und in ihren Schlafzimmern hängt. Befreien möchte ich seine *Frohbotschaft* aus einer (angeblich vom Himmlischen Vater geforderten) Opferrolle, die zum Vorbild genutzt wurde für milliardenfach bequem oder angstvoll gelebte menschliche Opferrollen im Alltag der Gläubigen. Befreien möchte ich die *Frauen* und das gefühlvolle Weibliche aus den theologischen Unterdrückungen, welche die profane Welt inzwischen milliardenfach, zum Teil brutal, kopiert. Befreien möchte ich die *Männer* von ihrem inneren Erkalten und ihnen gute Gründe nennen, ihre Gefühlswelt wieder ernst zu nehmen und zu genießen, und befreien möchte ich die *Gläubigen* von Einschüchterungen, welche die milliardengroße Schafherde unter Leitung ihrer Hirten und Oberhirten und in bewährten Traditionen nun im dritten Jahrtausend unserer Zeitrechnung daran hindern, eine Liebeslehre in ihrem Erdendasein friedvoll zu leben.

Mein Buch über Jesus steckt natürlich voller Energie – *seiner Energie*. Es ist keine verirdischte Energie von funktionierenden Institutionen mit Sünde und Opfer, sondern eine kosmische und überirdische Energie voller liebender und helfender Herzenswärme.

Jede Energie strahlt und strömt, und es stellt sich die Frage, wohin sich dieser göttliche und zugleich lichtvolle Energiefluss bewegt. *Geistige Energie ist geistige Nahrung*, und ich stelle mir vorsichtshalber immer wieder die Frage: Wer nährt sich davon? *Cui bono* – wem nützt es? Den äußeren Institutionen oder *unseren Herzen und unseren Seelen und damit unserer inneren Stärke*, denn es ist und bleibt die Energie des Heilands. Aber um bis zu unseren Herzen vordringen zu können, muss ich überzeugende Argumente liefern, damit eine liebende Energie an den an Zweifel gewöhnten Köpfen vorbeikommt. Sie werden es ja erleben.

Die Energie des vorliegenden Buches soll unserer Seele, unserem Bewusst-*sein* und irgendwann unserer Bewusst-*heit* Stärkung vermitteln, um endlich *frei* zu werden. Denn in unserem Seelenbereich und unserem Herzzentrum liegt das Reich Gottes, von dem uns Jesus vorschwärmte – und Herzenergie braucht keine Beweise. Die Herzen kennen die Wahrheiten ohne Belege. Herzen brauchen sich nur zu ‚berühren‘.

Jesus selbst bestätigte dies erneut in den Jahren 2004/2005, als er der Autorin Regine Zopf den Inhalt des Buches »Jesus – Für meine Freunde«[3] medial übermittelte: *„Meine damalige Lehre war nicht geprägt von Leid, Verzicht, Versagen und Rache, sondern von Freude am Leben, vom Teilen mit Freunden, von Heilung und der Auflösung des Leides."* Das ist Jesus!

Aber für unsere Köpfe entschlüssel ich zuerst einige wichtige theologische Codierungen. Ich fand hauptsächlich sechs codierte Schlüsselthemen des Christentums, die wegen jener Codierung bis heute nicht richtig verstanden werden konnten. Das ist keine Besserwisserei und kein Sakrileg – aber ein neues Verständnis. Es ist höchste Zeit dafür, und Sie werden staunen.

Dann versuche ich, unser historisches Bild von der Person des Heilands zu aktualisieren. War Jesus ein Prophet oder einer der vielen orientalischen Gottessöhne, war er ein Aufwiegler oder Messias oder ein Christus? Die Theologen kennen ihn allein durch die Berichte einiger unter Zwang ausgewählter Evangelien mit reduzierten und teilweise gefälschten Worten, wenn nicht gar gefälschten Texten. Doch eine Fülle anderer historischer Spuren verweist auf Jesu Erdenleben und sein Wirken unter seinen Zeitgenossen.

Ich möchte erreichen, dass auch Sie Jesus *fühlen*. Das ist ganz einfach, wenn wir einmal die Routinen und Interpretationen unseres Kopfes ruhigstellen. Ich möchte erreichen, dass wir das *Übernatürliche* des Heilands liebevoll annehmen und uns dadurch seiner kosmischen Größe mehr öffnen können. Ich möchte erreichen, dass Jesus endlich **unser großer Freund** wird, der uns auf (ehrlichen) Wunsch hin blitzschnell zur Seite steht und uns (auf seine Art) hilft – in allen nur denkbaren menschlichen Bereichen, denn er kennt unser Menschsein besser als wir alle. Ich möchte erreichen, dass wir von Jesus mehr *vollkommene Bilder* in uns aufnehmen, die unsere Herzen erreichen und berühren können – Bilder der Harmonie, des Friedens, der Heilung und der Göttlichkeit. Ich möchte erreichen, dass wir nicht damit rechnen, dass uns Jesus erlöst, sondern dass wir das heute selbst in unsere Hand nehmen. Ich möchte erreichen, dass sein Umgang mit *Frauen* und dem *Weiblichen* an den Tag kommt und zu einer großen inneren und äußeren Versöhnung führt. Ich möchte erreichen, dass wir endlich den toten Mann vom Kreuz und Jesus innerlich *vertrauensvoll* in unser Herz nehmen. Äußerlich bieten sich genauso und genügend verschiedene, energetisch-positiv schwingende Statuen, Skulpturen, Gemälde und Bilder mit einem *segnenden Heiland* an.

Und ich möchte erreichen, dass seine kosmisch-göttliche Energie bis in *unsere Herzen* strömt. Denn unser neues Jahrtausend, unsere Neue Zeit mit unseren erweiterten Bewusstseinen und mit den erhöhten kosmischen Schwingungen, lässt uns zu einer »Religion des Herzens« fähig werden. Ich meine, Jesus mit diesen Worten richtig zu verstehen.

Ich präsentiere alte wie neue Erkenntnisse, indem ich darlege, dass man die *lebendige Person Jesus* schon in den ersten Jahrhunderten des Christentums durch *Theorien und Lehrsätze* ersetzt hat – doch alles sind bloß Surrogate! Wir spüren das heute, ohne darüber nachzudenken, verlassen die Kirchensysteme und schütten dabei das Kind Jesus mit dem Bade aus. Viele Ansichten darüber sind kontrovers wie eh und je, viele sind aber weltoffen, sind sogar kosmisch geworden. Meine Ansichten sind natürlich persönlich und ich respektiere die der verehrten Leserinnen und Leser, soweit sie mithelfen, uns zu vereinen, uns wieder mehr zu verinnerlichen und uns mehr zu lieben.

Der Heiland, ein absoluter Superstar, der gefühlvolle und friedliebende ‚neue' Mann mit Maria Magdalena an seiner Seite, ‚macht uns den irdischen Weg frei' – wenn wir uns führen lassen – zu einer ‚herzlichen' **Versöhnung**.

Es wird zuerst unsere *innere Freiheit* sein, die uns stark werden und auf einmal wieder unsere Gefühle erleben lässt. Diese innere Stärke wird uns Männern helfen, unsere archetypischen inneren Ängste vor Frauen zu überwinden und damit unser privates wie berufliches Leben neu zu gestalten. Jesus hat es uns vorgelebt, doch bevor es nicht Dan Brown erfolgreich zu einem ‚Sakrileg' geführt hat, waren wir alle ziemlich ahnungslos.

Zum Begriff *Freiheit* möchte ich noch etwas Persönliches beitragen. Ich kannte während fast dreier Jahrzehnte meines Lebens als Geschäftsführer unseres Familienbetriebes die unternehmerische Freiheit, denn selbständig und daher auch selbstverantwortlich zu sein, hat eine besondere Lebensqualität. Auch unsere drei Kinder sind mit dem gleichen inneren Programm ausgestattet und können es leben. Ich erlaube mir zu betonen, dass ich somit neben der religiösen inneren auch die wirtschaftliche äußere Freiheit kenne und ich aus dieser Sichtweise mich persönlich leicht in die Situation des Heilands versetzen kann, der fast ausschließlich **Neues** unternommen hat, obwohl es die Bezeichnung *Unternehmer* noch nicht gab.

Jesus war ein perfekter ‚Juniorchef', der sich damals mit seinen warmherzigen und liberalen Ideen brillant gegen die gut etablierten und direktiven Altherrenbosse aller Religionen durchsetzte.

Johannes, der Evangelist, versichert uns die Worte Jesu: „*...ihr werdet die Wahrheit erkennen, und die Wahrheit wird euch f r e i machen.*"

Viel Spaß und viel Erfolg dabei!

La Palma im Mai 2007

Jesus ist immer gegenwärtig...

...auch auf dem Buchmarkt, aber weiterhin kontrovers. Dan Brown brachte Maria Magdalena mit ins Spiel und war erfolgreich wie keiner vor ihm. Der Religionswissenschaftler James D. Tabor arbeitet historisch und vermutet (Oktober 2006), dass Jesus doch königlicher Davidianer sein könnte. Sehr ähnlich der Erfolgsaufmachung von Browns Megabestseller erschien im April 2007 das Buch »Das wahre Sakrileg« von Alexander Schick, der eines der größten Qumram-Archive verwaltet und dieses Wissen gekonnt in die aktuelle Jesus-Debatte einbringt. Dabei kann er aber der verdrängten Weiblichkeit im Christentum, die eigentliche ‚sakrilege‘ Botschaft Browns, nicht gerecht werden. Alle drei Autoren berichten dabei mit Überzeugung, **wie Jesus war**. Seine ‚Heiligkeit‘ bestsellert (seit April 2007 und überholte prompt den Spitzenreiter »Harry Potter« Band 7) die katholische Sicht, **wie Jesus ist**, und bemüht sich um seine vergessene Übernatürlichkeit.

Und ich berichte hier (seit August 2007) **ebenfalls, wie Jesus ist**, erlaube mir aber, dem noch ein *I-Pünktchen* oben aufzusetzen und bastele gewollten Zündstoff. Das Jesus-Bewusstsein ist so kosmisch-unbegrenzt und unsterblich, dass wir ihm wohl kaum gerecht werden, wenn wir Jesus ‚zur Rechten des Vaters plazieren‘ und ihn dort ewig gutsein lassen.

Das kann es bestimmt nicht sein, und ich versuche herauszuarbeiten, dass der Jesus von heute – ich meine **eine zeitgemäße Sicht des zeitlosen Jesus** – ganz anders sein könnte. So wie wir heute als selbstverständlich erkennen, dass unser Planetchen eigentlich ein galaktisches Sandkorn ist, so können wir auch dem **Göttlichen** neue Sicht- und Erlebnisweiten zumuten – um ihm näherzukommen. Doch das wird erst möglich, wenn wir uns von dem antiken Kirchenbeschluss verabschieden, dass Gott und Jesus Christus nur bis zum 4. Jahrhundert zu uns gesprochen haben. Ich habe interessante Belege dafür, dass das bis heute – und ganz besonders heute wieder – möglich ist.

So will ich in diesem Buch zusätzlich zu den oben erwähnten Autorenkollegen über einen **aktuellen Jesus** berichten, so wie ich ihn kenne, liebe und erlebe. Ich will die Übernatürlichkeit Jesu betonen und seine ursprüngliche Absicht, ‚Lieben statt Leiden‘, hervorheben und vorleben, welche endlich echten Frieden und neue Lebensqualitäten bringen würde. Dazu liefere ich interessante Informationen aus verschiedensten Blickwinkeln. Bei meinem Finden von ‚Belegen‘ für meine in Jahrzehnten gewachsenen Erkenntnisse fühle ich mich von Jesus unterstützt, ich fühle ihn oft bei mir. Selbst wenn sein Erdenkörper am Kreuz gestorben ist, ist er strahlend und mächtig aus der geistigen Welt präsent.

„Mein Sohn, du spürst meine Gegenwart, und ich sagte schon, dass es in meinem Reich keine Zeit gibt. Und meine Gegenwart ist heute so präsent wie seinerzeit, als ich körperlich unter euch war. Das ist auch die Aussage, wenn ich erklärte, zweitausend Jahre sind wie ein Tag. Und dieser Tag ist immer.“

Mit diesen Sätzen schloss am 17. April 2007, einen Tag vor meinem Flug zum Verleger in Deutschland, mein medialer Kontakt mit dem unbegrenzten Jesus-Bewusstsein.

Sie fragen sich nun, wie man mit Jesus in Kontakt treten kann...

Ich lebe auf der kleinen Insel La Palma und hatte mich da monatelang zurückgezogen, um dieses Buch ungestört schreiben zu können. Durch einen medialen Freund, also einen Menschen, der mit der „feinstofflichen Welt" kommunizieren kann, hatte ich am letzten Tag die Möglichkeit, von Jesus direkt Antworten zu einigen offenen Fragen zu erhalten. Vieles kann in unserer *irdischen* Vorstellungskraft einfach nicht ‚göttlich' genug angenommen werden oder konnte zumindest in unserer zurückliegenden und männlich geprägten Vorstellungskraft noch nicht *überirdisch* genügend erkannt werden.

Das bestätigte mir Jesus unter anderem durch das oben genannte Medium auf La Palma:

„Mein Sohn, du hast während deiner Arbeit meine Nähe gespürt. Du weißt, wann ich es war, der durch dich gesprochen hat. Du weißt aber auch, wann du aus deinem Eigenwillen heraus geschrieben hast.

Und ich sage dir heute, dass die frohe Botschaft, die ich euch während meiner Erdenzeit verkündet habe, immer noch Gültigkeit hat.

Denn seht das so, meine geliebten Kinder, in meinem geistigen Reich gibt es kein Gestern und kein Morgen, sondern es gibt nur die immerwährende Gegenwart. Und in dieser Gegenwart schwingt alles Materielle mit. Doch dies wird oft durch eure selbstherrlichen, sogenannten klugen Lehrer dieser Welt verdeckt.

Ihr könnt es in euch selbst spüren, so wie jetzt. In diesem Moment seid ihr verbunden mit meinem Licht.

Und nun versucht das Bild zu sehen, wie es für euch erscheint in der Vergangenheit, als ich auf dieser Erde wandelte und heilte – als der Heiler, der Heiland und als derjenige, der euch zeigt, wie ihr leben und wonach ihr streben sollt. Und wenn ihr **dieses** *seht, jetzt, vor eurem geistigen Auge meine Gestalt wahrnehmt, dann erkennt ihr, dass auch ich einer von euch war. Ein Mensch aus Fleisch und Blut. Und dann wurde ich von den damaligen Machthabern verfolgt und an den Pranger gestellt.*

Und dieses ist das ‚Symbol' auch für euch. Denn ich ließ mich gefangennehmen, ich ließ mich erniedrigen, ich ließ mich bespucken, ich ließ mich geißeln. Obwohl ich, als euer Vater, die Möglichkeit gehabt hätte, diese alle zu vernichten – mit einem Handstreich. Doch ich sage euch auch, dass ich dieses Leid auf mich nahm, dass ich dieses Opfer, diese Demut euch auch als ‚Symbol' gegeben habe, **dass ich, als die Gottheit, euer Bruder wurde.** *Auch die Qual am Kreuz nahm ich auf mich, denn die war für mich leicht zu ertragen.*

Und wenn es in der Schrift heißt, dass ich abstieg zur Hölle, so heißt dieses nichts anderes, als dass ich alles Satanische in meine Göttlichkeit aufnahm und zurückbrachte in mein geistiges Reich – **um dadurch die gesamte U m k e h r der materiellen Schöpfung einzuleiten. Diese Umkehr findet nun statt.**

Und ich sage euch auch, wenn die Menschen glauben, dass dieses in dem und dem Jahr passiert oder in der und der Zeit, so sollt ihr nicht darüber nachdenken, sondern ihr sollt immer versucht sein, das zu leben, was ich euch vorgelebt habe. Denn nur durch die reine Liebe zu mir und zu euren Nächsten ist es auch möglich, **in euch** *ruhig zu sein und alles Geschehen zu ertragen."*

Zu meinem ‚Aufklären' über die irdische/göttliche Wesenheit *Jesus* erklärte mir mein Schutzengel Jakobias zwei Wochen später durch ein anderes Medium: *„Du hast ein sehr starkes Jesus-Bewusstsein, aber bitte, hüte dich vor Verklärungen, denn du bist ein rational denkender Mensch. Du bist ein mathematischer Mensch, aber auf der anderen Seite bist du auch ein sehr phantasievoller Denker. Du bist eine alte Seele, und du kennst Palästina, du kennst Jerusalem. Du kennst vieles aus vielen alten Leben, und deshalb schreibe so, dass du Klarheit schaffst. Aber auch du lerne, dass man gerade mit solchen Lichtwesen sehr, sehr vorsichtig umgehen muss! Denn die Verklärung, das Manipulieren, da gebe ich dir recht, das ist eine sehr, sehr schlimme Art, aber eine menschliche Eigenschaft – leider!"*

Abb. 1:
Eine Vision der spirituellen Künstlerin Brigitte Jost vom liebevollen Antlitz Jesus an Pfingsten 2007. Bildtitel: »Jesus blickt lächelnd in unsere Zukunft«.
Dieses Bild in seiner hohen Schwingung verströmt heilsame Hoffnung und Trost, wenn wir es mit dem Bewusstsein betrachten, dass wir in diesem Gesicht von Jesus unsere Zukunft erkennen können. Gibt es Grund für sein Lächeln?

Logischerweise hat Jesus später aus der geistigen Welt immer wieder versucht, seine christlichen Brüder und Schwestern aufzuklären und fand auch reine Seelen, die seine Worte in sich vernahmen. Zu früheren Zeiten wurden solche Texte aber versteckt oder verbrannt, heutige dagegen oft missionarisch veröffentlicht – es ist ja ‚New-Age‘. Und dabei tue ich mich oft schwer beim Unterscheiden und Abwägen, ob das wirklich die Worte Jesu für unser modernes und verändertes Verständnis sein können. Als Trost hieß es dann:

„Mein Sohn, hab mehr Vertrauen zu mir. Immer, wenn du dich an mich wendest, bin ich in dir präsent. Du weißt, dass es viele Menschen, viele Seelen auf diesem Erdenrund gibt, die eine gewisse Verbindung zum Geistigen spüren und die dann dieser Verbindung nachgehen, ohne in sich zu reflektieren. Die Seelen vieler Verstorbener sind im Jenseits hungrig danach, sich in euch zu offenbaren. Doch du weißt aus eigener Erfahrung, dass es oftmals irrige Wege sind, die sich dort auftun."

Es sind nicht wenige der irrigen Wege, und als ich später im Flugzeug saß, hätte ich gerne noch mehr dazu erfahren. Aber auch diese Antwort bekam ich noch, jedoch von meinem Engel, der das ‚Irrige‘ nicht so wichtig nahm. *„Solange sie dieses im guten nachvollziehen, die Menschen, die Gläubigen, ist ja nichts dagegen einzuwenden. Selbst wenn ihr die polare Herausforderung empfindet, ist es nicht gleich bösartig, wenn einmal falsche Texte kommen. Warum? Nun, dann sollten sie etwas nachdenken und sollten genau untersuchen, welchen Text sie annehmen können und welchen nicht. Du siehst, auch die falschen Texte haben einen Sinn – zum Denken anzuregen."*

So habe ich aus den vielen sogenannten ‚gechannelten‘ Botschaften, die uns Christen in den letzten einhundert Erdenjahren aus der geistigen Welt für ein zeitgemäßeres Verständnis der Frohbotschaften Jesu gegeben wurden, nur vorsichtig welche übernommen. Drei Werke zum Erdenleben Jesu kann ich dabei in ihrer Ganzheit akzeptieren: »Das Wassermann-Evangelium« des medialen Pastors Levi H. Dowling[1], »Ein Kurs in Wundern«[2] der medialen Psychologin und Autorin Dr. Helen Shucman (deutsche Ausgabe 1994) und »Jesus – Für meine Freunde«[3], in dem der Heiland in den Jahren 2004/2005 der medialen Künstlerin und Autorin Regine Zopf Fragen beantwortet. Wertvoll sind für mich auch die Zeichnungen der visionären Künstlerin Brigitte Jost. Nachdem sie Teile meines Manuskriptes gelesen hatte, hat sie uns neben einigen Illustrationen auch die beiden Zeichnungen geschenkt: den Jesus im Christuslicht und das feingeistige Antlitz, wie ihr dabei Jesus erschienen ist. Inspiriert entstand auch die Zeichnung vom kosmischen Liebespaar Jesus mit Maria Magdalena.

Weitere überzeugende Textauszüge aus gechannelten Botschaften fand ich bei vielen Autorenkolleginnen und -kollegen, die ich mir erlaube an geeigneten Stellen, namentlich genannt, zu zitieren.

Persönliche Jesus-Kontakte durch Medien[4] hatte ich auf der Insel La Gomera am 21. März und auf der Insel La Palma am 17. April. Am Bodensee erhielt ich dann weitere Ergänzungen und Erklärungen von meinem Engel Jakobias durch Sylvia M. Tessari[5], alles im Jahr 2007.

Bei einigen ähnlich lautenden Fragen kamen überzeugende Antworten, doch teilweise mit völlig verschiedenen Schwerpunkten. Nach meiner Erfahrung hängt dies vom jeweiligen Medium ab, so wie wir das auch bei den verschiedenen Evangelisten beobachten können. Für mich waren diese Herren sogenannte *Schreibmedien*, wie es diese heute noch genauso gibt, von denen jedes seinen speziellen, qualifizierten und ehrfürchtigen Zugang zum unbegrenzten Bewusstsein Jesu hatte.

Daher kommen die verschiedenen ‚Ergebnisse‘, die Eingaben, welche uns die mit dieser übersinnlichen Gabe ausgestatteten Medien vermitteln – mit Sprechen, mit Singen, mit Schreiben oder mit Malen.

An dieser Stelle möchte ich Ihnen aber grundsätzlich versichern, dass ich dieses Buch aus *Liebe zu Jesus* und aus *Liebe zu Maria Magdalena* geschrieben habe.

Hinweis zum Buch:

Da ich bereits in meinen vorherigen Büchern intensiv auf ein Weiterleben nach dem Tode, die Reinkarnationslehre und die Existenz einer unsterblichen Seele eingegangen bin, und dies auch schlüssig dargelegt habe, setze ich dies in diesem Werk als gegeben voraus. Ebenso die Tatsache, daß man mit Wesenheiten aus dem Jenseits und auch mit den Seelen Verstobener Kontakt aufnehmen kann. Würde ich hier erneut die Beweisführung für die genannten Themen übernehmen, kämen wir vom eigentlichen Buchtema ab.

Noch einige praktische Erklärungen:

Wenn im Text der Name *Jan* auftaucht, dann ist das mein geliebter Sohn und Verleger dieses Buches.

Wenn der Name *Jakobias* auftaucht, dann ist das mein Engel (des Schutzes), der mir einige Fragen aus seiner geistigen Sicht beantwortet.

Wenn der Name *Boldi* auftaucht, dann ist das mein kleiner Kobold, dem oft etwas einfällt, das ich mich nie zu schreiben trauen würde.

Abb.2: *Boldi*

Teil I

Abb. 3: Der segnende Heiland

1. Kapitel

Die Entschlüsselung

Der Code der Schriften

Betrachten wir einmal kritisch das, was Bücher ausmacht – Worte und Bilder. Beginnen wir dabei mit der »**Macht des Wortes**« in einer kurzen chronologischen, historischen Betrachtung.

Diese Macht kannten nämlich schon die Alten, als es noch keine Bücher gab, denn die Erschaffung, wie sie im Evangelium nach Johannes steht, beginnt mit: *„Am Anfang war das Wort, und das Wort war bei Gott, und Gott war das Wort. Alle Dinge sind durch dasselbe gemacht, und ohne dasselbe ist nichts gemacht, was gemacht ist...“*

Heute können wir die Schöpfungsgeschichte beziehungsweise den Evolutionsstart so verstehen, dass Teile der formlosen göttlichen Ureinheit irgendwann irgendeine Wellenform angenommen haben. In der Sprache der Physik: Aus dem **Wort** *entstehen* Energie und Masse. Oder: Geist nimmt Form an, und ein Gedanke bekommt Schwingung – immer schwungvoller vom Wort bis zur dichtesten Materie.

Irgendwann wurden dann **Worte** zu Schriften. Anfangs gab es keine mächtigeren Worte als die der »Heiligen Schriften« (es konnten ja auch nur die ‚Schrift-Gelehrten‘ lesen und schreiben).

Kreuzzüge im Namen Gottes wurden von fanatischen Predigern erfunden. Ihre leidenschaftlichen **Worte** bewirkten, dass Hunderttausende wie besessen ‚christlich‘ über die Orientalen herfielen.

Die Reformation der Christenheit wurde möglich, weil man genau zu diesem Zeitpunkt gelernt hatte, **Worte** in Bücher zu drucken. Das Wort führte aber dabei zum Buchstabenglauben und brachte *innere* religiöse Erstarrung.

Die Mobilisierung von Millionen Deutschen zum *Freiwerden* von der Unterdrückung durch Fremde wurde durch die Erfindung des Radios möglich. In jedem Haushalt stand ein kleiner und billiger Volksempfänger, und die **Wort-Gewalt** des Führers war daher für jeden ‚prrrässsent‘.

In der Zwischenzeit wurde immer fleißiger über das Medium ‚Zeitung und Fernsehen' manipuliert und schließlich nahm die Manipulation durch das **digitale Wort** weltweite Formen an und geht heute blitzschnell weltweite Wege – www, die globale Cyber-Sphäre.

Was hat das mit Jesus zu tun? Aus theologischer Sicht sind seine Worte ein Testament. Keiner von uns hat die ursprünglich aramäischen Worte der Heiligen Schrift selbst gehört – sie wurden erst mündlich überliefert und dann übersetzt und dann verständlich gemacht und dem jeweiligen Zeitgeist angepasst und wieder angepasst und angepasst. Und keiner verstand sie mehr ‚richtig', und die Christen wussten bald nicht mehr, was Jesus mit *Frieden* meinte und mit *Nächstenliebe* und mit *Lüge*, und man bekämpft sich heftig untereinander.

Kann man Worte so verändern? Das geheime Verschlüsselungssystem von Worten nennt man allgemein »Code«. Die ‚Schriftgelehrten' zweier Jahrtausende sind der festen Überzeugung, man müsse Jesu göttliche Worte studieren und interpretieren, damit sie den Erdenmenschen verständlicher werden. Aber wenn wir uns das Weltgeschehen bis heute betrachten, wurden sie offensichtlich nicht verstanden!

Alle Originale der Heiligen Schrift sind verschwunden, und es gibt viele weltweit verteilte Textquellen zum Leben Jesu.

Erstens gibt es die kirchlich anerkannten (kanonischen)[6] Evangelien, Briefe und so weiter, die aber allesamt nur Abschriften (von denen nicht zwei miteinander übereinstimmen) und Übersetzungen aus dem Aramäischen und Griechischen sind. Außerdem haben Aramäisch, Griechisch und Latein nicht nur fremdsprachliche Unterschiede, sondern zusätzlich drei grundverschiedene Schriftcharaktere. All das wurde immer wieder und wieder liebevoll (und sachkundig?) abgepinselt (bitte wörtlich nehmen) und hat mit unserem Verständnis von Übersetzungsqualität nichts gemeinsam.

Zweitens gibt es (apokryphe)[6] Textquellen verschiedenster Herkunft – längst bekannte oder neu entdeckte –, welche die Großkirchen nicht anerkennen, die aber heute wissenschaftlich untersucht und zugeordnet werden können.

Drittens sind die vielen Bezüge des Christentums auf Quellen des Alten Testaments nicht richtig differenziert und – wie wir schon bei den Namen der Evangelisten feststellen können – unrichtig. Matthäus ist kein hebräischer, sondern ein griechischer Name. Jeoannas ist Altgriechisch und Judas Ischariot ist ein altpersischer Name in der Mundart der Parsen, erklärt der persische Forscher Dr. Hanish[7]. Durch die parsische Einwanderung in Galiläa ist diese Annahme erwägenswert.

Viertens fehlen Originaltexte, weil später die Vernichtung unbequemer Unterlagen konsequent durchgeführt wurde. Damals gab es drei urchristliche theologische Schwerpunkte: Rom im Westen, das ägyptische Alexandria im Süden (die damalige Hauptstadt der Gelehrten und etwa ebenso groß wie Rom) und Antiochia (Syrien) im Osten.

Nachdem das Urchristentum im vierten Jahrhundert in Rom in veränderter Form zur Staatsreligion ernannt und das Neue Testament von Papst *Damasus* im Jahre 382 endgültig anerkannt wurde, brannte neun Jahre später die restliche Bibliothek des Altertums in Alexandria mit gut vierzigtausend Schriftrollen nieder. Kaiser Theodosius hatte den Bischof Theophilus dazu beauftragt. Viele Historiker nehmen aber an, dass zuvor Teile dieser Bibliothek nach Rom transportiert wurden und dort in den vatikanischen Verließen versteckt sind.

Kaiser Constantinus befahl unmittelbar nach seinem berühmten Konzil mit der Auswahl der ‚kanonischen' Schriften, sämtliche ‚heidnischen Werke' über Christus, die von Gnostikern, Heiden und Häretikern[1] stammten, *aufzuspüren und zu vernichten.* (Michael Ritzer)

Die Altgriechen waren während der Hochkultur des Hellenismus (zwischen *Alexander dem Großen* und der römischen Kaiserzeit) in allen Disziplinen, die in dem Überbegriff ‚Wissen' zusammenzufassen waren, vorbildlich – Griechisch war Weltsprache –, und so hatten sie in der Millionenstadt Alexandria, der griechischen Metropolis und Universitätsstadt in Altägypten, eine gigantische ‚Weltbibliothek' als Teil des *Museion* genannten Universitätskomplexes gesammelt und errichtet. Hier arbeiteten einhundertzwanzig Gelehrte und studierten schätzungsweise jährlich 14.000 Studenten. 700.000 Schriftrollen sollen hier gesammelt gewesen sein, das gesamte Wissen des Altertums.

Die Mittel des damals reichsten Landes der Mittelmeerwelt wurden aufgewandt, um diese Privatbücherei der Könige mit allem Wissen der damaligen Welt zu füllen. Das herrschende Königshaus der Ptolemäer gewann die hervorragendsten Philosophen, Mathematiker, Bibliothekare, Geographen, Literaten und Astronomen für seine ‚internationale Lehr- und Forschungsanstalt'. *Aristarchos* war einer der ersten, der behauptete, dass sich die Erde um die Sonne dreht. *Hipparchos*, war der erste, der das Solarjahr mit einer Abweichung von sechseinhalb Minuten messen konnte. *Eratosthenes* war der erste, der den Durchmesser der Erde berechnete. *Euclid*, der Vater der Geometrie, war ebenfalls hier tätig. *Archimedes*, der größte Mathematiker der alten Welt, lehrte hier. Der Gründer des Bibliothekswesens, *Callimachos*, erfand hier ein Sortierungssystem, also einen Katalog, um Schriftrollen nach Thema oder Autor zu finden.

Das Handbuch »Mathematices syntaxeos biblia XIII« enthielt das gesamte astronomische Wissen der antiken Welt, unter anderem das Sternenverzeichnis des *Hipparchos*. Philologen übersetzten auch das Alte Testament und das weitaus umfangreichere Werk Zarathustras: zwei Millionen Verse. Der christliche Kirchenvater *Clemens von Alexandrien* gilt als der Gründer der berühmten Mysterienschule. Seit Menschengedenken lag auch der Nullmeridian unseres Planeten mit dem Nil als Scheide zwischen Ost und West im griechisch-ägyptischen Raum (erst seit 1911 in Greenwich/Großbritannien).

Während des Alexandrinischen Krieges, in dem Caesar an der Seite Kleopatras gegen deren Bruder Ptolemaios XIII. kämpfte, ging diese Bibliothek 48 vor Christus zum erstenmal in Flammen auf. Caesar verbrannte die damalige Flotte der Ägypter, und das Feuer sprang über auf die Stadt. Nur rund neunzigtausend Bände konnten damals gerettet werden. Im Jahre 391, wie oben schon erwähnt, brannte sie zum zweiten Mal, und die endgültige Vernichtung schaffte dann die Islamisierung Alexandrias durch Amru, den Sarazenen, im Jahre 641.

Durch das Gelehrtenzentrum hatte sich aber in Alexandria eine religiöse Gegenkraft im urchristlichen Sinne gegen eine verstaatlichte Kirche in Rom erhalten und formiert. Doch dieser einmalige, gesammelte und verbrannte Wissensschatz des *gesamten Altertums* fehlte fortan und wurde ein Verlust für das ‚kollektive Gedächtnis'. Die nachfolgenden Gelehrten waren wieder zurückgefallen auf den geozentrischen Wissensstand einer Erdscheibe.

Zu weiteren Schriftquellen des urchristlichen Ostens schreibt der Forscher H. S. Lewis[8]: *„Wir wissen zum Beispiel, dass zur Zeit der Kreuzzüge nach dem Heiligen Lande eine prächtige Bibliothek von 20.000 seltenen Manuskripten religiösen Inhalts und hohen historischen Wertes, die sich mit Begebenheiten vor und während der Lebenszeit Jesu befassten, nach Vornahme einer Auswahl für Rom, vollständig vernichtet und zu Asche verbrannt wurde."* Der gleiche Autor hatte aber Zugang zu geheimen Archiven der Mysterienschule der Rosenkreuzer (mit altägyptischem Ursprung?), die ich im vorliegenden Buch mit zugrunde lege.

„Papst Benedikt XIII war es auch, der die ungewöhnliche Maßnahme ergriff, alle Exemplare zweier Bücher aus dem zweiten Jahrhundert aufzuspüren und vernichten zu lassen, die ‚den wahren Namen Jesu Christi' enthielten. Er berief vier neue Kardinäle, die das geheime lateinische Traktat namens ‚Mar Yesu' verdammen sollten, und danach gab er den Befehl, alle Exemplare des mysteriösen Buches des Elchasai zerstören zu lassen", schreibt Tony Bushby[9].

Nach all diesem Verschwinden und Vernichten entscheidender und weitgehend unverfälschter Unterlagen sorgte im letzten Jahrhundert dann die »geistige Welt« dafür, dass weitere versteckte Abschriften wiedergefunden wurden. Die bekanntesten sind aus Qumran, doch zeigte sich dabei, dass die Höhlen zwar in der Nähe dieser zeitweiligen Essäer-Siedlung liegen, es sich aber um Auslagerungen der Jerusalemer Tempelbibliothek handelt mit Texten aus der Zeit vor Jesus. Eine Zeitlang versuchten verschiedene Autoren die Lehren sowohl der *Essäer* oder *Essenern* (syrisch: *die Reinen*, Betonung: Ess**ee**ner) als auch des Jesu irdisch zu zerlegen und damit den entscheidenden spirituellen, ja universellen Hintergrund dieser Mysteriengemeinschaft zu vermenschlichen.

Es ist kein Wunder, dass sich die geistige Welt, also der »Himmel« selbst, auch einschaltet und sein effektives Wissen des ganzen Geschehens der modernen Menschheit zur Verfügung stellt und Verdrehungen klarstellt – schon seit über zwei Jahrhunderten. Aber – oh weh – dazu bedarf es medialer Menschen, die unter uns leben und mit ihrer besonderen Gabe solches Wissen aus der höheren Dimension aufnehmen können. Im Mittelalter kamen solche Glaubenserneuerer entweder auf den Scheiterhaufen oder (samt Texte) in die Klöster.

Heute nennen wir diese diesseitige Übermittlerinnen und Übermittler von Informationen aus dem Jenseits *Channelmedien*. Und das, was so ein

Channel (Kanal, ähnlich dem Kanal eines Nachrichtensenders) uns bildhaft und wortreich wiederzugeben versucht (was sie/er hört oder sieht), hängt ab vom *eigenen* Verständnis, von den Glaubensmustern, der Klarheit des Bewusstseins (bewussten Seins), dem Wortschatz, der geistigen Beweglichkeit, dem Zeitgeist, der Reinheit (die keine Gedankeneinschübe von der negativen – die Kirche würde sagen ,luziferischen' – Seite zulässt) und vielem anderem mehr. Ein medialer ,Kanal' kann wie beim Radio schlecht oder ganz klar eingestellt sein oder gestört werden, je nach ,Standpunkt' des Übermittlers.

Den persönlichen Kommentar eines Mediums möchte ich hier zitieren: *„Ja, ich glaube, dass die meisten gechannelten Botschaften persönliche Färbungen haben müssen in dieser derzeitigen Erdschwingung. Wenn das Medium liebevoll ist und gute Dienste verrichten möchte, ist das auch weiter nicht schlimm. Gute, hohe Lehrer werden das Persönliche sogar nutzen und kleine Ungereimtheiten ausgleichen. Kein Medium wird perfekt sein. Der Grad der Liebe ist maßgebend. So gesehen, sind wir alle Medien."*

Dr. Hartmut Normann weist außerdem darauf hin: *„Wenn manche christlichen Fundamentalisten meinen, die Bibel sei Wort für Wort eine Inspiration Gottes, so ist das genauso naiv, wie wenn manche Channelmedien glauben, dass stets die höchste Quelle durch sie spreche. Zwar stammt die Energie letztlich von ihr, doch durchläuft sie viele Ebenen und Filter, bis sie das innere Ohr des Mediums erreicht. Daneben ist es einer Gegenmacht gestattet, ihrerseits den Menschen vielgestaltig zu beeinflussen. Dazu gehört die Existenz von Truggeistern, auf die schon der Apostel Paulus hingewiesen hat."* [10] Auch Jesus erklärt es in dem durch ihn entstandenen Buch »Ein Kurs in Wundern« [2] so: *„Wie ein Mensch denkt, so nimmt er wahr."*

Außer den erwähnten astralen werden auch irdische Gegenmächte vermutet, die über die teilweise geheime Technologie der ELF-Wellen (Extremely Low Frequency) im intuitiven Mentalbereich manipulativ belasten oder verändern können.

Natürlich existieren einige empfehlenswerte Bücher, deren Wortschatz und Schwingung erkennen lassen, dass wir hier die Nähe Jesu wahrnehmen und den Erklärungen vertrauen können. Ich zitiere einige davon an passenden Stellen dieses Buches.

Obwohl die »Heilige Schrift« der Christen das meistgedruckte Buch der Welt ist und unsere Kultur maßgeblich geprägt hat, gilt die Bibel heute als

‚ungelesener Bestseller'. Vermutlich war dies ein Grund für die christlichen Kirchen, das Jahr 2003 zum »Jahr der Bibel« zu erklären.

Doch ich sehe noch einen anderen Grund, den die kritischer gewordenen Leserinnen und Leser spüren. Meine persönliche, geerbte Hausbibel besteht aus 873 Seiten Altes Testament und 273 Seiten Neues Testament. Das Alte Testament hat mit dem Christentum nichts zu tun. Das Neue Testament teilt sich auf in 150 Seiten Apostelgeschichte, Briefe und Geheime Offenbarung, und **nur 123 Seiten sind die Evangelien des Heilands**. Die Bezeichnung »Evangelium« kommt von dem griechischen *euaggelion* und heißt ‚**gute Botschaft**'.

Das Alte Testament dagegen enthält so viele blutrünstige Passagen, dass es eigentlich auf den Index gehört[11]; die Apostelgeschichte und die Briefe aus der urchristlichen Zeit lassen schon das kirchen-paulinische Machtkonzept spüren, und die Geheime Offenbarung, welche die Heilige Schrift der Christen abschließt, erzeugt Horror und Angst.

Dazwischen steckt ganz bescheiden die »Frohbotschaft des Heilands«.

War das der Grund, warum Jesus schon damals hellsichtig und unmissverständlich klarstellte (Joh. 16,16): *„Das Gesetz und die Propheten reichen bis zu Johannes* (dem Täufer; A.d.A.). ***Von da an wird das Evangelium vom Reich Gottes gepredigt, und jedermann drängt sich mit Gewalt hinein"***? Mit Gesetz und Propheten meinte Jesus die Thora der Judäer (Joh. 9,16; Apostel 3,22 und 7,37). Trotz dieser ausdrücklichen Klarstellung durch Jesus sind die Heiligen Schriften der Judäer zum Hauptteil der Heiligen Schrift der Christen geworden. Johannes, der Offenbarer, berichtet im gleichen Sinne: *„Das Alte ist vergangen; siehe ich mache alles neu."*

Ist das Dreistigkeit, wenn manche Theologen auch heute noch solche Textstellen einfach nicht beachten wollen?

Da die Macht von Wort und Schrift von alters her bekannt ist, bekamen alle »Heiligen Schriften« Korrekturen und Anpassungen durch die jeweiligen Schriftgelehrten, auch das Neue Testament. Da es aber nicht Sinn meines Buches ist, Bibelforschung zu belegen, weise ich nur auf drei verschiedene von unzähligen Beispielen gründlicher Manipulation hin, denn es wurde über solche versehentliche wie auch beabsichtigte Änderungen von Worten und Texten längst gründlich geforscht und in vielen Sachbüchern veröffentlicht.

Decius, römischer Kaiser zwischen 249 und 251, war gegenüber den Christen nicht nur brutal, sondern auch clever: Die Bischöfe waren der erste Gegenstand seiner Angriffe. Damals hatten die Geistlichen die Verantwortung für die kirchlichen Aufzeichnungen, und wenn diese erschlagen oder getötet worden waren, wurde es für falsche Lehrer leicht, etwas zu verändern, einzuschieben oder Dokumente zu fälschen und sie an die Stelle der echten, ursprünglichen Schriftrollen und Aufzeichnungen zu setzen.

Oder ein weiteres Beispiel für viele: Am Ende des vierten Jahrhunderts räumte einer der wichtigsten Übersetzer der altlateinischen Kirche, der *Heilige Hieronymus* (347-420), Schöpfer der ersten lateinischen Bibel »Vulgata«, ein, dass er sich gezwungen sah, *„...ein neues Werk aus einem alten zu schaffen, gleichsam als Schiedsrichter zu fungieren über Bibeltexte, die in aller Welt verbreitet sind"*, und dass er befürchtete, als ‚Fälscher und Religionsfrevler‘ gescholten zu werden, weil er *„...die Kühnheit besaß, einiges in den alten Büchern zuzufügen, abzuändern und zu verbessern"*. Neuere Forschungen sprechen von rund dreitausendfünfhundert Stellen. Zwar ist dieses Werk Basis aller weiteren Übersetzungen gewesen, doch die Kirchen erkannten erst 1546 diese Vulgata ‚als verbindlich‘ an. Trotzdem setzte das »Zweite Vatikanische Konzil« (1962-1965) eine Kommission zur *erneuten Revision derselben* ein.

Weiter vorne habe ich schon darauf hingewiesen, dass damals das korrekte Übersetzen von alten Überlieferungen sehr schwer war und nur von sehr wenigen beherrscht wurde. Um einen kleinen Begriff von den Schwierigkeiten zu vermitteln, vor die sich die frühen griechischen und römischen Übersetzer der aramäischen Überlieferungen und Vorlagen gestellt sahen, gebe ich hier einige in ihrer Schreibweise einander sehr ähnliche Wörter in *Estrangelo* (altaramäischer, altsyrischer Schrift), Aussprache und deutscher Bedeutung wieder, die zu Übersetzungsfehlern und Verwechslungen geführt haben. Dies konnte leicht geschehen, da die alten, vielfach auf Schaf- und Ziegenhäuten geschriebenen, meist gerollten Dokumente durch langen Gebrauch häufig fleckig oder schadhaft geworden waren.

garbey	=	Aussätziger
garva	=	Baumwollstoff Schaffell
khamra	=	Wein
khmara	=	Esel
malka	=	König
milka	=	Rat Ratsversammlung
amhatha	=	junge Dienerinnen
aemhatha	=	Mütter

Abb.4: Text und Abbildung aus »Die Evangelien aus aramäischer Sicht« von Dr. George M. Lamsa

Der in dieser langen Zeit entstandene »**Geheime Code der Schriften**« kann jetzt immer trefflicher entschlüsselt werden. Buchstabenglauben hilft in diesem Falle überhaupt nicht weiter, und ernsthafte Gläubige können Jesus nur mit Toleranzen der hohen Ethik und dem Herzen näherkommen.

Der Code der Bilder

Auch die »**Macht des Bildes**« kannten die Alten schon ganz genau. Daher verboten die Eingott-Religionen der Semiten – die des Judentums und die der arabischen Völker – die bildliche Darstellung ihrer Götter wie auch der anderen himmlischen Hierarchien.

Im Gegensatz dazu stand Altägypten, das einen umfassenden Bildkult pflegte. So ging es auch im imperialen Rom und damit im westlichen und römischen Christentum, das dort im vierten Jahrhundert ausformuliert wurde und seine heutige Form annahm. Alsbald schmückten berühmte Künstler die kleinen und die großen Kirchen, und das Volk verstand die Frohbotschaft der Worte Jesu viel besser. Noch eindrucksvoller wurden natürlich die Darstellungen Jesu und seiner irdischen Familie wie auch aller Heiligen und aller Engel und vieles mehr durch kunst- und eindrucksvolle **Monumente** und **Statuen** – auch ein Erbe des imperialen Roms.

Die unermessliche Not, die Ängste und das Leid des frühen Mittelalters suchten und fanden dann ihren himmlischen Tröster: das Leid Jesu und das Versprechen der Theologen, Jesus habe *unser* Leid auf sich genommen. Somit konnte jeder sein persönliches Leid im »**hilflosen Jesus am Kreuz**« wiederfinden. Das wurde vor allem katholische und später auch protestantische Theologie des Westens. Die Ostkirchen haben überwiegend am *erlösenden* Christus festgehalten.

Haben diese Kirchen – vorsätzlich oder gedankenlos oder beides – aus der »Religion des Lebens« eine »Religion des Todes«, aus der »Religion der Freude« eine »Religion des Leides« gemacht? Und aus dem strahlenden Kreuz der ‚Erlösung des Geistes aus der Materie‘ ein Gedächtnissymbol leidvoller Hoffnungslosigkeit gemacht?

Abb. 5:
Mensch oder Gott?

Weltweit wurden bis heute Milliarden Korpuskreuze – Jesus leidend oder sterbend am Kreuz – möglichst *schmerzverzerrt und gefühlsbetont* aufgehängt und aufgestellt. Sieht das nicht nach Blutopfer aus? Ich werde in diesem Buch noch belegen, wie die morgenländische Energie des Alten Testamentes allmählich immer stärker in das christliche Abendland eindrang und die Frohbotschaft Jesu im Neuen Testament erdrückte.

Diese Codierung und Verschlüsselung der ehemaligen Heilsbotschaft in ein leidvolles Erlösenwollen ist perfekt gemacht. Eine Mutter hat mich darauf gebracht, als sie schilderte, wie ihr fünfjähriger Junge bei einem großen Kruzifix am Wegesrand fragte: *„Warum hängt der Gott da?" „Warum blutet der?" „Der weint ja!"* So wird es gemacht: Alle Erklärungen im Kindergarten und im Religionsunterricht prägen unsere Kinder schon für ihr ganzes Leben – immer wieder sehen sie den Leidenden und von Schmerzen Gekrümmten. Unsere Kinder werden zwar unschuldig und lebensfroh geboren, im Laufe der ersten Lebensjahre aber schon *unterbewusst umgezogen*. Sie prägen sich für sie noch unverständliche Begriffe wie schuldig, sündig, erlösen, leiden und ähnliche ein, was einen elementaren Einfluss auf den späteren Erwachsenen hat. Aus ähnlichen Erfahrungen heraus verschenken auch die Banken Sparbücher zur Konfirmation oder anderen jugendlichen Anlässen.

Wer erinnert sich noch an den Prozess, den drei anthroposophische Elternpaare gegen die Schulbehörde des Freistaates Bayern führten, um ihre Kinder von dieser leidvollen Kruzifixenergie im Klassenzimmer zu befreien? Im sogenannten Kruzifix-Beschluss gab das Bundesverfassungsgericht am 16. Mai 1995 diesen und anderen Eltern Recht.

Sehr viele Menschen, die später dem Kirchenleben entfliehen, werden davon aber weiter verfolgt – *„...war das eine Sünde und Gott straft mich dafür?"* Das haftet oft ein Leben lang – vor allem unbewusst und unterbewusst tief eingraviert –, und nur bewusstes Aufarbeiten kann sie davon wieder befreien.

Na ja, hoffentlich stimmt es, was Johannes vermittelt: *„...ihr werdet die Wahrheit erkennen, und die Wahrheit wird euch frei machen."* Solcher Wahrheit wollen wir alle näherkommen, und auch ich versuche es in diesem Buch

– und frage direkt: Wie würde unser aller Leben aussehen, wenn wir von klein auf stets einem beruhigenden, segnenden, strahlenden, Vertrauen erweckenden **Heiland** begegnet wären? Welche Lebensbasis würden unsere Kinder erhalten, wenn an den Stellen mit gekreuzigtem Jesus Figuren in segnender oder heilender Stellung stünden? Und solches wirkte seit vielen Hundert Jahren?

Welche *Freiheit* bekäme unser Verstand und welche *Befreiung* unser Herz mit den ‚anderen' Gefühlen des anderen Jesus, des Heilands! In buddhistischen Ländern kann man diese andere Schwingung spüren.

Was bedeutet eigentlich *Heiland?* Es kommt vom althochdeutschen *heilant*, ‚der heilt und von Schmerzen erlöst', teilweise auch von *heilend*. Bereits im Germanischen stand schon das Wort *Heil* für Glück, und die Herstellung oder Wiederherstellung des Heils war an das *Handeln* gebunden. Heil drückt auch Ganzheit (engl.: *whole*) oder Gesundheit aus. Der theologische Sinn von Heil meint auch *heilsam* und *heilig*.

Aber Zeit bleibt niemals stehen. Da in allem Lebendigem *Geist-Energie* steckt, gilt das auch für den irdischen Begriff *Zeit*. Zeit ist nicht statisch und bedeutet ausnahmslos *Veränderung*. Wir wissen dabei längst, dass Zeitabläufe mit Paradigmen zu tun haben, mit Erkenntnissprüngen – eben als »Zeit-Geist«. Astronomisch und astrologisch gesehen gleitet unser Planet Erde immer stärker in die spirituellen Energien des *Aquarius* – des Wassermanns oder Wasserträgers oder Geistausgießers. *New Age*, die *Neue Zeit*, lässt grüßen.

Abb. 6: Der segnende Heiland

Und die Gläubigen warten auch auf einen neuen *Christus*. Aber kommt vielleicht zuerst ein *Neuer Jesus?* Kommt möglicherweise nach einem von »Jesus dem Hilflosen« ein neues Zeitalter mit Bildern, Skulpturen und Statuen von »Jesus dem Hilfreichen«? Es zeigt sich wieder, dass auch das Verständnis der Lehre Jesu eben immer schon ‚Verständnissache' ist.

Könnte es sein, dass die spirituelle Neuzeit sichtbar in Brasilien begann? Es war die letzte westliche Nation, die 1888 das unvorstellbare Leid der Sklaverei grundgesetzlich beendet hat. Dafür erschuf man 1931 gerade dort als berühmtes Erkennungszeichen der ehemaligen Hauptstadt Rio de Janeiro (heute so groß wie Berlin, Hamburg und München zusammen) die riesige, 38 Meter hohe **Statue Jesu**. Dieses Jesus-Monument breitet segnend die Arme über die Menschen von Stadt und Land (und einem der schönsten Strände der Welt) aus – der *hilfreiche Jesus*, der *Neue Jesus*.

Abb. 7: Jesus auf dem südamerikanischen Kontinent

1994 wurde die gleiche Jesus-Statue im bolivianischen Cochabamba noch etwas größer errichtet und wurde daher zur größten Jesusdarstellung der Welt. Weitere Monumente finden sich inzwischen auf dem ganzen südamerikanischen Kontinent, darunter auch die riesige gusseiserne Jesus-Statue in Puerto Plata in der Dominikanischen Republik.

Herzlicher Glückwunsch, geliebter Heiland! Am 07.07.07. wurde im Lissaboner »Stadion des Lichts« das Ergebnis der weltweiten Internetabstimmung über die »Neuen sieben Weltwunder« bekanntgegeben und dazu zählt auch Dein Monument in Rio de Janeiro.

Zurück ins Jahr 1931: Im gleichen Jahr, als auf der anderen Seite unseres Planeten das riesige Monument eingeweiht wurde, kam »das neue Bild« des Heilands auch zu uns Europäern. Die polnische Ordensschwester Faustina Kowalska (1905-1938, Heiligsprechung am 20.4.2000) hatte am 22.2.1931 in ihrer Klosterzelle von Plock eine eindrucksvolle Jesus-Vision. Danach ließ sie Jesus mannshoch von dem Künstler Adolf Hyla so malen, wie sich der jenseitige Jesus ihr gezeigt hatte. Das war ihr eigentlicher Auftrag für die Neue Zeit. Wie viele Jahre vorher hat die geistige Welt dieses gemeinsame **Erscheinungsjahr** – gleichzeitig in der alten und in der neuen Welt – vorbereitet?

Der Heiligen Faustina erschien nämlich ebenfalls ein segnender *Heiland*, und die beiden farbigen und ungewöhnlichen Lichtbündel aus seinem Herzzentrum symbolisieren mit *Blau das Wasser, das unsere Seelen reinige* und mit *Rot das Blut, welches das Leben unserer Seelen sei*. So erklärte es ihr damals Jesus, und mit diesen Herzenskräften distanzierte er sich *sichtbar* von all den frustrierenden alttestamentarischen Blutopfertheorien. Moderne Erklärungen geben seinem linksseitigen blauen Strahlenbündel die Bedeutung ‚Sicherheit und Wahrheit' und seinem rechtsseitigen in Rot den Hinweis auf die Michaelskraft. Beides unterstreicht die **Aufforderung zu Vertrauen**, das Jesus ausstrahlt. So deute ich auch seinen Blick. Im Gegensatz zu den meisten ‚indirekt' blickenden Jesus-Gemälden und -Statuen sind auch seine Augen und damit sein Blick **immer präsent** – er schaut uns jedes Mal direkt ins Herz, gleichgültig, aus welcher Richtung wir in seine Augen blicken.

Diese ‚Aussage' des Gemäldes war bei dem angehenden Kriegsgeschrei nach 1931 sicherlich so noch nicht verständlich genug für

Abb. 8: Die Jesus-Vision

die Welt. Doch das neue Jahrtausend mit der zunehmenden spirituellen Öffnung von immer mehr Menschen gibt *auch unseren eigenen Herzens- und Seelenkräften* einen höheren Stellenwert. Und es ist wieder Verständnissache, diese beiden göttlichen Lichtgeschenke, die uns energetisch aus der modernen Erscheinung des *hilfreichen Jesu* zufließen, in Liebe anzunehmen. Später gehe ich ausführlicher auf diese **Herzenskräfte** ein. Ich möchte aber jetzt schon darauf hinweisen, dass ich in der Energie und den Kräften aus unserem göttlichen Kern, dem Herzzentrum oder dem Herzchakra, ihrer himmlischen Reinheit wegen **Primär-Energie** sehe und sie auch weiterhin so bezeichnen werde.

Noch etwas fällt auf. Die gleichzeitigen ‚**Erscheinungen**' Jesu im Jahre 1931 könnten eine Formel des frühen Christentums im magischen Bereich der **Bilder** ausdrücken: **Jesus war ganz Gott und ganz Mensch.** (Mehr dazu erkläre ich später.) In Europa war es ein feingeistiges und spirituelles Gemälde (Gott), und in Südamerika war es eine Statue aus eintausendeinhundertfünfundvierzig Tonnen verkleidetem Beton (Mensch). Eingeweiht wurde die Statue auf dem Corovado bei Rio am 12.10.1931, numerologisch $(1+2+1+1+9+3+1)$ eine 18 und schließlich die Quersumme 9. Dies ist die numerologische Zahl für »Christus« (die 9 symbolisiert *„aus der Materie in den Geist“*, wohingegen die 6 *„den Geist in die Matrie binden“* bedeutet).

Der geheime »**visuelle Jesus-Code**« der Kirche ist damit auch geknackt. Weltweit, auf dem alten und dem neuen Kontinent, **erschien im letzten Jahrhundert Jesus ohne Kreuz.** Golgatha liegt im Abseits, Golgatha ist *out.* So können wir den lebendigen Jesus viel leichter im urchristlichen Sinne als **Lichtgestalt** begreifen – und als Heiland.

Der Code der Wunder

Verehrte Leserin, lieber Leser, sicherlich vermuten Sie bei dieser Überschrift, dass auch ich zu den Kritikern zähle, die von den Überlieferungen der Wunder aus dem Erdenleben Jesu wenig halten. Doch weit gefehlt – das Beherrschen von *übernatürlichen* Kräften war das Zeichen seiner *übernatürlichen* Herkunft, und alle, die ihn bei seinen Wundertaten erlebten, waren dann auch von seinen Worten überzeugt. Es waren Tausende, die ihn so erlebten – live, ohne Fernsehen. Und gemäß vorliegender Berichte, war er gut ein Jahrzehnt lang als berühmter Heiler – und nicht als Zimmermann – unterwegs.

Den inzwischen ausgeklungenen Disput und Gelehrtenstreit um Dan Browns mutige Behauptungen in seinem Thriller »Sakrileg« habe ich aufmerksam mitverfolgt. Aber es erstaunt dabei, dass selbst die brillantesten Köpfe keine modernen Gegenargumente fanden, sondern noch mit uralten und buchstabengetreuen Textstellen, die aber in bezug auf ihre Echtheit oder übersetzerischen Qualitäten anscheinend nicht hinterfragt werden, dagegenhielten.

Andererseits fällt auf, dass die Gelehrten der Kirchen immer öfter einem ‚Modernismus-mit-aller-Gewalt‘ erliegen und im Rahmen einer versuchten »wissenschaftlichen Theologie« vollends Göttliches, Jenseitiges und Wundersames im Erdenleben von Jesus in Frage stellen. In der Weihnachtsausgabe von »DER SPIEGEL« (2006) heißt es: *„Während die Forscher mit wissenschaftlichen Mitteln immer tiefer in den historischen Kern der Heiligen Schrift eindringen, geht dem Abendland der Glauben flöten.“*

Geradezu schmerzlich wirkt es, dass im Bereich der *biblischen Wunder* mit zweierlei Maß gemessen wird. In anderen Bibeltextabschnitten führte die Exegese und Auslegung oft zu heftigem Glaubensstreit, wenn nicht sogar zu Glaubenskriegen – wegen der überzeugten Buchstabentreue! Aber wenn es um die Beschreibung irgendeines Wunders in der ‚Tätigkeit‘ Jesu geht, gibt es einen allseitigen und einverständlichen Rückzug. Da scheinen sich die Schriftgelehrten schnell einig zu sein. Kaum ein Exeget verteidigt diese biblischen Wunder heute noch als Fakten. Ist der neue Papst mit seinem literarischen Bestseller eine Ausnahme?

Der parapsychologische Forscher Ernst Meckelburg (Autor vieler Sachbücher) erklärte in seinem Vortrag (Kissleg 21.-24.9.2006): *„Missverständnisse in der Interpretation anormal erscheinender Ereignisse beruhen vorwiegend darauf, dass seit René Descartes' unglückseliger Trennung von Geist und Stoff – res cogitans, res extensa – konservative Naturwissenschaftler physikalisches Geschehen und das des Geistes, das heißt Bewusstseinsprozesse, auseinander halten, obwohl doch Werner Heisenbergs Quantenphilosophie gerade Gegenteiliges besagt. Und genau mit dieser Haltung verbauen sich die Anhänger der ‚unverfälschten wissenschaftlichen Lehre‘, die Engdenker von heute, den Zugang zu einer tieferen, umfassenderen Erkenntnis.“*

Gabriele Skledar stellt daher in der Wiener Fachzeitschrift »Pulsar« (Juni 2006) fest: *„In einer Gesellschaft, in der die Vorstellung herrscht, dass bestimmte Ereignisse unmöglich eintreten können, weil sie wissenschaftlich gesehen nicht möglich sind, ist es für die Menschen auch schwierig, ein solches Ereignis, wenn es doch eintritt, wahrzunehmen."*

Aber wenigstens in Teilen der Naturwissenschaft bewegt sich einiges, und die ‚abgehobene' Quantenphysik öffnet den Wissenschaftlern ganz neue Erkenntnisebenen. Wunder gelten in diesem Zusammenhang zwar nicht mehr als Wunder, aber immerhin als ‚Ergebnisse, für die es im Moment keine Erklärungen gibt'. Das ist ein riesiger Fortschritt im forcierten Systemdenken. Immerhin spricht man inzwischen schon von *Pararäumen* oder *Transbereichen.*

Erlauben wir uns in diesem Zusammenhang einmal einen erweiterten Blickwinkel. Das meistgedruckte Buch der Welt ist die christliche Bibel – schon seit Jahrhunderten (auch das Buch der Heiligen Schriften der Juden wird von vielen Christen Bibel genannt, heißt aber richtigerweise *Tanach*). Einen ähnlichen Bekanntheitsgrad hat neuerdings – vor allem in der westlichen Welt – das bereits erwähnte Buch »Sakrileg« von Dan Brown, ein Thriller der besonderen Art. Man bedenke: In unserer hochtechnisierten Welt eines gnadenlosen Managertums samt spannungsgeladenem Fernsehen und weltweitem Internet verschlingen Millionen von Menschen ein Buch des Krimischriftstellers mit sechshundert Seiten! Brown hat Jesus und geheimgehaltenes Wissen und verheimlichte Tatsachen aus der Kirchengeschichte – natürlich sehr spannend – mit einer unverhofften *biblischen Weiblichkeit* verbunden. Das ist zwangsläufig die Sensation in einer riesigen Kirche, die nur aus männlichen Theologen besteht – geradezu ein Sakrileg. Daher: *Es lebe Dan Brown, und hoch lebe Maria Magdalena!* Wir werden uns in diesem Buch immer wieder mit dem jahrtausendelangen religiösen Ungleichgewicht weiblich/männlich befassen.

Das US-Wirtschaftsmagazin »Forbes« berichtet, dass Dan Brown im Jahre 2005 61,12 Millionen Dollar verdient habe, wogegen die britische Kollegin Joanne K. Rowling nur 51,13 Millionen erzielte.[12] Und womit? Mit dem Zauberlehrling Harry Potter, dem Jungen, der ‚Wunder' wirkt mit seinen übernatürlichen Kräften und Veranlagungen und seit 1997 der Titelheld und Hauptfigur der sehr erfolgreichen »Fantasy-Jugendroman-Serie« der britischen Schriftstellerin ist. Harry durchlebt in sieben Romanbänden die sieben

Jahre einer Internatsschule für Zauberei und Hexenkunst, die er nach dem Muster einer britischen Sekundarstufenschule im Alter von elf Jahren beginnt. Jeder Band steht dabei für ein Schuljahr. Das Schulgeschehen ist ständig überschattet von einem schicksalshaften Konflikt zwischen Harry und dem Schwarzmagier Lord Voldemort mit seinen Anhängern.

Auch das ist eine Sensation und wäre das nächste Sakrileg, wenn diese Wundertaten mit den Wundertaten Jesu, den unzähligen der Mutter Maria und denen der rund dreitausendfünfhundert verehrten Heiligen und Seligen in einer riesigen Kirche verglichen werden würde – und man könnte sehr viel davon mit den biblischen Wundern vergleichen.

Nun, wer von uns hat bei Harrys Kunststücken nicht wunderschön von seinem Alltag loslassen können und sich ‚zuhause' gefühlt in der Welt der Phantasien? Und warum? Selbst in den schrecklichsten Situationen war uns stets klar, wer am Ende der Sieger ist und wer trotz Zartheit, Ehrlichkeit und Naivität (des Helden) ‚allem Bösen' *überlegen* ist. Denn auch die Ängste waren nur Phantasien. Haben *wir* uns nicht auch gerne in dieser Rolle gesehen? Würden wir nicht auch gerne Wunder wirken in unserem Alltag? Würden wir nicht auch gerne helfen, heilen, bescheren und uns ‚stark' fühlen und uns von manchem ‚erlösen', was scheinbar unlösbar auf uns lastet?

Wenn die wunder-kritisierenden Gelehrten selbst einmal Feuerlaufen würden oder einundzwanzig Tage ohne Essen und *ohne Trinken* das ‚Licht' als Nahrung nähmen oder nach Indien flögen und bekannte Yogis filmen würden, käme echte Bewegung in die festgefahrenen Dispute – sie würden dann wohl ihr ‚blaues Wunder' erleben. **Dann wäre Browns Buch kein »Sakrileg«, sondern eine Herausforderung.**

Dann wäre die nächste Herausforderung die mystische Erkenntnis, dass wir nicht nur durch Askese auf den inneren Weg finden, sondern auch *durch unseren bewussten Willen*. Dann wären es sogenannte Lernprozesse (wie bei Harry?), *willentlich mit unserem göttlichen Geist* über die Materie unserer Körperzellen zu herrschen, auch wenn es oft nur Momente sind. Heißt es nicht (bei Joh. 10,34) „*...ihr seid Götter*"? Und an anderer Stelle „*...was ich kann, könnt auch ihr und noch viel mehr*" (14,12)?

Einen Hinweis zitiere ich aus dem »Evangelium des Lebens« von Dr. Hanish: „*Mose hatte nicht nur die Magie oder Zauberkunststücke des Pharaonenreiches gelernt, sondern seine Kenntnisse auf diesem Gebiete im sprichwörtli-*

chen Lande der Magier bei dem Hohen Priester Jethro vierzig Jahre lang vertieft und erweitert; dort hatte sich die Magie zu einer wissenschaftlichen Kunst entwickelt." [7]

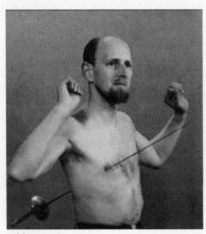

Abb. 9:
Mirin Dajo – ein medizinisches Rätsel

Dazu möchte ich vier Beispiele anführen: Im Internet fand ich den folgenden Bericht über den holländischen Artisten Arnold Henskes (1912-1948) alias Mirin Dajo: *"Was Mirin Dajo in dieser Zeit bis zu seinem am 26. Mai 1948 erfolgten Tod darbot, war in der Tat ‚etwas Wunderbares', wie dieses Esperantowort ‚mirin dajo', das er sich als Pseudonym zugelegt hatte, bedeutet: Immer und immer wieder bewies er seine Unverletzbarkeit, ließ sich Hohlspieße durch den Leib rennen, ohne darauf zu achten, ob sie lebenswichtige Organe trafen oder nicht; ließ Wasser durch diese Hohlspieße und durch seinen Leib fließen; [...] machte mit einem Degen im Leib Gymnastikübungen vor Ärzten; lief mit nacktem, durchbohrtem Oberkörper durch Krankensäle – zum Entsetzen der Kranken – in die Röntgenkammer. Er wurde in allen Phasen und Stellungen geröntgt, war in Kinos in allen Wochenschauen zu sehen, und man stand diesen Phänomenen erwiesener Unverletzbarkeit, ja Untötbarkeit, fassungslos gegenüber."* [13]

Wer war dieser mysteriöse Holländer, der seinen Körper vor Ärzten und Professoren etliche Male durchstechen ließ – ohne dass ihm die Waffen auch nur das Geringste anhaben konnten?

Als ich darüber auch mit dem spirituellen Reiseveranstalter Ludwig Schoen (www.schoen-reisen.de) sprach, erfuhr ich von der Heiligen Philomena, die als dreizehnjährige Prinzessin den römischen Imperator Diocletian als Ehemann ablehnte. Der erzürnte Kaiser drohte mit Züchtigungen. Er ließ Philomena auf mannigfache Weise martern. Er ließ sie in Ketten legen, öffentlich geißeln, mit einem Anker um den Hals in den Tiber werfen und mehrfach mit Pfeilen beschießen. Immer wieder erfuhr die Prinzessin vor den Schaulustigen die wunderbare Hilfe des Himmels. Schließlich wurde sie am 10. August 304 n.Chr. enthauptet und 1826 heiliggesprochen. [14]

Ich kenne einen vertrauenswürdigen Filmbericht, in dem sich ein Yogi in Indien die Zunge abschneidet und anschließend wieder ansetzt, um sie als wieder angewachsen vorzuführen. Wenn Jesus das mit dem abgeschlagenen Ohr des Dieners des Hohepriesters vorführt, wird verständnisvoll gelächelt.

In unserer Republik präsentiert »PSI Claus Rahn« auf seiner Homepage (www.claus-rahn.de) seine Psychokinese. Da heißt es: *„Claus Rahn wurde von Professor Hans Bender, der ein Institut für Parapsychologie betrieb, besser als Uri Geller eingeschätzt. Claus Rahn stand den Münchner Wissenschaftlern für kontrollierte PK-Tests im Universitätslabor zwei Monate zur Verfügung. Immer wieder produzierte er übersinnliche Phänomene wie schwebende Gegenstände, laufende Teelöffel, verbogene Gabeln und Löffel. Er ließ auch Gegenstände unsichtbar werden sowie erscheinen. Seit neuestem stellen sich Erfolge mit Tieren (sprechen) und Heilungserfolge bei Menschen ein."*

»Siddhis« sind yogische Kräfte, die eine große Bandbreite von außergewöhnlichen Fähigkeiten umfassen und auch alle die Bewusstseinskräfte beinhalten, die wir bei Jesus finden. Sie können bei allen Menschen im Laufe der spirituellen Entwicklung entstehen. Es gibt in vielen Weltreligionen und alchemistischen Traditionen Dokumentationen über solche übersinnliche Kräfte. Darüber hinaus wird von den Schamanen vieler Naturvölker erzählt (nicht nur von Miraculix), dass sie ähnliche Fähigkeiten besitzen. Eigentlich wäre dieses Thema ein eigenes Buch wert, um die Formel »Jesus war ganz Gott...« verständlicher zu untermauern und offenzulegen.

Wer in Friedfertigkeit und innerer Harmonie mit einem ‚rein gehaltenen‘ Körper, einem ego-beruhigten Geist und seinen göttlichen Herzenskräften (der Seele) umzugehen lernt – zu beherrschen wie Harry Potter –, könnte all die ‚magischen‘ Dinge genauso wie Jesus – *und er wird noch größere als diese tun!*

Autolevitieren (die Erdanziehungskraft aufheben, um zum Beispiel übers Wasser zu gehen), **materialisieren** und präzipitieren (Gegenstände aus dem Nichts entstehen lassen, mit ein paar Broten und Fischen einmal viertausend, ein andermal fünftausend Leute sättigen; das Ohr des Hohepriesterdieners wieder anwachsen lassen), die **Naturkräfte beherrschen** (dem Wind gebieten), **reanimieren** (Tote erwecken), sich **dematerialisieren** (unsichtbar machen und beispielsweise durch verschlossene Türen gehen), von **Lichtnahrung** leben (wie Jesus vierzig Tage lang ohne Speis und Trank in der Wüste), **transformieren** und **transmutieren** (z.B. auch Wasser in Wein umwandeln), **sich verklären** (*„...und sein Angesicht leuchtete wie die Sonne,* *und seine Kleider wurden weiß wie das Licht...*" Mt. 17,2), **exorzieren** (Dämonen austreiben), spontan **heilen** und **fernheilen** (mit den göttlichen Energien wie Prana, Orgon, Chi, Od oder anders bezeichneten mehr den körpereigenen Selbstheilungsprozess ermöglichen oder einleiten), **bilokalisieren** (gleichzeitig an zwei verschiedenen Plätzen real erscheinen), **hellsehen** (präkognizieren) und **prophezeien** (übermitteln oder channeln), mit den Engeln und mit GOTT **sprechen** – dies sind nur einige ‚Künste' des Meisters, von welchen uns auch die apokryphen Evangelien berichten. Das Evangelium nach Johannes schließt mit der Beteuerung (21,25): *„Es gibt aber noch vieles andere, was Jesus getan hat. Wollte man das im einzelnen niederschreiben, so würde, glaube ich, die Welt die Bücher nicht fassen können, die da zu schreiben wären."*

Die beiden Wunder, die fast jedem Christen auf Anhieb einfallen, sind die Verwandlung des Wassers in Wein und die Brotvermehrung. Darüber berichtet Maria Magdalena in dem Buch mit ihrer jenseitigen Botschaft »Das Manuskript der Magdalena«[15]. Den strahlenden, aber unsichtbaren Geistkörper Jesu (heute als *Aura* bezeichnet) nennt sie auf altägyptisch »Ka«. Sie erklärt: *„Von all den Wundern Jeschuas, deren Zeugin ich war, ist mir das mit dem Brot und den Fischen das liebste.*

Es war an einem langen, heißen Tag. Die Jünger, Maria und ich waren dem Meister wie immer gefolgt. Eine große Menschenmenge hatte sich versammelt und lauschte auf jedes Wort, das der Meister sprach. Wir alle waren von seiner Vision und Ausdrucksstärke hingerissen. Es schien mehrere Stunden lang so, als ob wir in den Himmel gehoben würden, und ich bemerkte, dass Jeschuas Ka sich derart erweitert hatte, dass er alle umfasste – ein weiteres Zeichen. Als er seine Rede beendete, war es bereits später Nachmittag, und in seinem Mitgefühl bat er, man solle Essen sammeln und verteilen, denn er wusste, dass der Heimweg für manche mehrere Tage dauern würde. Die Jünger, Maria und ich sowie ein paar andere aus der Menge begannen, das an Lebensmitteln einzusammeln, was da war.

Doch es kam nicht mehr zusammen als ein paar Fische und ein paar Laibe Brot. Längst nicht genug. So wurde ich Zeugin eines außergewöhnlichen Ereignisses. Jeschua ging nach Innen und schloss seine Augen. Ich konnte die Absicht seines Gebetes spüren, auch wenn ich seine Worte nicht hörte. Mit hellsichtigem Blick sah ich, wie ein Licht den Djed seiner Wirbelsäule entlang aufstieg, aus seinem Kronenchakra hervorbrach und weiter stieg zu seinem Ba, seiner Himmlischen Seele. Dann floss eine Energie herab, wie als Antwort auf seine

Bitte. Er legte seine Hände über die zwei kleinen Körbe und begann, Brot und Fisch zu verteilen. Er brach sie in Stücke, die er persönlich an alle verteilte.

Es war höchst bemerkenswert: Mehr als tausend Menschen wurden verköstigt, und weder Brot noch Fisch gingen zur Neige. Als er die Menge gespeist hatte, gab Jeschua den Jüngern, Maria und mir davon, und das Brot hatte den süßesten Geschmack und die Fische ein so köstliches Aroma, wie ich es nie wieder schmeckte.

Solche Wunder waren für einen Meister von Jeschuas Format nur natürlich, und aus der Sicht der Eingeweihten liegen solche Wunder für jeden, der das dazu Nötige übt, im Bereich des Möglichen."

Nun gibt es noch eine wunderbare Energie, von der Jesus auch oft sprach: *„Nicht ich, sondern dein Glaube hat dich geheilt."* Das ist bestimmt richtig. Doch dabei weise ich darauf hin, dass solcher Glaube-an-das-Geschehen, also zum Beispiel an eine Heilung, nicht mit Kirchenglauben gleichzusetzen ist. Dabei kommen nämlich Heilungserwartung und Heilkraft zusammen. Der ‚Glaube' war zum Beispiel die Offenheit der sehnsüchtig Wartenden, bis der berühmte Heiler Jeschua endlich bei ihrem Dorf vorbeikam. (Es gab weder Krankenkassen noch irgendein staatliches Gesundheitssystem.) (*„...doch"*, widerspricht mein kleiner feinstofflicher Mitschreiber *Boldi, „die waren alle beim lieben Gott versichert."*)

Genau diese ‚geistige Offenheit' der sehnsüchtigen Erwartung leidender Menschen wirkt wohl auch bei Pater Pio, Bruno Gröning sowie einigen philippinischen und brasilianischen Heilern, von denen erstaunliche Wunder berichtet werden. Im Monatsblatt »Gesund mit Jürgen Fliege« wird (im Januarheft 2007) eine Brücke zu dieser Situation gebaut mit der Bestätigung, dass inzwischen zwei von drei Deutschen zu einem ‚Geistheiler' gehen würden. Da gibt es kein Verheimlichen mehr, der sympathische TV-Seelsorger Jürgen Fliege erhielt vom DGH, dem Dachverband Geistiges Heilen e.V., den »Burkhard-Heim-Preis 2005«.

Erstaunlich ist, dass aber gerade religiös geprägte Menschen ein tiefer sitzendes Vorurteil gegen Geistheiler haben, weil sie deren Gewerbe für heidnisch halten. Anders Pfarrer Fliege, der schreibt: *„Allerdings gibt es einige Dutzend Stellen in den Evangelien, die von Heilungen berichten. Und Jesus hat auf geistigem Wege Blinde und Lahme, Aussätzige, Besessene und andere Kranke geheilt. Sich Kranker anzunehmen und ihr Leid durch Gebete, Salbungen sowie Handauflegen zu lindern, gehörte schon in den urchristlichen Ge-*

meinden lange Zeit zum selbstverständlichen Alltag. Gottesdienste waren damals Pflegedienste. Und Pflege der Kranke Gottesdienste."

Somit trat damals schon ein, was uns Jesus bereits angekündigt hatte: *„Wahrlich, wahrlich, ich sage euch: Wer an mich glaubt, der wird die Werke auch tun, die ich tue, und er wird noch größere als diese tun."* (Joh. 14,12)

Zu dieser Textstelle erklärt Maria Magdalena in ihrem »Manuskript«: *„Jeschua sah in anderen das Potential für Gotteserkenntnis, und er sprach mehrmals darüber. In den Evangelien wird einmal davon erzählt, dass er sagte: ‚Ihr werdet größere Dinge tun als ich.' Ihm war klar, dass Wunder ein natürlicher Ausdruck des Bewusstseins sind, und dass, indem sich das Bewusstsein der Menschheit erweitern würde, auch Wunder immer häufiger würden."*

„Na und?", könnte man fragen. Zu fast allen im Neuen Testament aufgeführten ‚Wundertechniken' gibt es Beispiele anderer Erdenmenschen, die in der Literatur glaubhaft beschrieben sind. Über zweihundertdreißig Heiligen wird die Fähigkeit des Levitierens, also die Fähigkeit, die Erdanziehungskraft aufzuheben, zugesprochen – um nur ein kirchliches Beispiel zu nennen.

Berichte über ‚paranormale Phänomene' werden immer mehr gesammelt und immer klarer definiert. »Magier« im alten Sinne waren Priester, die den Titel *Magus* trugen. Es waren Eingeweihte im alten Persien, und der Wortstamm aus dem Indogermanischen verweist auf *magh* (mögen, können). Andere Sprachforscher leiten es vom indischen Wort *maha* (groß) ab, und modern finden wir es wieder im griechischen *mega*. »Magi« könnte somit auch »die Großen« bedeuten. Die »Maha-Rishis« der Veden waren auch Menschen mit übernatürlichen Kräften.

Dass ein Magier manchmal auch als *Zauberer* oder *Betrüger* angesehen wird, kommt zuerst von dem Unverständnis seiner Umgebung, aber außerdem daher, dass solche Könner sich eben auch verführen lassen, ihre Künste zur eigenen Macht zu missbrauchen und damit dem Ungeist (erkläre ich später noch) und seinen Kräften zur Verfügung zu stellen (siehe »Herr der Ringe«). Nichts dergleichen finden wir bei Jesus – auch die angeblichen luziferischen Prüfungen in der Wüste (und sicher viele davor in seiner Studienzeit) erstrahlen im Lichte seines Charismas, und das ist das *Christuslicht*.

Und wie sieht das heute aus? Ernst Meckelburg berichtet in der Schweizer »ZeitenSchrift« ausführlich über verschiedene internationale wissenschaftliche Untersuchungsergebnisse der **Psychokinese** (PK), dem Sammelbegriff einer Vielzahl psychisch bewirkter Phänomene – unter anderem auch über Entwicklungsprogramme der *US Airforce* mit bewusstseinsgesteuerten Flugzeugen. *„Diese Art der Mind control erfordert ein hohes Maß an Gedankendisziplin, und man ist versucht anzunehmen, dass dies unter anderem durch ausgedehnte Konzentrationsübungen, Biofeedback und Meditation erreicht wird."*

Vermutlich wird Jesus bei solchen Versuchen nur schmunzeln, aber wir leben nun einmal in einer *dualen* Erfahrungsebene, und da bietet jede Energie auch zwei gegensätzliche Möglichkeiten ihrer Anwendung – und dazu zähle ich auch die militärisch missbrauchte.

So finden wir wieder zurück zur Religion. Mit dem erweiterten Bewusstsein unserer Zeit können wir es *klarer* verstehen, dass Jesus mit seinem oder dem göttlichen Geist oder Bewusstsein seine Wunder geschehen lässt. Und was wir für ein leeres Versprechen halten, dass wir angeblich auch irgendwann *„...einmal solche Wunderwerke tun könnten und noch größere als diese"*, haben ‚Heilige' immer wieder belegt – doch wer befasst sich heute noch damit? »Google« spricht von 3.500 Heiligen und Seligen der katholischen, orthodoxen, protestantischen und anglikanischen Kirchen, und ohne Wunderwirken wird niemand selig- oder heiliggesprochen.

Es gab aber auch ein sehr großes Geschehen, das man als »Erweckungsbewegung in Indonesien« bezeichnet und wovon im Buch »Das Ewige Evangelium«[16] von Franz Deml ausführlich berichtet wird. *„Heilungswunder leiteten schon zu Beginn der Evangelisation im Jahre 1965 die ganze Wunderserie ein. Ein Missionar erzählt: ‚Blinde wurden sehend, Lahme konnten gehen. Die Stummen lernten reden, den Tauben wurden die Ohren aufgetan. Es gibt in der ganzen Bibel kaum ein Wunder, das nicht in Indonesien sein Gegenstück hätte. [...] Wichtiger noch als das Wunder ist freilich die Umwandlung der Herzen. Darum sind die Wortverkündigungen im Mittelpunkt einer jeden Erweckung...' Das Wachstum der Kirchenmitgliedschaft belief sich im Jahre 1972 bereits auf zwei Millionen (in Timor allein zweihunderttausend). Es wurden in diesen urchristlich-ähnlichen Gemeinden fast alle Wunder nachvollzogen, die Jesus zu seiner Erdenzeit geschehen ließ: Wasser/Wein-Umwandlungen (weil es auf den islamischen Inseln keinen Wein gibt), Nahrungsvermehrung, über ei-*

nen Fluss schreiten, Wetterbeeinflussung und mehr und immer wieder. Auch das Fortgetragenwerden durch die Lüfte an einen weit entfernten Ort kam in Indonesien vor. ‚Einmal passierte es einer ganzen Mannschaft, dass sie ein achtundvierzig Wegstunden entferntes Dorf bereits in vier Stunden erreichte‘.“

Was die Mystiker aller Zeiten und aller Kulturräume innerlich erfahren haben: Es gibt eine *Energie* oder *Urkraft*, die aus dem Göttlichen kommt – dem Metaraum oder dem Hyperraum oder auch von Jesus – und von uns Irdischen unter anderem auch als *inneres Licht* erfahren und von entsprechend Veranlagten, Trainierten oder Berufenen *praktisch* erlebt wird. Ist das Magie? Sind das Magier? Und wenn schon, dann sind es eben Magier, Meister, Eingeweihte, Gurus, Wundermänner, Heilige, Avatare (Sanskrit: *Heilsbringer, Heiland*) und Wissenschaftler – jeder nach seiner Art. Die modernen preisgekrönten Filme »Mana – die Macht der Dinge« (www.manafilm.de) und »Bleep – ich weiß, dass ich nichts weiß« (www.bleep.de) lassen immer mehr erahnen.

Damit die Gläubigen des dritten Jahrtausends solches **göttliches Licht** besser verstehen, inspirierte uns Jesus durch ein ‚Bild‘ – das Gemälde, das durch die Heilige Faustina entstand –, in dem er »Licht aus dem Herzen« in äußeren, farbigen Strahlenbündeln vorführt. Will Jesus heute auf moderne Art unterstreichen, was er einstmals (Joh. 8,12) zu erklären versuchte: *„Ich bin das Licht der Welt; wer mir nachfolgt, der wird nicht wandeln in der Finsternis, sondern wird das Licht des Lebens haben.“*?

Kommen wir noch einmal zurück zur ‚Magie‘. Dr. Manfred Ehmer schreibt in seinem Buch »Die Weisheit des Westens«[17] zum Thema »Alchemie«: *„Alchemie ist ja nichts anderes als Beherrschung des Stoffes durch den Geist! Die Stoff-Beherrschung und Stoff-Transformation durch die Kraft des Geistes werden im allgemeinen Sinn auch als ‚Magie‘ bezeichnet, und insofern können auch der magische Taoismus im alten China, der tibetanische Tantrismus und diejenigen indischen Yoga-Systeme, die auf die Erlangung übersinnlicher Fähigkeiten (siddhis) ausgerichtet sind, als außereuropäische Formen der Alchemie betrachtet werden. Aber nicht nur in China, Tibet und Indien wurde die hohe Kunst der Stofftransformation gelehrt, sondern auch in Griechenland und Ägypten; überall aber galt sie als ein geheiligtes Priesterwissen, das strengster Geheimhaltung unterlag.“*

Mit dem Thema Alchemie befasst sich auch Christine Kammerer in der Zeitschrift »raum&zeit – die neue Dimension der Wissenschaft« und erkennt bei Jesus altägyptische Kenntnisse: *„Orientalische Magier schenkten ihm bei seiner Geburt Weihrauch, Myrrhe und Gold – die drei alchemistischen Symbole der Weisheit. Sehr wahrscheinlich hat Jesus ein Studium generale der damals gängigen Disziplinen absolviert und sein alchemistisches Diplom mit ‚summa cum laude' absolviert – er verstand sich, wie überliefert, auf die Kunst, Wasser in Wein zu verwandeln, ein magisch-alchemistisches Ritual, das die katholische Kirche symbolisch bis heute beibehalten hat: die Verwandlung von Brot und Wein in Leib und Blut Christi. Die Rabbiner behaupteten, Jesus sei geisteskrank – eine häufige Umschreibung des Geisteszustands von Schamanen im Zustand der Trance, in den Evangelien ist die Rede vom ‚Geist, der sich herabsenkt'. "* [18]

Aus den östlichen Religionsphilosophien kennen wir die geläufigere Bezeichnung *Meister*. Dies sind Menschen, die sich durch Anstrengung, Ausdauer und Einfachheit in ihrer individuellen Seelenevolution entwickelt haben. Sie fanden *sich selbst* in ihrer inneren Stärke und ihrer Verbindung-mit-allem. Sie, die diese »Meisterung« und Vollkommenheit *lehren und auch leben* – sie leben überzeugend ihr *Sein* und nicht ihr *Haben*. So wird auch Jesus mehrfach als »Meister« angesprochen. Bei den Essäern war es ein hoher Titel auch für ihn, und dieser begleitete ihn somit auch in die Evangelien, wie er bei Joh. 13,13 bestätigt.

Maria Magdalena geht in ihrem »Manuskript« mehrfach auf die Wundertaten Jesu ein, berichtet darüber und erklärt sie auch. *„Viele halten Jeschuas Wunder für etwas sehr Außergewöhnliches, doch aus der Sicht eines Eingeweihten sind sie einfach der Ausdruck – der natürliche Ausdruck – der Fähigkeiten des Bewusstseins. Sie sind ein Zeichen."*

Eigentlich drückte sich Jesus laut Joh. 8,23 doch völlig klar aus, wenn er uns erklärte: ***„Ich bin nicht von dieser Welt."***

Trotz der größeren zeitlichen Nähe hatten die Bischöfe und Kirchenväter der ersten Jahrhunderte ihre Probleme damit, dass der Menschensohn – wie Jesus sich selbst nannte – ‚plötzlich' nach der Taufe in seinem dreißigsten Lebensjahr über derart wundervolle und ‚göttliche Gaben' verfügte. Nach den verbliebenen Texten in den vier unter Zwang ausgewählten Evangelien (mehr dazu später) geht die Kirchenlehre davon aus, dass er achtzehn Jahre lang brav und ordentlich als Zimmermann seiner nicht kleinen Familie beim irdischen Lebensunterhalt mithalf.

Logischerweise mussten sich die Bischöfe im römischen Reich bei so vielen ‚Wundern' irgendwann dazu entscheiden, den *Menschensohn* zu einem *Gottessohn* aufzuwerten – doch der christliche Streit darüber endete erst im siebten Jahrhundert. Dann erkannte man schließlich die ‚überzeugende' Formel an: »**Jesus war ganz Gott und ganz Mensch.**« Doch sie war so wenig überzeugend, dass die Kirchenmänner sie später zu einem Dogma erklären mussten. Und die vielen ‚Wunder', über die bei den rund dreitausendfünfhundert Heiligen und Seligen der verschiedenen christlichen Kirchen berichtet wird, gingen bisher nur in unsere Köpfe, wenn sie ausschließlich ‚von Gott' bewirkt wurden. Kann das der heute amtierende Heilige Vater ändern?

Der Code der Liebe

Nun, inwieweit können sowohl Kirchenchristen als auch wir Christen, die wir uns weitgehend aus dem Kirchenleben zurückgezogen haben, das Übernatürliche, das Überirdische, die **Transzendenz**, akzeptieren? Was berichtet das Neue Testament konkret von der Übernatürlichkeit Jesu? Wo kam dieser Weisheitslehrer her, der von sich sagt *„...ich bin nicht von dieser Welt"*? Erinnert das nicht an die mythologische Überlieferung im Alten Testament, dass die Außerirdischen es mit unseren schönsten Töchtern trieben...? (*„...da sahen die Gottessöhne, wie schön die Töchter der Menschen waren, und nahmen sich zu Frauen, welche sie wollten."* – 1. Mose 6,2)

Wie können wir Menschen des dritten Jahrtausends uns den Himmel vorstellen? Und vor allem jene legendäre göttliche Energie der *himmlischen Liebe*? Inwiefern sind wir überhaupt fähig, solche *kosmische und überirdische Liebe* ‚irdisch' zu begreifen?

Es scheint sehr schwierig zu sein, und es gibt Mitmenschen, die behaupten, im niedrigschwingenden Charakter der Erdebene seien solche Vorstellungen ganz unmöglich. Die jahrtausendelange Lieblosigkeit in allen Formen des Tötens (Mensch, Tier und Natur) gibt ihnen bis heute Recht.

Was wissen wir Christen überhaupt vom *übernatürlichen Raum*, vom **Himmel**, vom Reich Gottes? Wissen andere Religionen mehr darüber? Ist das *Paradies* damit gemeint? Dieses Wort kommt von dem altpersischen Wort *pairidaeza*, klingt griechisch *paradaisos* und hebräisch *pardes* und bedeutet »umfriedeter Garten«. Ein Garten des ewigen Glücks? In »GEO-1/2007« schreibt im Leitartikel auf schnoddrig-berliner Art der Autor Jörg-

Uwe Albig: „*Weisheitslehrer aller Epochen haben verkündet, das Glück sei ungreifbar. Der Mensch könne sich ihm annähern in der Askese (Diogenes), in der Schmerzvermeidung (Epikur), in der Tugend (Stoiker), in der Lust (die Hedonisten) oder in der Pflicht (Kant). Doch zugleich hielt sich hartnäckig die Lehre, das Glück ließe sich betreten wie ein Schloss oder ein Garten – sei letztlich eine Gegend, eine Umwelt, ein Biotop. Diese Idee, dass Glück kein Zustand ist, sondern ein Ort sei, entstand zwischen 4000 und 2000 v.Chr. im Zweistromland zwischen Euphrat und Tigris. Dort schwärmten die alten Sumerer auf Tontafeln von einem glücklichen Land Dilmun – ‚ein sauberer Ort‘, betonten sie, ‚ein überaus glänzender Ort‘. Dieses Land war ewig grün und fruchtbar. Mensch und Tier lebten in Harmonie. Reine Quellen strömten, unsterbliche Götter und Göttinnen genossen das Leben – und ganz umsonst.*"

Der mediale schwedische Politiker, Wissenschaftler und Visionär Emmanuel Swedenborg, vom Königshaus geadelt, konnte nach einer Vision im Jahr 1743 berichten: „*Auch der Liebesgenuss sei im Himmel ‚noch viel köstlicher‘ als auf Erden*" – was auch aus den Beschreibungen im Koran bekannt ist.

Etwas Konkreteres über diese ewigen Gefilde erfährt man im Osten. Wer auf ein Leben voll guter Worte, guter Gedanken und guter Taten zurückblicke, komme in den ‚Himmel‘ und erwache ‚im Paradies‘ – nicht als ewig verlorenes Paradies, sondern als Wohnstatt der Zukunft, **auch nicht als Erinnerung an irgendeine Strafe, sondern als Aussicht auf Lohn.** Diese Lehre Zarathustras, gesammelt im Zend-Avesta, wurde Staatsreligion in Altpersien, und als die Perser das Land Juda im Jahre 539 vor Christus eroberten, wurde der Ort dieser Seligkeiten zum ‚Garten Eden‘.

Und was können wir uns heute darunter vorstellen, nachdem die christliche Kirchenlehre wenig Informationen darüber liefert?

Sind solche Sehnsüchte nur *Erinnerungen*, zum Beispiel an den seligen Urzustand im Mutterleib?

Oder sind sie die *Vorfreude*, die als Erzählung vom Paradies, wie alle großen Mythen, eine anthropologische Konstante erzeugt, in diesem Fall die logische Folge des Wunsches und des Begehrens? Sie gibt der ‚Idee der besseren Zukunft‘ ein Bild. (Professor Jochen Hörisch an der Uni Mannheim)

Oder sind es Erinnerungen an die *Erfahrungsebene* einer ätherischen Menschheit frühester Entwicklung auf Lemuria oder Mu? (Theosoph W. Scott-Elliot)

51

Oder sind es Erinnerungen an unsere *nächtlichen Aufenthalte* in den himmlisch-astralen Sphären, wenn wir nachts den Köper verlassen? (Brigitte Jost in ihrem Buch »Aquaria – die Göttin kehrt zurück«; wer ihr Buch noch nicht kennt, findet eine kurze Erklärung unter[19])

Oder ist es wie Jesus meinte: *„...denn siehe, das Reich Gottes ist in euch.“*?

Sicherlich hat jeder ein bisschen Recht. Könnte man es auch so bezeichnen: eine »zeitlose Erfahrungsebene unseres unsterblichen Geistes« (auch Seele genannt)? Esoterisch oder spirituell ausgedrückt ist das die ‚Vierte Dimension‘. Ein kurzer Überblick: Wir leben hier auf Stufe 3, der physischen Erfahrungsebene, die auch 3D genannt wird (D steht für ‚Dimension‘). Darüber, also höherfrequent, wird es ätherisch und unsichtbar und meta-physisch. Die Stufe 4 oder 4D ist das astrale und emotionale Zwischenreich, der **Metaraum** (unter anderem mit den kirchenchristlichen Jenseitsebenen der Hölle, des Fegefeuers und der Läuterungszonen). Die noch höher schwingenden geistigen Erfahrungsebenen 5D, 6D, 7D und mehr sind der sogenannte Himmel oder auch **Hyperraum** genannt. Jesus erklärte es zu seiner Zeit so: *„...in meines Vaters Haus sind viele Wohnungen.“*

(*„...so, und das allerfeinste und allerwichtigste Wunderreich der Feen, der kleinen Leute und der Koooobolllllde, das ihr auch nicht sehen könnt, vergisst du wohl!“*, ruft *Boldi* ganz erregt und fuchtelt mit seinem langen Schreibstift.) Neeeiin, natürlich nicht! Man ist sich nur nicht einig, ob man dazu 2D sagen könnte oder einfach das *lebensfrohe Naturreich*.

Versuchen wir doch einmal, diese drei Daseinsebenen weder *theologisch* noch *philosophisch*, sondern nur *kosmisch* und ‚über-geordnet‘ zu betrachten. Es kann nicht die Romanwelt Dan Browns sein und nicht die Zauberwelt von Harry Potter oder der hilfreichen muslimischen ‚Bezaubernden Jeany‘, aber doch eine Welt ‚realer Phantasie‘, die über Erinnerungswerte hinausgeht. Ich schlage vor, dass wir uns das Jenseits einmal von außerhalb unserer materiellen Lebensebene vorstellen, also als *geistiger Besucher* im kosmisch-geistigen Hyperraum – zum Beispiel in der Art, wie es Irdische bei einer außerkörperlichen Reise erleben und beschreiben.

Zum besseren Verständnis möchte ich Sie, liebe Leserin, lieber Leser, zu einem kleinen geistigen Ausflug in den Kosmos einladen – aber nicht in das gewaltige und faszinierende All, das sichtbare Universum (mein UFO hat heute Startschwierigkeiten), sondern noch einen *geistigen Schritt* weiter: in das unsichtbare, ätherische Universum, das oft auch **Omniversum** genannt wird. Glaubt man den Berichten medialer Menschen, so sind viele Gestirne und ihre Planeten besiedelt, in den meisten Fällen mit menschlichen oder menschenähnlich aussehenden Zivilisationen. Das betrifft auch unsere Sonne samt all ihrer eigenen und adoptierten (eingefangenen) Planetenkinder.

Diese unsichtbaren Geisteswelten herrschen auch rund um unseren Planeten Erde. Er ist quasi eingepackt und umhüllt von vielen feinstofflichen Sphären, die alle mit ätherischem Menschenleben erfüllt sind. Eine ausführliche Beschreibung ist an dieser Stelle aus Platzgründen nicht möglich. Ich habe darüber in meinen bereits erschienenen Büchern detailliert berichtet, und seit dem achtzehnten Jahrhundert ist über diese geistigen Welten auch anderweitig sehr viel Gesehenes, Erklärtes, Erfahrenes und Glaubhaftes veröffentlicht worden. Es gibt aber inzwischen darüber sowohl topaktuelle Bücher als auch Physiker, die verkünden, *dass Raum und Zeit vierdimensional angelegt sind.* Der lineare Verlauf von Vergangenheit, Gegenwart und Zukunft ist somit eine Illusion, die darauf wartet, durchschaut zu werden.

Bleiben wir bei unserem geistigen Ausflug in den Hyperraum unserer Erde. Wir landen auf einer sehr hoch schwingenden Bewusstseinsebene, denn von diesen muss es wohl sehr viele, energetisch abgestufte Sphären und Bandbreiten rund um unseren Planeten geben. Wie schon erwähnt, meinte Jesus dazu: *„...in meines Vaters Haus sind viele Wohnungen."* (Joh. 14,2)

Wir stellen uns vor, dass wir uns jetzt auf der Ebene der sogenannten »Aufgestiegenen Meisterinnen und Meister« befinden, auf der alles Geschehen *zeitlos* betrachtet wird – der ‚Moment' ist hier vergangen und zukünftig zugleich. Unser geistiger Ausflug wird daher auch zu einem Zeitsprung. Das ist faszinierend, da auf dieser paradiesischen Bewusstseinsebene im »Reich Gottes« Liebe, Friede und völlige Harmonie selbstverständlich sind.

Wir können hier fragen: *„Was verstehen wir Irdischen unter Liebe und Nächstenliebe und was ihr Himmlischen?"* Jesus hat es ja schon in ein Gleichnis gepackt, als er sagte: *„Die Liebe des Vaters ist wie die Sonne. Er lässt seine Sonne aufgehen über Böse und Gute und lässt regnen über Gerechte und Ungerechte."* (Mt. 5,45)

Die Antwort der Meisterinnen und Meister wäre sicherlich: *„Solche Liebe gibt und verschenkt sich bedingungslos. Sie kann auch nicht begrenzt werden, wie ihr Irdischen es mit eurem Verstand fast immer macht. Wenn ihr an den Vergleich mit der Sonne denkt, der euch gegeben worden ist, erkennt ihr, dass sie strahlt, ohne dass ihr zurückstrahlen müsst. Sie leuchtet unermüdlich! Ob ihr* *dadurch ebenfalls ins Strahlen kommt oder nicht, bleibt ohne Bewertung. Sie erwärmt mit ihrem Liebesfeuer die Erdmutter mit Jung und Alt, Mensch und Tier; solche, die ihr als Heilige bezeichnet genauso wie die, welche ihr als ‚Verbrecher' beurteilt – alle gleich liebevoll. Solche Liebe ist himmlisch-göttlich."*

Und von *hier oben,* in dieser himmlischen Schwingung, erkennen wir, dass die Erdenwelt noch viel, viel mehr Licht und Liebe braucht, damit die seelischen Energien, ihre Herzenskräfte, erwachen können. Dazu kommt ja noch, dass wir bei unserem Ausflug die Erde zu einer Zeit beobachten, in der es viel brutaler zugeht – es ist noch das ausklingende Zeitalter des Widders.

Von *hier oben aus* inkarnieren deshalb seit Jahrhunderten ‚Geistwesen' in die materielle Lebensebene. Sicherlich tun dies Abertausende aus reiner himmlischer Liebe, und dazwischen sind auch besonders ‚hochschwingende' Geistwesen wie Konfuzius, Buddha, Echnaton, Mose, Pythagoras und zig andere Avatare und Heilande des ausgehenden Widder-Zeitalters. Dieser Zeitabschnitt geht als ‚Achsenzeit' in die irdischen Geschichtsbücher ein. Hier oben auf der hohen Bewusstseinsebene gilt aber eines ganz sicher: Keiner von den Meistern würde als ‚Erlöser' in die materielle Dichte hinabsteigen. Sie kamen als *Propheten* und als *Lehrer,* und sie kamen aus *reiner Liebe* und brachten ihre *himmlisch-göttlichen Lichtkräfte* mit. Kein Gottvater wollte von seinen höchsten Geistwesen, dass sie sich für irgend etwas auf irgendeinem Planeten ‚opfern' – gar um *ihn* zu versöhnen? Auf diesen hochschwingenden Seelenebenen kennt man so etwas wie *Opfer* überhaupt nicht oder erinnert sich vielleicht nur noch schwach an weit zurückliegende Erdenleben. Hier ist alles himmlisch-göttliche Liebe, und es ist ausschließlich diese Liebe der Beweggrund, wenn eine Meisterin oder ein Meister einen Erdenkörper annimmt.

Kommen wir zurück zu unserem geistigen Ausflug. Wir Betrachter erleben jetzt die Zeit vor zweitausend Erdenjahren. Wir erleben den Übergang vom Widder- in das Fische-Zeitalter, das dann zweitausend Erdenjahre später in das Zeitalter des Aquarius, des Geistausgießers, übergehen wird und innerhalb dieses Zeitplans auch in die zyklisch wiederkehrende Periode der großen Lichtreinigung. Das gesamte Sonnensystem tritt dann mit unzähligen anderen in den galaktischen Sektor des Photonenlichtes ein. Die deutschen Astronomen Friedrich Wilhelm Bessel und Paul Otto Hesse entdeckten zu Beginn des letzten Jahrhunderts im Bereich des riesigen Sternensystems der Plejaden den ‚Manasischen Ring‘, der heute auch Photonenring genannt wird. Als solcher wurde er 1961 per Satelliten abermals entdeckt und im Jahr darauf folgte eine wissenschaftliche Studie. Auf dem 25.920 Jahre langen Orbit passiert unser gesamtes Sonnensystem den Lichtgürtel dieses sogenannten **Photonenrings**. Ein Durchgang soll auch 2.100 Jahre dauern, also fast ein Äon und genau ein solcher, nämlich der des Wassermanns, ist der diesmalige lichtvolle Transit.)

Bis zu diesem fernen Geschehen muss auf dem Planeten Erde etwas Besonderes entstehen in punkto *Liebe*, denn es naht gerade ein herausragender Zeitpunkt – der erwähnte Wechsel der Zeitalter. Sogleich erkennen die Meisterinnen und Meister dieser Bewusstseinsebene: Die himmlische Liebesenergie müsste für das neue Fische-Zeitalter, also für die irdische Zukunft, erstens noch besser als bisher *manifestiert*, zweitens noch ‚irdischer‘ verankert werden, aber drittens ohne ‚Gesetzestafeln‘, welche die individuellen Seelenentwicklungen zu sehr einschränken würden.

Als ‚besser‘ hat man zum Beispiel auch ‚spektakulärer‘ geplant. Aber damit es auch *energetisch* ‚besser‘ in der dichten, irdischen Erfahrungsebene *verankert* sein wird, beschließt man, dass von einem »übernatürlichen Heiland« außer der Botschaft und dem Vorleben noch eine weitere Anbindung entstehen muss – eine genetische. Denn über ihre Herzzentren sind die Inkarnierten *immer* schon und *alle* mit den himmlischen und göttlichen Lebensebenen dauerhaft verbunden – online. („*...schreib ja nichts über einen W-LAN-Anschluss, diese Schei...energie tut nämlich weh!*“, zischt *Boldi*, und ich muss ihn zurechtweisen wie ein Kind: Wenn du dich nicht anständig ausdrückst, fliegst du raus aus dem Buch.)

Ein genetischer Fingerabdruck des himmlischen Heilands? Das ist ein faszinierendes Vorhaben! Als *himmlische Betrachter* können wir auch in die Zukunft blicken und erkennen dabei unseren Jesus und die göttliche Schönheit Maria Magdalena.

Aber wie soll das Ganze vor sich gehen?

Das ‚Spektakuläre‘ – zum Beispiel eine Kreuzigung mit Auferstehung – wird weltbekannt und wird alle die, welche an die dazugehörige Botschaft glauben, zur größten Glaubenseinheit auf Erden bringen: in die neue Liebesreligion. Wird es eine Fallstudie der Evolution des Erdplaneten in der vollen Bandbreite aller Formen irdischer Liebe?

Aber mit der tatsächlich *gelebten und praktizierten Liebe* scheint es dann immer noch gewaltig zu hapern. Könnte es daher nicht folgendermaßen geplant gewesen sein: Außer einer spektakulären Einführung an dem energetischen Übergang der beiden Zeitalter müsste man zusätzlich ein weiteres Exempel statuieren, und man beschließt etwas Noch-nie-dagewesenes: Die *himmlische Liebe* wird als *irdische Liebe* in vier getrennte Erfahrungsbereiche aufgeteilt.

Die irdische Erfahrungsebene ist sowieso geprägt vom Geteiltsein. Das Duale, das es auch im Hyperraum gibt, ist auf der irdischen Erfahrungsebene meist emotional polar und gegensätzlich geworden. Also beschließt man, das Phänomen der ‚himmlischen Liebe' ebenfalls zu teilen und personell mit höchsten Meisterinnen und Meistern zu besetzen. Einer der geplanten Liebesbereiche wird somit die

- väterliche, führende und schützende Liebe sein; einer wird die
- mütterlich-sorgende und mitfühlende Liebe sein; einer wird die
- lehrende, aufklärende und helfende Liebe sein; und einer wird die
- beglückende, sinnliche und sexuelle Liebe sein.

Auf Erden müssen diese sich ergänzenden Liebes-Qualitäten natürlich *einzeln* gelebt und manifestiert werden. Dazu wird sich sicherlich am besten eine qualifizierte Familie eignen, wodurch die verschiedenen Erfahrungsbereiche wieder in einer *Einheit der Liebe* wirksam werden. Und eine solche Heilige Familie wird gebildet: Josef mit Maria und Jesus mit Maria Magdalena – das Projekt »JMJMM« –, eine Familie als Gründer-Team der »Religion des Herzens«.

Die weiblichen Rollen haben zwei höchstqualifizierte Geistwesen übernommen: Maria (aramäisch: *die Schöne*) kennt die matriarchalischen Empfindungen der Erdenkinder *dieser Region* schon als die »Große Mutter« *Sophia,* und Maria Magdalena kennt sie auch regional aus ihrer Vorinkarnation als hochverehrte *Göttin Isis.* Die hohe Besetzung der Rollen ist hervorragend gewählt, denn die *Aufwertung* der irdischen Frauen (deren damalige Rechte teilweise den Haustieren gleichgestellt waren) wird im gesamten patriarchalisch-dominierten Mittelmeerraum dringend notwendig.

Für die ‚Himmlischen' wird ist es eine kurze, aber göttliche Episode auf der irdischen Erfahrungsebene sein. Josef wird zuerst schon von Palästina aus wieder heimkehren können und Jesus danach auf die Art, die als *Himmelfahrt* bekannt ist. Maria wird dann noch länger in der Nähe von Ephesos

(Efes in der heutigen Türkei mit dem Wallfahrtsplatz *»Haus der Maria«* auf dem Bergrücken Als Dag) leben und kommt auch per Himmelfahrt heim. Maria Magdalena wird es mit ihrer Tochter Sara (aramäisch: *die Fürstin*) in den Westen nach Gallia und Britannia ziehen.

Soweit also unser Zeitsprung und geistiger Ausflug als *irdische Betrachter* der göttlichen Schwingung LIEBE im zeitlosen Hyperraum, den himmlischen Sphären der »Aufgestiegenen Meisterinnen und Meister«. Kehren wir wieder zurück in unser heutiges Raum-Zeit-Kontinuum.

Ahnen auch die Evangelisten diese himmlischen Zusammenhänge? Es findet sich tatsächlich keine Textstelle, in der Jesus seine Mutter als Mutter anspricht, sondern sie ist hauptsächlich (nach Papst Pius XII.) die ‚Gefährtin des Erlösers‘. Weil ich bei dieser Beschreibung etwas zu Maria im Alter (in Ephesos) bei »wikipedia« suchte, fiel mein Blick ‚zufällig‘ auf einen Absatz einer zwölfseitigen Abhandlung[20], der die vermutete Planung im Jenseits treffend ergänzt. Im »Journal of Religious Culture« schreibt Professor Dr. Ali Ihsan Yitik von der Theologischen Fakultät der D.E. Universität Izmir: *„…kurz gesagt, sowohl die Schriftgelehrten verschiedener islamischer Richtungen als auch andalusische Gelehrte wie Kurtubî und İbn Hazm verstehen die Jungfrau Maria als eine von Gott ausgewählte geistliche Führerin und Botschafterin, welche die Menschheit zum richtigen Weg bringen sollte, und als eine der vollkommensten Menschen überhaupt.“*

Georgia Fritz erfährt in ihrem »Interview mit der Heiligen Familie«[21] im Sommer 2005 von Josef: *„…weißt du, Maria und ich waren schon oft durch viele Begegnungen und Leben vertraut, und wir hatten vereinbart, dass ich ihr bei dieser Aufgabe Geborgenheit und Schutz gebe.“* Auf die Frage nach alten Erdenleben oder auch anderen Existenzen erfahren wir: *„…wir waren bereits gemeinsam zu Aufgaben auf der Erde unterwegs gewesen, jedoch hatte Maria ihren Schwerpunkt in anderen Dimensionen. Es brauchte eine Seele, die bereits sehr hoch entwickelt war für diese Aufgabe, und Maria hatte ihre Entwicklung außerhalb der Erde vorangebracht.“*

Nun bleibt noch Maria Magdalena. Durch ihre Inkarnation erfolgte die genetische Verankerung der »Himmlischen« auf unserem Planeten. Diesmal waren es die *wahren Himmlisch-Liebenden*. Es waren nicht die Himmlisch-Außerirdischen, die Söhne, die sich mit den irdischen Frauen paarten, so wie es Jahrtausende vorher in der Schöpfungsgeschichte der Sumerer steht und wie es in der Genesis des Alten Testaments abgeschrieben worden ist. Maria Magdalena hat matrilinear das himmlische Erbe von ihr und von Jesus an das irdische Kollektiv weitergegeben – unauslöschlich!

Ihre *gebildeten und intelligenten Auslegungen* der Gleichnisse Jesu, die den Aposteln und Jüngern damals halfen, Jesus besser zu verstehen, fielen ihr möglicherweise leicht, wenn die Aussage aus dem »Manuskript der Magdalena«[15] wahr ist, dass Maria eine eingeweihte Isis-Priesterin war. Das klerikale Männersystem hat zwar später die »Religion des Herzens« unterdrückt und verschwinden lassen, doch ihr *genetisches Erbe* steckt in uns allen – nicht nur in Privilegierten und Königshäusern – **und beginnt *als das neue Weibliche* in uns allen zu erwachen.**

Ich nenne nur vier zeitgemäße Beispiele, was ich als neue Schwingung des Weiblichen in Deutschland erkenne, die nicht mehr im stillen, sondern schon epochemachend einsetzt: Am 2. März 2004 wurde *unter Vorsitz der Bundesrichterin Jäger* die »Geistheilung« offiziell anerkannt und den anderen Heilsystemen gleichgestellt – ein überraschendes, ja sensationelles Urteil.

Und das zweite: Das öffentliche »Süddeutsche Wirtschaftsjuniorentreffen« (mehr als tausend »Macher der deutschen Zukunft«) lud am 14. Oktober 2005 im Schloss Salem zur Frage *»Ist die Zukunft weiblich?«* ein.

Mein dritter Hinweis ist ein Beispiel für ein wenig bekanntes, aber breites Hilfsangebot: Am 22.9.2006 startete der ‚Frauennotruf Kiel‘ eine »Kunstaktion« als Hinweis: *„Wir wissen inzwischen, dass sexuelle und körperliche Gewalt gegen Kinder und Frauen leider kein Nischenthema ist, von dem nur wenige betroffen sind. Aber noch immer schämen sich zu viele Betroffene, Hilfe zu suchen. Sie schämen und verstecken sich, als wären sie an ihrer Lage selber schuld. Sie bleiben unsichtbar und hoffen, dass es niemand merkt.“*

Die vierte Überraschung ist ein Blick auf die »DER SPIEGEL«-Bestsellerliste der Bücher im Heft 15/2007. Von den zwanzig Titeln der Sachbuchreihe, sonst eine männliche Domäne, sind zehn Werke von Autorinnen verfasst, wovon acht Werken ausgesprochen weibliche Themen betreffen.

Da war aber noch ein wichtiger Punkt in der himmlischen Planung dieses Liebesprojektes auf der Ebene der Meisterinnen und Meister: eine neuartige »Religion des Herzens« ohne strenge Gesetze, Regeln und Vorschriften irgendwelcher Götter – eine weltweite, aber offene Liebesreligion, die *anpassungsfähig* im Kontext mit Individuellem, Regionalem und Traditionellem gelebt werden kann, eine Liebesreligion, die durch eine dauernde Weiterentwicklung mit der geistigen Welt oder dem Reich Gottes in Verbindung bleibt, das dann irgendwann als in den Menschen selbst liegend erkannt werden wird. Diese »Religion des Herzens« hätte dann die Möglichkeit – einzigartig auf der Erde –, sich als nicht vollständig vorgeschriebenes Gesetz ,zeitgemäß' und in den Herzen der Menschen weiterzuentwickeln. Das war die geplante Vorgabe, die bisher aber nur ,mangelhaft' verwirklicht wurde.

Wir erleben weltweit den Wechsel in das dritte Jahrtausend. Immer mehr Menschen spüren und merken, dass uns heute die veralteten und buchstabengläubigen inneren und äußeren Jesusbilder nicht mehr weiterbringen. Doch bei einer enttäuschten und desinteressierten Abwendung besteht die Gefahr, dass dabei zu leicht auch das Kind mit dem Bade ausgeschüttet wird und man mit dem Kircheneinfluss auch Jesus ablehnt: *„Interessiert mich nicht mehr."* Wo kann das hinführen? Dann finden sich die Menschen zwischen ,bequemer Ablenkung' und ,innerer Orientierungslosigkeit' wieder – verirdischt, trotz äußerer Erfolge unzufrieden, immer öfter depressiv und so erstaunlich hilflos.

Dabei steht uns allen in Wirklichkeit und weiterhin die wundervolle und göttliche Energie eines mächtigen und liebenden und in Sekundenschnelle präsenten *Heilands* kostenlos zur Verfügung – er ist alle Tage bei uns; online und an allen Kirchenverbiegungen vorbei.

Die verschiedenen neuen Schwingungen, wie auch die des beginnenden Zeitalters von »Aquaria und Aquarius«, öffnen auch unseren Verstand für **ein neues und zeitgemäßes Jesus-Verständnis**, wenn wir wissen:

- Jesus hat bei seiner Kreuzigung körperlich nicht gelitten.
- Jesus starb für uns keinen ,blutigen Opfertod', sondern er wollte *Zeichen setzen*, und das ist ihm gelungen, und
- das war vorher gemeinsam in der geistigen Welt geplant und schließlich auf der irdischen Welt planmäßig durchgeführt worden: *„...es ist vollbracht!"* (Joh. 19,30)

Maria Magdalena erklärt uns heute: *„Er kam als Lichtfülle, als Strahl der Liebe zu einer Zeit, als die Welt noch im Schatten eines eifersüchtigen Gottes lebte. Jeschua, die Meisterseele, demonstrierte enormen Mut und Stärke, dass er in solch einer Zeit Liebe lehrte."* Könnten dazu – rein symbolisch – die Herzensstrahlen im Gemälde des »Neuen Jesus« passen?

59

Jesus *musste* nicht sterben, um die »Religion des Herzens« auf den Weg zu bringen. Aber er *wollte* diesen ‚Eindruck' erwecken. Eigentlich hat er sich dazu völlig klar und logisch ausgedrückt: „*...oder glaubst du nicht, mein Vater würde mir sogleich mehr als zwölf Legionen Engel schicken, wenn ich ihn darum bitte?*" (Mt. 26,53) Eine römische Legion bestand damals aus vier- bis sechstausend Soldaten. Wir sehen daran: Meister Jesus konnte und kann mit Macht umgehen.

Somit meine ich, auch dieser »Jesus-Code« ist nun dechiffriert, ist geknackt.

Das göttliche Thema der himmlischen und irdischen Liebesenergie von Maria Magdalena und Jesus wird ein eigenes, überraschendes Buch füllen. Aber die *Exekution am Kreuz* war nur der erste Teil des »äußeren Christseins« von Jesus. Der abschließende zweite Teil war seine *Auferstehung* – das eine kann nicht verstanden werden ohne das andere.

Der Code des Leidens

Das körperliche Leid Jesu beschäftigt mich gefühlsmäßig schon lange, allerdings auf zwei getrennten Verständnisebenen: das *körperliche* Leiden und der *innere geistige* Frust der göttlichen Wesenheit Jesus. Dazu bedarf es einer kleinen Vorgeschichte, in der ich mein eigenes Empfinden folgendermaßen zu erklären versuche: Obwohl ich eine Familie habe, auf die ich immer schon stolz sein konnte und wir uns alle lieben und achten, gibt es einen Schwingungsbereich, in dem ich weder seelisch noch verstandesmäßig akzeptiert bin: meine *religiöse* Spiritualität.

Ähnlich ist es mir mit den lieben Mitarbeitern unseres ehemaligen Familienbetriebs gegangen, von dem fast neunzig Prozent Mitarbeiter*innen* waren. Unser eigenes soziales Vorbild als ‚Familienbetrieb' wurde gerne angenommen, und die Fachzeitschrift »esotera« berichtete seinerzeit über fünf Unternehmen in unserer Republik, die möglichst viel esoterisches Gedankengut in die Arbeitspraxis umsetzen, und einer der Betriebe war der unsrige. Unsere Familie lebte zum Beispiel auch den Vegetarismus vor, und wir versuchten aufzuklären und vieles andere mehr – mit wenig Akzeptanz.

Als dann irgendwann die wirtschaftlichen Nöte in der deutschen Bekleidungsindustrie begannen, wurde meine Zuflucht zu Jesus in meinen Gebeten und Meditationen immer enger und vertrauter. Dabei erkannte ich, wie verkannt dieser geniale Meister mit seiner Frohbotschaft und seinem ‚göttlichen Sozialismus‘ geblieben ist. Für die Forderungen seiner sogenannten »Bergpredigt« gilt das heute noch. So kam ich Jesus immer näher, und ich begann zu schreiben, was mich dann immer mehr von meinen Sorgen erleichterte. Das geschah hauptsächlich nachts, denn der geschäftliche Alltag ging ja weiter. Durch diese Gegebenheiten entstand 1997 das Buch »Jesus 2000 – das Friedensreich naht«. Bei all dem, was man Jesus zu seinen Lebzeiten angetan hatte, konnte ich das *innere Leid* erahnen, das eine kosmisch-göttliche Meisterseele erst jahrelang, dann jahrtausendelang ertragen muss, um die irdischen Egoismen und Beschränktheiten auszuhalten, die in seinem Namen ausgelebt wurden.

Zwei Jahre später, nach dem Erscheinen meines zweiten Buches mit dem Titel »Bis zum Jahr 2012 – der Aufstieg der Menschheit«, erkannte ich immer schmerzlicher, wie ‚unverstanden‘ und allein ich mit meinen Ideen, meinem Wissen und meinen Erkenntnissen dastand – und wie sich so etwas anfühlt (wenn es auch nur ein Bruchteil dessen sein kann, was Jesus empfand). Auch im engsten Familienkreis spürte ich manchmal diese Einsamkeit, dieses Fremdsein und die Verständnislosigkeit. Für den einen oder anderen war ich eben viel zu ‚abgehoben‘. Ich habe oft versucht, Spiritualität im Alltag zu leben, war aber nur ein geliebter und geschätzter ‚Opi‘, den man ansonsten nicht so ernst zu nehmen braucht. Echte Freundschaften sind genauso rar. Wenn ich damals neugierig hin und wieder eine der Tarotkarten zog, war es fast immer die Karte »der Eremit«, ein Spiegel meiner Gefühle. Inzwischen weiß ich natürlich, dass es unzähligen anderen Menschen ebenso geht.

Verstehe ich Spiritualität anders als viele andere? Im Lexikon heißt es: „[Spiritualität ist] *die durch seinen Glauben begründete und durch seine konkreten Lebensbedingungen ausgeformte geistig-geistliche Orientierung und Lebenspraxis eines Menschen.“* Ich versuche, eine praktikable Form der Spiritualität im Alltag zu leben – es ist mehr ein altruistisches ‚Anderssein‘, das in unserer erfolgsorientierten Moderne auch als Schwäche ausgelegt wird. Dieses ‚Anders-sein-als-andere‘ (ein gefügeltes Wort unserer Familie) drückt die ehemalige Quantenphysikerin und Alternativer-Nobelpreis-Trägerin Dr. Vandana Shiva in ihrem Interview in dem Buch »Politik des Herzens«[22] so aus: „*Wenn wir realisieren, dass es in der Natur und in uns so etwas gibt, wie eine innere Selbstorganisation und eigene Entwicklungsdynamik, dann gewin-*

nen wir die Fähigkeit, die Propaganda des Wirtschaftswachstums, die Regeln der Kontrolle durch Staat und Wirtschaft in Frage zu stellen und über die Dummheit der Werbestrategien, die unsere Hirne kolonisieren wollen, zu lachen. Und das ist dann tatsächlich auch eine ‚spirituelle Revolution‘. Denn was ist Spiritualität? Sie bezeichnet nichts anderes als unsere Fähigkeit, innere Ressourcen zu entwickeln und uns seelisch gegen alle Formen von Gewalt und Einschränkungen zu stärken, die sonst zu Apathie, Lähmung und Angst führen. Spiritualität war in vielen Gesellschaften immer schon ein Werkzeug, um das zu erreichen. Deshalb können uns auch alle spirituellen Mythen heute dabei helfen."

Meistens muss auf solchen Wegen nur unser Kopf getröstet werden, und dafür fand ich Bestätigung bei dem Bewusstseinsforscher und Geomaten Dr. Paul Devereux, der in seinem Beitrag »Aus der Vergangenheit lernen« schreibt: *„Wenn man sich auf radikale Arbeit einlässt, dann ist es nur gesund, sich auf Kummer, Trauer und Schmerz einzustellen, aber gleichzeitig demütig genug zu sein, in all diesen Dingen nicht nur etwas Negatives zu sehen, sondern etwas Heiliges, durch das man hindurchgehen muss, um den leuchtenden Ort der Wandlung zu erreichen."*

So bekam ich auch Mitgefühl für einen anderen großen Friedensbringer Franz von Assisi. Als er damals erleben musste, wie es ihm im Laufe der Jahre mit seinem bereits europaweit gegründeten Orden erging – ein jahrelanger Streit um die Ordensregeln –, zog er sich für den Rest seines Lebens auf den Berg La Verna zurück. Er benutzte eine kleine Felsnische als Einsiedelei. (Nach Aussage der Biographen wurden bei ihm zuletzt Wundmale sichtbar, die als der erste überlieferte Fall einer Stigmatisation gelten.)

Ich habe auch volles Verständnis dafür, dass sich Jesus damals ohne »Glaubensregeln« schnellstens aus seiner Erdenmission zurückzog. Durch seine Hellsichtigkeit ‚sah‘ er klar, wie wenig im Judaismus und im zukünftigen Islam mit den strengen Glaubensregeln erzielt werden würde – mit den christlichen Dogmen und dem Buchstabenglauben würde es nicht viel besser sein. Ich konnte mir immer besser vorstellen, was eine ‚göttlich-freie Seele‘ ertragen musste und muss. Ich meinte zu spüren, dass auch ich (in meinem Mikroformat) *solches* (demütig?) annehmen muss und mich einfach niemand verstehen kann. Dieses ‚Ganzalleinsein-Gefühl‘ tut schon manchmal weh.

Dass ich mit meinem ‚Schmerz der inneren Einsamkeit‘ in bester Gesellschaft war, durfte ich einmal auf La Palma *noch bewusster* spüren. Es war im Örtchen San José (Heiliger Josef) am Gründonnerstag. An der Straße in

Kirchennähe ist ein venezolanisches Restaurant (La Palma hat innige historische Verbindungen zu Cuba und Venezuela), wo ich mich zum Essen hingesetzt hatte. Zu meiner Überraschung zog dabei unverhofft eine Karwochenprozession an mir vorbei, bei der ein großes Kreuz mit dem leidenden Jesus getragen wurde. Im südspanischen Katholizismus geschieht das sehr gefühlvoll und etwas dramatisch. Acht Vermummte tragen das schwere Standbild mit ganz gleichmäßigen und langsamen Schritten auf ihren Schultern. Den Takt geben Trommler an: Wumm, nach drei Sekunden wieder wumm und so fort, immer nur: Wumm. Bei jedem Wumm kommt ein langsamer und gemeinsamer Schritt vorwärts – durch die Hauptstraßen des Ortes. Das ist *sehr* ausdrucksvoll und *sehr* berührend.

Erstaunlicherweise berührte es auch mich. In meiner inneren Verbindung zu Jesus traf es mich ganz unerwartet. Im nachhinein erkannte ich, dass es mich diesmal tatsächlich im Herz erwischt hatte, denn mein Kopf wurde damit überrascht. Da diese vorösterliche Prozession für die Palmeros brauchtumsmäßige alljährliche Routine ist, machte sie wohl auch einen solchen ‚normalen' Eindruck auf die vielen Zuschauer – aber nicht auf mich. In mir stieg eine Ahnung hoch, was *er* wohl spürte, damals *alleingelassen am Kreuz* – erst gefeiert, dann verhöhnt, verleugnet und verurteilt. Mein geliebter Freund und großer Bruder Jesus! Ich konnte meine Tränen nicht zurückhalten. Ich habe dafür keine Erklärung, es war einfach so – sein Bewusstsein hatte wohl mein Herz berührt.

Um meine schon irgendwie akzeptierte Einsamkeit noch stärker mit dem Heiland zu verbinden, machte ich am nächsten Tag, dem Karfreitag, ‚meine' eigene Prozession: Ich erklomm in rund zwei Stunden Wanderung den 1.800 Meter hohen, rundlich kahlen Bergkegel Birigoyo (unser Hausberg), einen ehemaligen Vulkan mit einem grandiosen Rundblick über die ganze Insel. Dort hielt ich völlig alleine in der wärmenden Morgensonne meine Karfreitagsmeditation und genoss etwas Überirdisches, ich genoss eine innere Verbindung mit Jesus. Ich empfand es da oben eher als Ostern und nicht als Karfreitag – damals noch unverständlich für mich, doch heute weiß ich warum. Doch darauf kommen wir gleich.

So, dieses Geständnis betrifft meinen ‚inneren Schmerz', und inzwischen sind einige Jahre vergangen. Heute sehe ich es als einen nötigen Prozess an, der es mir ermöglicht, Abstand zu gewinnen. Dieser Abstand betrifft mein früheres Leben als Unternehmer genauso wie die verschiedenen Themen, die ich aus spiritueller Sicht anders zu ‚verstehen' versuche – zwar nicht immer, aber immer öfter mit dem Herzen. Ist dies eine Spiritualität der Gefühle? Sind es kollektive Gefühle statt persönliche? Ist es das, was wir in den letzten Jahren als die *neue Energie* für die *Neue Zeit* erklärt bekamen: die mitfühlende Liebe? Ist dies das innere Verbundensein mit immer mehr – mit dem, was ich als »Alles ist Gott« zu verstehen versuche? Dient das *Mit-Gefühl* als Brücke zwischen dem Diesseits und dem Jenseits, den sichtbaren und den unsichtbaren Dimensionen, der Physik und der Metaphysik? Dient es als Brücke zwischen den vielen uns noch zu wenig bekannten Sphären und Dimensionen – also gar inter- oder multidimensional?

Versuchen wir, das auf die *hohen Eingeweihten* zu übertragen, die bei uns schon inkarniert sind! Vielleicht bringen wir es dann fertig, statt Kult und abstandsbedingter Anbetung für sie ein *verbindendes Mitgefühl* zu entwikkeln – auch zu Josef und Maria, zu Jesus und Maria Magdalena und zu Franz von Assisi, dessen Mensch-sein uns dann leichter fällt zu verstehen! Das ist ein multidimensionales inneres und inniges Verbundensein *in Mit-gefühl und im Herzen* – nicht nur aus anerzogenen *Schuld*-gefühlen heraus!

Was bisher nur wenige Menschen und Orden als Mystik verstanden und erklärt haben, können wir alle ab jetzt einfach *fühlen*! Und dann können wir – befreit vom bisherigen Mit-*leiden* – die Froh-Botschaft von Jesus und Maria Magdalena dankend annehmen, dankend aufnehmen, dankend erleben, dankend mitleben, dankend mitfeiern!

Das sind meine Gedanken zum Thema ‚innerer Schmerz‘, den ich in einem viel größeren, ja ungeahnten Ausmaß bei Jesus vermute!

Demgegenüber ist ‚sein **äußerer**, körperlicher Schmerz am Kreuz‘ sehr viel bekannter – wodurch er ja auch viel leichter von jedem Gläubigen zu verstehen ist. Aber gemäß meinen Unterlagen machte nur der äußere und materielle Körper Jesu einen ‚Sterbeprozess‘ mit. Ich betone nochmals, dass der scheinbare äußere Sterbeprozess *nur* seinen Erdenkörper betraf.

Sein *unsterblicher Geist* hatte den ‚leidenden‘ Erdenkörper bereits vorher verlassen. Wie uns das Turiner Grabtuch belegt, ist in der Grabhöhle etwas heute noch Unverständliches abgelaufen und der Körper Jesu dabei verschwunden. Dank übernatürlicher Kräfte ‚schubste‘ er oder irgendeine Kraft auch die angeblich zwei Tonnen schwere Steinplatte vor der Grabhöhle weg (sie soll irgendwo im Gelände gelegen haben), erschreckte die wachhabenden römischen Söldner und erschien er später Maria Magdalena.

Ihre Gedanken, liebe Leserin, lieber Leser, kann ich jetzt förmlich spüren... Aber lassen Sie mich diese sensationelle Theorie erklären.

Wer unsere Bücher, die von Jan und von mir, kennt, der weiß, dass die Seelenwiederverkörperung, die Reinkarnationslehre, die Basis unserer Lebenseinstellung ist. Somit ist auch das *Kommen und Gehen* individueller Göttlichkeit in die irdische Materie ein natürlicher Prozess für uns. Das heißt zugleich, dass es hier auf unserer irdischen Erfahrungsebene den *Zeitbegriff* gibt, in den wir alles einsortieren müssen. In der feintofflichen Welt – im Jenseits – hingegen gibt es die *Zeit* wie im irdischen Sinn nicht. Wir können getrost davon ausgehen, dass dies schon seit Millionen von Erdenjahren gang und gäbe ist.

Das folgende habe ich erst mit sehr wenigen Menschen besprochen, doch jetzt muss es an die Öffentlichkeit: Ich vertrete aufgrund meiner Erfahrungen den Standpunkt, Jesus habe bei seiner Hinrichtung nicht gelitten. Es handelt sich dabei um Erfahrungen, die auch Sie erstaunen werden, wenn ich sie Ihnen jetzt vorstelle:

Es begann alles damit, dass ich zwei medial veranlagte Damen kennenlernte, die mir erzählten, dass bei ihnen Betäubungsmittel, wie zum Beispiel bei einer Zahnbehandlung, viel schwächer wirken, als es der Arzt gewohnt sei. Sie erklärten mir unabhängig voneinander, dass sie im schlimmsten Schmerzzustand einfach aus ihrem Körper austreten und dann so lange körperlich schmerzfrei sind. Dies gelingt für Momente wie auch minutenlang, bei einer der Damen auch bei anderen Schmerzsituationen ohne Betäubungsmittel.

Als man mich im Frühjahr 2003 bat, mein alternatives Wissen um Jesus in einem Zeitschriftenbeitrag (für »Aufklärungsarbeit«) gerafft zusammenzufassen und ich deshalb sinnierte, Gedanken sammelte, Zitate nachlas und meinem großen, energetisch stark schwingenden *Jesus*-Poster gegenübersaß, verließ mich der Gedanke nicht, dass der Heiland möglicherweise ebenfalls körperlich schmerzfrei ‚litt‘.

Er war sicherlich perfekt im Umgang mit verschiedensten ‚magischen‘ Techniken der Körperbeherrschung – warum soll bei ihm ein ‚Sich-aus-dem-körperlichen-Schmerz-entfernen‘ nicht auch funktionieren, in der Art, wie es mir absolut glaubhaft von Bekannten versichert wurde und wie es auch in Indien genügend Yogis vorführen? Im Kapitel »Der Code der Wunder« habe ich auf den niederländischen Fakir Mirin Dajo und die Heilige Philomena hingewiesen, die völlig schmerzfrei sonst tödliche Prozeduren demonstrierten.

65

Verlassen sein, bespuckt und verhöhnt werden und ähnliches sind Leiden genug für einen ,vollendeten' und liebevollen Avatar und Meister, dessen Hingabe, Demut und Friedfertigkeit dies alles vorbildlich ertragen lassen. *„Dann spuckten sie ihm ins Gesicht und schlugen ihn. Andere ohrfeigten ihn und riefen: Messias, du bist doch ein Prophet! Sag uns: Wer hat dich geschlagen?"* (Mt. 26,67) Ein Herrscher aus den Weiten des Kosmos in den Händen Primitiver. Aber ohne irgendwelche Belege oder Hinweise habe ich mich nicht getraut, mein schon an Wissen grenzendes Gefühl eines solchen Verständnisses zu veröffentlichen. Viel zu sehr ist das Thema *Kruzifix mit leidendem Heiland* in den Köpfen und Herzen der Gläubigen verankert, als dass ich es hätte wagen können, vertrauensvolle Gläubigkeit, die ich zutiefst respektiere, so grundsätzlich zu verletzen.

Nun wieder zurück zu meinem Auftrag für die Zeitschrift »Aufklärungsarbeit«. Es geschah am 28.3.2003. Auf der Suche nach einem speziellen Zitat blätterte ich in dem Buch »Der geheime Jesus – sein Leben nach den apokryphen Evangelien« von Antonio Piñero, einem Neutestamentler an der Universität Complutense in Madrid. Durch einen ,Zufall' geführt – das Bewusstsein von Jesus ließ es mir wohl *zu*-fallen – las ich: *„Die ganze Zeit der Hinrichtung, während er angenagelt und das Kreuz aufgerichtet wurde, kam aus dem Munde Jesu nicht ein einziges Wort, als ob er die Schmerzen gar nicht verspürte. Der Räuber zur Linken, der vor Schmerzen tobte, beschimpfte Jesus wegen seiner scheinbaren Ohnmacht..."* (Zitat aus dem »Petrusevangelium«)

Und aus den »Johannesakten« zitiert Professor Piñero ein mentales Erscheinen Jesu, der noch am Kreuze hing und zu Johannes in eine Höhle ,trat', in der dieser sich ängstlich vor den römischen Söldnern versteckt hielt: *„Und im selben Moment zeigte Jesus Johannes ein strahlendes Kreuz, umgeben von einer gewaltigen Masse ohne irgendwelche Konturen. Über dem Kreuz befand sich der gekreuzigte Jesus, ebenfalls ohne erkennbare Konturen. Das einzige, was an ihm zu vernehmen war, war eine Stimme, eine milde, gütige und regelrecht göttliche Stimme, die...[...]. Sie sagte: In Wirklichkeit habe ich gar nicht erlitten, was die Leute sagen, dass ich es erlitten hätte. Mein ganzes Leiden ist ein Geheimnis: Ich bin durchbohrt worden und bin nicht durchbohrt worden. Sie haben mich ans Kreuz gehängt, und sie haben mich nicht ans Kreuz gehängt. Ich habe mein Blut vergossen, und in Wirklichkeit habe ich es doch nicht vergossen. Mit einem Wort gesagt: Was die Leute sagen, was ich gelitten hätte, stimmt nicht; ich habe gerade das gelitten, was sie nicht sagen... Im selben Moment entschwand der strahlende Jesus den Blicken des Johannes."*

Etwa einen Monat später wurde ich zu einer unbeabsichtigten Ergänzung dieses faszinierenden Themas ‚geführt‘. Seit Erscheinen meines letzten Buches »Alles ist Gott« hielt ich wieder Vorträge, besonders den mit dem Thema »**Lass dich einfach führen!** – die Kunst, geschehen zu lassen«.

Es war Ostersonntag und ich saß zum Frühstücken auf der Terrasse meines Häuschens auf La Palma. Dabei fiel mir ein, dass ich jetzt endlich einmal nachsehen könnte, was ich über die Thymusdrüse erfahren könnte, da sie mich gerade interessierte. Ich fand sofort »Das AHA-Buch – Lexikon für Lichtarbeiter« von *Vyvamus* und erinnerte mich an eine Beschreibung zum Thema Thymus (ich markiere in den meisten meiner gelesenen Bücher Wichtiges durch Selbstklebezettelchen oder umgeknickte Ecken solcher Seiten) – und zu welch überraschendem Fund wurde ich beim ersten Einkleber ‚geführt‘? »*Jesus habe nicht gelitten!*«

War das wieder eine gelungene ‚Vorsehung‘, dass ich gerade diese Angabe fand? Ich hatte diese Stelle vor mehr als zwei Jahren ahnungslos markiert! Irgend jemand freute sich jetzt auch *himmlisch,* und ich bedankte mich freudig und glücklich – das Sich-führen-lassen funktioniert einfach.

Vyvamus (einer der einfühlsamsten Lehrer der geistigen Hierarchie der Erde) erklärt in diesem Buch durch das Medium Janet McClure, dass wir – ohne zu urteilen und zu verurteilen – alles, was die Menschheit erschaffen hat, akzeptieren und mit ihr in Liebe teilen sollen. „*...ihr braucht dabei keine nachteiligen Folgen für euch zu befürchten, weil irrtümliche Glaubenssätze behaupten, Christus habe gelitten. Natürlich hat er das nicht! Er hat eine Rolle gespielt!...*"

Es war November (2006). Ich schrieb auf La Palma schon zügig an diesem Buch, als ein überraschender Anruf von Jan kam: „*Vat'r, Du hast recht, Jesus hat nicht gelitten.*" Und wie kam es zu diesem Gesinnungswechsel, nachdem er eigentlich vom Gegenteil überzeugt war?

Im Sommer 2006 stellte er sich auf den CDs »Interview mit Jan van Helsing« vielen Fragen seiner Leser. Dabei schilderte er auch ausführlich sein eigenes Nahtoderlebnis bei einem Autototalschaden. Er *schwebte* als vollbewusster Geistkörper über dem irdisch-materiellen Geschehen. Folgendermaßen lautet seine Schilderung auf der CD:

„*Lass mich ein Beispiel anführen, das ich selbst erlebt habe. Ich war damals neunzehn Jahre alt, als ich mit meinem Auto aus der Kurve flog – dreimal überschlagen und dann um einen Baum gewickelt. Einen Moment später fand ich mich über der Unfallstelle wieder – etwa zwanzig Meter – und habe von oben das Geschehen betrachtet. Ich beobachtete, wie die Autos anhielten, wie die Straße gesperrt wurde, der Schulbus hielt, der Krankenwagen kam und so weiter. Und vor allem war ich überrascht, mich selbst da unten liegen zu sehen. Ich brauchte einen Moment, um zu realisieren, dass ich, also genauer gesagt mein Körper, da unten im Wagen eingeklemmt lag und ich dennoch hier oben schwebte. Plötzlich hörte ich eine Stimme, die sagte: ,Jan, Du bist von Deinem Lebensweg abgekommen! Besinne Dich, sonst holen wir Dich wieder ab!' [...] Nun kann man sagen: Na ja, das ist eben eines dieser Nahtoderlebnisse, die schon Tausende anderer Menschen ebenso geschildert haben. "*

Stimmt! Solches Erleben ,funktioniert' nicht nur bei Jans Totalschaden, sondern auf ähnliche Art auch bei vielen von anderen Autoren geschilderten Erlebnissen wie Unfällen, Katastrophen, Kriegsgeschehen, Operationen und ähnlichem. Solche Vorgänge sind ganz allgemein Fakt!

Aber was hatte sich jetzt ergeben, dass Jan mich plötzlich beim Schreiben auf der Insel anrief? Er hat eine Email von einem seiner CD-Hörer erhalten, der ihn akustisch kennenlernte (wie er meinte) und ihn beglückwünschte. Dazu teilte er mit, dass Jan doch mit seiner Nahtoderfahrung in allerbester Gesellschaft sei, denn in dem berühmten Buch »Ein Kurs in Wundern«, das er ja sicherlich kennen würde, schildere Jesus, dass er bei seiner Kreuzigung nicht gelitten habe. Ähnlich wie bei dem von Jan geschilderten »Nahtoderlebnis«, nennt sich Jesus *Beobachter, der gar nicht leiden konnte.* Während andere aus *ihrer* Perspektive seinen leidenden und zermarterten Körper wahrnahmen, war er ein »luzider Träumer« (wird gleich erklärt). Der *Beobachter Jesus* ließ die Bilder an sich vorüberziehen, während die Wehrlosigkeit des *Menschen Jesus* den anderen verkündete, *dass es in der Tat nichts zu verteidigen und nichts zu fürchten gab.*

Das hochphilosophische Buch »Ein Kurs in Wundern« ist in Deutschland 1994 erschienen und ist ein vom jenseitigen Bewusstsein Jesu durchgegebenes Werk, das über einen Zeitraum von sieben Jahren ab Mitte der Sechzigerjahre von der amerikanischen Psychologin Dr. Helen Shucman niedergeschrieben wurde.

Mit der zitierten Durchgabe bestätigt Jesus selbst, sowohl heute als auch schon damals in den apokryphen Evangelien, dass er nicht gelitten hat.

Sehen wir uns das doch etwas genauer an. Heute steht dem modernen Sucher/Finder eine Vielzahl vertrauenswürdiger Berichte zur Verfügung, um die erstaunliche Welt der »Nahtoderlebnisse« kennenzulernen.

Den unsichtbaren, schwebenden Geistkörper nenne ich »Ätherkörper«, doch bei diesen Beschreibungsversuchen von übernatürlichen und metaphysischen Erlebnissen gibt es noch andere Erklärungsmodelle und Bezeichnungen. Solche Nahtoderfahrungen können jedem völlig überraschend passieren, ohne heilig oder ein sogenannter Avatar zu sein, und dies geschah auch schon unzählige Male auf der ganzen Welt. Es gibt auch heute Menschen, die einen Seelenaustritt ganz bewußt herbeiführen können.

Wikipedia schreibt dazu: *„Unter einer Nahtod-Erfahrung NTE (engl.: near-death experience abgekürzt NDE) versteht man ein Phänomen, das unter anderem bei Menschen auftritt, die für begrenzte Zeit klinisch tot waren – beispielsweise während einer Operation, infolge eines Verkehrsunfalls oder in einem Zustand kurz vor dem Ertrinken. Diese Berichte werden sowohl wissenschaftlich interpretiert als auch religiös gedeutet. Nahtoderfahrungen sind Gegenstand von Untersuchungen im Rahmen der Transpersonalen Psychologie."*

Auf dieser Internetseite gibt es auch einen Link: »Liste wissenschaftlicher Studien zum Thema« (Gesellschaft für Anomalistik e.V.), die mehr Details dazu bieten. Wer das Thema in Buchform genauer studieren möchte, gibt bei »amazon« den Suchbegriff »Nahtoderfahrungen« ein und erhält an die drei Seiten Buchvorschläge zu solchen Fachberichten. Auch »google« präsentiert seitenweise Zusammenstellungen zu diesem Phänomen.

NTEs sind seit den Siebzigerjahren als Erlebnisse von Menschen bekannt geworden, die an der Schwelle des Todes gestanden haben. Untersuchungen belegen aber, dass von vergleichbaren Gegebenheiten zu allen Zeiten und kulturübergreifend berichtet wurde.

Solche ‚Erfahrungen' wurden allerdings in den letzten Jahrzehnten immer öfter *veröffentlicht*, denn im Zuge des medizinischen Fortschritts war es gelungen, zahlreiche Menschen wiederzubeleben, die sich zuvor in kritischen körperlichen Umständen befunden hatten. Manche von ihnen waren bereits klinisch tot, bevor sie wieder ins gewohnte Leben zurückkehrten und berichten überwiegend ‚Schönes' – da alles ausschließlich schmerzfrei verläuft.

Solche übernatürliche NTEs haben auch in der Geschichte der Religionen eine deutliche Spur hinterlassen, wurden aber meines Wissens noch nie auf den ‚Gottessohn' Jesus ausgedehnt. (*„...man darf doch nicht den Ast, auf dem man sitzt, absägen"*, belehrt mich mein schlauer *Boldi*.)

Nun gibt es noch ein weiteres Phänomen, das heute wissenschaftlich bearbeitet wird und erkennen lässt, dass unsere Annahme, Jesus habe sich aus dem normalen Prozess der Schmerzempfindungen herausziehen können, alles andere als abwegig ist. Gemeint ist die sogenannte »Außerkörperliche Erfahrung« AKE (engl.: *Out-of-the-body experience*; abgekürzt OBE oder OOBE). Damit wird ein Zustand bezeichnet, bei dem sich der Betroffene ebenfalls als außerhalb des physischen Körpers wahrnimmt.

Im Lexikon heißt es unter AKE: *„In engem Zusammenhang mit AKE stehen luzide Traumerfahrungen, in denen der Träumende sich des Träumens bewusst ist, das Gefühl hat, unmittelbare Kontrolle über den Ablauf des Traumes zu haben und ein besonders klares Bewusstsein über seine Handlungen besitzt. Oftmals gelten solche luzide Träume als Ausgangspunkt einer AKE. In selteneren Fällen werden hierbei auch Erfahrungen genannt, bei denen kürzlich Verstorbene, Engel oder nahe Verwandte eine Rolle spielen.“* Der Begriff *luzid* bedeutet *hell, durchsichtig* und hat nichts mit luziferisch zu tun.

Den Begriff des »luziden Träumers« finden wir in der Jesus-Darstellung in »Ein Kurs in Wundern« wieder (siehe S. 68). Natürlich werden derartige Erlebnisse in anderen Berichten zum Teil mit anderen weltanschaulich geprägten Begriffen beschrieben, wodurch sich die Erklärungen nicht mit dem mehrheitlich vertretenen wissenschaftlichen Weltbild vereinen lassen. Einander wechselseitig bedingte Korrelationen zwischen *AKE-Erfahrungen* und der *anerkannten Realität* werden von den meisten Wissenschaftszweigen noch zu wenig ernst genommen.[23]

Im Lexikon heißt es dazu: *„15 bis 35 Prozent aller Erwachsenen aus den verschiedensten Ländern und Kulturkreisen weltweit geben an, schon einmal eine AKE gehabt zu haben. Der Begriff »Außerkörperliche Erfahrung« bezeichnet unabhängig von Kultur, Religion oder Intelligenzquotient eines Menschen weltweit übereinstimmend das Erlebnis, sich selbst willentlich oder unwillentlich, scheinbar autonom als quasi immaterielles Bewusstsein neben oder in der Nähe seines physischen Körpers zu erleben oder auch beträchtlich weit von diesem entfernt zu sein. Ein anderer, nicht physischer Körper, mit dem man agiere, sei dabei meist unmittelbar erfühlbar und der Sitz des Bewusstseins, sofern dieses intakt ist. In einer Vielzahl der Erfahrungen ist der wahrnehmenden Person die Situation bewusst, d.h. die betreffende Person kann sich an ihre menschliche Biographie, an das Tagesgeschehen usw. erinnern, ist persönlich, zeitlich und örtlich orientiert, und sie erkennt die Andersartigkeit des AKE-Zustandes.“*

Typisch für viele Formen außerkörperlicher Erfahrungen ist ein ausgeprägtes Gefühl der Schwerelosigkeit. Berichte darüber, sich weitgehend frei durch den Raum, durch physische Hindernisse hindurch und durch die Zeit bewegen zu können, werden von etlichen Menschen, die Erfahrungen mit AKEs haben, beschrieben. Ähnlich können wir das verstehen, wenn sich Jesus plötzlich in der Höhle zeigte, in der sich der Jünger Johannes vor den Juden versteckt hielt.

Vor Weihnachten (2006) lachte mich im Zeitschriftenhandel die »SPIEGEL-special«-Ausgabe mit dem Titel »Weltmacht Religion« an, so dass ich sie kaufte und interessiert blätterte. Beim buddhistischen Thema »Sanfter Weg zum Ich« berichtet Rüdiger Falksohn über das Erlebnis des Berliner Informatikers Matthias Hoffrichter – frei von jeder Esoterik – über seine Meditationserfahrungen: *„Ich hatte tierische Schmerzen von der anstrengenden Sitzhaltung, als es plötzlich klick gemacht hat. Es mag absurd klingen, aber ich sah mich selber aus fünf Metern Höhe, zwei Minuten lang oder zwanzig, ich weiß es nicht. Ich sah mich leiden, aber dennoch war mir der Schmerz egal. Alles war im Gleichgewicht. Nur der Moment war wichtig, Vergangenheit und Zukunft hatten kein Gewicht.“*

Das australische »Nexus-Magazin«, das weltweit in zehn verschiedenen Sprachen erscheint, befasste sich in seiner deutschen Ausgabe 2/3-2007[24] mit den AKEs. Die Autorin Sandie Gustus leitet das Genfer Büro der britischen IAC, der »International Academy of Consciousness«. Einstmals in Rio de Janeiro gegründet, koordiniert die IAC die weltweiten Forschungsarbeiten. Der neunseitige ausführliche Artikel beginnt mit der Bestätigung: *„Jeder Mensch hat außerkörperliche Erfahrungen. Doch um sie willentlich zu erzeugen und um außerhalb des Körpers bewusst zu bleiben, benötigt man sowohl eine ideale körperliche Verfassung als auch ein starkes Verlangen, Konzentration und Entschlossenheit. [...] Während der AKE agiert das Bewusstsein (das Selbst, die eigene Seele und der Geist) unabhängig vom physischen Körper in einer nicht-physischen (oder außerphysischen) Dimension.“*

Sandie Gustus berichtet ausführlich über solche Erfahrungsberichte vom Altertum bis heute, und ich kann es als eine treffende Bestätigung meiner Erkenntnisse darüber annehmen, dass ich in diesen Wissensstand auch Jesus mit einbeziehe.

Sie merken schon, wie sehr ich gegen das überwiegend vorhandene »Korpuskreuz mit dem leidenden Jesus« angehe – für mich ist das nicht nur kritische Kopfsache, sondern vor allem schmerzliche Herzenssache.

Nun stellen wir uns doch einmal vor, was geworden wäre, wenn dieses Wissen aus verschiedensten Dokumentationen über Heilige und andere mediale Gläubige oder weltweiten Berichten nicht stets verheimlicht und versteckt worden wäre? War diese lange Erdenzeit nötig, dass sich so viele Seelen karmisch an diesen antiken Glaubensformen Leben um Leben festhielten, um jetzt endlich frei zu werden, den *liebenden* anstelle des *leidenden* Jesus anzunehmen? Tatsächlich erhielten wir die Bestätigung dafür von Jesus selbst im Sommer 2005, als er Georgia Fritz erklärte[21]: *„So könnt ihr jetzt ... das vollenden, was ich begonnen habe. Es war vorher nicht möglich."*

Da gibt es aber noch etwas, was vor zweitausend Jahren nicht mit ‚rechten Dingen' zuging. Ich meine das **Turiner Grabtuch**. Wir wissen heute, dass es echt ist. Der auf dem langen Tuch ‚abgebildete' Körper Jesu erscheint völlig ungewöhnlich wie ein Photonegativ. Dazu berichtet Armin Risi in der Zeitschrift »Aufklärungsarbeit«[25] über ein längeres Interview im Jahre 1995 zwischen Christof Gaspari und dem Diplomingenieur Joachim Andrew Sacco aus Beverly Hills. Dieser hatte vor, mit den bestätigten Tatsachen einen Dokumentarfilm über den neuesten Stand der Grabtuchforschung zu drehen. Ein kurzer Überblick über dieses Interview bestätigt: *„Die Wissenschaftler konnten im Test durch Computersimulation nachweisen, dass der Körper im Grabtuch einen Vorgang durchgemacht hat, der ihn in einen neuen Raum versetzt hat. Die Struktur seiner Atome hat sich neugeordnet. Dieser Körper trat in eine »Super-Ordnung« über. Dabei wurde viel Energie abgestrahlt, die das Bild auf dem Tuch erzeugt hat... Es hat sich eine denkbare Konfiguration von subatomaren Teilchen vollzogen... Bei diesem Vorgang wird eine Energie von mehreren hundert Joule pro Quadratzentimeter abgestrahlt... Das Grabtuch trägt somit Merkmale, die auf einen Zustand jenseits von Zeit und Raum schließen lassen... Andere Berechnungen ergaben, dass es ein Blitzstrahl von nur 2/1.000-Sekunden gewesen war."*

Liebe Leserin, lieber Leser, das *Übernatürliche* im Erdenleben des großen Meisters und Heilands ist auch bei unserer heutigen Vorstellungsfähigkeit noch schwer verständlich. Veralteter Buchstabenglauben bleibt Routine, und mangelnde Informationen über das zwischenzeitlich Erkannten fehlen. Für die ‚weltweit abgestimmte' Kirchenlehre ist letzteres allerdings tabu. Man ‚verschlüsselt' möglichst perfekt und will das einigermaßen funktionierende ALTE noch möglichst lange erhalten.

Aber diese Zeiten sind endgültig vorbei. Das dritte Jahrtausend hat begonnen, und ich meine, dass das Opfer- und Leidensthema im Erdenleben von Jesus der dickste Knoten in unserem verirdischten Jesus-Verständnis ist – auch wenn das Umdenken hierbei nicht leicht sein wird. Doch es ist der perfekteste Jesus-Code, den wir hiermit dechiffrieren können: **Jesus hat bei seiner Hinrichtung körperlich nicht gelitten!**

Der Code der Erlösung

Gemeint ist die sogenannte ‚Opferrolle' Jesu. Das ist der nächste perfekte Code, den ich mit diesem Buch knacken will. Ich bin nicht der erste damit, aber die Schwingungen des Neuen Zeitalters geben uns Kritikern eine ganz neue Chance dafür. Es war schon der geniale, aber unbequeme Leonardo da Vinci, der klagte: *„Ich sehe Christus aufs neue verkauft und gekreuzigt und seine Heiligen gemartert."* Gemeint war damit der Verkauf von Kruzifixen, der ihm offenbar gegen den Strich ging. (Claudia Hötzendorfer) Heute ist es in unserer Republik der ehemalige Theologe und Privatdozent Eugen Drewermann, der opponiert: *„In der Kirche gibt es Angst, Schuld und Opfer, aber gebraucht werden Vertrauen, Selbstwerdung und Befreiung."*

Aufgrund seines Engagements für Frieden und eine humane Zukunft der Menschheit, gegen Antisemitismus und Fremdenhass wurde Drewermann – gemeinsam mit Konstantin Wecker – der »Erich-Fromm-Preis 2007« verliehen. 1994 bereits hatte er die »Urania-Medaille« erhalten, mit der Menschen gewürdigt werden, die einer breiten Öffentlichkeit Zugang zu wissenschaftlichen Erkenntnissen ermöglichen und so die wissenschaftliche Volksbildung unterstützen.

Insbesondere klagt Drewermann über die christliche »Blut-und-Opfer-Theologie« aus zwei Gründen: *„Weil diese Theologie die frohe Botschaft Jesu vom Glück der Menschen in ihr Gegenteil verkehrt."* Des weiteren klagt er darüber, um die Mutter Maria vor den vatikanischen Gelehrten zu schützen: *„Sie ließen im Weltkatechismus unter Ziffer 964 zur »sicheren Lehre« erklären, dass Maria sich unter dem Kreuz mit ihrem Sohn Jesus ‚in mütterlichem Geist verband, indem sie der Darbringung des Schlachtopfers, das sie geboren hatte, liebevoll zustimmte'."*

Drewermann: *„Keine Mutter auf dieser Welt versteht das als Liebe."*[26] Und man kann hier getrost kommentieren: Das ist Altes Testament in Bestform.

Aber Jesus hat das Alte Testament als beendet ‚terminiert‘, als er erklärte (Joh. 16,16): *„Das Gesetz und die Propheten reichen bis zu Johannes* (dem Täufer; A.d.A.). *Von da an wird das Evangelium vom Reich Gottes gepredigt, und jedermann drängt sich mit Gewalt hinein."*

Erlösung suchen stets nur Mitmenschen, die sich schuldig oder als **Opfer** fühlen. Es ist kaum bekannt, dass es für die Israeliten ein uraltes ‚Opfer‘ gibt, das durch Jesus für die »Religion des Herzens« beendet wurde und das ein klares und *eindeutiges Abgrenzen* zwischen Altem und Neuem Testament demonstriert: die Beschneidung der Männer. Beschnitten wird acht Tage nach der Geburt eines Knäbleins, und diese ‚Verstümmelung‘ ist das obligatorische und elitäre Zeichen des ‚Bundes‘ zwischen dem Gläubigen und seinem Gott Jehova. Ist es ein gemildertes abrahamisches Ur-Opfer? Ist es die Macht einer herrschenden Priestergilde, eine unveränderbare ‚Zeichnung‘ durchzuführen? Wird damit die mächtige sexuelle Energie abgezogen von der Kraft, die wir die *dunkle Seite* nennen oder *Ungeist*. Jedenfalls sind es die *äußeren Zeichen* des Alten Testaments.

Doch Jesus lehrte *innere Zeichen*. Einen »neuen Bund« mit Jehova, wie ihn manche Theologen gerne hätten, gibt es nicht. Die inneren Zeichen Jesu sind die Liebe, die Wahrhaftigkeit, die Lebensfreude, die Friedfertigkeit und das ‚Eins-sein-mit-allem‘. Und das sind *Herzenskräfte*, wie er sie für das Gemälde seiner geistigen Wiederkunft der Heiligen Faustina zeigte: die Primärenergie der beiden Strahlenbündel aus seinem Herzen und der klare immerwährende Blick seiner Augen.

Auch Johannes, der Offenbarer, bestätigt die Meinung Jesu zu diesem testamentarischen Trennungsstrich: *»Das Alte ist vergangen; siehe, ich mache alles neu!«*

Die von Jesus versprochene tägliche Präsenz konnten die Kirchenmänner immer im Hintergrund halten, sie konnten (und wollten?) es aber bei Maria, der *„Himmelskönigin"* der Katholiken, der *„Frau aller Völker"* nicht. Der katholische Weltbild-Verlag veröffentlichte 1998 das Buch »Erscheinungen und Botschaften der Gottesmutter Maria – vollständige Dokumentation durch zwei Jahrtausende«, und die Autoren Gottfried Hierzenberger und Otto Nedomansky belegen darin über neunhundert erfasste Fälle. Ich erkläre mir das so, dass Maria die verhinderte Rolle ihres Erdensohnes übernommen hat, kirchenoffiziell alle Tage bei uns sein zu dürfen, und ihre Wunder und Heilungen sowie ihre Botschaften stehen denen des Heilands in keinster Weise nach.

Zu dem, was ich als ‚Jesu Trennungsstrich‘ zwischen dem Alten und dem Neuen Testament ansehe, finde ich himmlische Unterstützung durch Maria. Mit der Mutterrolle im Projekt »JMJMM« betraut, kannte sie die Vorgabe, eine neue »Religion des Herzens« zu gründen, in welcher ‚zeitgemäße‘ Weiterentwicklungen ohne vollständig vorgegebene Gesetze möglich sind – eine *neue Liebeslehre*, die von den Energien der ‚Auge-um-Auge-Zahn-um-Zahn-Lehre‘ des Alten Testaments eindeutig abgetrennt ist.

Maria erklärt uns das neuerdings so (am 30. Oktober 2006 veröffentlicht unter »www.Mutter-Maria.com«[21]): *„Es ist leicht, sich von Schriften leiten zu lassen, und es ist schwer, die eigene Schrift zu entwickeln. Lasst euch von den Schriften der Meister inspirieren, aber nehmt sie nicht an als in Stein gemeißelt! Als die Meister auf Erden wandelten, waren sie sich selbst überlassen. Sie schöpften aus ihrer inneren Quelle und ihrem inneren Herzen. Sie schöpften im Vertrauen und in der Hingabe zum Göttlichen. Entwickelt eure eigenen Schriften, wie es auch die Meister taten! Entwickelt diese Schriften im Vertrauen und in der Hingabe zum Göttlichen!*

Lasst euch leiten von der ewigen Quelle und eurem Mut, eurer Freude und eurem Willen, das Neue Zeitalter nach euren höchsten Maßstäben zu erfüllen! Werdet Schöpfergötter in Übereinstimmung mit der höchsten Einheit!“

Das ist eine klare Abgrenzung zum Alten Testament, aber Jesus wird immer wieder und bis heute als ‚Erlöser‘ bezeichnet. Betrachten wir deshalb einmal genauer den Hintergrund der vielen antiken Erlöser-Religionen, die damals *in* waren. In Persien und bei der römischen Elite (hauptsächlich Militärs und Beamte) wartete man auf den Erlöser Mithras, in den buddhistischen Gemeinden wartete man auf den Erlöser Maitreya, die Hindus auf ihren Erlöser Krischna und das ‚auserwählte Volk‘ auf einen Messias aus dem Hause Davids. Auch damals kam man nicht klar mit den Alltagsproblemen, die sicherlich viel größer waren als heute, und ‚Erlösung‘ wäre eine Lösung gewesen – wenigstens irgendwann einmal.

Durch große menschliche Drangsal entstand auch im Bereich der *Frühchristen* schon bald ein »Erlösungsglaube«, der dreierlei Ursachen hatte:

- der uralte paulinisch-jüdische *Messias*-Wunsch, der mehr aus politischer denn religiöser Sicht nach einem Erlöser schrie;

- die römische Erlösergläubigkeit aus dem Mithras-Kult, der damals die Staatsreligion des Imperiums bildete und Jahr für Jahr in der Nacht des 24. Dezembers den Erlöser *Mithras* zur Welt kommen ließ und
- natürlich der damalige *Zeitgeist* generell. Jesu ‚demokratische‘ Gedanken von menschlicher Gleichberechtigung hätten die ‚Erlösung‘ aus einer Knechtschaft gebracht, die für uns heutige Europäer unvorstellbar ist (zum Beispiel die der Sklaven und die der Frauen).

Der urchristliche Erlöser-Messias-Glaube basierte auf dem Ideengut des ehemaligen jüdischen Pharisäer und Rabbi *Saulus/Paulus*. Uralte Blutopfer-symbolik, wie für den strengen Gott Jehova, schlich sich in die Lehre Jesu ein. So folgte der Frohbotschaft der Apostel – *„Christos, der Erstandene, der Wiederbelebte, der Lebendige"* – die paulinische Konstruktion einer Lehre des *„Jesus, dem Gekreuzigten"*.

In seinem Brief an die Römer (6,3ff – als nur ein Beispiel) verkompli-zierte Paulus alles Frohbotschaftliche: *„Wisset ihr denn nicht, dass wir alle, die wir auf Christus Jesus getauft wurden, auf seinen Tod getauft worden sind? Wir wurden mit ihm begraben durch die Taufe auf den Tod; und wie Christus durch die Herrlichkeit des Vaters von den Toten auferweckt wurde, so sollen auch wir als neue Menschen leben."*

Paulus wusste ja, dass er seinen Anhängern keine unmittelbaren Offenba-rungen vermitteln konnte, wie Jesus dies täglich getan hatte. Er baute dafür auf den *Glauben*. Durch die beschriebene ‚wundersame Umwandlung‘ wer-den all jene gleichermaßen von ihren Sünden erlöst, die an diese Lehre glau-ben.

Mit dem altjüdischen Kabbalismus und mit eigenen Inspirationen leitete Paulus das nachfolgende Christentum ein. Er gab ihm *seinen* universalen Charakter und *seine* Bedeutung, zu einer Weltreligion zu werden. Seine ‚uni-versalistische Idee‘ war damals das Weltliche und Imperiale als Muster, das er im *imperium sine fine*, dem *grenzenlosen Reich*, sah.

„Die Kirche fälschte später sogar die Geschichte der Menschheit zur Vorge-schichte des Christentums... Der Typus des Erlösers, die Lehre, die Praktik, der Tod, der Sinn des Todes, selbst das Nachher des Todes – nichts blieb unangeta-stet, nichts blieb auch nur ähnlich der Wirklichkeit." (Friedrich Nietzsche)

Die Annahme, dass die Exekution Jesu am Kreuz eine Generalamnestie für alle »Schuld« der Menschen bedeutet, wird für einen der verhängnisvollsten Irrtümer der christlichen Kirchen gehalten.

Ich ergänze das und erkläre, dass es eine der verhängnisvollsten Codierungen ist. Es ist ein perfekter Kollektivierungsfaktor, um persönliche Verantwortung für das *individuelle Verhalten* zu unterbinden. Es ist einer der ‚eingeprägten geistigen Mitläufer‘, eine Matrix, die heute auch in unserer globalen Vermassung zu erkennen ist. »Mainstreaming« schon bei *Schaul* (dem Saulus/Paulus), so wie heute wieder bei den Hintermännern der apokalyptischen NWO (der Neuen Weltordnung)?

Dem steht aber die *Individualisierung* gegenüber, die Jesus damals schon erkannte, indem er Kollektivschuld und Kollektivangst jedem einzelnen zuordnete: *„...was du säst, musst du auch ernten – bis auf den letzten Heller!"* Das ist eindeutig ein *individuelles* und kein kollektives DU.

Ein liebender Gottvater lässt sich bestimmt nicht von ich-bezogenen Gläubigen ‚beschwichtigen‘, indem sein ‚Sohn‘ für die, die *„...keine Ohren haben, um zu hören"* sein Leben ‚opfert‘ – das ist uraltes Blutopferdenken.

Viele Kritiker sind der festen Überzeugung, dass Jesus niemanden erlöst hat und es auch in Zukunft nicht tun wird.

Im Buch »Jesus – Für meine Freunde«[3] fand ich diese meine Überlegungen voll bestätigt, denn Jesus selbst diktierte in den Jahren 2004/2005 der medialen Künstlerin und Autorin Regine Zopf auch dazu seine Stellungnahme: *„Unter dieser Erlösung wurde verstanden, dass ihr tun könnt, was ihr wollt. Ihr könnt morden, schlechte Taten vollbringen, gegen andere Unrecht tun, und dann müsst ihr euch kurz besinnen, bereuen, und Gott wird euch erlösen oder auch nicht. Aber es ist grundsätzlich nicht von euch abhängig, was spirituell mit euch geschieht, sondern es ist Gottes Aufgabe, euch zu erlösen. Ihr seid somit von seiner Gnade abhängig. Aus dieser Ansicht heraus entstanden viele Irrlehren..."*

Der einzige Weg zur **Erlösung** ist der, dass jeder einzelne zur Selbsterkenntnis erwacht. Nur *individuelle Anstrengungen* und die Erkenntnis, dass unser *eigenes Wesen* alle Mächte und Kräfte der Unendlichkeit einschließt, können uns retten, erlösen und befreien. (Hanish)

Jesus hat uns genau das gelehrt, gezeigt und vorgelebt: So kann sich jeder Erdenmensch *selbst* erlösen. Jesus wollte kein Angebetet- und Verehrtwerden – das ist die Psychologie des Alten Testaments –, Jesus wollte Nachfolger, denn die Aufforderung des Neuen Testaments heißt: *„...ich bin der Weg!"*

„Jesus hatte und hat Millionen Anbeter und Millionen Anhänger, aber kaum Nachfolger. Deshalb hat sich in 2000 Jahren nicht viel geändert. Ein Anhänger hat keinen eigenen Motor. Nachfolgerinnen und Nachfolger aber vertrauen auf ihren eigenen Motor und machen sich mit offenen, nach innen u n d außen offenen Augen auf den Weg der Nachfolge, auf den Weg der Bewusstwerdung", schreibt Dr. Franz Alt in seinem Bestseller »Jesus, der erste neue Mann«.

Auch Maria Magdalena bestätigt das und übermittelte (channelte): *„Manche meinen, sie bräuchten nur an ihn zu glauben und sich selbst nicht zu bemühen. Das war nie das Verständnis und die Überzeugung von Jeschua."*

In dem Büchlein »Jesus Christus«[27] des »Medialen Friedenskreises Berlin« gibt es noch eine andere Erklärung des ‚geistigen Teams' auf die Frage nach der sogenannten Erlösung: *„Diese Kirchen sind der Meinung, dass der Mensch durch Christus erlöst ist, weil man ihn ans Kreuz geschlagen hat. Der Prügelknabe ist schon da und hat die Strafe für alle anderen, die an ihn glauben, bekommen. Das ist ein unlogischer Denkfehler. Christus wollte der Menschheit nur ein Beispiel der Fürbitte geben. Er wollte damit erreichen, dass die Fürbitte von den Menschen ebenfalls getan werden sollte. Er wusste, dass die Welt besser sein würde, wenn die Menschen füreinander mehr Verständnis und mehr gegenseitiges Verzeihen zeigen würden."*

Bei solchen anhaltenden bewussten oder unbewussten Missverständnissen können wir heute hoffentlich fragen: Ist allmählich ein sehr, sehr langer Entwicklungsprozess abgeschlossen? Unzählige Erdenleben reifen zu Selbstverantwortung, verzichten auf den Herdentrieb und beginnen zu ‚finden'! *„Ihr seid jetzt soweit..."*, meint Jesus. **Immer mehr von uns werden verantwortungsvoller, auch mit sich selbst, und verhelfen damit der Menschheit zu ihrem dringend nötigen Bewusstseinssprung!**

Der dänische Weisheitslehrer und Eingeweihte Martinus[28] lehrte, *„...dass der seelische Wachstumsprozess die Fähigkeit beinhaltet, dass glauben-zu-können abnehmen wird."* Nach Martinus ist Glaubenkönnen eine Fähigkeit wie Liebenkönnen. *„Keiner kann lieben auf Befehl, und keiner kann glauben auf Befehl. Mit zunehmender Erkenntnis wird der Glaube abnehmen und die Liebe zu allen Lebewesen zunehmen."*

Ganz klar klingt es bei Mutter Maria, die Georgia Fritz am 30. Oktober 2006 eine »Botschaft über das Neue Zeitalter«[21] durchgab, aus der ich folgenden Absatz vorstelle: *„Ihr fühlt euch noch immer in einer Warte-Schleife, in der ihr darauf wartet, dass irgend etwas von außen in eure Realität eintritt, damit ihr dies ergreifen und umwandeln könnt.*

*Und bei allem Warten vergesst ihr völlig, dass ihr es seid, die Realität manifestiert und zum Erwachen bringt. Löst euch von alten Schriften, von alten Prophezeiungen, und beginnt, euer Neues Zeitalter jetzt selbst zu prophezeien! Beginnt, eure eigene Realität, **wie ihr sie zum höchsten Wohle aller erwünscht,** zu realisieren! Erkennt, dass alte Schriften nur Möglichkeiten beinhalten!*

Ihr seid diejenigen, die die Möglichkeiten erschaffen. *Wie wollt ihr die eigene Meisterschaft erlangen, wenn ihr die Möglichkeiten der Manifestation anderen überlasst? Wie wollt ihr Herrschaft über euer Leben erlangen, wenn ihr anderen den Vortritt lasst, genau dies zu tun? Wie wollt ihr das Paradies auf Erden gestalten, wenn ihr nur darauf wartet, dass alte Schriften sich erfüllen? Wie wollt ihr das Neue Zeitalter auf Erden bringen, wenn ihr nicht selbst damit beginnt?"*

Es ist zu erkennen, dass die Schulderlösung und Messias-Erwartung des Alten Testaments die **Aufforderungen Jesu** zu einem individuellen Leben und Erleben von Liebe und Friedfertigkeit im Neuen Testament so gründlich ‚verschlüsselt‘ hat, dass selbst die theologischen Akademiker auf diesen Code hereinfallen. Jesus ist kein ‚Erlöser‘ und ist kein Messias.

Jesus ist ein grenzenloses kosmisches Bewusstsein, das uns hilft, die göttlichen Energien der *Christusliebe* auf die Erde zu bringen. Es reicht ja schon, wenn *„...zwei oder drei beisammen sind in meinem Namen, da bin ich mitten unter ihnen"* (Mt. 18,20). Wir sind jetzt auf dem Wege, frei zu werden!

Ist dieser letzte Jesus-Code womöglich der, der am schwersten zu knacken ist?

2. Kapitel

Jesus ohne Kreuz?

„Für wen haltet ihr mich?

Das dritte Jahrtausend hat begonnen – trotzdem wissen wir von Jesus noch viel zu wenig. Das betrifft sowohl sein Erdenleben als auch seine anschließende Mitwirkung aus der geistigen Welt – seit fast zweitausend Jahren.

So geht es auch den Gelehrten seit alters her. Dispute, Konzile und Verdammungen waren oft hilflose Versuche, seine Frohbotschaft in der jeweiligen Zeit verständlich zu machen. Auch zur Person selbst – in seinem *diesseitigen* wie in seinem *jenseitigen* Leben – kam man kaum vorwärts. Da ist viel Gelehrtentinte geflossen. Wenn es deswegen nicht gleich Streit oder gar Kriege gab, blieb es bei unverständlichem Händeringen. Nun, Seine Heiligkeit in Rom hat ja auch zur Feder gegriffen und sein Buch an seinem achtzigsten Geburtstag gleich in zweiunddreißig Sprachen ausgeliefert. Wird dabei vielleicht etwas noch Unbekanntes geklärt? Eines haben wir beiden Autoren auf jeden Fall den meisten Theologen gegenüber gemeinsam: Wir sind von der **Übernatürlichkeit** und damit Göttlichkeit des verirdischten Jesus fest überzeugt.

„Für wen haltet i h r mich?", fragte Jesus einstmals seine Jünger. Auch die riesige Schar der Gläubigen braucht *dazu* verständliche Aussagen, und so kam der Vatikan nach jahrhundertelangen Disputen dann auf die wohlklingende Formel: **»Jesus war ganz Gott und ganz Mensch.«** Beide ‚Naturen' seien *ungeschieden* und *unvermischt*. Man bezeichnet dieses Ergebnis daher auch als *Zwei-Naturen-Lehre*.

Demnach sei Jesus wahrer Gott, weil er nur *so* als die wahre Selbstoffenbarung Gottes verstanden werden kann. Gott habe sich selbst offenbart. Dass Gott in Jesus zugleich wahrer Mensch sei, soll festhalten, dass die Menschen in ihm wirklich erlöst sind.

Diese Formel ist (als Dogma) bis heute gemeinsame ökumenische Lehrgrundlage der christlichen Kirchen (außer für die damals widersprechenden sieben Altorientalischen Kirchen). Auf dieser Basis baute fortan der Hauptstrom der christologischen Diskussion auf.

Im Buch bleibe ich jedoch bei der Bezeichnung »Formel« – sie wird öfters erscheinen –, weil es mir schwerfällt, das Wort »Dogma« emotionsfrei zu schreiben. Ich bezeichne sie gar als eine *entscheidungsbequeme Formel*, die mich an eine Managementschulung erinnert, in der man trainiert wird, Entscheidungen möglichst »freibleibend« zu treffen – man weiß ja nicht, was noch auf einen zukommt. Auf die Theologen kam inzwischen Papst Benedikt XVI. zu, er will dem Dogma mehr ,Inhalt‘ geben.

Nun, das Angenehme an diesem Zustand ist die Möglichkeit, über eine solche offengelassene Situation immer wieder aufklärende oder zeitgeistorientierte Bücher zu schreiben. Und genau dieses Thema aus dem Menschsein Jesu hat einen US-Autoren wohl ganz besonders gereizt, und er hat mit seinem Roman einen noch nie dagewesenen Bucherfolg: Dan Brown. Allerdings habe ich dem noch einiges hinzuzufügen, und so ist schließlich dieses mein Sachbuch entstanden.

Zur Formel »**Jesus war ganz Gott...**« habe ich Vieles und Neues beizutragen, denn in der ganzen christlichen Bibel gibt es nur einen einzigen, ganz besonderen Satz, der mich schon seit Jahrzehnten in meinem Leben begleitet. Im letzten Matthäus-Kapitel finden wir das großartige Vermächtnis, das uns der göttliche Jesus schenkte: *„Seid gewiss, ich bin bei euch alle Tage bis ans Ende der Zeiten.“* (sozusagen bei *„Matthäi am letzten...“*)

Dieser Satz gibt Anlass für ein grundlegend neues Jesus-Verständnis im dritten Jahrtausend – in unserer Zeit des seelischen Freiwerdens und des ,Aufstiegs‘ des menschlichen Bewusstseins.

Zum anderen Teil der Formel, »**Jesus war ganz Mensch...**«, sehe ich sogar heftigen Ergänzungsbedarf, denn wer *ganz* Mensch ist, ist auch ganz Mann (im Falle Jesu), und diesbezüglich habe ich in einem späteren Kapitel im Zusammenhang mit Maria Magdalena noch einiges beizutragen.

Menschen der Vorzeit und des Altertums haben den gewaltigen Naturkräften, die sie als ,Götter‘ verehrten, auch Opfer gebracht. Damit sollten diese Götter den Irdischen wohlgesonnen werden. Blutopfer waren angeblich besonders wertvoll und wirksam, und noch zur Zeit Jesu war gerade im Judentum das Blutopfer durch Tiere üblich. Hebr. 9,22 sagt: *„Und es wird fast alles mit Blut gereinigt nach dem Gesetz, und ohne Blutvergießen geschieht keine Vergebung.“* So wurde in der altjüdischen Religion die Gemeinschaft mit Gott, besonders bezüglich Fürbitte, Reinigung und Versöhnung, mit dem Blutopfer durch Tiere angestrebt. Andere antike Kulturen standen nicht zurück. Die strengen Gesetze und strikten Verhaltensregeln der Tempellehre führten immer wieder zum Sündigwerden und Unreinsein. Zum Beispiel galt nach einer biblischen Vorschrift die Frau nach der Geburt eines Knaben vierzig Tage und nach der Geburt eines Mädchens achtzig Tage als unrein (3. Mose 12,1-8). Als Reinigungsopfer hatte sie dem Priester-Schlachter ein Schaf und eine Taube zu übergeben, das dann mit dem Ritual des Schächtens Jehova zum wieder Reinwerden ‚geopfert' wurde.

Was sich damals diesbezüglich alles abspielte, will heute gar nicht mehr in unsere Köpfe und weist wieder darauf hin, dass aus dieser biblischen Opferknechtschaft auch Jesus völlig falsch verstanden werden musste. Hans B. Altinger schreibt in seinem Buch »Johannes der Täufer«[29]: *„Neben den Regeln von Reinheit und Unreinheit gab es zudem noch eine Vielzahl von Gesetzen und Vorschriften, die das israelische Volk zumindest teilweise entmündigten und zur Sünde zwangen. Erwähnt sei beispielhaft nur der Sabbatkult. So durfte man u.a. nach jüdischer Bestimmung höchstens 2.000 Ellen (=880 m) zurücklegen (Ex. 16,29; Apg. 1,12). Selbst die Verrichtung der Notdurft unterlag am Sabbat komplizierten Regelungen und war in bestimmten religiösen Parteien sogar ganz untersagt...*

Die Einhaltung der religiösen Gesetze und das Reinsein waren nicht nur beschwerlich, sondern auch teuer. Die Reinsprechung durch einen Priester setzte nicht nur den Kauf von Opfertieren voraus; der Priester verlangte auch ein entsprechendes Honorar für seine Tätigkeit. Auf diesem Hintergrund wird verständlich, daß die Händler für Opfertiere (Tauben, Ziegen, Lämmer usw.) ihren Geschäftssitz unmittelbar im Tempel hatten. Die Kundschaft der Unreinen und Sünder war ja nach religiösem Gesetz automatisch sehr groß."

Man war somit angehalten, wehklagend zu opfern und zu opfern, um Jehova wieder mild zu stimmen und (meistens) auch den Mitmenschen die eigene Schuldfähigkeit vorzuführen. Es saßen ja alle im gleichen Boot.

Die beliebtesten Opfertiere waren Lämmer und Tauben, und ich will schon an dieser Stelle darauf hinweisen, dass diese altjüdischen Blutopfertiere ‚symbolisch' auch in die Glaubenslehre des Neuen Testaments übernommen wurden. Ganz ahnungslos akzeptieren wir alle die vielfachen theologischen Hinweise »Jesus sei ein Lamm Gottes«. Zwar *wurde er* nicht geopfert, aber *er habe sich* geopfert... Fast zweitausend Jahre lang haben wir Christen angenommen, dass seine Hinrichtung ein Opfer und Jesu ‚*Opfertod*' ein Akt der Versöhnung gewesen sei – denn wir wollten ja erlöst werden.

82

Aber uns Irdischen des dritten Jahrtausends fehlt einfach die akzeptable Erklärung dafür, wie das ‚Opfer' Jesu die Sühne unserer lieblosen Gedanken, Worte und Werke bewirken soll. Warum muss ein liebender Vater überhaupt versöhnt werden? Oder hat der Vater des Alten Testaments den Vater des Neuen Testaments vom Platz verdrängt? Oder ist das alles noch mythisches Denken einer längst versunkenen antiken Welt? Oder ist das immer noch ein Geheimnis Gottes?

Zurück zu den beiden meistgeopferten Tieren des Alten Testaments: Auch die Taube taucht immer wieder in den Texten des Neuen Testaments auf und steht symbolisch für den Heiligen Geist. Wird hiermit der Blutopfercharakter des Altertums in den Geist – sogar in den Christusgeist – implantiert?

Im Internet fand ich folgende Kopfzeile: „...*Jesus war ganz Gott und ganz Mensch, er starb an unserer Stelle, um unsere Sünden zu vergeben, damit wir gerecht und gereinigt vor den Thron Gottes treten...*"[119] So etwas stimmt mich immer wieder sehr traurig, denn das klingt so ganz nach Altem Testament.

Nicht nur ich kenne und liebe den anderen Jesus: **den Jesus ohne Kreuz**, den segnenden, den heilenden, welcher der Menschheit, seinen Schwestern und Brüdern, mit offenen Armen gegenübersteht. Sehr oft ist es die gleiche Pose wie am Kreuzesbalken, aber sie ist voll Liebe und vertrauenserweckend und nicht gedemütigt. Und damit ist seine Botschaft dechiffriert und ist auch jedem verständlich: „*...ich bin bei euch...*"

An dieser ‚Ausdrucksform' können wir die Friedfertigkeit und die ‚Mitfühlende Liebe' von Jesus viel besser annehmen. Im codierten Jesus-Bild dahingegen wird uns vorgeführt, wie es uns ergehen könnte, wenn wir zu friedvoll und zu liebend sind – man könnte dafür gekreuzigt werden.

In diesem Buch versuche ich mit sehr vielen Argumenten, die *geniale* Frohbotschaft und das *göttliche* Leben von Jesus und Maria Magdalena zu **decodieren**. Ich fand genügend *zeitgemäße* Erkenntnisse aus der *alten* Botschaft Jesu für ein glücklicheres Erdenleben und *ein erfüllteres Heute*. Schuld und Erbsünde und andere alte Zöpfe können in unserer Neuen Zeit fallen. („*...ich bin für abschneiden*", flüstert mir *Boldi* ins Ohr.) Das geht leichter als wir denken, denn sowie wir *unseren ‚Standpunkt'* verändern, bekommen wir auch automatisch eine veränderte Sichtweise.

Zu meiner **Dechiffrierung** der verschiedenen Jesus-Codes des herrschenden **Klerus** zählen auch die offensichtlich gewordenen *Falschübersetzungen* wie auch bewusste *Fälschungen* und *Interpolationen* vieler Textstellen im Neuen Testament, auch wenn die meisten davon einstmals gut gemeint waren. Heute sind die ‚alten Zöpfe' passé (auf Neudeutsch heißt es *out*). *Clerus* heißt im Kirchenlatein: die ‚Gesamtheit der Geistlichen' (wörtlich: *auserwählter Stand*).

‚*In*' ist der Heiland *ohne* Kreuz, und wir wollen ihn von seiner ungewollten Opferrolle befreien. Die katholischen Priester hatten früher bei ihrem Messopfer schon längst die Erinnerung an das Blut Christi durch Rotwein ersetzt. Trotzdem ist dieses Prinzip im Herzen der christlichen Lehre noch immer leidvoll verankert und wird wohl noch heftig verteidigt werden.

Abb. 10: Der Heiland auf Teneriffa

Der neue Jesus?

Es muss im Jahre 1989 gewesen sein, als ich bei einer Italienfahrt ein neues, mir unbekanntes Bild von Jesus sah – es war sein gezeichnetes Antlitz. Ich war sofort begeistert davon, und für mich war es gefühlsmäßig klar, dass Jesus so ausgesehen haben muss: strahlend, schön und jung!

Der italienische Text unter dem Bild verwies auf einen Druck aus dem Jahre 1953, und es trug den Titel »GESÙ, IO CONFIDO IN TE!« (*Jesus, ich vertraue auf Dich.*)

Als ich dann 1995 begann, an meinem ersten Jesus-Buch zu schreiben, war mir schon klar, dass ich dieses Bild für den Umschlag des Buches nehmen würde. Ich besorgte mir über einen Bekannten, der fließend Italienisch korrespondierte, von dem Kloster-Sekretariat ‚Italiano Divina Misericordia' in Udine das Recht (17.3.95), das Bild für meinem Buchumschlag zu verwenden. Mir war klar, dass dieses Bild eine Herausforderung sein würde, denn mehr noch als der Buchtitel »Jesus 2000« würde dieses Antlitz den Käufer zu einer inneren Entscheidung zwingen: Es zieht mich an oder nicht.

Abb. 11: Das neue Bild

Ein besonderer Abschnitt im Buch war natürlich »Mutter Maria«. Von meinem damaligen Wohnort Fichtenau aus war es nicht weit zu dem Marien-Wallfahrtsort Heroldsbach in der Nähe von Forchheim bei Nürnberg. Den suchte ich auf, um noch mehr in die Schwingung Marias zu kommen, erkannte dann aber spontan, warum es mich gerade hierher gezogen hatte: Im großen Gebetsraum der einfachen ‚Kirche' steht an der Seite die Kopie eines wunderschönen, großen Gemäldes, auf dem Jesus in voller Körpergröße segnend und aus dem Herzen strahlend dargestellt ist. Und ich staunte nicht schlecht: Mein italienisches Jesus-Antlitz war ein Ausschnitt dieses Gemäldes.

Bald hatte ich recherchiert, dass die polnische Ordensschwester Faustina, die inzwischen am 20.4.2000 heiliggesprochen wurde, ihre Jesus-Vision vom 22.2.1931 von dem Künstler Adolf Hyla so malen ließ, wie sich Jesus ihr gezeigt hatte. Darüber habe ich schon kurz berichtet.

Nun sind elf Jahre vergangen, doch das Thema JESUS lässt mich nie ganz los. Seine Frage „...für wen haltet i h r mich?" wird zwar heute anders beantwortet, nachdem der Materialismusglauben den Kirchenglauben mehr und mehr ersetzt, aber der innere Abstand der ‚Gläubigen' hat sich dabei nicht verringert, man hat nur eine andere Richtung eingeschlagen. Zwischendurch schrieb ich kurze Pressebeiträge darüber und führte manche Diskussion, sammelte aber alles, was es als Fragen, aber auch als Berichte anderer Jesusfreunde wie auch als interessante Buchneuerscheinungen gab.

Nachdem aber im Jahre 2004 Hollywood mit dem für mich erschreckenden Film »Die Passion Christi« eine extrem irdische Jesus-Vita zu Geld machte und anschließend Dan Brown die Apostolin Maria Magdalena gewinnbringend wiedererwachen ließ, reifte mein ‚ergänzendes Sachbuch' zu diesen beiden Themen immer klarer. Ich hatte zwischenzeitlich auch schon zwei Anläufe unternommen, diesem Jahrtausendthema Jesus erneut in Buchform näherzukommen, aber meine ‚Startseiten' überzeugten mich selbst noch nicht. Auch noch im Juni 2006, zuhause auf La Palma, war mir nicht klar, wie ich ernsthaft beginnen wollte.

Dann kam das Jesus-Fest Fronleichnam. Auf dieser katholisch geprägten, überwiegend landwirtschaftlichen Insel ist es ein hohes Fest, höher als Pfingsten in Deutschland, denn der Pfingstmontag ist hier kein Feiertag. Im Katholizismus ist Fronleichnam seit dem dreizehnten Jahrhundert ein Prozessionsfest, bei dem Jesus, von den Gläubigen begleitet, in die Fluren und Felder getragen wird, um den bäuerlichen Anbau und das, wovon die Bevölkerung lebt, zu segnen. Mehrere geschmückte Altäre werden im Umfeld des jeweiligen Ortes aufgebaut, und dort wird dann gesungen und gebetet und danach tüchtig gefeiert. Das ist übliches katholisches Brauchtum, das allerdings in den verschiedenen Völkern und Klimazonen auch eigene Formen angenommen hat.

Auf der Atlantikinsel La Palma wird »Corpus« in dem Städtchen Villa de Mazo geradezu zelebriert. Mir gefällt hier die spanische Bezeichnung corpus besser als das deutsche ...leichnam. Mazo ist typisch landwirtschaftlich geprägt und besteht aus dreizehn kleinen und weit verteilten Teilgemeinden.

86

Abb. 12:
Man bewundert das Geschenk der Natur, denn das riesige Samen-Puzzle zeigt ein Inselmotiv und die Schönheit der Erdmutter

Hier ist es Brauch, dass jeder dieser Flecken im Hauptort Mazo einen kunstvollen Altar erstellt – alles aus gesammelten und getrockneten Blüten, Früchten, Samen, Moos und Holz und allem anderen, was die Natur der Region zum Sammeln zur Verfügung stellt. Es sind außerordentliche Kunst- und Liebeswerke, und die Besucher strömen von weit herbei – Presse und Fernsehen berichten ausführlich.

Ich empfinde große Freude darüber, dass hier die Gegenwart Jesu noch derartig gelebt wird – von den zum Gottesdienst festlich gekleideten Gläubigen dieser Kleinstadt und den stolzen, aber unermüdlichen Landleuten der aktuellen oder ehemaligen Landwirtschaften. Ich versuche dann bei meinem Bewundern und Anerkennen immer wieder einmal inneren Abstand zu gewinnen und denke dann an meinen Lieblingssatz *„...seid gewiss, ich bin bei euch alle Tage bis ans Ende der Zeiten".* Ich spüre den Heiland förmlich in solchem überzeugten und tagelangen Praktizieren.

Doch beim diesjährigen Corpus-Fest (2007) hatte ich ein Schlüsselerlebnis. In der Devotionalienhandlung neben der Stadtkirche werden den Besuchern zum Fest alle möglichen Andenken angeboten – Texte, Bilder, Figuren und Krimskrams aller Art, was auch zum katholischen Brauchtum zählt. Der kleine Raum war voll Besucher und Neugieriger. Und was entdeckte ich in vielfältigsten Ausführungen? »Mein« Bild vom segnenden und aus dem Herzen strahlenden Jesus! Als Bilder gerahmt, als Aufsteller, als Anhänger jeder Art, sogar ganz praktisch als Schlüsselanhänger: **der segnende und strahlende Jesus für alle Lebenslagen**. Und als ich den Caballero darauf ansprach, der mild lächelnd den Verkauf für die Pfarrei übernommen hatte, dass ich dieses Jesusmotiv hier bei ihm mit Freude entdeckt habe, da antwortete er mit einem gewissen Stolz: *„Ja, das ist der Neue Jesus."*

Daraufhin suchte ich im Raum die herkömmlichen Jesusdarstellungen als Leidenden am Kreuz oder mit Dornenkrone und ähnlichem und staunte, denn das hiesige Angebot war tatsächlich weitgehend bereinigt worden. Alle

Abb. 13: Der Neue Jesus

Achtung vor dieser Veränderung bei der Verehrung Jesu! Zwar hängen in den Kirchen selbst noch die üblichen Kruzifixe mit dem ‚gemarterten Erlöser', doch das Volk der Gläubigen scheint sich nach einem segnenden, helfenden und strahlenden Jesus zu sehnen – einem *Heiland*, den sie in ihren Alltag mitnehmen können. Nun fühlte ich mich endlich bestätigt.

Staunen musste ich, dass diese neue Art der Verehrung, die aus einem polnischen Kloster kam, schon so lange ins katholische Italien eingezogen war (mein Jesus-Portrait von 1953). Gab es dies anfangs vielleicht auch erst in einigen Klöstern? War es ein Wandel von ‚unten her', vom Volksglauben und nicht von den Oberhirten her, vom ‚verehrten Bild' her und nicht von überlieferten Texten? Bin ich jetzt erneut zu diesem Wandel, der sich sogar auf unserer kleinen Atlantikinsel schon vorsichtig zu vollziehen scheint, *geführt worden*? Sind schon so viele wiederinkarnierte Seelen karmisch gereift, dass endlich der ‚Glaube an Leid' von dem ‚Glauben an die Frohbotschaft' Jesu ‚erlöst' ist?

Das war die Botschaft, auf die ich wohl die ganze Zeit gewartet hatte: DER *NEUE* JESUS. Als ich die Jahre zuvor in meinem ersten Jesus-Buch darüber berichtet hatte, ahnte ich es wohl schon. Aber noch blieb es bei der Ahnung, und ich kündigte zwar dringend, aber noch ganz bescheiden mit dem Titel »JESUS 2000« einen Verständnis*wandel* an.

Denn damals hatte ich den Leserinnen und Lesern ja schon zum erstenmal ‚meinen neuen Jesus' mit genau diesem medialen Gemälde vorgestellt: der Heiland, segnend und strahlend; der Heiland als Sieger, als Freund und Bruder, der weiterlebt und immerzu bei uns ist; der Heiland, der sich für diesen heutigen und entscheidenden Entwicklungsabschnitt der Erden-menschheit befreit hat vom jüdisch-christlichen Erlöserdenken und der sich für die ‚Neue Zeit' in seinem neuen Erscheinungsbild einer medialen Nonne gezeigt hat – einer Frau, wie damals bei seinem erstes Erscheinen nach seiner Auferstehung.

Ab jetzt floss mein Schreiben. Zwei Monate später, im August, sollte ich noch eine Bestätigung für meine Entscheidung bekommen. Ich ging in San Pedro (Heiliger Petrus), wo ich jetzt wohne, nur so mal spontan durch die offen stehende Kirchentür. Im nachhinein wusste ich natürlich: Ich wurde wieder geführt. Und da wird doch am rechten Seitenaltar ein Jesus im Strahlenkranz verehrt, dessen Energie mich förmlich ansprang. Mit offenen Armen steht er da – wohl himmelfahrend dargestellt –, als ob er uns etwas überreichen will. Da hatte ich das beschämende Gefühl: Meine Güte, was muss der allmächtige Heiland sich in seiner *übernatürlichen* Existenzebene immer wieder und wieder gefallen lassen von uns vorwiegend *verirdischten* Erdengeschwistern? Wieviel gegenseitige ‚Hass-statt-Nächstenliebe-Gefüh-le' fängt er bei uns ab? Wieviel Leid und Schmerz mildert er täglich *in uns*, auch wenn wir nicht darum bitten?

Was ich bisher alles von Jesus verstanden und über ihn geschrieben hatte, war mir noch nie so klar wie vor diesem unbekannten Seitenaltar. Es war doch alles schon da, aber wie ist es verstanden worden? Wie wird mein Buch verstanden werden? Für diese ‚veräußerlichte Kirche' bin ich möglicherweise der Zeit etwas voraus.

Diejenigen aber, die auch mystisch fühlen als ‚innen-gelebte Kirche' und die schon im neuen Geist des *Christus universalis* oder des *Wassermanns* (Aquaria und Aquarius) oder der *Michaelskraft* (des Erzengels) Veränderun-gen suchen, werden meine neue Sichtweise leichter annehmen oder sogar begeistert aufnehmen.

So versuche ich jetzt zusätzlich zu diesem *Spektakulären* auch den *spiritu-ellen* und *überirdischen* Hintergrund des Erdenauftrags von Jesus zu erken-nen und zu würdigen – nachzuliefern. Wäre es für uns nicht an der Zeit, es mit einer neuen Ansicht seiner missverstandenen theologischen und kom-merziellen ‚Vermarktung' zu versuchen?

Mein Forschen ist zwar noch Spurensuche, aber gefunden habe ich längst: Jesus ist nicht nur bei mir – beim Schreiben und bei euch beim Le-sen –, der Heiland oder Christus ist *bei jedem* von uns, er ist immerwäh-rend *in uns*.

Es wirkt auch Jesus »dual«,
wie alles auf unserer irdischen Erfahrungsebene:

außen

so oder so

und

in uns

so oder so

Das erste hermetische Prinzip heißt:
»wie innen, so außen – wie außen, so innen«.
Das Prinzip gilt sowohl für den einzelnen
– also für j e d e n von uns –
als auch gleichbedeutend für das irdische Menschenkollektiv.

Das Christentum ist inzwischen die größte Glaubensgemeinschaft der Welt und hat zweitausend Jahre lang das linke Bild verehrt.

Jetzt beginnt das dritte Jahrtausend, und Aquarius, der Geistausgießer des Wassermanns, wirkt immer stärker. Jetzt sollte unsere Verehrung, unsere Nachfolge und Zusammenarbeit mit dem Heiland wie auf dem ‚rechten' Bild beginnen!

Das Kreuz mit dem Kreuz

Die meisten Christen kennen Jesus mit Kreuz oder am Kreuz. Die Urchristen hatten in den Katakomben oder auch anderweitig noch versucht, Jesus in dauerhaften Mosaiken darzustellen, dabei findet man aber nur eine einzige Kreuzesdarstellung (vermutlich als Spottbild). Auch in der Vielzahl der überlieferten, wunderschönen und wertvollen Ikonen des östlichen Christentums taucht jahrhundertelang kein Kreuz auf. Warum?

Wie ich noch zeigen werde, ist die Kreuzes-Urform offensichtlich von alters her als Schutzsymbol erkannt und angewandt worden. Dass es einmal als Schutzsymbol der ganzen Menschheit zur Verfügung stehen würde, haben wir sicherlich *Jesus* zu verdanken. Er ließ es jedoch zu, dass die *kosmische Urform mit gleichschenkligen Kreuzarmen* von irdischen Klerikern einer Form angepasst wurde, die sie bei der ehemaligen römischen Militärmacht vermutet haben – allerdings geschah dies erst Jahrhunderte später, und anscheinend waren sie auch noch falsch informiert.

Die Kreuzigung als Hinrichtungsverfahren war zur Zeit des römischen Imperialismus *das* Show-Instrument, um Sklaven, Fremde, Aufständische und Kriminelle qualvoll zu exekutieren. Das römische Gesetz schützte römische Bürger vor einer Kreuzigung, außer vielleicht desertierende Soldaten. *Cicero* nannte sie die grausamste und fürchterlichste Todesstrafe. Der Bestsellerautor Professor Dr. Werner Keller (1909-79) beschreibt in seinem berühmten Buch »Und die Bibel hat doch recht«[30] gut recherchiert die römische Kriegsführung zu Jesu Lebzeiten und führt unter anderem auf: *„Zur Niederschlagung des Aufstandes nach dem Tod des verhassten Herodes im Jahre 4 n.Chr. wurden zweitausend Mann gekreuzigt."* Und schon einige Jahrzehnte später, während der Belagerung Jerusalems durch *Titus*, geht es weiter im Text: *„Fünfhundert nageln die Söldner Tag für Tag unmittelbar vor der Stadt auf die Balken. Allmählich wächst rings um die Hügelhänge ein ganzer Wald von Kreuzen empor, bis der Mangel an Holz dem abschreckenden Tun Einhalt gebietet."*

Das Kreuzigen kam einst aus Persien und über Carthago nach Rom, und wenn Keller von einem ‚Wald von Kreuzen' schreibt, dann waren das nur senkrechte Pfähle (gr.: *staurós*). Die Verurteilten brachten nämlich den auf ihren Rücken an den ausgebreiteten Armen festgebundenen Querbalken (lat.: *patibulum*) zur Kreuzigungsstelle mit. Der Kopf des senkrechten

Pfahls war ausgeschnitten, und das Querholz konnte daher leicht aufgesetzt werden. Die griechisch geschriebenen Evangelien sprechen ausschließlich von *stauros*, was dann zur Form eines **T** führte. Der griechische Buchstabe **T** wird *tau* ausgesprochen, daher stammt die Bezeichnung »Tau-Kreuz«. Die uns bekannte kirchliche Kreuzform (†) ist eine wohlgemeinte Erfindung, weil die kanonischen Evangelien berichten, dass sich über Jesu Haupt eine Inschrift befunden haben soll.

Der renommierte Religionswissenschaftler und Bestsellerautor Walter-Jörg Langbein untersucht dies in seinem »Lexikon der biblischen Irrtümer«[31] ausführlich und kommt zu dem Resümee: „Es hat bei den Römern zu keiner Zeit den Brauch gegeben, am Kreuz eines zu Tode Verurteilten und Hingerichteten so etwas wie eine Tafel anzubringen. Die Hinweise der vier Evangelien sind widersprüchlich und müssen als fromme Fiktion betrachtet werden: Die Kreuzesinschrift INRI hat es nie gegeben. Sie ist Ausdruck tiefen Glaubens der frühen christlichen Gemeinde..."

Abb. 14: Mehrere Beispiele der Tau-Kreuze, wie sie nur im 15. und 16. Jahrhundert bei Kirchengemälden auftauchten

Im Urchristlichen gab es daher keinerlei Ansatz zu religiösen Kreuzesdarstellungen mit diesem Hass- und Angstinstrument. Jesus selbst, der Heiland, wurde auf allen Bildern als der *Auferstandene*, der *Heilende* oder *Segnende* gezeigt und gefeiert. Die erste griechische Darstellung von Jesus am Kreuz – als Korpuskreuz oder Kruzifix – wurde seinerzeit von den Kirchenvätern Roms noch als Gotteslästerung verurteilt. Bis gegen 1200 n. Chr., also noch im Bereich der Romanik, wird Jesus als ferner Gott am Kreuz, frei von Schmerzen dargestellt.

Das Gerokruzifix im Kölner Dom ist das älteste erhaltene Großkruzifix Nordeuropas. Das 2,88 m hohe Kreuz aus Eichenholz stammt aus der ottonischen Zeit zum Ende des 10. Jahrhunderts und gilt als eine der ersten Mo-

Abb. 15:
Das erste Kruzifix?

numentalskulpturen des Mittelalters. In der Geschichte der abendländischen Ikonographie steht es als Beispiel für die Wende bei der Darstellung des christlichen Erlösers, der – **zuvor meist heldenhaft und siegreich in aufrechter Position dargestellt** – erstmals leidend und menschlich gezeigt wird. Die Skulptur gilt deshalb als ein Vorbild für viele folgende Christusdarstellungen des Mittelalters. (Wikipedia) Der vergoldete Strahlenkranz wurde erst 1683 gefertigt.

Es war wohl die Zeit um 1300 n. Chr., beim Übergang zur Gotik, in der sich allgemein ein merklicher europäischer Wandel des Verständnisses entwickelte. Durch das eigene furchtbare Leid der damaligen Zeiten kamen die Gläubigen wahrscheinlich auf die Idee, solches auch auf den ‚Erlöser' zu transponieren, also in eine höhere (Ton)lage zu verschieben. Man erkannte immer öfter: Jesus hatte freiwillig noch viel mehr gelitten, er hatte Leid für andere auf sich genommen, war ebenfalls der Willkür der Obrigkeiten ausgeliefert, war auch wehrlos und so weiter.

Es scheint wieder das gleiche passiert zu sein wie im Altertum und in der noch weniger bekannten Vorzeit. Man projizierte irdische Probleme, Gedankenwirrwarr und Emotionen einfach auch in den Himmel und den Kosmos, in die Welt der Götter und in unserem Fall in das »Reich Gottes«. Dies ist ein Begriff, den Jesus bei den Essäern kennengelernt hatte. Der damalige griechische und römische und heute noch der hinduistische Pantheon, die Gesamtheit ihrer Götter, sind berühmte Beispiele für diese irdische Kleingeistigkeit. Es ‚menschelt' sozusagen in deren geistiger Welt ausgiebig – mit Göttinnen, Göttern, Halbgöttinnen, Halbgöttern und ähnlichen Vorstellungen und Gedankenkonstruktionen.

Derweil ist es doch gerade umgekehrt. Nicht der Himmel braucht irdische Zustände, sondern das Erdenkollektiv braucht endlich himmlische Zustände!

Alle Botschaften und Lehren der verschiedensten Gottessöhne, Avatare, Propheten, Meister, Heiligen, Übermittler oder Channelmedien wollen nur eines: uns klar machen, dass es im Hyperraum und im Kosmos *nur* Frieden gibt und *nur* Liebe. Da wird nichts geopfert – wozu auch? Man erklärte das den irdischen Völkern sicher schon durch Tausende von Inkarnierten mit reinsten Seelen und reinstem Geist, aber wir haben sie verlacht, verjagt, verbrannt oder gekreuzigt.

Natürlich bildeten sich danach oft Gemeinschaften, die das Gelehrte und Vorgelebte ernst nahmen und in ihre Herzen aufnahmen. Doch alle Glaubenssysteme, die sich dann weiter ausgebreitet haben, wurden früher oder später von einem männlichen Klerus beherrscht. Bischöfe, Ayatollahs, Lamas und ähnliche Oberhirten stellten sich dann zwischen die Herden der Gläubigen und die liebenden himmlischen Wesenheiten und codierten. Beteiligt waren sicherlich auch wieder dunkle Energien des Metaraums oder der Ungeist des astralen und lichtlosen Reiches. (Auf den Ungeist gehe ich später noch genauer ein.) Bald bot sich die Gelegenheit, Jesus ‚künstlerisch wertvoll' am Kreuz mit dem toten Körper des ‚Erlösers' umzudeuten und den »Sohn Gottes« damit wieder zu einem ‚Menschensohn' zu machen, der *hilflos* leidet. War das ein ‚gefühlvoller' Versuch, die Formel »Jesus war ganz Gott und ganz Mensch« bildhaft umzusetzen und zu manifestieren? Kamen da Hilflosigkeit und Absicht zusammen? Sicher ist: Jetzt konnte der Bild-Code ‚bildreich' greifen.

Die *Liebestat* Jesu wurde jetzt noch weniger verstanden. Auch die *Auferstehung*, die *Überwindung* des Todes, das *ewige Leben* blieben immer mehr im Hintergrund, denn Schmerz, Leid, Erniedrigung und Verhöhnung sind Alltagsenergien auf unserem Planeten – warum nicht auch bei Jesus, wenn er auch »...ganz wahrer Mensch« gewesen sein soll? Genüsslich und üppig wird das Blut über Gesicht und Körper *eines toten Mannes am Kreuz* gemalt – und das millionenfach aus Holz, Stein und allen erdenklichen Metallen, in der Schmuckindustrie wie auch an Rosenkränzen oder in millionenschweren Filmmonstern? Es war aber auch ein gelungenes, weltweites Geschäft.

Abb. 16:
War so die Passion?

Ließ der herrschende Klerus – vorsätzlich oder gedankenlos oder beides – aus der »Religion des Lebens« eine »Religion des Todes« machen?

Verehren nicht viel zu viele Christen den *toten Mann am Kreuz* anstelle des *lebendigen Christus in den Herzen* aller Menschen, in denen er *auferstehen* möchte?

Geschieht das unbewusst? Denn das Bild der *Person Jesu* prägt sich ein, das des bildlosen *inneren Christus* kaum.

Lange meinte ich versehentlich, dass dieser Umgang mit dem Korpus am Kreuz vor allem katholische Theologie sei, doch in einem Text zum 450. Todestag von Martin Luther in der SZ vom 17.2.96 stellt Professor Johannes Brosseder fest, dass Luther von einer »*theologia crucis*« (Kreuzestheologie) sprach, mit der Erkenntnis, „*...dass Gott in seinem Wesen unerkennbar und verborgen sei. Nur das sei erkennbar, was Gott von sich selbst hat sehen lassen: ...das ist seine Ohnmacht im Kreuz Jesu Christi. Dort will Gott sich finden lassen.*“ Erstaunlich! Somit muss sich wohl auch die protestantische Kirche den Vorwurf machen lassen, heute noch Leid und Opfer Jesu über seine Auferstehung und All-Liebe zu stellen. Wie himmlisch liebend muss da das Bewusstsein des Heilands sein, welches trotzdem *immer* und *bei allen von uns* ist?

Nachdenklich oder gar traurig stimmt es uns auch, wenn wir aus dem östlichen Raum den Vergleich hören, dass Buddha heiter lächelnd unterm Bodhibaum säße, während Jesus hilflos am Kreuz hinge. Für das östliche Empfinden sei der Anblick fast unerträglich. (Daisetz T. Suzuki)

Erinnern wir uns: **Jesus ist auferstanden u n d l e b t w e i t e r.** Wir sollten ihn von den Kreuzen in unseren Zimmern abnehmen und endlich Bilder aufhängen, ähnlich solchen, die ich in diesem Buch zeige – vom jungen, Liebe ausstrahlenden Jesus. Das sind wirklich empfehlenswerte Bild-Energien zum Meditieren und Beten – da kann auch endlich Neues zu uns kommen (wenn wir es ehrlich genug versuchen). Solche Jesusbild-Energien tun uns aber auch unterbewusst sehr gut in unseren Räumen und in unserem Alltag – auch wenn wir nicht zuhause beten und meditieren.

Die mediale Schweizerin und Sachbuchautorin Silvia Wallimann gibt in ihrem Buch »Erwache in Gott«[32] folgende Empfehlung aus der geistigen Welt weiter, die zu dem Thema der Ur-Kreuzform passt, das ich gleich noch näher betrachten werde: *„Möchtest du aber nach wie vor ein Kreuz um dich* *haben, dann wähle eines mit vier gleichen Balken, das von einem Kreis, dem Symbol des Vollkommenen, umgeben ist. In diesem Kreuz kommt die Ordnung der Schöpfung zum Ausdruck. Es stärkt nicht dein Leidens-, sondern dein Harmoniebewusstsein.*"

Bei dieser Betrachtung sollten wir aber nicht mit dem Finger auf diejenigen zeigen, die sich *damals* dazu verführen ließen, Jesus am Kreuz darzustellen. Denn bei dieser bis heute anhaltenden Verhöhnung des ‚toten Mannes am Kreuz' müssen wir selbstkritisch darauf achten, nicht manchmal selbst mit dabei zu sein. Einen sehr schönen Vers habe ich dazu gefunden (ohne den Autoren zu kennen):

> *Christus,*
> *jeden Tag nageln sie dich wieder ans Kreuz und hängen dich auf.*
> *Als schmerzgekrümmten Leichnam hängen sie dich*
> *in Kirchen und Dome, in Studierstuben und Wohnzimmer –*
> *immer deinen Leichnam.*
> *Du bist für sie gestorben.*
>
> *Sie lassen dich nicht auferstehen in ihren Herzen,*
> *sie können ja dann nicht mehr wuchern und hetzen,*
> *verleumden und huren, Kriege führen und mächtig sein.*
> *Tot bist du ihnen lieber, Christus.*

Regine Zopf erhielt in ihrem Buch »Jesus – Für ihre Freunde«[3] auch folgende Erklärung von Jesus (die Hervorhebung stammt von mir): *„Ich bitte euch, das Trauma der Kreuzigung loszulassen! Ich bitte euch zu verstehen, dass sie ein wichtiger Akt war, damit ich und das, was ich verkörperte, nicht in Vergessenheit geriet.*

Ich habe gewusst, auf was ich mich einließ und habe die Konsequenzen getragen. Dadurch wurde ein Zeichen, ein Signal gesetzt, das verkündete, was der Weg und der nächste Entwicklungsschritt sein würde – Liebe und Mitgefühl, anstatt Rache und Vergeltung; gegenseitige Unterstützung und ein Miteinander, anstatt sich zu bekämpfen und zu belauern...

Das Kreuz und die daraus resultierenden negativen Gefühle ermöglichten Kasteiungen, die Kreuzzüge und die Selbstverneinung. Das habe ich nie gewollt und gelehrt und doch ist das alles in meinem Namen geschehen. Die Kreuzigung hat mich und meine Lehre zwar in eurer Erinnerung gehalten, aber sie

*wurde missinterpretiert und dazu hergenommen, euch zu knechten und zu bin-
den. Sie hat euch spirituell all die Jahrhunderte hindurch klein gehalten und
unterdrückt, denn sie war ein Symbol dafür, dass ihr unwürdig seid, vor Gottes
Angesicht zu treten."*

Trotz dieser kritischen Betrachtung des Korpuskreuzes ist dieses Symbol
energetisch *hilfreich und machtvoll*, sobald wir in seinen feinstofflichen
Schwingungsbereich gehen. Daher möchte ich hier eine Erfahrung nicht unerwähnt lassen: Wer sich mit Segnungen, Bittgebeten und sogenannter wei-
ßer Magie befasst, beobachtet manchmal, dass ein Korpuskreuz schwin-
gungsmäßig ‚wirkungsvoller' und energiereicher ist als ein nacktes Kreuz.
Erklärt werden kann dies wohl damit, dass dem Kruzifix millionenfach Zu-
wendungen, meist äußerst emotional, erbracht worden sind – inzwischen
viele Jahrhunderte lang. Dadurch wurde und wird beim Beten feinstoffliche
Lebenskraft (Od, Prana, Orgon, Chi) oder anders bezeichnete geistige
Kräfte immer zu einem Kruzifix projiziert.

Es ist kein Wunder, dass dann bei richtigem Einsatz und intuitiver
Handhabung des Kruzifixes dieses mit segensreicher Kraft strahlt und
schwingt. Heilungen, Gebetserhörungen, Stigmatisationen und andere
‚Wunder' können geschehen. Natürlich ist das völlig in Ordnung so, wenn
diese Energie dabei hilfreich und liebevoll erlebt und eingesetzt wird.

Das Kreuzzeichen in der Praxis

Das Zeichen des lateinischen Kreuzes, des *Passionskreuzes* (ohne Gekreuzigten), ist das absolute und typische Symbol der Christenheit und global
das am meisten verbreitete magische Zeichen geworden. Wir können sicher
sein, dass es in den über eintausend Jahren seines Geglaubtwerdens zum
mächtigsten magischen Symbol der Menschheit wurde.

In diesem (körperlosen) Zeichen wurden und werden Wunder vollbracht,
wurden und werden Gebete erhört, wurde und wird geheilt, geholfen, von
Ängsten befreit, gesegnet, gespendet, gelebt, geliebt, gefeiert. Es wurde und
wird aber genauso in seinem Zeichen gekämpft, unvorstellbar gelitten, es
wurde gefoltert, auf den Scheiterhäufen verbrannt, brutal missioniert sowie
einzelne und Völker gemordet (und sicher vieles mehr, was geschickt verschwiegen wird).

Verwundert es da, dass es heute für viele nur ein historisch bedingtes Zeichen mit erhöhtem Erinnerungswert geworden ist? Oder welche schmerzlichen Erfahrungen aus früheren Erdenleben wollen in dieser Inkarnation noch einmal ‚betrachtet' werden? Wie viele von uns weichen aber lieber aus? Erzeugt die Präsenz eines Kreuzes im Raum, am Wege oder an einem Platz bloß noch ein ‚Es-ist-alles-in-Ordnung-Gefühl', weil es eben so üblich ist? Wurde es für viele von uns inhaltslos, weil wir über seine feinstofflichen und *göttlichen* Energien zu wenig oder falsch unterrichtet sind? Immerhin zeigen weltweit sechsundzwanzig Nationen in ihren Flaggen das Kreuzsymbol.

Die Grundform eines Kreuzes ist tatsächlich ein uraltes Symbol – sicherlich immer schon ein magisches, womöglich auch ein kosmisches Symbol – und war ursprünglich als Darstellung von Naturkräften zu verstehen. Die Urform des Kreuzes ist stets *balkengleich*, also mit vier gleichlangen Schenkeln, und wird biologisches oder harmonisches oder griechisches Kreuz genannt. Diese *Urmatrix* wurde auch als Felszeichnung in den Kulthöhlen der Altsteinzeit gefunden (wobei wir natürlich von der damaligen Verwendung keine Ahnung haben). Doch es lässt ‚mehr' vermuten, wenn uns dazu von dem heutigen Navajoindianer Dean Jackson erklärt wird: „*Die Existenz ergibt sich aus den vier Elementen; die Essenz sind die vier Elemente; ihre Quelle ist der allumfassende Geist.*" Damit scheint mir dieser Häuptling Gott näher zu sein als die meisten Christen!

Vermutet wird, dass es als Symbol für den Ausgleich oder die Verbindung von polaren Gegensätzen in der Welt angesehen wurde und wird. Die Wissenschaftspublizistin J. C. Cooper hebt die vier Kardinalachsen hervor: „*...die Vierheit unter ihren dynamischen Aspekten und die vier Elemente der Welt, die sich im fünften Punkt, dem Zentrum, vereinigen.*"

Der britische Archäologe James Churchward beschreibt in seinem Werk »Mu – der verschwundene Kontinent«[33] unter dem Kapitel »Die vier Kräfte oder heiligen Vier« viele verschiedene Kreuz-Urformen, die er bei Jahrtausende zurückliegenden Kulturen fand.

Abb. 17: Schützende Urkreuze

Was die griechischen Philosophen ein halbes Jahrtausend vor dem Erscheinen Jesu als Vierelementenlehre definierten, ist das älteste geistige Gedankengut innerhalb unserer historischen Erfassbarkeit, das so in der Frühzeit zur Wurzel aller heidnischen Riten und Gebräuche führte. (Ria Riehm) Die vier Elemente wurden zu Eckpfeilern aller antiken Wissenschaften und stellen symbolisch das Grundkonzept und den Bauplan der Schöpfung dar. Bei Pythagoras heißt es: *„...die Zahl Vier entspricht der Wurzel des Raums und der Zeit; auf der Ebene der Symbolik der kosmischen Ordnung und auf der Ebene der Wissenschaft mit dem begrenzenden Raum des Daseins."*

Nach einem Vortrag am oberösterreichischen Traunsee überreichte mir die reizende Kollegin Doris Angela Dick ihr Buch »Kristallklare Herzensperlen aus meiner Hand«[34], in dem sie sich auch mit der Zahlensymbolik befasst und zur Ziffer Vier ergänzt: *„Es gibt vier Geschmacksrichtungen (süß, sauer, salzig, bitter), vier Temperamente (sanguinisch, cholerisch, melancholisch, phlegmatisch), vier Körper (physisch, emotional, mental, spirituell) und nach C. G. Jung vier Möglichkeiten der menschlichen Seele, in Aktion zu treten (denken, fühlen, intuieren, wahrnehmen)..."*

Da Doris an einer anderen Stelle ihres Buches die Schlüsselfrage stellt: *„Wird uns im Neuen Zeitalter die Trinität als Quaternität bewusst?"*, ergänze ich hier meine ganz persönliche Erkenntnis, dass die Drei eigentlich eine irdisch kastrierte Vier ist. Die übergeordnete Drei ist befreiend als Erhebung oder ‚Auferstehung' aus der Zwei, der Dualität und Polarität. Aber sie ist verstümmelt im Vergleich mit der Vier, welche die **Ureinheit** in allem symbolisiert.

Im übertragenen Sinne ist diese »Energie der Einheit« (der ‚Schutz' des Urkreuzes) auch Ausgleich beziehungsweise Aufhebung oder Vereinigung von unseren *inneren* und *äußeren* Spannungen und Gegensätzen.
Äußere Beispiele sind die vier Himmelsrichtungen (Nord, Süd, Ost, West) oder die Energien der Vierelementenlehre (Erde, Wasser, Feuer, Luft). Als fünfte Energie, als Schwingung der zentralen Kreuzung, sprachen die altgriechischen Philosophen von der *Quintessenz* und die Hindus von der *Akascha* – wir heute von *Zentriertsein* und im individuellen Verständnis vom *Herzzentrum*. Stets treffen sich dabei *konträre* Energien in der Mitte, in der Harmonisierung beziehungsweise im Ausgleich oder der Aufhebung ihrer Gegensätze.

Abb. 18: Unser göttliches Herzzentrum

Der *kosmische* Schutz bezieht sich allerdings nur auf die feinstofflichen und subtilen Energien, denen wir aber vielfach ahnungslos ausgesetzt sind. Der *persönliche* Schutz kann vor allem unsere eigenen Emotionen betreffen, die uns in unserem modernen Alltag immer öfter herausfordern: das Fernsehen, schockierende Pressemeldungen, beruflicher oder Freizeit-Stress und Angsterzeugung jeglicher Art – andererseits aber auch Angstbefreiung von vielen völlig unsinnigen Alltagsängsten, auch denen vor Krankheiten verschiedenster Art. In einem Bericht über Bede Griffiths, den großen britischen Mystiker, der als Benediktinermönch in Indien einen christlich-hinduistischen Ashram gegründet und geleitet hat, wird bestätigt, dass es „*...in seinem Ashram das kosmische Kreuz, aber kein Kruzifix gab*".

Das Radkreuz, das gleichschenklige Kreuz in einem geschlossenen Kreis, war bis zur Reformation das päpstliche Hoheitszeichen. Es erzeugt ein riesiges Energiefeld mit höchsten *Bovis-Einheiten*[35] (was jeder entsprechend Veranlagte leicht nachprüfen kann). Es symbolisiert das gesamte Omniversum mit all seinen in perfekter Ordnung schwingenden kosmischen Energien. (Die Bezeichnung *Omniversum* gefällt mir gut, weil damit auch die unsichtbaren Paralleluniversen einbezogen sind.) Wir können solche mit diesem Symbol in unsere Mitte, unser Herzzentrum, ziehen. Silvia Wallimann hat es als harmonisierend aus den Engelsphären empfohlen bekommen haben. Es ist ein Hinweis darauf, dass die vier elementaren Kräfte im ganzen Universum wirksam sind.

Abb. 19:
verschiedene Radkreuze (keltisch, römisch, dt.Bundesverdienstorden und Rosenkreuzer)

Abb. 20: Kann man sich in unserer Welt der Dualität größere polare Gegensätze vorstellen als diese beiden(36)?

Aber auch das offene gleichschenklige, biologische, griechische, harmonische, *kosmische Kreuz* (ohne den Ring) erzeugt bei Tests ultraschwache Ladungsmuster elektromagnetischer Schwingung, wie sie auch in biologischen Systemen, etwa im Bereich der *Zellkommunikation,* als Informationsträger arbeiten. Es ist anzunehmen, dass hier noch weiter geforscht werden muss, um der Energie des gleichschenkligen Kreuzes noch mehr gerecht werden zu können. Andererseits sei es uns gestattet, etwas zynisch nachzufragen, ob auch das Kreuz der kampfesfreudigen Tempelritter oder auch das gleiche der Bundeswehr als Schutzsymbol fungiert? Unsere Großwaffen tragen immerhin ein malteserkreuz-ähnliches, gleichschenkliges Kreuz mit in den Einsatz. Ein Zeichen der christlichen Nächstenliebe wird das ja wohl nicht sein!

Unter den vielen verschiedenen Kreuzformen ist das einfache gleichschenklige Kreuz ‚das Zeichen des Alltags' und als **Pluszeichen** nicht mehr aus unserer Welt wegzudenken. Plus bedeutet ‚mehr als normal', Überschuss, Vorteil, Gewinn und gibt es als positives Vorzeichen in allen nur denkbaren Varianten. Es ist auch ein sehr bedeutendes energetisches Symbol in der ‚Neuen Homöopathie' nach Erich Körbler, ebenso wie in der klassischen Geomantie.

Blicken wir noch kurz zurück in die Antike, wo wir das gleichschenklige Kreuz angeblich auch als Symbol des Planeten *Nibiru,* unseres sogenannten zwölften Planeten, finden. Lassen Sie mich das mit dem zwölften Planeten kurz erklären: Auf einem alten sumerischen Rollsiegel (Rollsiegel „*VA/243*") ist unser Sonnensystem abgebildet. Es ist jedoch noch ein weiterer, ein *zwölfter Planet* verzeichnet, nämlich zwischen unserem Nachbarplaneten Mars und dem Jupiter. Heute ist zwischen Mars und Jupiter eine auffallend große Lücke, in der sich ein Asteroidengürtel befindet. Laut den sumerischen Schrifttafeln ist dieser Planet mit Namen *Nibiru* bewohnt, und zwar von den *Anunnaki*.

Das bedeutendste Schriftzeugnis aus Mesopotamien ist das „Atrahasis-Epos", das in einem gut erhaltenen Zustand ist. Es berichtet von der Zeit vor der Flut und der Entwicklung des Menschen auf der Erde. Das Epos berichtet über die Anunnaki (*Jene, die vom Himmel auf die Erde kamen*), die vor zirka 450.000 Erdenjahren von diesem Planeten Nibiru, der unsere Sonne alle 3.600 Jahre einmal umkreist, zur Erde kamen, um Gold abzubauen, das sie dringend für ihren Heimatplaneten brauchten.

Nachdem die Anunnaki viele Jahre unter schwersten Bedingungen Gold abgebaut hatten, wurde jedoch ihre Unzufriedenheit immer größer. Es gab einen Aufstand. Die außerirdischen Arbeiter wollten nicht mehr... Unter anderem auch, weil sie während ihrer Arbeit auf Erden auch den irdischen Gravitationsverhältnissen und damit auch unserem Alterungsprozeß ausgesetzt waren.

Es wurde ein Rat der „Götter" einberufen, zu dem auch der große Herrscher *Anu* vom Nibiru herab kam und den Anunnaki beistand. Einer seiner Söhne, *Enki*, fand die Lösung: Ein *Lulu*, ein primitiver Arbeiter, mußte erschaffen werden! Die Anunnaki stimmten zu.

Es geht klar aus den Bezeichnungen und Beschreibungen der Sumerer hervor, daß der erste Mensch künstlich erschaffen wurde, und zwar zu einem Zweck: Er sollte für die „Götter" arbeiten. Dies ist die Geschichte der Entstehung des ADAM aus dem Alten Testament.

Sehen wir uns aber nun noch weitere Kreuzformen an:

Das ägyptische *Ankh- oder Henkelkreuz* (Crux ansata, uraltes Heilsymbol der Göttin Isis) symbolisiert Leben, Vereinigung, Unsterblichkeit und den Schlüssel zu den Geheimnissen des Lebens und der Schöpfung, ähnlich dem Kreuz der phönizischen Göttin Tanit.

Das *Schräg- oder Andreas-Kreuz* (X), auch *Diagonal-* oder *Malkreuz* genannt, bedeutet Vollkommenheit und ist die römische Ziffer Zehn.

Das *Malteser-* oder *Ordenskreuz* war zuletzt das Wahrzeichen der ‚Kreuzritter' und zuvor im Altertum das Symbol der vier großen Götter Assyriens: *Ra, Anu, Bel* und *Ea*.

Weiter finden wir gleichschenklige Kreuzes-Abbildungen bei den Gnostikern (Gleichgewicht der Vollkommenheit), den Hindus, im Islam, in der jüdischen Kabbala, bei den Manichäern und den Mayas. Stark abgewandelt finden wir diese auch in Skandinavien und Germanien, dagegen klarer ausgeprägt schon bei den Völkern des frühen Altertums, den Chaldäern, Assyrern und Phöniziern.

Kreuzbasis hat auch die *Swastika*[37] (sanskrit: *das, was gut ist*), das ebenfalls gleichschenklige Hakenkreuz, als ein altindisches Sonnen- und Fruchtbarkeitssymbol. Marduk, der mächtige Reichsgott Babylons, soll es als Symbol verwendet haben. Aus indogermanischer Sicht zählt dazu auch das *Germanische Sonnenrad* (rechtsdrehend) und später das Symbol der Nationalsozialisten (linksdrehend). In Lexika kann man Listen finden mit achtundzwanzig offiziellen und verschiedenen Kreuzformen.

Nun hat man aber für die übliche christliche Passionsform des Kreuzes etwas vom Ursprünglichen verändert. Das neue Symbol zeigt eine ungleiche Senkrechte – oben kurz, unten lang. Was kann das bedeuten? Ist es nur eine Erinnerung an die biblische Beschreibung des römischen Marterholzes? Wurde es dabei womöglich *magisch* verändert? Das Körperliche dominiert über das Geistige? Das Unten ist stärker als das Oben. Wird die von ‚oben‘ einströmende Geistenergie reduziert? Es existieren solche Erklärungen. Genaueres gehört von alters her zum Geheimwissen. Aber mich stört es einfach, weil hier etwas aus dem Gleichgewicht und der Harmonie geraten ist. War das bloß gute Absicht?

Man könnte es aber auch so deuten: In der äußeren Kirche stellt man sich die geistige und seelische Entwicklung der Gläubigen schlichtweg als nach *oben aufsteigend* vor, und durch das Kirchenkreuz wird sie bewusst nach *unten* gezogen – also unser Geistig-Seelisches in die Materie gezerrt und dort verankert. Das wäre dann sicherlich nicht im Sinne des Heilands, sondern schlimmstenfalls eine Ausdrucksform irdischer Herrschsucht. Das materialisieren in ähnlicher Form alle unsere großartigen Dome – begnadet schön im Außen, aber das Allerheiligste liegt im Sperrgebiet des Altarraums – kein Zutritt für Gläubige.

Noch etwas habe ich gefunden: Das Kirchenkreuz auf den Kopf gestellt drückt für die Hexenmeister folgende Ideen aus: Die Materie beherrscht den Geist, das Böse steht über dem Guten, die Finsternis ist dem Lichte vorzuziehen, und der Mensch muss sich einzig von seinen niedrigsten Instinkten führen lassen. (Okkultist ‚Papus‘)

Es gibt aber noch mehr Bedenkliches. Mir erzählte eine hellsichtige Dame im Vertrauen folgende Geschichte: Bei ihrem neugeborenen Söhnchen sah sie im Bereich der kleinen Stirn einen hellen Schimmer, und da sich ihre eigene Hellsichtigkeit von Großmutter über Mutter zu ihr weitervererbt hat, ahnte sie bei ihrem Kleinen wohl auch, dass die Medialität des sogenannten dritten Auges angelegt sein könnte.

Bei der Taufe des Jungen berührte der katholische Priester wie üblich die Stirn mit seinem mit Weihwasser benetzten Daumen und machte dabei ein kleines Kreuzzeichen auf die Stirn. Zum Schrecken der Mutter war danach der helle Schimmer bei ihrem Jungen verschwunden. Und nun kommt die wichtige Frage: Wissen die Theologen, was sie da machen? War das ‚Zufall' oder Manipulation? Wurde es immer schon verhindert, dass sich unter den Gläubigen zuviel Sensitivität, Intuition oder gar Medialität entwickelt? Wie ist das gar bei den heutigen Indigo-Kindern? Ist ihr inneres Licht stärker als mögliche klerikale Blockierungen?

Inspiration bezüglich der Kreuzsymbolik bietet auch eine Meditations-CD von Brigitte Jost (siehe Buchanhang). Dabei geht es hauptsächlich um das innere Harmonisieren und Auflösen von Ängsten und Sorgen. Da Brigitte eine spirituelle Künstlerin mit Verbindung zur Engelwelt ist, hatte sie den inneren Auftrag, für das CD-Cover ein spezielles Gemälde anzufertigen. Dieses zeigt ein irdisches Wesen in seinem Engelbewusstsein in der segnenden Körperhaltung und die Strahlen des kosmischen Kreuzes in der Brust. Die Energien von Kosmos und Erdmutter kommen im »Heiligen Herzzentrum« zusammen und können eine erfüllbare neue Lebensbasis erschaffen.

Abb. 21: Das Engelbewusstsein

Passionskreuz ohne Zukunft?

Zurück zu Jesus am Kreuz. Wir merken doch, dass die Zeiten, also die vielen Jahrhunderte, in denen wir uns den Heiland in einem leidvollen Zustand in Verbindung mit einem Kreuz vorstellen sollten, vorbei sind. Denn es hat sich etwas ganz Wesentliches verändert, das uns heute ins dritte Jahrtausend begleitet:

Die Menschheit hat das jahrtausendelange Leid des Sklaventums gesetzlich beendet (Brasilien als letzte Nation vor knapp einhundertzwanzig Jahren).

Die Menschheit hat in ihren nationalen Grundrechten weitgehend alle jene ethischen »Gebote« zugrunde gelegt, die ursprünglich nur als göttliche Regeln akzeptiert wurden.

Die Menschheit hat zu einem elektronischen Kommunikationssystem gefunden, mit dem man in Sekundenschnelle auf dem ganzen Planeten präsent sein kann.

Die Menschheit hat in unzähligen Heilstätten der Welt Operationstechniken entwickelt, mit denen man menschliche Organe austauschen und ersetzen kann.

Die Menschheit hat Transporttechniken entwickelt, mit denen man treffsicher ferne Planeten unseres Sonnensystems besuchen kann.

Und trotzdem gibt es weiterhin Glaubensgemeinschaften, die in ihren religiösen Vorstellungen keine Fortschritte und kein Freiwerden aus Jahrtausende alten Denkschablonen zulassen. Sie leben noch in den alten Denkmustern, in die sie sich einbinden lassen. Die neuen protestantischen Fundamentalisten der USA sind für mich ein erschreckendes Beispiel. Bei »Wikipedia« fand ich unter »Christlicher Zionismus« (eine Idee des Österreichers Theodor Herzl) eine ausführliche Darstellung, aus der ich folgenden Absatz zitiere: *„Marion Gordon ‚Pat' Robertson (* 22. März 1930) ist ein einflussreicher konservativer Fernsehprediger in den USA und Gründer der fundamentalistischen »Christian Coalition«. Er greift Linke, Homosexuelle und Feministinnen scharf an: Feminismus bezeichnete er als ‚sozialistische, antifamiliäre Bewegung', die Frauen dazu veranlasse, ‚ihre Männer zu verlassen, ihre Kinder zu töten, Hexerei zu praktizieren, den Kapitalismus zu zerstören und lesbisch zu werden'. Damit vertritt er ähnliche Ansichten wie Jerry Falwell. Die Terroranschläge am 11. September 2001 in den USA bezeichnete er kurz* darauf als Folge von Abtreibung und Gottlosigkeit in der Bevölkerung, relativierte diese Aussage später allerdings nach Protesten. Er soll über Gelder zwischen 200 Millionen und einer Milliarde Dollar verfügen können." Ja, wenn also durch Frauen der Kapitalismus zerstört wird, dann ist das natürlich schlimm.

Das Thema Kirche und Geld zeigt seit alters her viele Gesichter, auch die florierenden ‚Passions-Dollars'. So nennt es Susanne Weingarten, die im Weihnachtsheft (2006) des »Kultur-SPIEGEL« unter der Überschrift »Hollywood oder Holywood? Die Filmindustrie entdeckt das kommerzielle Potential des Glaubens« folgendes berichtet: „...Wie die Jungfrau zum Kind ist Hollywood... in der letzten Zeit zur Religion gekommen. Der völlig unerwartete Welterfolg von Mel Gibsons blutig-verquältem Kreuzigungsdrama ‚Die Passion Christi', das vor zwei Jahren rund um den Globus trotz aramäischer Dialoge und Folterszenen wie aus Abu Ghureib mehr als 500 Millionen Dollar einspielte, hat die durch und durch weltliche Filmstadt darauf gestoßen, dass es jenseits der Tore ihres Babylons eine Welt voller gläubiger, das Gebet und den Kirchgang pflegender Christen gibt: Rund ein Viertel aller US-Amerikaner gehört evangelisch-protestantischen Konfessionen an, und mehr als ein Fünftel sind Katholiken."

Dazu kommt, dass fast *alle* religiösen Vorstellungen auf unserem Planeten von Organisationssystemen kontrolliert und finanziert werden, die von klugen, meist akademisch gebildeten Männern gesteuert und geleitet werden. Sofern sich die Gläubigen symbolisch als Schafe empfinden, nennen sich die Leithammel sogar (ohne schlechtes Gewissen) *Oberhirten*. Der berühmte französische Soziologe Gustave Le Bon (1841-1931), Begründer der ‚Massenpsychologie' bestätigt makaber: „Die Masse ist eine Herde, die sich ohne Hirten nicht zu helfen weiß."

Ist es nicht so, dass alle Heiligen Schriften der großen weltweiten Kirchensysteme schon Jahrtausende alt sind – zu alt?

Allein die Streitigkeiten über die Auslegungen der oft unvollständigen oder gefälschten oder missbrauchten Heiligen Schriften haben zu grausamen Kriegen und Völkermord geführt – bis ins letzte zwanzigste Jahrhundert. Verdeckte Kriege zwischen den großen und kleinen Glaubensgemeinschaften dauern heute noch an – allerdings weniger, weil es den Gläubigen an Ethik fehlt, sondern weil sie sich von mächtigen Kabalen im Hintergrund aufhetzen lassen.

Wie ist so etwas möglich?

Wir können es uns nur so erklären, dass alle Kirchengläubigen in die gleichen simplen Systemfallen tappen: Die Gottessöhne, die Propheten, die Heiligen und Avatare oder wie man die Boten auch immer nennen mag, die ‚von Gott zu uns Menschen gesandt wurden‘, werden als *gestorben* oder als wieder in den Himmel *aufgefahren* angesehen. Haben die meisten »Heiligen Schriften« dann damit ihren irdischen Abschluss gefunden – als Happy-End? Wenn es ein Unterhaltungsthema wäre, hätte es endlose Folgen.

Da hat doch der Forscher Gunther Y. Obel[38] bei den Texten der abschließenden Evangelienauswahl beim Konzil in Nicäa im Jahr 325 gerade dafür eine Bestätigung gefunden, über die man nur staunen kann: *„Gleichfalls erklärte man, dass Gott mit Beendigung der Bibel Sein Wort an Seine Kinder abgeschlossen habe und nur noch über Seinen Stellvertreter sprechen würde...“* Dabei wurden die früheren Kirchenältesten nachträglich zu Päpsten erklärt, also zu »Heiligen Vätern« (viele meinen, das geschah im Gegensatz zu Mt. 23,9), und diese schließlich auch zum *Vicarius Iesu Christi*, zum ‚Stellvertreter Jesu Christi‘.

Damit entstand eine bewährte Parallele zum »Hohen Rat« im Jerusalemer Tempel, der »in der Vollmacht Gottes« sprach: *„Gott selbst respektiert unsere Rechtsentscheide.“* So bleibt genügend irdischer Stoff, diese Heiligen Schriften fleißig zu studieren, darüber zu disputieren oder gar zu streiten, sie vehement zu predigen und mit ihnen zu missionieren. Ironisch könnte man sagen: Man konnte sich damit jahrhundertelang sehr ‚intensiv‘ beschäftigen.

Dies bestätigt auch ein Zitat des Schweizer Religionskritikers Dr. Robert Kehl-Zeller: *„Die Katholische Kirche sagt in der Dogmatischen Konstitution über die göttliche Offenbarung vom 18. November 1965 hochoffiziell, die Bibel habe Gott zum Urheber (Autor), sie sei in allen Teilen heilig und kanonisch, sie sei in allen Teilen unter der Einwirkung des heiligen Geistes geschrieben worden, ‚alles, was die inspirierten Verfasser aussagen, hat als vom heiligen Geist geschrieben zu gelten‘; die Bibel lehre ‚sicher, getreu und ohne Irrtum‘.“* (Die Meinung meines *Boldi* schreibe ich diesmal nicht.)

Eine weitere Parallele bildete sich zwischen Jerusalem und Rom: Die einen nennen sich ‚auserwähltes Volk‘ und die anderen ‚alleinseligmachende Kirche‘.

Und noch eine Parallele fand der »SPIEGEL-special« (Weihnachtsausgabe 2006): *„Der Absolutheitsanspruch der abrahamischen Religionen hat in der*

Geschichte immer wieder Fanatiker dazu verführt, den eigenen Glauben gegen Ungläubige und Dissidenten durchzusetzen, notfalls mit Feuer und Schwert. Bis heute sind fast alle Religionen eine Triebfeder für Verfolgungen und Kriege, für Völkerhass, Folter und Mord."

Allerdings haben doch die meisten der großen Kirchensysteme noch ein besonderes Finale in petto: Irgendwann – am Ende der Zeiten oder vor dem sogenannten Weltuntergang – brauchen sie noch einmal die Verbindung zum Göttlichen, denn dann erwarten sie vorsichtshalber einen *Erlöser*. Manche Glaubensgemeinschaften warten und warten unerschütterlich und können sich den **Endsieg** ihres Glaubens gar nicht ohne einen siegreichen Erlöser, Befreier oder Retter vorstellen. Dabei warten sie alle auf *einen überirdischen Retter in Menschengestalt* – außer den Israeliten. Norman Cohen schildert in seinem Buch »Cosmos, Chaos and the World to Come« die Situation genau, wenn er den jüdischen Messias so beschreibt: *„Es wird höchstens ein großer militärischer Führer und ein weiser und gerechter Herrscher sein, der von Jahwe angeleitet und von ihm ernannt wird, über sein Volk in Juda zu herrschen."* Mich erinnert das an Neo, den ‚Neuen' im Film »Matrix« und an ‚Hallelu-jah' = *Preiset Jah(we)*!

Bei den frühchristlichen Griechen hieß diese Friedensreich-Vorfreude Eschatologie (die ‚*Lehre von den letzten Dingen und dem Aufbruch einer Neuen Welt*'), und als solche war sie unter den ersten Christen eine geradezu kaum zu erwartende und fast ansteckende Erlösungs-Überzeugung, die mit dem Untergang des römischen Imperiums und der baldigen Wiederkunft des Herrn in Verbindung stand.

Gläubige Moslems warten auf das Kommen des *Mahdi* (als Retter), gläubige Buddhisten auf *Maitreya* (sanskrit: d*er Gütige*), Hindus auf den Erlösergott *Wischnu* in Form von Krischna, in China wartet man auf *Mi-lo-fo*, in Tibet auf *Byams-pa*, in Japan auf *Miriku*, die Mayas auf *Quetzalcoatl*, die Hopis auf *Pahana* und die Sioux auf die heilige Frau *Wakan*.

Wenn wir jetzt diese weltweite Vermenschlichung der ursprünglich göttlichen Religionen auf unser Christentum übertragen, stehen wir auch nicht viel besser da. Bei uns warten auch viele auf die Wiederkunft Jesu oder Jesus, den Christus – aber nicht alle. Denn aus der Antike wurde auch gleich das ‚Jüngste Gericht' mit übernommen. Und wer hat davor nicht heute schon Angst? Und diese christlich-archaischen Ängste hat Hollywood schon früher entdeckt.

3. Kapitel

Tausend Antworten

Die geistige Dunkelheit

Auch ernsthafte Esoteriker wissen: Wir leben immer noch in einer Zeit der geistigen Dunkelheit.

Die Hindus nennen unsere Zeit »Kali-Yuga« – das Zeitalter, das nach ihrer linearen Zeitrechnung **vor etwa 5.000 Jahren begonnen hat**, möglicherweise am 17.2.3102 vor Christus, als man Krischna kreuzigte.

Die Zeitrechnung der Mayas ist fraktal, baut sich auf die heiligen Zahlen 13 und 20, was multipliziert 260 ergibt, auf und nennt das Zwanzigfache, unseren Zeitabschnitt mit 5.200 Jahren, den »Babylonischen Zyklus«, der am 21.12.2012 zu Ende geht.

Die sumerische, babylonische, griechische und abendländische Zeitrechnung des »Platonischen Weltenjahrs« mit rund 26.000 Jahren teilt sich in zwölf Tierkreiszeichen mit rund 2.160 Jahren, und unser heutiger Zeitabschnitt startete immer patriarchalischer werdend im Stier-Zeitalter, also auch die 5.000 Jahre bestätigend.

Aus diesen gleich alten Anfängen unserer Zeitrechnung kennen wir auch den Beginn der Dynamischen Perioden Ägyptens gegen 2900 v.Chr.

Zu diesem Kali-Yuga heißt es unter anderem, es sei das **Schwarze Zeitalter** voll Hass, Gier und Verwirrung, was zu schlimmen Kriegen und weitverbreitetem Leid führe. Dr. Rudolf Steiner fand die Parallele in der griechischen Mythologie bei dem Paar Prometheus und Pandora. *„Die neugierige Pandora öffnete das berühmte Kästchen, und da flogen alle Übel heraus, die seitdem die Menschheit plagen: Alter, Wehen, Krankheiten, Irrsinn, Laster und Leidenschaften. Sie entflohen augenblicklich in eine Wolke, stachen Epimetheus und Pandora in alle Körperteile und fielen über sämtliche anderen Sterblichen her.“* (Hans Gsänger)

Wie Prometheus ist damit der ich-bewusste Mensch an den Erdenkörper gefesselt worden wie Odin in der nordischen Mythologie an die Lebensesche. Sind an der nachfolgenden menschlichen Misere nur die ‚Bösen‘

schuld, Menschen, die nicht so sind wie wir? Jahrtausendelang? Oder gibt es dafür noch andere Erklärungen – außer die der ‚verrufenen' Damen Kali, Pandora und Eva?

Die meisten sagen: *„Ja, die Bösen sind schuld daran."* Aber bei einem Erklärungsversuch geht es schon los mit den Meinungsverschiedenheiten. Wenn ich zu diesem Thema eine Talkshow veranstalten würde, da ginge es turbulent zu – eben wie in allen Talkshows, denn da streiten sich intelligente und emotionale Köpfe *nur*: Thema variabel, Streit(gespräch) vorprogrammiert. Selbst am späten Sonntagabend, dem Ausklang einer langen Woche und vor dem Start in die nächste turbulente Woche, bietet das Fernsehen berühmte Streitgespräche – mit einem Überschuss von Quantität (Yang, männlich) anstelle von Qualität (Yin, weiblich).

In meinem Leben beginnt bald mein siebentes Jahr ohne Fernseher und ohne *Fern*-sehen – mein kleiner Beitrag gegen die geistige ‚Umweltverschmutzung'. Ich zähle mich in vielen meiner Verhaltensweisen noch zu den ‚Einfachen', die sich bücken wegen eines Centimos auf der Straße oder einer Büroklammer am Boden. Und so freue ich mich über meine kleine, aber fehlende Beteiligung, dass keiner mit mir ‚*Quote macht*', denn nur diese zählt bei den Entscheidern über die zukünftigen Fernsehprogramme (wobei ich eines gestehe – bei der Fußball-WM in unserem Vaterland war ich begeistert mit dabei).

Yin und Yang kennt vermutlich jeder meiner lieben Leserinnen und Leser. Es ist die berühmte Symbolik aus dem Buddhismus, die das Duale unseres Lebens noch etwas klarer ausdrückt als das Urkreuz-Symbol. Im Yin und Yang ist die weibliche Energie der männlichen begrüßenswerterweise gleichgestellt und damit auch das *gleich*-wertige Leben derselben. Wie das gleichschenklige Kreuz symbolisiert Yin und Yang aber auch das Streben nach Einheit, das unser menschliches Sein – mehr oder weniger bewusst – maßgeblich bestimmt. Somit steht diese gleichwertige und **ausbalancierte Dualität** stärker im Vordergrund als im unaufgeklärten Christentum.

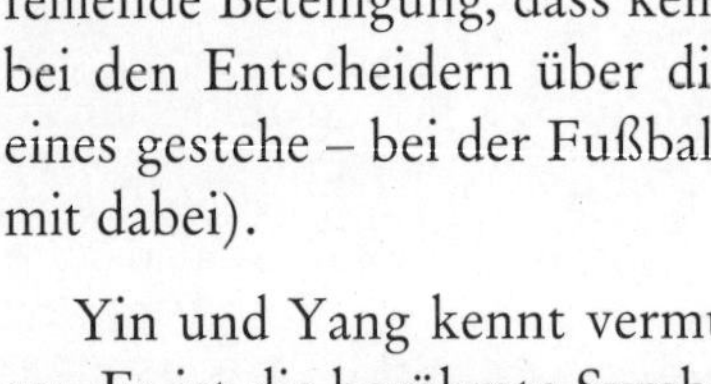

Unsere Weiblich/Männlich-Dualität fand aber nicht nur ihren Ausdruck in diesen beiden religiösen Symbolen, sondern hat auch einen wissenschaftlichen Terminus. Der Begründer der Analytischen Psychologie, der Schweizer Professor Carl Gustav Jung, ana-

Abb. 22:
Yin und Yang und Urkreuz[36]

lysierte auch die Symbolik von Yin und Yang, die ja jeweils einen punktförmigen Anteil der Gegenenergie in sich tragen.

Jung gibt dem Yin den lateinischen Namen **Anima,** und das Yang nennt er **Animus.** Somit ist Anima die weibliche und Animus die männliche Kraft in jedem Menschen. Bei den Frauen überwiegt energetisch die Anima, und bei den Männern ist es umgekehrt. Jung nennt es *‚die innere Frau'* bei den Männern und *‚den inneren Mann'* bei den Damen. Jeder trägt also beides dual in sich, jedoch selten im ursprünglichen Verhältnis. Meistens entsteht die Unverhältnismäßigkeit schon in der Kindheit, durch das Vorleben der Eltern und die innere Verbindung des Kindes, aber auch durch Liebe oder Ablehnung von Vater und/oder Mutter. Gemäß psychoanalytischen Berichten sieht es mit diesen weithin unbekannten inneren Verhältnismäßigkeiten beziehungsweise Dominanzen von Anima oder Animus bei vielen, vielen Mitmenschen katastrophal aus, zumal Jung erkannt hat, dass zu Beginn der Lebensmitte mehr die Integration der eigenen Anteile des jeweils anderen Geschlechts im Vordergrund steht, das heißt für einen Mann ist dies seine Anima und für eine Frau ihr Animus. Diese beiden Urkräfte sind somit in jedem Menschen grundsätzlich angelegt und müssen in irgendeiner Form gelebt werden.

Jetzt will ich indiskret werden: Wer von uns Männern traut sich schon, *auch seine Gefühle* zu leben, seinem Fühlen zu vertrauen und Gefühle zu zeigen? Das ist in uns archetypisch angelegt und muss früher oder später gelebt werden. Es ist ein armes Leben, wenn man(n) seine Gefühle verstecken muss. Die ‚Lücke' füllt man(n) dann nach außen hin schnell mit etwas Gefühllosem und Zeitgemäßem, Normalem und Anerzogenem. Dann fällt man(n) nicht weiter auf zwischen den anderen Versteckspielern. Aber das ist die ‚Alte Welt', meine Herren, einseitig und ungleichgewichtig. Sie ist somit auch gegen unsere eigene Natur, die seit Urzeiten in uns gleichgewichtig angelegt ist, aber von einem inneren, angstvollen ICH verschüttet wird.

Ein hoher Eingeweihter, der christliche Mystiker Bede Griffiths, ein britischer Benediktinermönch, leitete (wie bereits erwähnt) in Südindien einen christlichen Ashram und wurde zu einer der führenden Persönlichkeiten im interkulturellen geistigen Dialog. Auch er wird in dem Buch »Politik des Herzens«[39] interviewt und erklärt zu seinem Leben in Indien: *„Als ich mich damals entschloss, habe ich meinen Freunden gesagt, dass ich die andere Hälfte meiner Seele finden wolle, ganz so, wie es im chinesischen Denken verstanden wird: Das Yang braucht das Yin. Das Yang steht für das bewusste, rationale,*

111

wissenschaftliche Denken und macht den dominanten, kontrollierenden Cha-
rakter der westlichen und modernen Welt aus. Ich bin der Meinung, dass der
Osten demgegenüber das Yin repräsentiert, die mehr weibliche, passive Seite,
die eher rezeptiv, sensitiv und kreativ ist. Ich wollte diese beiden Pole in mir ins
Gleichgewicht bringen. Wir alle brauchen diese innere Hochzeit, um eins mit
uns zu werden."

Nachdem sich nun aber Aquaria der Öffentlichkeit gezeigt hat, können
wir für die Neue Zeit unserer *Anima* und unserem *Yin* die spirituelle Aktua-
lität der *Aquaria* überstülpen und unserem *Animus* und unserem *Yang* die
spirituelle Aktualisierung von *Aquarius*. So werde ich es auch im Buch weiter
verwenden.

Wer ist **Aquaria**? Seit Jahrzehnten taucht in der gesamten Esoterik die
Erwartung des Wassermanngeistes immer stärker auf, aber erst im neuen
Jahrtausend erwacht auch die weibliche ‚Ergänzung' zum angekündigten
männlichen ‚Geist'. Zu *Aquarius* des neuen Wassermann-Zeitalters meldet
sich *Aquaria* (*-a* ist im Lateinischen die weibliche Wortendung im Vergleich
zum männlichen *-us*) und *personifiziert* wiedererwachendes Weibliches und
Gefühle in allen Erdenmenschen. Wie schon erwähnt, ist diese archetypische
Weiblichkeit grundsätzlich in jedem irdischen Menschenleben als *Anima* angelegt und mehr oder weniger intensiv vorhanden, doch in der höherschwingenden Kraft *Aquarias* tritt das mystische Erleben jetzt nach außen. Das
weibliche Selbstbewusstsein erwacht in Liebe und Mitgefühl zu einem noch
nie dagewesenen Höhenflug.

„Das Göttlich-Weibliche ermöglicht euch, das Göttliche in euch selbst
und eurem täglichen Leben zu spüren und auch zu leben. Es wird für jeden
von euch greifbar, und ihr braucht keine Vermittler mehr. Vermittler sind
nur nötig, solange das Einfachste der Welt in kompliziertem Latein ver-
schlüsselt wird." (Aquaria)

Alle Zitate von Aquaria habe ich dem sehr optimistischen und liebevollen
Buch »Aquaria – die Göttin kehrt zurück« von Brigitte Jost entnommen.

Kommen wir wieder zurück zu dem sogenannten ‚Bösen' unseres dunklen Kali-Yuga-Zeitalters. Dualen Charakter, also zwei Seiten, hat nämlich
noch eine andere Grundlage unseres irdischen Lebens: das Sichtbare und das
Unsichtbare, das Physische und das Metaphysische, das Diesseitige und das
Jenseitige.

Unser grobstofflicher und damit *sichtbarer* Planet Erde schwebt in seiner größeren feinstofflichen und damit *unsichtbaren* Energiekugel, die man das **Astrale**, den Metaraum oder die 4D (vierte Energiedichtedimension) nennt. In dieser mannigfaltigen und multidimensionalen Welt des Geistes, aber auch der Geister, sammeln und speichern sich alle Emotionen des sichtbaren und unsichtbaren irdischen Lebens. Dieser ätherische Energiegürtel um unsere Erdmutter speichert alles, auch ‚gut und böse‘ und natürlich alles, was wir gedanklich im Diesseits entstehen lassen.

Dieser Langzeitspeicher hat in den verschiedenen Religionen die unterschiedlichsten Bezeichnungen, doch für die ausdrucksvollsten halte ich die »Akascha-Chronik« und das »Morphogenetische Feld«. Unser genialer Freimaurer von Goethe erklärte: *„Ich denke mir die Erde mit ihren Dunstkreisen gleichnisweise als ein großes lebendiges Wesen, das im ewigen Ein- und Ausatmen begriffen ist."* Die christlichen Bezeichnungen Fegefeuer und Hölle treffen nur einen Ausschnitt dieser multidimensionalen Welt des Geistes. (Über diesen Themenkreis gibt es inzwischen genügend Aufklärungsmaterial.)

In der dunkelsten Energiezone dieser Astralwelt herrscht seit Jahrtausenden ein mächtiger und skrupelloser *Ungeist*, der die Erdbewohner höhnisch, lustvoll und erfolgreich dabei unterstützt, unmenschlich zu sein. Er stellt die Summe, also das **Energiepotential aller Egoismen der Erdenmenschen** dar. Er trägt keine Hörner und hat keinen Pferdefuß – das sind angstmachende Kindergeschichten. Er ist viel, viel raffinierter und beherrscht uns in tausend verschiedenen Facetten unseres Erdenlebens.

Dies wird ihm sehr erleichtert – wie es zum Geheimwissen aller Männerbünde, Bruderschaften und Orden gehört –, da ein geistiger Teil jedes menschlichen Erdenkörpers – eines *jeden* von uns! – jede Nacht in dieser *astralen Welt* weilt. (Dieses für viele unglaubliche Thema werde ich noch ausführlich erklären.)

Die Zeitalter

Das hinduistische Kali-Yuga begann zeitgleich mit dem astrologischen Stier-Zeitalter und beinhaltet auch das nachfolgende Widder- und das Fische-Zeitalter. Die Betrachtung in diesem Buch betrifft aber hierbei nur das Widder-Zeitalter. Damit wir heutige Menschen uns ein bisschen vorstellen kön-

113

nen, mit welcher Brutalität sich das damalige Leben abspielte – vor allem in den südlichen Breitengraden –, brauchen wir nur wieder einmal im Alten Testament zu blättern: Die aus Legenden geformte Vergangenheit der Israeliten besteht im Prinzip aus einer Abfolge von Massakern, Strafaktionen, Versklavung und Blutvergießen. (DER SPIEGEL 52/2006)

Vorgeschichtliche Blutopfer, erst Menschen und später Tiere, basierten stets auf angstvollem Götterglauben – aus den altpersischen, altägyptischen und altgriechischen Hochkulturen ist das weniger bekannt. Da aber die damaligen Religionsstifter und/oder Priestersysteme dem angstvollen Menschsein auch nicht Herr werden konnten, suchten sie schließlich nach **Erlösern**. Ich habe schon einige namentlich erwähnt. Klar drückt sich dazu das Alte Testament mit der Erwartung aus: *„...das Volk, das im Dunkel lebt, sieht ein helles Licht; die im Land der Finsternis wohnen, strahlt ein Licht auf.“* (Jesaja 9,1)

Doch auch das so gewalttätige Widder-Zeitalter mit seinem ‚ordnenden Prinzip der Rache und der Vergeltung‘ ging einmal zu Ende und allmählich dämmerte das Fische-Zeitalter herauf. Das war nun die Zeit für die göttlichen Seelen von Jesus und seiner Familie – Josef, Maria und Maria Magdalena –, als Seelen-Team auf unserem Planeten zu inkarnieren – als eine »Einheit der Liebe«.

Warum gerade zu diesem Zeitpunkt? Versuchen wir einen kurzen astronomischen Überblick: Als *Zeitalter* oder *Äone* werden Zeitsegmente bezeichnet, die einen zwölften Teil des ‚Platonischen Weltenjahrs‘ mit 25.920 Jahren ausmachen. So lange dauert ein Sonnenorbit, der elliptische Kreislauf unseres gesamten Sonnensystems. Ein Äon hat demnach ein Zwölftel, also 2.160 Erdenjahre, und das ist keine Astrologie, sondern Astronomie. Ausführlich habe ich das in meinem Buch »Bis zum Jahr 2012 – der Aufstieg der Menschheit« dargestellt.

Diese Zeitalter/Äone sind von der sumerisch-babylonischen Epoche her mit astrologischen Namen belegt. Die Reihenfolge (und ihre irdischen, teilweise auch astrologischen Besonderheiten) in der Zeitspanne, die uns in diesem Buch interessiert, sieht in einem kurzen Überblick folgendermaßen aus:

- **Das Widder-Zeitalter:** Der Äon mit rund zweitausend Jahren **vor** dem Jahre Null unseres Kalenders, also die Zeit des Alten Testaments und die Zeit der weltweiten Herrschaft von meist regionalen **Tyrannengöttern** mit allgemeiner Versklavung, auch der Frauen, kann allgemein als **Op-**

fer-Zeitalter bezeichnet werden. Wobei es sich bei diesen Göttern auch um mehrere außerirdische Menschheitsführer und -verführer handeln könnte, die als Götter verehrt wurden (z.B. die *Anunnaki*). In diesem Zeitalter entstanden trotzdem die ersten Licht-Religionen, wie auch die persische, ägyptische, griechische und römische Hochkultur.

- **Das Fische-Zeitalter:** Der Äon mit rund zweitausend Jahren ist die Zeit der Evangelien, die teilweise im Neuen Testament zusammengefasst werden, mit der unaufhaltsamen Entwicklung der Demokratisierung und Individualisierung, der Wertigkeit der Frauen (Eherecht) und anderem mehr. Einige Weltreligionen sprechen von einem **Erkenntnis-Gott**. Die gnostische Lehre der Licht-Religionen versank wieder ins Geheime oder lebte in Sektenform weiter. Die linke menschliche Hirnhemisphäre erhielt absolute Dominanz und entwickelte sich zu weltweiter Höchstleistung. Die Vermassung der Menschheit nahm gewaltig zu (immer mehr Seelen inkarnierten auf dem Planeten Erde), und dieser ganze Äon wurde zu einem **Polaritäten-Zeitalter**, wie es im astrologischen Fische-Symbol (zwei gegenschwimmige Fische) seit alters her dargestellt ist.

- **Das Wassermann-Zeitalter:** Der Äon, der zu seinem Entstehen (nach 2012?) die Vereinigungen aller Polaritäten bedarf wie Geist/Erdmutter oder Mann/Frau oder Ego/Herz; eine völlige Individualisierung und Selbstfindung des einzelnen; den Ausgleich der beiden Hirnhälften, der zu einer ungeahnten Persönlichkeitsentwicklung und allgemeiner Harmonie führt; die Rückkehr zu unserer mehrsträngigen DNS; ein völlig neues Welten-Verständnis, das durch die fünffach höhere, neue Lichtschwingung entsteht und wodurch allmählich im göttlichen Urgrund ein **Lichtgott** erkannt wird. Gemäß der Symbolik des Aquarius, des Geistausgießers, zusammen mit der in unseren Herzen erwachenden Aquaria, wird ein **Geist-Herz-Zeitalter** als Friedensreich entstehen.

Was fällt uns dabei für unsere Thematik auf? Der ‚Widder' als Leittier der Herde bedeutet Kampf und Beherrschen. Die gegenteilige Energie ist die des jungen Schafes – das Lamm, das friedvoll und lebenslustig ist. Allerdings war das Lamm im blutigen Opfer-Zeitalter auch ein ideales Opfertier.

Es gibt von bildenden Künstlern viele Darstellungen von Jesus mit einem Lamm auf dem Arm. Hat sich Jesus so den Künstlern gezeigt, um auf den Wechsel der Zeitalter – den Wechsel zum Friedlichen – hinzuweisen? Oder waren es Auftragsbilder der Priesterschaften, damit sie Jesus beim Volk als

Abb. 23:
Der Heiland mit Lamm

‚Lamm Gottes' bezeichnen und damit mit den alttestamentarischen Blutopfern in Resonanz bringen konnten? Vielleicht beides, und vielleicht sagen uns diese Bilder auch: *„Ich schütze das Lamm, das ihr bisher geopfert habt?"*

Mit dem Erscheinen Jesu samt seiner irdischen Familie (JMJMM) wechselte auf unserem Planeten nämlich gerade das ‚Zeitalter'. Nach den schon erwähnten rund zweitausend Jahren des Widder-Äons folgten zu Jesu Zeiten die rund zweitausend Jahre des Fische-Äons, der heute im Laufe unserer nächsten Jahrzehnte vom Aquaria/Aquarius-Äon abgelöst wird.

Die Mayas mit ihrem präzisen Kalender haben bei ihren Zeitrhythmen ein anderes Denken zugrunde gelegt, und sie kommen zum Beispiel bei einer ähnlichen Zeitspanne wie unser griechischer Äon (mit 2.160 Jahren) durch dreizehn mal dreizehn mal dreizehn auf die Zahl 2.197. Da die zeitlichen Übergänge der Äone weich wie eine morgendliche Dämmerung ablaufen, gibt es langgezogene Überschneidungen von über einhundertfünfzig Jahren, und es verbleiben jeweils rund zweitausend *typische Jahre* für jedes Sternzeichen.

So erlebten wir die vergangenen zweitausend Jahre der ‚beiden Fische'. Das Symbol dieses astrologischen Sternzeichens wird nämlich stets so dargestellt, dass der zweite Fisch immer in die Gegenrichtung des anderen schwimmt.

Und noch etwas völlig Neues kam mit diesem Äon: das **Wasser**. Der Fische-Äon und der nachfolgende Äon von Aquaria/Aquarius, des Wassermanns (lat.: *aqua* Wasser), symbolisieren durch ‚Wasser' die spirituelle Bedeutung der **Gefühle**. Die Zeit war also reif geworden für die Inkarnation Jesu, des »neuen Mannes«, um auch einen neuen fühlenden oder weiblichen Zeitgeist der Zukunft zu ermöglichen.

Astrologisch gesehen waren mit den beiden Fischen zugleich Energie und Gegenenergie für einen längeren Zeitraum angelegt. Kann es sein, dass Jesus, Maria und Josef wie auch Maria Magdalena in den rund zweitausend Jahren der Fische-Herrschaft mit ihren *himmlischen Energien* daher leichter gegen den *astralen Ungeist* agieren konnten? Und womit? Mit den lichtstarken Energien ihrer Herzzentren: mit Gottvertrauen, Nächstenliebe, Friedfertigkeit, Lebensfreude und all den Tugenden, welche die »Heilige Familie« ursprünglich lehrte und vorlebte und sie damit dem beginnenden Zeitalter aufprägte.

Es wurde kein leichtes Zeitalter, der Äon der beiden Fische. Obwohl Jesus schon damals lehrte „...*alle Menschen sind gleich...*", währte es knapp 1.900 Jahre, bis das letzte Land unseres Planeten die Sklaverei gesetzlich verbot. Es wurde ein Äon gemäß der Symbolik der beiden Fische: *Jesus gegen den Ungeist – der Ungeist gegen Jesus.* Vieles von seinen genialen Lehren hat sich durchgesetzt, auch wenn es lange gedauert hat wie bei der *Sklaverei* und der *Gleichheit aller Menschen* in der Französischen Revolution (mehr als 1.700 Jahre) und der *Gleichberechtigung der Frauen* (rund 1.800 Jahre). Aber in noch viel mehr Fällen ging der *Ungeist* als Sieger hervor. Er hat durch die Ichsucht und die Sucht nach Macht und Männervorherrschaft und Reichtum immer wieder willige Köpfe gefunden – und tut das auch heute noch.

Es gibt unzählige Bücher über Jesus. Doch wenn wir die zweitausendjährige Geschichte um die Person Jesus kritisch betrachten, finden wir inzwischen *viel zu viele* grundsätzliche und leider auch grundverschiedene Jesus- und Glaubenskonzepte in der Christenheit – mehr als dreihundert. Da sie meistens rechthaberisch und manche uralt sind, möchte ich einige neue Aspekte dazu beitragen, mit denen wir ein besseres sowie zeitgemäßes und neues Verständnis dieser genialen Weltfigur anregen können.

Im kirchenchristlichen Kollektiv „...*sind noch innere und äußere Zeichen von Leiden, Reduktion, Kargheit, Strenge, Kasteiung, Bestrafung und Verzicht so sehr festgesetzt*". (Christus-Botschaft durch Gisela Göldner im Juni 2006)

Doch sobald wir uns davon loslösen können, bietet das ‚Jesus-Bewusstsein-in-uns' spontan einen *neuen Gefühlsbereich* an, **eine große Freiheit.**

Wenn wir dann noch eine Zeitlang unsere ‚kopfigen' Zweifel auf Eis legen („...*Tiefkühltruhe bitte!*", ruft *Boldi*), kommen auch die ersten Impulse der viel schwierigeren Übung: *Vertrauen zu finden.*

Abb. 24:
Astrologisches Fische-Symbol

Die Theorien

Der Themenkreis um Jesus taucht heute mehr denn je in verschiedenen Pressemedien auf, wobei überwiegend mit viel historischem Bildmaterial und ebensolchen Jesusvorstellungen lediglich Vergangenheit interpretiert wird, gewürzt mit einigen aktuellen Aufhängern. Für mich ist das dann meistens recht niveaulos, weil es dabei fast ausschließlich um Aufgewärmtes über einen Irdischen, aber nicht um Lebendiges eines Überirdischen geht. Obwohl dabei hauptsächlich um den ‚heißen Brei herumgeschrieben‘ wird, habe ich nun einen Autorenkollegen erster Ordnung, seine Heiligkeit in Rom, den deutschen Papst Benedikt XVI.! In der FOCUS-Ankündigung (15/2007) seines Bestsellers »Jesus von Nazareth« heißt es (die Hervorhebungen stammen von mir): *„**Dem wirklich dagewesenen Jesus spürt Ratzinger nach.** Klar ist, dass der Gelehrte im Vatikan die wissenschaftliche Debatte um den historischen Christus, jedes wichtige Argument und jede bedeutende theologische Studie kennt. Klar ist auch, dass ihm das Wachstum des geschichtlichen Wissens nicht verborgen geblieben ist. Klar ist aber ebenfalls, dass ihn die Fortschritte der Jesus-Forschung nicht wirklich interessieren. Ja mehr noch – sie scheinen ihn zu erzürnen. Die wissenschaftliche Rekonstruktion des historischen Jesus, so der Vorwurf Ratzingers, zeichne das Bild eines zwar außergewöhnlichen Mannes – aber nicht des Gottessohns. Die Forschung habe sich vielmehr darauf geeinigt, dass Jesus zu seinen Lebzeiten nicht als Gott wahrgenommen worden sei... **Ratzinger glaubt das Gegenteil.** Für ihn steht fest: Dass Jesus Gottes Sohn ist, wussten schon seine Jünger. Das Neue Testament legt davon Zeugnis ab. Die Kirche habe lediglich eine gewisse Zeit benötigt, um das Erschrecken über den wahren Gott theologisch zu fassen und zu begreifen. Wer jedoch die Evangelien wirklich lese, der spüre deutlich, dass bereits die Zeugen Jesu von dessen Einzigartigkeit, von dessen radikalem Anderssein, von dessen Göttlichkeit gewusst haben mussten. Das Große, Unheimliche und Erschütternde des christlichen Glaubens, darauf beharrt Ratzinger, **stehe am Anfang.** Forschung sei zwar durchaus notwendig, sie dürfe diesen gewaltigen Anfang, eben die Gotteserfahrung, aber nicht wegdiskutieren.“*

Um meine persönliche, für viele Leserinnen und Leser erstaunliche Sichtweise zur Person Jesus, der später Christus genannt wurde, noch mehr zu vertiefen, bitte ich um einen bislang ungewöhnlichen Über-Blick, denn in der Christenheit streiten sich seit dem Urchristentum die ‚Schriftgelehrten‘ – heute sind es Akademiker, studierte Theologen. Sie haben ihr Bestes gegeben und viele Theorien aufstellen müssen, da Jesus es wohlweislich unterlassen hat, ein Buch voll ‚gesetzlicher‘ Regeln zu hinterlassen. Er hat weder auf Kirchen noch auf Anbetung oder auf historisch belegte Daten Wert gelegt, er wollte eine lebendige »Religion der Herzen«. Na – lässt es sich da nicht um jeden Buchstaben der Überlieferung intelligent und voller Überzeugung streiten?

Zuerst versuche ich, über die theologischen Konzepte, die oft uralte Verständnismodelle sind, einen Überblick zu verschaffen, denn aus meiner philosophischen Sicht sind es wohlgemeinte, aber männliche *Theorien* (gr.: *theoria* Anschauung). Außer dem Evangelium nach Johannes hat man kein einziges Wort gefunden, das authentisch von Jesus stammt. (Überraschenderweise schreibt der britische Bestsellerautor Laurence Gardner[40], dass auch Matthäus schon zu den Aposteln gehört haben soll.) Die irdisch ausgewählten kanonischen Evangelien wurden als vom Heiligen Geist inspiriert erklärt, und spätere ‚Einmischungen‘ des jenseitigen Jesus wurden pauschal verdammt. Auch bezüglich der späteren Unfehlbarkeit der Päpste bezog man sich stets auf den Heiligen Geist und nie auf Jesus.

Alle anderen Texte sind mündliche Überlieferungen, teilweise erst von der nächsten Generation, oder von altaramäischen Texten, die verschwunden sind. Trotzdem ist ein unwahrscheinlicher und strittiger Buchstabenglauben als »Heilige Schrift« entstanden, der den angehenden Theologen ein Studium beschert, das genausolang ist wie das eines Mediziners.

Meine kritische Übersicht ergibt sieben theologische Haupt-Theorien:

* **Die Liebes-Theorie:** Die »Religion des Herzens« war ein dringendes Bedürfnis in den kleinen und großen Gemeinschaften der Jesus-Anhänger, die sich Christen nannten, doch clevere und mächtige Männer haben die *Nächstenliebe* und die *körperliche Liebe* durch eigene Regeln eingeschränkt, und somit konnte man ‚Heiden‘, Häretiker (‚Ketzer‘ mit abweichender Meinung) und alles Weibliche lieblos verfolgen.

* **Die Opfer-Theorie:** Weil wir Menschen es nicht auf die Reihe bekommen, friedlich miteinander zu leben, wurden schon immer blutige Opfer – Menschen und später Tiere – zelebriert, um die Götter zu beschwichtigen. Ein blutig geschlagener, toter Jesus am Kreuz – rund um die Erde milliardenfach aufgehängt – soll eine Sühne darstellen, um von den eigenen menschlichen Schwächen abzulenken.

- **Die Q-Theorie:** Weil die wissenschaftliche Theologie in den vier belassenen Evangelien und den vielen apostolischen Briefen viel zu wenig Konsens findet, setzt sie eine verlorengegangene gemeinsame Logienquelle **Q** voraus und kann so buchstabengläubig weiter disputieren und theologisieren, wobei folgender Satz (im 2. Kor. 3,6) übersehen wird: *„...der Buchstabe tötet".*
- **Die Glaubens-Theorie:** *Der Glaube allein macht selig.* Paulus lehrte, es genüge schon, an Christus zu glauben, und schon werden wir gerettet – das »Mysterium des Glaubens«. *„Luthers Hauptthese lautete, dass sich der Mensch Gottes Liebe nicht durch seine eigenen guten Werke verdienen kann. Gottes Liebe ist Gnade, der gläubige Mensch soll auf diese Gnade vertrauen und sich klein und hilfsbedürftig machen."* (Professor Dr. Erich Fromm)
- **Die Erlöser-Theorie:** Durch die paulinische Lehre von der Erbsünde konnte man geschickt die Eigenverantwortung auf eine Ursünde projizieren. Die späteren Lehrmeinungen der christlichen Großkirchen konzentrieren sich auf einen ‚Erlöser-Glauben' (auf dem ähnlichen Niveau wie andere Religionen auch), der die Selbstbeteiligung der Gläubigen an ihrem Schicksal unkenntlich macht.
- **Die gnostische Theorie:** Alle Texte der in Rom nicht anerkannten Evangelien, die unter anderem auch von der hohen Stellung der Frauen im Umfeld von Jesus berichten, wurden spätestens im dritten und vierten Jahrhundert endgültig als »Gnostizismus« verdammt. Da das auch Jesu Verhältnis zu Maria Magdalena betrifft, konnte Dan Brown mit seinem Mega-Thriller »Sakrileg« der ganzen Welt die bis heute anhaltende Frauenfeindlichkeit des Klerus vorführen – mit einer ungeahnten Bestätigung seitens der Leserinnen und Leser.
- **Die Toleranz-Theorie:** Moderne Theologen rücken heute vorsichtig ab vom Buchstabenglauben und bemühen sich um einen Blick auf das Ganze. Die Glaubwürdigkeit **des gesamten Neuen Testaments** ist erstrebenswerter, um auch weltoffene Mitmenschen wieder erreichen zu können.

Neben diesen prinzipiellen Grundsätzen der allgemeinen christlichen Kirchenlehren finden wir noch viele widersprüchliche Glaubensbilder, denn die Christenheit ist heute in über dreihundert verschiedene Glaubensbekenntnisse aufgespalten. Darunter gibt es einige ausgefallene Theorien:

- **Die Messias-Theorie:** Selbst moderne Theologen klammern sich noch an die alttestamentarische Sehnsucht nach einem königlichen Messias alias Jesus, obwohl ein *Heilskönig der Juden* nie hätte sterben dürfen.
- **Die Talmud-Theorie:** Orthodoxe Talmudisten und Kabbalisten wissen genau, dass Jesus ein Gojim und Nichtjude war. Klar hat 1979 der oberste israelische Gerichtshof entschieden: Schon der Glaube an die Göttlichkeit Jesu, an seine Menschwerdung und an die Dreieinigkeit ist unvereinbar damit, Jude zu sein.[41]
- **Die Luzifer-Theorie:** Ich werde später versuchen zu erklären, auf welchen Wegen es die frühen Kirchenväter bewirken konnten, die Sexualität und damit auch generell die Weiblichkeit und Sinnlichkeit als etwas Schlimmes und gar Sündiges zu erklären und den Planeten Venus dafür verantwortlich zu machen.

Darüber hinaus schlage ich vor, den »Mythos Jesus« aus zwei weiteren grundsätzlichen Sichtweisen zu betrachten:

Erstens gibt es **die äußere Sichtweise** der Person Jesus. Es wurde an ihm, als denunzierter angeblicher Terrorist, ein Militärurteil vollstreckt, woraufhin er noch einige Apostel eingeweiht und dann schnellstens die irdische Bühne verlassen hat und sich nun an der Seite eines sicherlich weißbärtigen und allerliebsten Vatergottes die Erdenmisere anschaut. Kritiker sprechen von einer *äußeren Kirche,* und die oben aufgezählten theologischen Theorien bewegen sich weitgehend im Rahmen dieser ‚irdischen‘ Verständnisversuche. Entsprechend lenken auch alle diese äußeren Verständnismodelle vom *Eigentlichen* und der *Frohbotschaft* ab. Nicht grundlos gibt es heute über dreihundert christliche Mitgliedskirchen im 1948 gegründeten »Weltrat der Kirchen«, ohne die als Sekten ausgegrenzten kleinen christlichen Glaubensgemeinschaften – alle mit jeweils überzeugten Theologen und Schriftgelehrten.

Zweitens gibt es **die innere Art und Weise**, das Bewusstsein des übernatürlichen Jesus zu *erleben*. Sie ist genauso alt wie die äußere, konnte aber immer nur von religiösen Minderheiten bewältigt werden. Solche *mystische* Glaubenswege wurden fast ausnahmslos zu *größten Gegensätzen* zur äußeren Kirche. Die in diesen Gemeinschaften gelebte innere Verbindung zum geistigen Jesus löste Verfolgungen aus, und oft ging es nicht nur ums innere Erleben, sondern auch ums äußere Überleben.

Die Heilige Hildegard als Beispiel

Nun mache ich noch einen weiteren Klärungsversuch, denn interessant ist es auch, diese *inneren mystischen Wege*, wie christliche Männer sie empfinden und gehen und wie – viel unauffälliger – christliche Frauen sie empfinden und gehen, in einer kleinen Übersicht zusammenzufassen.

Sowohl die männlichen als auch die weiblichen »inneren Wege« zeigen in ihrem tiefsten Erleben der Mystik und eines völlig selbstlosen Mitgefühls **Stigmatisationen**, also das Erscheinen und Erleben der ehemaligen körperlichen Wundmale Jesu bei seiner Hinrichtung. Die letzte deutsche Stigmatisierte war die Visionärin Therese Neumann (1898-1962) und der bekannteste männliche Fall ist der süditalienische Kapuziner Pater Pio, der im Jahr 2002 heiliggesprochen wurde.

Zwei Musterbeispiele des mystischen Erlebens im Hochmittelalter, des Einswerdens-mit-Gott, sind die beiden großen deutschen Adeligen Hildegard von Bingen (1098-1179) und Meister Eckhart (1260-1327). In ihrer Lebenspraxis symbolisieren beide typisch die ‚weiblich-praktische' Umsetzung des Mystizismus und die kämpferische ‚männlich-geistig-theoretische' Form.

Die **Heilige Hildegard**, mediale Universalgelehrte, Visionärin von Kind auf, Äbtissin ihres Benediktinerklosters und Seherin vom Rupertsberg, wurde zur größten deutschen Mystikerin durch ihre pragmatischen und lebensnahen Umsetzungen *ihrer inneren Führung* in Religion, Medizin, Biologie, Sprache und Musik. Wegen ihres Glaubens und ihrer Lebensart wurde sie für viele Menschen zur Wegweiserin. Mehrfach kam es zu Auseinandersetzungen mit Abt Hugo von Disibodenberg (bevor Hildegard selbst Äbtissin wurde), weil Hildegard die Askese, eines der Prinzipien des Mönchtums, weitgehend ablehnte. So lockerte sie in den Reihen ihrer Anhängerinnen die Speisebestimmungen und kürzte die Gebets- und Gottesdienstzeiten. Schon zu ihren Lebzeiten nannten viele sie eine Heilige. Hildegard begründete diese Auffassung, indem sie sich bei ihren theologischen und philosophischen Aussagen immer wieder auf *Visionen* berief. Damit sicherte sie ihre Lehren gegen die Lehrmeinung ab, dass Frauen aus eigener Kraft nicht zu theologischen Kenntnissen in der Lage seien. (Auch im Urchristlichen der ersten Jahrhunderte waren Prophetinnen mehr geschätzt als andere Frauen.)

Der Dominikanerprior und Professor Johannes Eckhart wurde mit seinen deutschsprachigen Predigten als **Meister Eckhart** zu einem der gewaltigsten deutschen Sprachschöpfer. Er war als Professor an den Universitäten Paris, Straßburg und Köln berufen. Sein Eintreten für *ein reines, unverfälschtes inneres Leben*, die Verneinung der Autorität der Kirche und die Ablehnung jeden Dogmas brachten ihm ein Inquisitionsverfahren wegen ‚Irrlehren‘ ein. Ende Februar 1327, kurz vor Antritt seiner geplanten Reise zum Papst nach Avignon, entzog sich *Meister Eckhart* der Welt.

Die weiblichen inneren Wege werden verstärkt dadurch gekennzeichnet, den Heiland als *spirituelles Bewusstsein* zu ‚empfinden‘ und sich seiner Energie ‚hinzugeben‘. „*Spiritualität will nichts ändern, hält stille, sie will sehen, hören, wahrnehmen, deuten und wachsen*", meint Pfarrer Fliege in seinem Buch »Die Kunst der Hingabe«.

Anstelle des Heilands trat die himmlische Mutter Maria seit Jahrhunderten an die ‚Öffentlichkeit‘. Mit all ihren Erscheinungen (es sollen seit Anbeginn insgesamt an die neunhundert sein, davon im letzten Jahrhundert allein vierhundert) und vielen Botschaften ersetzte sie ihren irdischen Sohn, denn dessen Erscheinungen und Botschaften (*„…ich bin alle Tage bei euch…*") verschwinden seit Jahrhunderten in Klöstern oder werden verbrannt samt ihrer medialen, aber als ‚besessen‘ bezeichneten Empfänger.

Anlass zu einer weiteren Betrachtung gibt folgendes: Das tiefste mystische Erleben des Jesus-Bewusstseins ist die *Stigmatisation*, ein physisches Erleben seiner körperlichen Wundmale. Mystik ist ein tiefer innerer Prozess. Wenn dieser Materialisationsprozess aber in den Jahrhunderten (seit dem Heiligen Franz von Assisi) nur äußere ‚Körperschäden‘ entstehen ließ, dann schließe ich daraus, dass die Zeit und der ‚Zeitgeist‘ es nicht anders ermöglicht haben.

Heute aber können wir unser **Herzzentrum** mit seinem Gefühlsreichtum immer stärker in unserer Lebensqualität einbringen. Wir ernten dafür höchstens Spott, Kopfschütteln, mildes Belächeln und vergießen viele Tränen, aber wir brauchen dafür kein körperliches Leid mehr zu ertragen.

Damit wir aber den Mut zu solchen *gravierenden Veränderungen* nicht verlieren, schildere ich jetzt gleich **die sieben neuen kosmischen Energien**, die uns in nächster Zeit helfend und lösend zur ‚Verfügung‘ stehen.

Mutter Maria erklärte dazu: *„Alles unterliegt dem Gesetz der Schwingung. Alles ist stets möglichen Veränderungen unterworfen.*
- *Ihr schafft die Veränderungen.*
- *Mutter Erde schafft die Veränderungen.*
- *Energien, die durch euch neu einströmen können, schaffen die Veränderungen.*

Nichts ist starr und vorhersehbar." [21]

Wir werden uns noch öfters die Verschiedenheit der weiblichen und männlichen Betrachtungsweisen anschauen.

Neues fordert das Alte heraus!

Doch zuerst stelle ich die vier dringlichsten Anliegen, die ich mit diesem Buch habe, vor:
- »Jesus als liebenden Heiland« **neu** zu verstehen, wenn wir ihn nicht mehr ohnmächtig mit dem Kreuz in Verbindung bringen, sondern mit seiner *Auferstehung*;
- »Jesus als liebenden Heiland« **natürlich** zu verstehen – nicht als alleinstehenden Superstar, sondern im Einklang mit der liebenden Weiblichkeit von Mutter Maria und Maria Magdalena:
- »Jesus als liebenden Heiland« **göttlich** zu verstehen, der mächtig und lebendig ist (da wo er jetzt ist) und der sekundenschnell präsent sein kann, wenn wir ihn rufen und
- »Jesus als liebenden Heiland« **persönlich** zu verstehen, weil sein Bewusstsein *in uns ist und gelebt werden will.*

Bevor wir uns in der liebevollen und ‚erlösend' wirkenden Schwingung eines *dechiffrierten Jesus* sonnen können und dabei neu aufleben, müssen wir noch etwas entrümpeln, zum Beispiel unseren Verstand, unsere Erinnerungen, unsere Gewohnheiten und vor allem unsere **Meinungen**. Da sind wir oft, auch wenn es nur Kleinigkeiten sind, ganz schön festgefahren. Dieses Buch bietet für uns selbst, in der Familie und im Freundeskreis allerhand Aufklärungsmaterial, das zu großen Veränderungen unserer bisherigen Meinungen führen wird, vor allem, wenn das verdrängte Thema Jesus in unserem Leben wieder *lebendig* wird.

Es sind ja immerhin zweitausend Jahre verschiedenster Meinungen und Erfahrungen aufzuarbeiten. Außerdem haben sich die Voraussetzungen für ein neues Verständnis in vielen Bereichen *ganz grundlegend verändert*, und ein Paradigmawechsel scheint anzustehen, der alles Alte in Frage stellt, denn die Geburt einer neuen Dimension kündigt sich an.

Unter einem Paradigma (griech.-lat.: *Beispiel*) versteht man die ,*in einem Zeitabschnitt herrschenden Grundauffassungen*' – heute sagt man dazu auch ,*herrschende Meinung*'. Und beides ist reif für einen Wechsel. Das bestätigt der Wissenschaftler und preisgekrönte Autor Dr. Dean Radin, zugleich Präsident der »Parapsychological Association« in den USA, indem er in dem Buch »Bleep« bestätigt: „*Paradigmenwechsel finden auch bei uns Menschen statt. Das kann sich in etwas so Einfachem zeigen, dass wir plötzlich aufwachen und etwas an uns selbst bemerken, das schon immer da war; wir haben es vorher nur noch nie wahrgenommen...*" Denn, so heißt es weiter, „*...viele Menschen wünschen sich, dass die Quantenmechanik sie aus dieser kalten und unbarmherzigen Gleichgültigkeit errettet...*"

Nun, es werden noch höher schwingende Einflüsse sein, die der Erde und ihrer Menschheit weiterhelfen. Wir erleben nämlich zur Zeit sieben gewaltige kosmische Veränderungen, die für **neue Rahmenbedingungen** sorgen und die typisch für einen Wechsel der Paradigmen sind:

- **Wir leben** im Wechsel vom Fische- ins *Aquaria/Aquarius*-Zeitalter – der Wassermanngeist und die Energie des ,Wassers' stehen für unsere Gefühle (später mehr darüber).
- **Wir erleben** neue Energie-Gitternetze der Erde: „*Es begann im Jahr 1987 mit der sogenannten »Harmonischen Konvergenz«. Da wurde das neue System der energetischen Erdgitternetze von den ,Schöpferengeln' angelegt, das sind Lichtarbeiter, denen vom Heiligen Geist geholfen wurde. Dann im Jahr 1998, als die Kristallkinder genügend ,kritische Masse' mit ihren kosmisch-feinstofflichen Energien erschaffen hatten, begann der Prozess des ,Aufstiegs'. Dies ist der Prozess der ,Anhebung' des Bewusstseins, hinein in die neuen Gitternetze, damit die neue Erde erschaffen werden kann.*"[42] Im März 2005 kam dann das nächsthöher schwingende Gitternetz, das ,Paradiesgitternetz' oder ,Gitternetz der Göttin'. Mit dieser göttlich-weiblichen Kraft vollendete sich das fünfdimensionale *Kristallgitternetz* der Erde.

- **Wir leben** in den acht Jahren des *Venus-Sonnen-Transits* (8. Juni 2004 bis 6. Juni 2012) mit seinen verstärkenden Venuskräften der Liebe, der Gefühle, der Weiblichkeit und Sinnlichkeit (später mehr darüber).
- **Wir leben** seit dem 17. Dezember 2006 im *Galaktischen Jahr*, der letzten Periode des Maya-Kalenders mit seinen 2.197 (13x13x13) Tagen als ‚sechs heilende Jahre‘ bis zum Happy-End am 21.12.2012, auch *Zeitfenster* genannt. Das Heilende soll Bezug haben zu unserer rechten Hirnhälfte, die erwacht und nun mehr **archetypische Bilder** schicken kann.

  Bei einem dieser Archetypen geht es um die **Harmonisierung und um die Verschmelzung der beiden Pole männlich und weiblich.** Dies ist multidimensional zu verstehen: Es geht darum, das Bild der Göttin, der Muttergottheit, wiederzuerwecken; es geht darum, dass wir die Erdmutter als eigenständige Wesenheit begreifen und uns ihr zuwenden; und es geht darum, dass sich in uns und um uns die männliche und weibliche Kraft wieder zu einer harmonischen Einheit verbinden.
- **Wir leben** in der hellsten Sonnenphase seit rund achttausend Jahren.[43] *Magnetische Sonnenstürme*, solare Lichtwellen und extreme Erdmagnetfeldveränderungen wirken nachweislich auf individuelle und kollektive Bewusstseinsbereiche und lassen daher auch positive Überraschungen erwarten. (Morpheus fragt in seinem Buch »Transformation der Erde«: „Befreien interkosmische Einflüsse unseren Geist?“[44]) Mit einem finalen Sonnenfleckenmaximum ist um 2012 zu rechnen, und dabei ist noch unklar, ob damit das zu erwartende Photonenlicht gemeint ist.
- **Wir leben** in der verstärkten Schwingung des *Heiligen Michaels*, der als Erzengel für diese ‚Zeit der Erneuerung‘ einen neuen Auftrag übernommen hat. (Michael ist der Schutzpatron der Insel La Palma, von Deutschland und von Israel, und ich habe ihm ein eigenes Kapitel gewidmet.)
- **Wir leben** im Geiste des *Christus universalis*, der uns, losgelöst von irdisch-kirchlichen Vorstellungen, neue Dimensionen grenzenloser Liebe begreifen lässt, zugleich auch die reine Energie der göttlichen Weiblichkeit, der Zwillingsflamme des Christuslichtes. (Erzengel Michael[42])

Vieles – wie auch die angeführten Punkte – weist darauf hin, dass unser Planet in manchen Bereichen bereits eine höhere Lichtschwingung besitzt, die mit *unserem inneren Licht* korrespondiert.

Dadurch entwickeln sich aus allen unseren Herzzentren heraus befreite Kräfte als *Empfindungen* und *Gefühle*, die wir in dem Überbegriff *Weiblichkeit* erkennen können. Über den *Weg unserer Herzen* kann die herrschende Männerdominanz ausgeglichen werden, und ich ahne das weise Lächeln auf dem Antlitz des mutigen Schöpfers der »Religion der Herzen«, wenn ich in meiner Schreibstube auf mein großes Poster mit dem Heiland blicke.

Viele der weiteren behandelten Fragen sind seit meinem ersten Buch auf mich zugekommen, einiges stelle ich aber auch selbst vor ein Fragezeichen.

Ist Jesus klerikal vermenschlicht worden?

Über Jesus – ob als Mensch oder als Gottessohn – wurden unzählige Bücher geschrieben (und unzählige Kriege geführt). Warum nun auch noch diese meine Betrachtungen?

Das Bewusstsein von Jesus ist bei uns alle Tage. Ich fühle es bei mir, wenn ich jetzt über ihn schreibe – und es ist bei jedem von uns, wenn wir es geschehen lassen und dieses Geschenk annehmen. Daher sollten wir uns doch einige Missverständnisse und Verdrehungen seiner genialen Lebensphilosophie und Frohbotschaft unter der heutigen kritischen Sicht und Verständnismöglichkeit sowie Verständnisfähigkeit genauer ansehen.

Der Gestalt Jesu als »...war ganz Mensch« werden die belassenen Schilderungen im Neuen Testament keinesfalls gerecht. Nur vier von angeblich siebenundzwanzig Ur-Evangelien, welche die Bischöfe im Jahr 325 zum Konzil in Nicäa mitbrachten, passten in die neue römische Staatsreligion, die sich von nun an »christlich« nannte. Daher wird uns Jesus heute immer noch als ein gutmütiger und friedvoller Wanderprediger geschildert, der, als angeblicher Terrorist denunziert, von der römischen Besatzungsmacht hingerichtet wurde. Der (nach Meinung vieler) zwielichtige ehemalige Pharisäer-Rabbi Schaul (Saulus/Paulus) konstruierte daraus eine jüdisch-hellenistische *Christos*-Kirche. Der römische Imperator und »Reichsgott« Constantinus (des oben erwähnten Konzils) schuf dann den Start zu einer römischen, machtorientierten Weltkirche (Vatikanzentrale und die lateinische Sprache).

Durch meine konzentrierte Zusammenfassung von sieben klärenden Schwerpunkten verschiedener Lehrmeinungen und Erkenntnisse versuche ich einen aktuellen Überblick zusammenzustellen, der im Laufe dieses Kapitels gründlich untermauert wird.

1. Der »Menschensohn« *Yeschua ben Yusef,* auch *Jeschua bar Josef* oder *Yeschu* oder *Yehoschua Nazir* (*Jesus* der Nasiräer) genannt, wobei ich persönlich ihn gerne mit seinem Kosenamen *Jeschu* anspreche, war kein Zimmermann (diese Tätigkeit gab es damals in dieser Form gar nicht), sondern war als hellsichtiger, medialer und genialer Jüngling schon bald in allen magisch-mystischen Techniken international ausgebildet und eingeweiht. Er konnte sich dematerialisieren, konnte levitieren, transformieren, exorzieren, präkognizieren, telepathieren, reanimieren, war ein berühmter Heiler und vieles andere mehr. Darauf gibt es einen einzigen Hinweis im Evangelium nach Johannes: *„Es sind noch viele andere Dinge, die Jesus getan hat. Wenn aber eins nach dem anderen aufgeschrieben werden sollte, so würde, meine ich, die Welt die Bücher nicht fassen, die zu schreiben wären."*

2. Seine perfekte Beherrschung höchster Spiritualität hat Jesus befähigt, schon in jener niedrig schwingenden Endphase des Widder-Zeitalters die gewaltige kosmische Christus-Energie – reine Liebe ohne Bewertungen – auf unseren Planeten, die *Erdmutter,* zu bringen und in Wort und Tat zu manifestieren. Er brachte die ‚Saat' (wie er es nannte) – anstatt andere pauschal zu ‚erlösen'. Das, was die inzwischen weltweit mindestens dreihundert verschiedenen christlichen Glaubensgemeinschaften in der Zwischenzeit aber daraus gemacht haben, ist eine sehr magere und auch sehr blutige ‚Ernte'.

3. Als Eingeweihter und Meister der Glaubensgemeinschaft der Essäer beherrschte er die »Kommunion der Liebe«, ein Abendmahlzeremoniell, bei dem er sich im Wein eine stark leuchtende Sonne als Symbol der Anwesenheit Gottes vorstellte. Nach der Rücknahme dieser Vorstellung leuchtete trotzdem die Sonne weiter im Wein. (Eckard Strohm) Nur aus dieser *spirituellen Sichtweise* heraus können wir heute im dritten Jahrtausend dem Gottmenschen Jesus gerechter werden.

4. ‚Esoterisch' erscheint der Heiland als eine der größten kosmischen Seelen. Jesus versicherte immerhin: *„Wahrlich, wahrlich, ich sage euch: Ehe Abraham wurde, bin ich."* (Joh. 8,58) Das kann aber auch so verstanden werden, dass sein ‚der-Vater-und-ich-sind-eins' alle menschlichen Vorstellungen sprengte. Dass er dabei nicht als Einzelwesen inkarnierte, um uns Erdenmenschen eine neue Religion zu bringen, habe ich schon erklärt.

5. Jesu Frohbotschaft leitete das Sensationellste zu jener Zeit ein – die Erkenntnis: **Alle Menschen sind gleich,** und alle sind gleich wie in einer ‚Familie‘ als Schwestern und Brüder und Kinder eines liebenden ‚Vaters‘. Er meinte dabei auch die Frauen und die Sklaven und die ‚Heiden‘ und die Barbaren – einfach alle!

   Seine geistige Saat »Sklaven frei« konnte im vorletzten Jahrhundert endlich geerntet werden, als erst im Jahre 1885 die sich fast bigottisch-christlich fühlenden USA ein gesetzliches Verbot dieser Menschenverachtung beschlossen.

   Und seine geistige Saat des *Weiblichen-in-uns*, nämlich die »Welt der Gefühle und Intuitionen«, konnte von einem selbsternannten Klerus sogar bis ins letzte Jahrhundert erfolgreich am Aufgehen gehindert werden – denn mächtige, ‚alteingefleischte‘ Männer bestimmten, was ‚christlich‘ ist und wie christliche Liebe auszusehen hat beziehungsweise zu leben ist.

6. Der Galiläer Jesus lehrte und lebte einen anderen namenlosen Vatergott als die Judäer ihren JHVH (Jahwe oder Jehova), denn sein liebender Vater – »Abba«, wie er die göttliche Ur-Einheit nannte und *„...ich und der Vater sind eins!"* – ist ausschließlich grenzenlose Liebe. Und dieser ‚Vater‘ fordert von uns Erdlingen keine Anbetung, sondern etwas Schwierigeres: *Liebe, die wir leben* – also das Eins-werden und das Eins-machen in der irdischen Zweiheit, der Dualität, genauso wie auch Jesus dankbar jede Anbetung seiner Person austauscht gegen mutige Nachfolgerschaft inmitten unserer *ver*-rückten und immer *geist*-loseren Zivilisation.

7. Jesus hatte damals schon mehr Jüngerinnen als Jünger... Er war, wie Dr. Franz Alt in seinem gleichnamigen Buch klarstellt, *der erste neue Mann.* Er war deshalb ein neuer Mann, weil er seine echten Gefühle akzeptierte und uneingeschränkt lebte und weil er in seiner Verbindung mit Maria Magdalena die »Göttin« respektierte und liebte.

   Und noch ein paar Widersprüche als Zugabe:

- Jesus war grundsätzlich anders als alle Propheten des Alten Testaments.
- Jesus vermittelte ein völlig neues Verständnis, indem er den damaligen Analphabeten mit seinen bildhaften und allgemeinverständlichen Gleichnissen entgegenkam (keine pharisäischen Kompliziertheiten).

- Jesus wollte kein ‚Gottes-Sohn‘ im damals üblichen antiken Sinne sein, denn wir alle sind wie er ‚Kinder Gottes‘ (und in diesem verständlicheren Sinne bezeichnete er die göttliche Ur-Einheit als ‚Vater‘).
- Seine Kreuzigung wählte er bewusst als einen urknall-ähnlichen Start der zukünftigen Weltreligion »Christentum« – seine großartige »Religion des Herzens«, die Jesus manifestieren konnte, eingebettet in der ‚Einheit der Liebe‘ von »JMJMM«.

Die Inkarnation der vier mächtigen kosmischen Seelen Josef, Maria, Jesus und Maria Magdalena (JMJMM) wurde zugleich der Startschuss für den Endspurt der irdischen Menschheitsevolution. Das Ziel ist der ‚Sprung‘ des Bewusstseins in das »Friedensreich« im Aquaria/Aquarius, das Zielband ist der zu erreichende Paradigmenwechsel. Das zweitausendjährige Fische-Zeitalter war der lange Anlauf dazu. („...schreib lieber ein Hüpfen von Pfütze zu Pfütze, und keine habt ihr ausgelassen“, meint *Boldi* lachend und altklug.)

In der so entstandenen *irdischen* Matrix besteht die dringende Notwendigkeit (Not-wendig!) eines geistigen Bewusstseinsfeldes, das *planetarisch* wird.

Ein Bewusstseinsfeld von Milliarden gefühl-*voller* Herzen gegen ein paar Millionen gefühl-*lose* Köpfe!

Dazu bedurfte es auch eines neuen einheitlichen Kalenders, der schließlich global wurde und alle regionalen Zeitrechnungen endgültig ablöste. Dazu bedarf es auch eines *Friedensreiches* auf unserer liebenden Erdmutter, ähnlich dem des Hyperraums. Dem geht aber die *innere Einheit aller Menschen* voraus. Ein »Himmel auf Erden« bedarf nämlich der Schöpferenergien unserer Herzen, um dabei eine ‚Neue Erde‘ in einer höherschwingenden Dimension zu kreieren. Das sind alles Forderungen, die von Jesus, damals wie heute, visionär *gesät* wurden und werden.

Wir wissen heute, dass der seelische Bewusstseinszustand von uns Menschen im dualen, irdischen Leben bei keinen zwei Menschen der gleiche ist, denn

- **unsere Seelen** haben schon verschieden viele Erfahrungsleben hinter sich – auf unserer Erde und/oder auf anderen Planeten.

130

- **Unsere Seelen** können so alt sein wie die des Geheimrats von Goethe, der von sich gesagt haben soll: *„Ich habe schon tausend Leben hinter mir, vielleicht warten noch tausend auf mich?"*

- **Unsere Seelen** tragen viele göttliche Anteile in sich. Sie stammen aus den Dimensionen zwischen der Verabschiedung aus der göttlichen Ur-Einheit und dem mutigen Inkarnieren in einen Erdenkörper. In diesen völlig zeitlosen ‚Zwischenzeiten', während unsere Seelen in höherschwingenden Dimensionen Erfahrungen sammelten, können sie Engel oder Sternenmenschen oder Raumgeschwister gewesen sein (also ethisch höher entwickelt als unsere derzeitige Erdenmenschheit).

- **Unsere Seelen** mit obigen Qualitäten und dem ‚Göttlichen-in-uns' (Gottesfunken, Höheres Selbst, ICH-BIN-Gegenwart und anderes) bilden unser ‚Bewusstes Sein', das aber Schwankungen unterliegt und oft durch Stimmungen, Emotionen oder Ängste eingeschränkt ist.

- **Unsere Seelen** haben als irdische ‚Partner' den Verstand und den freien Willen. Mit ihnen treffen wir laufend Entscheidungen zwischen der Verwirklichung unserer inneren oder äußeren Bilder, unseres inneren Selbstwertes oder unserer äußeren Anpassung, unserer inneren Herzenskräfte oder unserer äußeren Denkergebnisse und vielem, vielem anderen mehr.

So kann auch das Glaubensbild, das sich jeder irdische Individualist von Jesus machte und macht, nur stets »sein eigenes« sein – je nach eigener Seelenreife und bewusstem Umgang mit seinem freien Willen.

Und so sind fast alle Beschreibungen, die Menschen von Jesus hier auf Erden formuliert haben, *persönlich geprägt* und gezwungenermaßen widersprüchlich. Da machen auch viele der modernen übermittelten (gechannelten) Botschaften, in denen Jesus in der Ich-Form zu uns Gläubigen spricht, keine Ausnahme – wie ich es auch persönlich erleben durfte.

Somit sind eben auch die verschiedenen irdischen Beschreibungen von Jesus und seinem irdischen Leben immer so ausgefallen, dass die Gläubigen der jeweiligen Zeit oder Glaubensgemeinschaft ihn einigermaßen verstehen konnten.

Also: Jeder Erdenmensch darf Jesus so sehen,
wie es im Moment für ihn ‚richtig' ist.

Wie oft hört man die Frage: Sind wir heute schon reif genug, um zu erfahren, wie es wirklich gewesen sein könnte – sein Erdendasein? Ohne provozieren zu wollen, können wir sagen: *Alle* Christen sicherlich noch nicht! Aber immer mehr von uns suchen einen *spirituellen Bruder und Heiland* anstelle eines leidvollen ‚Erlösers‘ am Kruzifix, denn eine Ernüchterung macht sich breit über die viel zu vielen gefeierten Pseudofortschritte. Die dahinter verborgene Leere wird immer fühlbarer, und die Menschen suchen oft dringend himmlische Hilfe, aber kein göttliches Leid.

So sind für die immer kritischer werdenden Mitmenschen des dritten Jahrtausends diese alten und widersprüchlichen ‚Bilder‘ passé – die sich leerenden Kirchen belegen es.[45] Bedenken wir doch einmal die äußerst glaubensbedürftige Aussage des christlichen Einheitsglaubens: Jesus war ein Zimmermannssohn mit drei Wanderjahren des Lehrens in Galiläa. Daraus entstand dann die Weltreligion mit fast zwei Milliarden eingetragenen Getauften. Das ist doch für unseren heutigen Verstand undenkbar geworden. Eine solche bescheidene Vita konnte man früher seinen Gläubigen zumuten und dann als Buchstabenglauben zementieren. Vor kurzem fand ich die fast gleichen Worte auf der Internetseite des kritischen Soziologen Le Bon: *„Es war unglaubhaft, dass ein unwissender Zimmermann aus Galiläa zweitausend Jahre hindurch zu einem allmächtigen Gott werden konnte, in dessen Namen die bedeutendsten Kulturen gegründet wurden.“*

Jesus war *viel, viel mehr*, und er war *wesentlich anders*. Daher müssen wir versuchen, die zweifache Identität des *Christus Jesus* als *kosmisches* Bewusstsein und als *irdischer* Heilsbringer (Heiland) zu Beginn des Neuen Zeitalters auch n e u verstehen zu wollen. Denn wir alle sind genauso ein Teil (oder ein Teilchen) des gleichen göttlichen Bewusstseins wie unser himmlischer Bruder Jesus.

Trotzdem muss wohl sein *persönliches* Bewusstseinsfeld so grenzenlos und so gewaltig sein, dass es global und für Milliarden Christen permanent gegenwärtig ist – Tag und Nacht, in Not und in Verehrung, in Freud und Leid und tausend anderen unbewussten Situationen unseres Erdenlebens.

Hat Jesus womöglich gar nicht gelebt?

Der kanadische Historiker und Humanist Earl Doherty[46] bezweifelt es nach jahrelanger Forschung. Er findet für Jesu Leben keinerlei historische Belege, die einer kritischen Prüfung standhalten. Seiner Meinung nach basieren alle Texte des ersten Jahrhunderts auf Quellen um Markus, auf Texte des Paulus und der damals herrschenden Mythen heidnischer Götter. Er fragt: *„Warum stammt jedes Detail in der Evangeliumsgeschichte über Jesu Verurteilung und Kreuzigung aus Passagen des Alten Testaments?"* Dem widerspricht aber Rabbi Shraga Simmons[47], indem er erklärt: *„Die Bibelverse, die sich in dieser Hinsicht auf Jesus ‚beziehen', sind falsch übersetzt."* (Mehr dazu im Kapitel »War Jesus ein Messias?«)

Ist Jesus schon viel früher einmal oder öfters inkarniert, und wurden solche mündlichen Überlieferungen dann von den Frühchristen als Evangelien aufgeschrieben? In dieser ‚Twilight-Zone' der heutigen Bibelhistorik tauchen recht treffende Argumente auf.

Wann wurde Jesus wirklich geboren?

Blicken wir zurück auf die damaligen Jahrhunderte. Das riesige römische Imperium ging von Britannia bis Nordafrika, von Hispania bis zum Mare Caspium, dem Kaspischen Meer. Die gewaltigen Heere hatten aus dem persischen Raum den Glauben an *Mithras,* den Gottessohn des gnostischen Lichtgottes *Helios,* mitgebracht. In den Jahrhunderten vor und vor allem nach der Zeitwende, bis ins vierte Jahrhundert, war der Mithras-Kult die Religion der Mächtigen, der Militärs und der Beamten des Imperiums wie auch des Kaisers selbst.[48]

Mithras wurde jedes Jahr am 25. Dezember neu geboren (*mitracana*) und heftig gefeiert. Er trug die Sonnenkraft zur Erde für die Dauer bis zur nächsten Wintersonnenwende. Gnostisch-religiös wurde das damals noch so ausgedrückt: Mensch und Kosmos enthalten Teile einer jenseitigen guten Lichtwelt, die aus der gottfeindlichen und bösen Materie erlöst werden müssen. Diese Erlösung geschieht durch Gesandte des Lichts wie *Mithras* oder wie bei den gnostischen Urchristen durch Jesus. Der Mithras-Dienst beinhaltete jugendliche Einweihungsstufen, die stark an die römisch-katholischen erinnern wie Kindertaufe, Erstkommunion und Firmung (mehr dazu unter [48]).

133

Obwohl sich damals viele Bischöfe der reichsweiten ur-christlichen Bewegung lange uneins waren bezüglich des Geburtstags Jesu und teilweise am 19. oder 20. April, andere am 23. Mai feierten, hatte sich die Gemeinde in Rom bereits auf das Mithras-Fest mit der 24./25. Dezembernacht geeinigt. Zum erstenmal erwähnt war dies schon im Jahre 217, also noch zur Zeit der Christenverfolgungen. Weil an diesem wichtigen Mithras-Feiertag die römischen Beamten im Winter-*solstitium* (in der längsten Nacht und am kürzesten Tag) ihre Einweihungen in geheime Mysterien erhielten, ließen sie die Christen während einer Woche in Ruhe, und diese hatten damit die Möglichkeit, ebenfalls die Geburt ihres Erlösers zu feiern. Andere Berichte weisen darauf hin, dass der »Plebs« an diesem gleichen Festtag den letzen Tag der *saturnalien* feierte, was teilweise in einen einwöchigen zügellosen Karneval ausgeartet war und gleichfalls zur Schonung der christlichen Minderheiten beitrug.

Abb. 25: Büste des Erlösers Mithras aus einem in London ausgegrabenen Mithras-Tempel

Durch den damals noch starken **gnostischen Einfluss** im Frühchristentum und die hohe Wertstellung des Lichtes auch in der Frohbotschaft Jesu („*...ich bin das Licht der Welt...*" und „*...ihr seid das Licht der Welt*" und „*...lasset euer Licht leuchten*"), war dies Grund genug, sich hierbei den ähnlichen heidnischen Bräuchen des Lichtbringers Mithras anzupassen. Der mithras-eingeweihte Imperator Constantinus verlegte dann im Jahre 334 die Geburt Jesu offiziell auf den Tag der Geburt des Mithras.

Nach dem Jahr 377, das Christentum war schon längst Staatskirche, wurden die Mithras-Heiligtümer zerstört und vom Pöbel geplündert. Peinlich ist es zu lesen: „*Mit derselben Unduldsamkeit, unter der die Christen selbst gelitten hatten, bekämpften sie fortan den heidnischen Kultus.*"[49]

Kaiser Justinian (527-565) erkannte später das Jesus-Geburtsfest als gesetzlichen Feiertag an. Dieser weltgewandte Kaiser war möglicherweise besser informiert als wir heute oder hatte als ‚Mächtiger' das Gespür für Zeitgeist, denn die Tage um den 21. bis 25. Dezember waren eine allseits bekannte Zeitspanne des kosmischen Sonnenwechsels, genannt die »Geburt des Lichtgottes«. In Indien war dies eine Zeit großer Freude, und in China war dies eine ‚heilige Zeit'. Bei den alten Ägyptern wurde der 25. Dezember während vieler Jahrhunderte als Geburtstag verschiedener Gottheiten gefeiert. Osiris, der Sohn der heiligen Jungfrau Neith, wurde genau an diesem Tage geboren, und die alten Hellenen feierten diesen Tag als den Geburtstag des Herkules. Auch Bacchus und Adonis sind an diesem Tag geboren. Diese Zeit war also ein gängiger antiker Energieschwerpunkt, denn zu diesem Datum der Wintersonnenwende feierten in dem riesigen Imperium auch andere Nationalitäten die wiederkehrende Sonne beziehungsweise die länger werdenden Tage.

Sonnenwendfeiern gab es nachweislich bei den Persern, den Ariern und den Germanen, wobei letzteren das christliche Weihnachtsfest bis zum achten Jahrhundert unbekannt war. Zuvor waren es feurige germanische *wihenahten*, welche die Rückkehr der Göttin *sunna* beschworen. Im keltischen Kalender wird der junge Sonnengott an *Jul*, dem 21. Dezember, geboren und in der Zeit des ‚Julmond' gefeiert. In Skandinavien wurde dieses Fest als *Mutternacht* bezeichnet, und in Britannia waren es die Druiden, die diesen Tag mit großen Feuern ehrten.

Zur Sonnenverehrung im vorderen Orient finden wir zwei Hinweise. Das Handelsvolk der **Nabathäer** hatte ein Reich mit hellenistischer Kultur, dessen Höhepunkt der Macht in der Zeit zwischen dem ersten vorchristlichen und dem ersten nachchristlichen Jahrhundert liegt und das sich mit der Hauptstadt Petra über das Ostjordanland bis Damaskus erstreckte und später zur römischen Provinz Arabia Petraea wurde. Die Nabatäer verehrten einen Sonnengott, dessen Fest in der Hauptstadt Petra am 25. Dezember gefeiert wurde. Das Felsendenkmal in Petra wurde am 07.07.07 im Lissaboner »Stadion des Lichts« als eines der neuen sieben Weltwunder bekannt gegeben.

Zeitgleich in dieser Region finden wir den Orden der **Essäer**, der eine Gemeinschaft jüdischer Mystiker war, in der drei wichtige zoroastrische Grundsätze weiterlebten: der Sonnensymbolismus, die Pflege der inneren Reinheit (in Gedanken, Worten und Taten) und der Vegetarismus (Näheres darüber später).

Abb. 26: Monument Petra

Allgemein anerkannt ist inzwischen, dass sich die Romkirche mit dem Kalenderbeginn selbst ordentlich verrechnet hatte – das ist kein Wunder, denn damals galt der durch Julius Caesar eingeführte *Julianische* Kalender neben dem nachfolgenden *Diokletianischen* Kalender. Der Julianische Kalender wurde erst im dreizehnten Jahrhundert abgelöst, und bis heute haben wir daraus auch in unserer Muttersprache sämtliche Monatsbezeichnungen[50] beibehalten.

Es gibt eine christliche Glaubensgemeinschaft in den USA, »Die Universale Kirche«, die sich bereits diesbezüglich festgelegt hat: Jesus wurde am 9. September im Jahre 7 vor Christus geboren. Für dieses Datum sprechen auch Erkenntnisse der Numerologie, einer antiken Lehre über die Bedeutung der Geburtszahlen für unser ganzes Leben. Die Ursprünge davon kommen aus dem sumerisch-hebräischen Altertum und betreffen die Ziffern 0 bis 9, bei mehrstelligen Nummern deren Quersummen. Über die Deutungsmöglichkeiten gibt es heute mehrere moderne Sachbücher.

Beim Beispiel der oben genannten Geburtszahlen von Jesus wird mit dem Jüdischen Kalender gerechnet und das bedeutet 9.9.3753. Die Quersumme dieser Jahreszahl ist ebenfalls die 9 ($3+7+5+3=18=9$), und somit finden wir in Jesu Geburtsdatum dreimal die Neun, eine seltene Konzentration dieser als *heilig* angesehenen Ziffer. In modernen Auslegungen wird sie als die Zahl der »Christus-Schwingung« gedeutet und auch in einigen östlichen Lehren als die *Zahl der Vollkommenheit* angesehen.

Wenn auch für die Annahme, das tatsächliche Datum der Geburt Jesu sei der 9. September 7 vor Christus noch keine weiteren Beweise vorgelegt werden können, so ändert das nichts daran, dass unter den meisten Geschichtsforschern, Kirchenhistorikern und Astronomen übereinstimmend die Überzeugung herrscht, dass die Weihnachtsfeier am 24. und 25. Dezember zwar sehr romantisch und weltweit üblich, aber bezüglich der Geburt Jesu einfach ein Miss-Verständnis ist – ein romantisches, liebgewonnenes und besonders familiäres, auch wenn die alljährliche lebenserhaltende Bedeutung Sonne/Erde im Christentum in den Hintergrund geriet.

Ist Bethlehem nur eine Legende?

Es gab angeblich zwei Bethlehem, eines in Judäa (die Davidstadt) und eines im Taborgebirge in Galiläa. Je nachdem ob man Jesus als Juden oder als Galiläer ansehen will, findet sich die entsprechende Geburtsstätte. Nur zwei der kanonischen, aber mehrere apokryphe Evangelien berichten darüber.

Da aber die Theologen wissen, dass das Bethlehem der Judäer 778 Meter hoch und zu Weihnachten Schnee auf den Hügeln liegt und es somit auch keine Herden im Freien gibt, spricht man inzwischen von einer **Legende**. Es ist im Grunde nicht so wichtig, weil wir gesehen haben, dass bei dieser Geschichte das Datum (Mithras-Geburtstag) und nicht der Platz falsch ist.

Zur Bekräftigung einer Legende führen allerdings auch die Hinweise auf ähnliche Geschichten der Vergangenheit: Als das göttliche Kind *Krischna* von einer keuschen Jungfrau namens Devaki geboren wurde, verkündete dies ein besonderer Stern am Himmel, und es wurde alsbald von Weisen mit Geschenken angebetet und verehrt. Ebenso bei *Buddha* – er wurde, wie alle seine Anhänger glauben, von Gott gezeugt und durch die Jungfrau Maya geboren. Seine göttliche Geburt verkündete ein sich am Himmel sehr rasch bewegender Stern – nachfolgend wurde er ebenfalls verehrt und beschenkt von besuchenden Weisen. Beides geschah auch bei Meister Kŏng Fū Zí (lat.: *Konfuzius*, im Jahre 551 vor Christus) und bei dem persischen Erlöser *Mithras*.

Noch aus einer anderen Sichtweise möchte ich belegen, dass es tatsächlich eine Legende sein könnte. Als ich nämlich (am 17. Mai 2007) mit Brigitte Jost darüber sprach, schilderte sie mir ihre innere Vision zum Thema Bethlehem. Ich bekam die Geburt (mit Maria als Mutter) und die Region (Provinz Galiläa) bestätigt, aber auch den Hinweis auf einen besonderen **Kraftplatz**, der dafür Voraussetzung war. Und das ist das verständliche Neue, das uns aus den alten Widersprüchen fliehen lässt: *„Denn vorher mussten das Energiefeld und die Gegend vorbereitet werden, wo dieses hohe Wesen Jesus geboren werden konnte. Es war keine normale, sondern eine hochenergetische Geburt."*

In Brigittes Vision war dieser ‚Platz' in der Form des kosmischen Kreuzes zentriert und von hohen „Schamanen", die mit den irdischen Naturwesen eng verbunden sind, geweiht. Es waren vier harmonische Paare (weiblich/männlich), die aus den vier Himmelsrichtungen ihre natureigenen Schwingungen und die Weisheit ihrer Traditionen einbrachten. Sie waren wie Herrscherinnen und Herrscher erschienen, die Beherrscher und Meister der Elemente: das blonde Paar aus dem Norden, das asiatische aus dem Osten, das dunkelhäutige aus dem Süden und das indianische aus dem Westen. Sie prägten einen geweihten ‚Erdraum‘ mit absolutem energetischem Gleich-Gewicht für die Ankunft des göttlichen Wesens und heiligten ihn zugleich als das *Präsent der Erdmutter*.

Diese vier Paare waren jeweilige ‚höchste Meister aller irdischen und natürlichen Elemente‘ und schufen im Zentrum des ‚kosmischen Kreuzes‘ den Platz für den ‚höchsten Meister der Liebe‘, der alles vereint.

Das auch für Kinder verständliche ‚Bild‘ mit den Tieren und Hirten und Engeln rund um eine Krippe *verniedlicht* natürlich diesen herausragenden kosmischen Vorgang der Geburt eines Meisters, eines Avatars, eines Heilbringers und Heilands auf unserem Planeten, der in ‚Armut‘ geboren wird. Wenn wir dabei an unsere Formel »Jesus war ganz Gott und ganz Mensch« denken, dann ist das wie mit den berühmten Gleichnissen, mit denen Jesus seine Frohbotschaft erklärte: Das Volk hat sie (fast) immer verstanden. Der ‚Sohn Gottes‘ im Stall bei den Tieren – das versteht jeder, und wenn wir an die Freude und das Erleben unserer Kleinen denken, ist das die beste Bestätigung.

Daran, dass auch diese liebevolle Energie noch einen anderen tieferen Hintergrund haben könnte, erinnert mich Anya, die Lektorin dieses Buches: Vielleicht sollen die Tiere das animalische Niveau der Menschen und der Stall das Gefangensein symbolisieren, das geistige Gefängnis, aus dem Jesus uns befreit.

Zu dem Brauchtum des Volksglaubens der Südländer möchte ich noch etwas ergänzen. Zum Beispiel wird hier in Spanien zwar gleichfalls Weihnachten gefeiert, aber schon immer ohne unsere üblichen ‚Tannenbäume‘, solche wachsen hier nicht. Beschenkt wird daher zu »Dreikönig«, wobei die Beschenkten ausschließlich die Kinder sind. In den klimatisch wärmeren und sonnigen Orten, wie auf der Insel La Palma, werden große Krippen-Szenen errichtet und wird aufwendig mit den Kindern gefeiert, und es wird spürbar ‚verehrt‘. Alljährlich berühmt ist inzwischen das »Belén« des Künstlers Luis Morera in der Stadt Los Llanos. Es ist ein phantasievolles und in diesem Falle künstlerisches Verlagern frühchristlichen Jubels in die heutigen Familien vor Ort. Es ist gelebter Volksglauben, der frei geworden ist von historischen Ursprüngen (ob sie nun stimmen oder nicht).

Lebte Jesus in Nazareth?

Jesus von Nazareth ist die geläufige Übersetzung der griechischen Bezeichnung *Jesus der Nazoräer* oder der lateinischen *Jesus nazarenus* oder der altaramäischen *Yehoschua Nazir* oder *Yessu Ha Nossri* (*Jesus, der Naziräer*).

„Den Ort Nazareth hat es zu seiner Zeit noch nicht gegeben", fanden Forscher heraus. Der jenseitige Jesus selbst erklärt das so: *„Mein Nazareth wird man nicht mehr finden, wohl aber ein anderes überm Gebirge..."* und *„...wer aber das echte Nazareth im Herzen suchen wird, wird es finden in jedem armen Bruder..."* (aus Lorber: »Johannes, das große Evangelium«) Man nimmt an, dass das heute vorgefundene Nazareth von der Mutter des heidnischen *Pontifex Maximus Constantinus* iniziiert worden ist, die dann später zur *Heiligen Helena* erklärt wurde.

War Jesus ein Essäer oder Nazoräer?

Es gab einen Kultus, der in Nordpalästina durch viele Jahrhunderte bestand – die (geheime?) Sekte der Nazarener oder **Nazoräer**. Die jüdische Enzyklopädie gibt an, dass die Nazoräer mit den Essäern ganz offensichtlich vieles gemeinsam hatten und infolgedessen auch zur mystischen Richtung gehörten. Es heißt, dass die Nazoräer an ihrer **unbedeckten Haartracht** zu erkennen gewesen seien: langes Haar mit Mittelscheitel. Außerdem unterschieden sie sich durch ihre einfache Lebensweise und wurden daher als ‚Gottgeweihte' angesehen. Ungewöhnlich für den damaligen Raum war, dass dies auch Frauen sein konnten. Der *Orden der Nazariten* soll heute noch in der assyrischen Kirche bestehen. Auf die unübliche Art, langes Haar zu tragen, verweist auch Wieland: Nazoräer wie auch Essäer und nordische Freie trugen herabhängendes Haar, das Zeichen der Freien und Edlen.

Durch diese mystische Verbindung erhält das Leben des Menschen Jesus eine andere, viel tiefere und vor allem weitreichendere Bedeutung. Er stammte zwar aus einer Essäer-Familie, wurde in dieser Bruderschaft auch aufgezogen, wurde als »Kind der Verheißung« erkannt, erzogen und ausgebildet – wie viel später auch im tibetischen Buddhismus die Suche nach dem »heiligen Kind« –, aber er muss wohl nach seinen Auslandsreisen zu den möglicherweise toleranteren Nazoräern gewechselt sein – entsprechend seiner Kleidung und Haartracht.

Als Grund für einen solchen ,Wechsel' sehe ich folgendes: Die Essäer waren eine mystische, aber elitäre männliche Bruderschaft, eigentlich eher ein Geheimorden. Das Wissen und die Lebenspraxis hatten sie schon sehr lange von der jüdischen Tempelmacht mit ihren blutigen Opferritualen und ihrer unnachgiebigen Orthodoxie abkommen lassen. Für sie war typisch, dass alles in größter Liebe und Verehrung als Energien einer mächtigen Hierarchie von Engeln angesehen wurde.

Jesus brach aber mit diesem geheimen Wissen und der Männerexklusivität, und als Nazoräer öffnete er beides der ganzen Welt. Das bisherige Mysterienwesen erhielt damit *Öffentlichkeitscharakter* und wurde für alle Menschen zugänglich. Jesus brachte somit nicht nur den reinen Christusgeist in die Materie, sondern klarer ausgedrückt: den *Christus universalis* (wie er später genannt wurde) auf unseren Planeten.

Er brachte auch allen auf der Erde Inkarnierten die bislang geheime Lehre der ex-jüdischen Mystiker **und lehrte schon allen damaligen Menschen das ,Individualisierende' – für ein neues abendländisches Denken: „...***Gott ist in jedem von euch!****"**

Jesus schuf mit diesem Schritt nicht nur *tolerantere* Bilder der essäisch-nazoräischen Religion, sondern auch *verständlichere*. (*„...aber was nützt es, wenn ihr Menschen es nicht verstehen wolllllt"*, ereifert sich *Boldi*.)

Die Theologin Dr. Barbara Thiering erklärt es mit einem Beispiel so: *„Jesus brach mit der Tradition und gestattete auch dem Niederstehenden den Empfang der Kommunion. Von diesem Zeitpunkt an konnten alle erwachsenen Mitglieder von Jesu Anhängerschaft, ganz gleich ob Heiden, Sklaven oder Freie, verheiratet, krank oder von anderer ethnischer Zugehörigkeit, vor die Gemeinschaft treten und Brot und Wein entgegennehmen. Indem Jesus dies zuließ, machte er eine ganz entscheidende Aussage: Vor den Augen Gottes sind alle Menschen gleich."* [51]

Essäisch-nazoräisch ist aber auch – absolut sensationell für die damalige Zeit –, dass Jesus ,seinen' Vater-Gott einführte, eine liebende Macht, die *namenlos* war. Die Israeliten hatten ihren Gott namens *Jehovah*, den man fürchten musste und den Jesus daher *ablehnte* (Joh. 8,44), wohingegen er seinen liebenden und namenlosen Gott einfach mit *lieber Vater* (aram.: *abba*) ansprach. (Zumindest wird es meistens so übersetzt.) Lediglich der zeitlich vor Jehovah verehrte Gott der Kaaniter (altsyr.: *El* der Gott) war ebenfalls namenlos und der zeitlich nachfolgende Islam (arab.: *Allah* der Gott), der auch nur die namenlosen Bezeichnungen seines ,Gottes' kennt.

140

Sehr interessant ist die Erkenntnis, dass die beiden verbliebenen Religionen mit einem *männlichen* »Gott-ohne-Namen« heute die beiden größten auf unserer Erdmutter sind: das Christentum mit rund 1,9 und der Islam mit rund 1,1 Milliarden Gläubigen. ‚El' wurde zusammen mit einer Göttin verehrt, und dieser Glaube verschwand wie alle anderen ‚Götterpaare' auch.

In allen antiken Hochkulturen ist ein mächtiger Gott ohne Göttin an seiner Seite undenkbar gewesen. In allen nordischen Religionen, vom keltischen Großraum im Nordwesten bis zum fernen arischen im Nordosten, ist ein Gott ohne Göttin an seiner Seite ebenfalls undenkbar gewesen. Welche unbekannte, aber mächtige ‚Kraft im Hintergrund' war danach systematisch wirksam, damit sich unsere einseitig gewordene Männerdominanz so unangreifbar etablieren konnte?

Kommen wir zurück nach Palästina. Über den mystischen Orden der Nazoräer ist heute ganz wenig bekannt, im Gegensatz zu der damals weitverbreiteten Organisation der Essäer. Jesus kommt, entgegen der geltenden Kirchenlehre und der Bibelaussage, nicht aus der Schule der jüdischen Gesetzeslehre, sondern aus jener der *Essäer*. Dieser essäische Orden stand in seiner religiösen Erkenntnisstufe zwischen der östlichen, gnostisch-pythagoreischen und jüdisch-orthodoxen Glaubenswelt und lehrte eine Synthese fundierter *geistiger* Gesetze. Aus heutiger, kritischer und ganzheitlicher Sicht ist diese Lebensweise wieder am Erwachen und findet erneut geistige und spirituelle Anhängerschaft.

Es handelt sich um einen ehemals jüdischen Orden mit strengen Einweihungsregeln und ohne Geldbesitz. Die Mitglieder lebten ehelos in Gütergemeinschaften und befolgten genaue Reinheits- und veganische Speisevorschriften. Das schlimmste Vergehen war die Lüge. Zarathustrische Licht- und Engel-Lehren werden als Grundlage des praktizierten Mystizismus vermutet. Philon erwähnte, die Essäer seien als überzeugte Gegner des Blutopfers den blutigen Ritualen im Jerusalemer Tempel ferngeblieben.

Unabhängig von der Ansiedlung Qumran, dem möglichen Stammkloster am Toten Meer, fand man die Essäer in der Zeit von 250 vor bis 100 n. Chr. in den Wüsten des Vorderen Orients wie auch an Küsten und Flüssen bis hin nach Ägypten oder Gallien, aber stets entfernt von Städten und Dörfern. Sie hatten Handelshäuser rings um das Mittelmeer, wo sie unter dem Namen *therapeutai* bekannt waren.

Palästina im *Morgenland* liegt zwischen Orient und Okzident – den asiatischen Ländern und unserem Abendland. Im Gegensatz zur buddhistischen *‚Selbsterziehung in der Gemeinschaft'* bekam die *‚Selbstverwirklichung in der Gemeinschaft'* ihren westlichen Stellenwert. Das war essäisch. Der einzelne wurde angehalten, durch Bewusstsein (bewusstes Sein) zum *Individuum* oder Einzelwesen in *seiner Besonderheit* zu werden. Dadurch konnte es wiederum zu Bewusstseinserweiterungen kommen, die den *inneren Weg* ermöglichen sollten – die essäische Mystik.

Die Essäer haben, im Gegensatz zur jüdischen Tempel-Theologie, richtigerweise den *religiösen Messias* erwartet. Sie waren es, die Jesus mit ihrer gelebten religiösen Lebensphilosophie, die der damaligen Zeit weit voraus war, das Rüstzeug für seinen *Feldzug der Liebe* geliefert haben.

Es ist für den modernen Menschen sehr schwer, sich das christliche Leben des ersten Jahrhunderts vorzustellen. Die gesamten Apostelbriefe scheinen das auch nicht ganz vermitteln zu können, denn was im Urchristlichen praktiziert wurde, war **revolutionär** für die damalige Zeit. Deshalb befassen wir uns damit noch aus der Sicht anderer Quellen.

Um mehr darüber zu erfahren, brauchen wir uns eigentlich nur Leben und Lehren der *Essäer* anzusehen. Das war die ursprüngliche Basis auch im Zusammenleben in den urchristlichen Gemeinschaften. Wir finden damit leichter Zugang zu dem, was sich als *urchristliches Leben* von dem Schmelztiegel der verschiedenen antiken Religionen und Völkergemische des östlichen Mittelmeerraumes abhob.

Das Urchristentum zog als **neue Lehre von der Gleichheit aller Menschen** und als **neuer Geist mit der Gleichheit der Frauen** die Herzen der meist armen und geknechteten Menschen förmlich an: *„...die nun, die sein Wort annahmen, ließen sich taufen. An diesem Tag wurden (ihrer Gemeinschaft) etwa dreitausend Menschen hinzugefügt."* (Apost. 2,41)

Eine sehr komprimierte Beschreibung der Bruderschaft der Essener entnehme ich dem Buch »Die verfolgten Nachfolger Christi«[52] von Otto Wille: *„Die frühesten Quellen, die bruchstückhaft von den Essenern künden, verfassten Philon von Alexandria (Quod Omnis Probus Liber Sit, etwa 20 n.Chr.), Plinius der Ältere (Historia Naturalis, etwa 70 n.Chr.) und Josefus Flavius (»Jüdische Altertümer«, »Der Jüdische Krieg«, etwa 69-94 n.Chr.). Aus diesen Schriften geht hervor, dass die Essenergemeinschaft nicht nur aus einer* esoterischen Bruderschaft mit strenger Observanz bestand, sondern dass auch ganze Familien mit Kindern dazugehörten. Sie alle praktizierten die Gütergemeinschaft und verzichteten auf jeglichen Besitz. Die Mahlzeiten nahmen sie in aller Stille gemeinsam ein. Sie aßen rein vegetarisch. Jeder nahm nur so viel Speise und Trank, wie eben zur Sättigung nötig war. Sie betrieben Ackerbau und Handwerk, sie untersuchten Pflanzen und Mineralien auf ihre medizinische Wirksamkeit und ergaben sich ansonsten dem Studium und der Deutung der alten Schriften. Unter ihren Lehrern gab es auch Männer, die weissagten, so berichtet Josefus. Sie hielten Frieden mit jedermann und fertigten keine Waffen an. In der Sklaverei sahen sie ein Vergehen gegen das Naturgesetz, nach dem alle Menschen frei sind und einer des anderen Bruder ist. Sie übten sich in der Liebe zu Gott, zur Tugend und zu den Menschen. Am siebten Tage ruhte jegliche Arbeit. Sie versammelten sich dann, um die alten Schriften zu lesen oder erklärt zu bekommen.

Sie praktizierten die Taufe im fließenden Wasser. Es wird darüber hinaus von morgendlichen Tauchbädern berichtet. Sie achteten auf äußere und innere Sauberkeit. Sie trugen weiße Gewänder. Bis vor Sonnenaufgang schwiegen sie, beim Sonnenaufgang beteten sie ‚zur Sonne empor‘ (Josefus) und begannen dann mit dem Tagewerk. Sie verweigerten die in der jüdischen Religion erforderliche rituelle Schlachtung von Lämmern.

‚Sie beteten Gott an und opferten ihm doch kein Tier‘, schrieb Philon, ‚da sie die Gesinnung der Demut für das einzig wahre Opfer hielten.‘ Sie wussten auch um die Präexistenz der Seele. Dazu Josefus: ‚Es besteht nämlich bei ihnen die unerschütterliche Überzeugung, dass zwar ihr Leib dem Zerfalle ausgesetzt und der körperliche Stoff etwas Vergängliches sei, dass aber die Seele, weil sie unsterblich ist, immer fortbestehe, da sie eigentlich aus dem feinsten Äther hervorgegangen und nur infolge eines elementaren Zaubers zum Körper herabgezogen und von ihm jetzt, wie von einem Kerker, umschlossen sei. Würde sie nun einmal wieder aus den Fesseln des Fleisches losgelassen, so schwebe sie dann jubelnd, wie einer langen Knechtschaft entronnen, in die Höhe empor.

Infolge ihrer einfachen Lebensweise und strengen Sitten erreichten die meisten von ihnen ein Alter von mehr als hundert Jahren. Dank ihrer Seelengröße setzten sie sich über Lebensgefahren hinweg und ertrugen mit einer erstaunlichen Haltung in der Verfolgungszeit die an ihnen vorgenommenen Folterungen.‘“

Eduard Schuré schreibt dazu: *„Der Orden der Essäer bildete zu Jesu Zeiten den letzten Überrest jener Genossenschaften von Propheten, die von Samuel organisiert worden waren. Der Despotismus der Herren von Palästina, der Neid einer ehrgeizigen und servilen Geistlichkeit hatten sie in die Einsamkeit und in das Schweigen getrieben. Sie kämpften nicht mehr wie ihre Vorgänger, sie begnügten sich damit, die Tradition lebendig zu erhalten."*

Der Historiker Arnold Toynbee[53] sah in den Essäer-Bruderschaften rund ums Mittelmeer die einzig praktischen Mystiker der Geschichte: *„Ihre Vorstellungen waren nicht nur Theorie, sie wussten auch ganz genau, wie sie die Kräfte der Natur und des Geistes, die sie als Engel bezeichneten, in sich aufnehmen und ihrer bewusst bleiben konnten. Sie verstanden es, diese Kräfte in ihre täglichen Handlungen einzubinden."*

In seinem Buch »Die Engel von Atlantis«[54] ergänzt F. E. Eckard Strohm über diese Gemeinschaft: *„Die ständige Verbindung mit Engeln befähigte die Essener zu außergewöhnlichen Handlungen, wie z.B. geistigem Heilen, und auch zu intensiver Zusammenarbeit mit Tieren und Pflanzen. Gesundheit und hohes Alter waren bei ihnen an der Tagesordnung. Ja, sie waren sogar imstande, die Schwerkraft zu überwinden, wie es die Atlantaner konnten. Solche ‚Wundertaten' erregten natürlich die Missgunst anderer geistiger Gruppierungen, insbesondere der Priester und Schriftgelehrten. Die Essener unterhielten in verschiedenen Orten eine Art von Herberge, in denen Reisende Aufnahme und Verpflegung fanden und Kranke behandelt wurden. In solchen Herbergen konnte auch Jesus mit seiner großen Anhängerschar unterwegs auf seinen Wanderungen rasten. Außerdem existierten essenische Handelshäuser und Handelsschiffe, die mit den damals bekannten Ländern Handel trieben. Der erzielte Gewinn floss der Gemeinschaft zu. In diesen Handelshäusern bekamen die Essener kostenlos ihre Kleidung und Gegenstände des täglichen Bedarfs gestellt."*

Wer von den geschätzten Leserinnen und Lesern sich mehr in diese mystische Denk- und Lehrmeinung einlesen möchte – es war ja die Welt Jesu –, dem empfehle ich das wertvolle Büchlein »Das Friedensevangelium der Essener«[55], das der ungarische Arzt und Philologe Professor Dr. Edmond Bordeaux Székely auszugsweise aus dem aramäischen Ur-Evangelium aus dem ersten Jahrhundert übersetzte und das dem Jünger Johannes zugeschrieben wird. Dieser war wohl der einzige, der mit großer Sorgfalt und Genauigkeit aufzeichnete, was sein Meister persönlich lehrte.

Hatte Jesus einen Stammbaum?

Wenn Jesus einen Stammbaum hatte, dann einen solaren oder einen galaktischen beziehungsweise einen kosmischen.

In zwei der vier unter Zwang ausgewählten Evangelien wird ein jüdischer Stammbaum konstruiert, der aber heute weder von allen christlichen noch von irgendeinem jüdischen Theologen ernst genommen wird. Entscheidend ist nämlich die Frage: Kann es tatsächlich so sein, dass Maria ihren Jesus durch eine geistige Energie empfangen hat? Dann müssten wir ja in Marias matrilinearer Verbindung suchen.

Trotzdem bringt der Bibelforscher James D. Tabor mit seinem Buch »Die Jesus-Dynastie« die schon längst widerlegte Theorie wieder unter die Leute: *„...die Römer richteten Jesus, weil er als Mitglied einer königlichen Familie das Recht, König der Juden zu sein, für sich beanspruchte."* Und der Herr Kollege verkauft sein Buch gut in mehreren Sprachen. In meinem Kapitel »War Jesus ein Messias?« bringe ich eine israelische Stellungnahme zu einem solchen Stammbaum.

Folgendes hat uns Mutter Maria im Sommer 2005 dazu erklärt: *„Das Kind stammte tatsächlich nicht vom irdischen Vater Josef, vielmehr war es so, dass ich als Träger diente, um die Verbindung von Erde und Himmel zu verwirklichen. Mein Körper musste entsprechend rein sein, um diese hohe Energie zu transformieren. Ihr würdet es heute als eine hohe Stufe im Lichtkörperprozess bezeichnen. Die Aufgabe bestand darin, den göttlichen Samen, das was die Bibel als Heiligen Geist bezeichnet, in eine irdische Existenz zu bringen. Insofern ist die Überlieferung nicht falsch, wenn sie von meiner Jungfräulichkeit spricht, sie ist nur ein wenig ungenau. Es war eine Zeugung ohne männlich-irdischen Samen."* [21]

Eine ähnliche Bestätigung erhielt der »Mediale Friedenskreis Berlin« auf seine Frage nach Josefs Beteiligung: *„In diesem Falle hatte Josef wirklich keinen Anteil. Es war eine göttliche Entwicklung. Die Empfängnis wurde übersinnlich materialisiert. Damit hat Christus tatsächlich den Anspruch, als Sohn Gottes bezeichnet zu werden. **Er ist also ein direkter Erbträger göttlichen Charakters.**"*

Mir selbst erklärte Maria durch ein Medium am 21. März 2007, an dem astronomisch herausragenden Tag, an dem Tag und Nacht gleich lang und dadurch Licht und Finsternis gleich stark sind: *„Ich habe diese Größe, die*

145

nötig war, um diesen Geist empfangen, nähren und auch tragen zu können, in vielen Leben hier und anderswo bereitet. Ich war und bin das WeiblichGöttliche, das hier und anderswo in euren und unseren Welten stets geehrt wird. So habe ich, als ich zu euch dann kam, manche und auch mehrere Erfahrungen gemacht, die sich auf die Ehre und den Dienst am Göttlichen in einer weiblichen Nuancierung beziehen.

Ich kam nicht gleich als große Königin, ich diente mehrfach voller Demut zu Ehren dieser Mutter, damit ich wachsen konnte in dieser Aufgabe und Position, in der ich Mutter war als Mensch und auch als große Göttin, die ihren Sohn bereitet und dann ziehen lässt. Es waren mehrere Kulturen, in denen ich für diesen Dienst auf eure Welt mich vorbereitete.

Das gleiche gilt für meine Schwester. Wir waren oft zusammen hier, wir haben oft gemeinsam, jede in dem eigenen Bereich, gelernt und auch gelehrt, ich bin auf diese Rolle sehr wohl vorbereitet worden.

Und tief in meinem Inneren war mir die Größe dieser Rolle sehr bewusst."

Mit ‚Schwester‘ ist Maria Magdalena gemeint, und diese bestätigt die Schilderung Mariens in ihrer Botschaft im »Manuskript«: „*[Mutter] Maria war eine hohe Eingeweihte des Isis-Kultes und in Ägypten ausgebildet. Deshalb flohen sie und Josef vor dem Zorn des Königs in Israel nach Ägypten, denn sie war dort, bei den Priesterinnen und Priestern der Isis, in Sicherheit.*

Ihre Ausbildung war anders als meine, doch wir dienten dem Gleichen. Um mein Verständnis von Maria zu erklären, muss ich eines der tiefsten Geheimnisse des Isis-Kultes enthüllen. Man glaubte, und ich halte es für wahr, dass unter bestimmten Bedingungen die Göttin selbst inkarniert, durch eine Geburt oder durch eine spezielle Einweihung. Als Maria, die Mutter von Jeschua, noch sehr jung war, erkannten die Hohepriesterinnen der Isis-Tempel sie an der Reinheit ihres Geistes. Sie wurde zur Eingeweihten ausgebildet und erreichte die höchsten Grade. Doch sie wurde nicht zur Priesterin ausgebildet, sondern zu dem, was wir ein ‚Inkarnat‘ nennen.

Ein Inkarnat ist eine hochentwickelte Seele und muss sich einer enorm spirituellen Ausbildung und Disziplin unterziehen. In ihrer abschließenden Einweihung wurde Maria zur Hüterin eines direkten Energiestrahls der Isis. In dieser Hinsicht war sie eine Verkörperung der Kosmischen Mutter. Es war so, als ob es zwei gäbe: Maria als Mensch, reinen Geistes und Herzens, und Maria als Inkarnat, die in sich ein direktes Tor zur Großen Mutter hütete, zur Schöpferin aller Materie, aller Zeit und allen Raums."

146

Mit solchen Zitaten, liebe Leserin und lieber Leser, überrasche ich Sie vermutlich schon wieder. Ich bin doch in so vielen Punkten äußerst kritisch, warum jetzt hier nicht ebenso? Mit meiner Kritik versuche ich, die *irdischen* Interpretationen um die Figur Jesus zu prüfen und zu verstehen. Doch bei den *überirdischen Vorgängen*, wie schon bei seinen Heilungen und Wundern und vielem anderen mehr, lehne ich nichts prinzipiell ab, nur weil wir es heute wissenschaftlich noch nicht erklären können oder weil das überzeugendste aller Argumente – *„...so was gibt's doch nicht!"* – uns den bequemen Grund liefert, uns mit dem ‚Geistig-Göttlich-Kosmischen' möglichst nicht befassen zu müssen. Wir sind ja mit dem Irdischen schon oftmals überfordert. Und klein sein reicht uns doch auch, warum sollen wir Unbegreifliches zu begreifen versuchen?

Nun, irgendwann stellte ich dann Jesus selbst über ein Medium diese Frage nach seiner ‚irdischen' Abstammung. Der erste Termin fiel auf den 21. März, auf den astronomisch herausragenden Tag, ab dem das Tageslicht zu- und die Finsternis abnimmt, und ich erhielt auf meine Frage durch das Medium folgende Antwort: *„Der Ursprung des Geschlechts? Es stammt von einem Sternensystem, das sehr weit von eurer Galaxis entfernt ist."*

Und die gleiche, für mich wichtige Frage stellte ich am 17. April meinem medialen Freund auf La Palma und bekam als Antwort zu hören: *„Sagte ich nicht zu meiner Erdenzeit ...der Vater und ich sind eins? Ich kam aus meinem geistigen Reich, denn ich als Schöpfer habe diese Möglichkeit."*
Diese Antwort finde ich einfach ‚spitze'. Das würde nun tatsächlich viel erklären...

Kehren wir noch einmal auf die irdische Ebene im historischen Palästina zurück. In der römischen Provinz *palaestina* lebten drei Völker. In den nördlichen Landesteilen die Galiläer und südlich davon die Samaritaner mit der Hauptstadt Samaria. Sie betrachteten den *Berg Garizim* in ihrem Gebiet als Wohnsitz Jehovas und erkannten als gültige Heilige Schrift nur den Pentateuch an. Die Judäer im Süden hingegen sahen in ihrem *Berg Zion* in Jerusalem den Wohnsitz Jehovas und besaßen eine Reihe weiterer Heiliger Schriften.
Da die strengen Judäer die beiden nördlichen Regionen Samaria und Galiläa als Heidengebiet ansahen, war Jesus als Galiläer für diese auch ein *Goy*[56] und daher Nichtjude. *„Sagen wir nicht mit Recht, dass du ein Samari-*

147

ter bist und einen bösen Geist hast?" (Joh. 7,52 und 8,48) Und das Gespräch ging weiter mit dem Vorwurf: *"...wir sind nicht aus der Hurerei geboren, wir haben nur Gott zum Vater."* Sie meinten sicherlich nicht seine Eltern, sondern seine galiläische Herkunft, die ja nicht im ‚Bund' mit dem Gott auf dem Berg Zion stand.

In einer Personenbeschreibung Jesu von seinem Zeitgenossen *Publius Cornelius Lentulus,* der in der Zeit des Pontius Pilatus als Präfekt von Judäa (26-36 n. Chr.) dem Senat in Rom über wesentliche Geschehnisse in dessen Gebiet zu berichten hatte, hört sich das so an: *"...Ein Mann von edler Gestalt und sehr schönen Zügen, denen eine solche Majestät innewohnt, dass die Menschen, die ihn erblicken, ihn bewundern müssen. Sein Haar ist von der Farbe der reifen Kastanie und von den Ohren bis zu den Schultern herab von der Farbe der Erde, aber glänzend. Es ist in der Mitte der Stirn geteilt, aber nach der Art der Nazarener. Seine Stirn ist glatt und sehr heiter, sein Gesicht frei von Falten und Flecken, mit einer leichten Tönung. Seine Nasenflügel und Lippen sind makellos. Der Bart ist dicht und wie das Haar nicht sehr lang und in der Mitte geteilt. In seinen ernsten Augen liegt etwas Gewaltiges. Die Augen sind wie die Sonnenstrahlen, und ihre Strahlkraft macht es unmöglich, ihm unverwandt ins Gesicht zu sehen.*
Wenn er tadelt, ist er furchterregend; wenn er zurechtweist, weint er. Er zieht die Liebe der Menschen an und ist auf würdevolle Art heiter. Es heißt, daß man ihn niemals lachen sah, aber man sah ihn weinen. Seine Hände und Arme sind sehr schön. Im Gespräch ist er bezaubernd, obwohl er es selten pflegt; und wenn er es tut, dann in sehr bescheidener Haltung. Wo er auch auftritt, ist er der schönste Mann, den man sehen oder auch nur sich vorstellen kann; er ähnelt seiner Mutter, die der schönste junge Mensch ist, den man je in dieser Gegend gesehen hat.
Was seine Gelehrsamkeit betrifft, so versetzt er die ganze Stadt Jerusalem in Erstaunen. Er hat niemals studiert, und doch kennt er alle Wissensgebiete. Er trägt Sandalen und geht barhäuptig. Viele lachen, wenn sie ihn sehen, aber in seiner Gegenwart und im Gespräch mit ihm fürchten sie sich und zittern. Es heißt, dass man niemals zuvor einen solchen Mann in dieser Gegend gesehen oder von einem solchen gehört hat. In Wahrheit hat man, wie mir die Hebräer erzählen, noch nie eine solch erhabene Lehre gehört, wie sie dieser Christus verkündet, und viele Juden halten ihn für göttlich und glauben an ihn, während viele andere ihn mir gegenüber anklagen als einen Menschen, der sich Eurer

Majestät entgegengestellt hat. Es wird allgemein anerkannt, dass er nie irgend jemandem ein Leid zugefügt, sondern immer nur Gutes getan hat. Alle, die ihn kennen und mit ihm zu tun gehabt haben, sagen, daß sie nur Gutes und Gesundheit von ihm empfingen." [57]

Auch in Beschreibungen medialer Seher, denen sich das Bewusstsein Jesu später aus dem Jenseits gezeigt hat, erschien er nie irgendwie orientalisch. In Visionen zeigte er sich der stigmatisierten Seherin Anna Katharina Emmerick (1774-1824) mit „schlichtem, rötlich-gelbem Haar..." und der italienischen Visionärin Maria Valtorta (1897-1961) in ihrem Werk »Der Gottmensch« als Kind mit „blondem Haar... die Locken kupferfarbig leuchten...". Im »Wassermann-Evangelium«[1] heißt es „...das zwölfjährige Kind, das tiefblaue Augen und hellblonde Haare habe...". In der Sixtinischen Kapelle des Vatikans haben zwei Künstler im Namen Michelangelos ganz offiziell Jesus blond dargestellt: Perugino in der »Schlüsselübergabe an Petrus« und Rosselli im »Letzten Abendmahl«.

Für unsere heutige Zeit ist all dies natürlich zweitrangig. Wie wir bestätigt bekommen haben, inkarnierte in den Erdenkörper Jesu eine Seele aus den kosmischen Sphären des Hyperraums, und dafür halte ich die Rasse, die Haarfarbe oder Hautfarbe des Körpers für reine Nebensache.

Jesus meint abschließend: „...wir sind alle königlich." Um in diesen ‚Zustand' zu kommen, hin und wieder königlich, gesalbt oder Christus sein zu können, beschreibt er in seinen Frohbotschaften als Voraussetzung klar und deutlich die irdische Körperlichkeit: „...sie muss ein reiner und wunderschöner Tempel sein, der in seinem Allerheiligsten das Göttliche beherbergen kann." Wir finden in den Evangelien mehrfach das Gleichnis, dass unser Körper der Tempel unserer Seele beziehungsweise des göttlichen Geistes ist. Und dieses Reinhalten von Körper, Seele und Geist ist verbunden mit gesunder Lebensweise und Ernährung, harmonischem Innenleben und friedvollem Außenleben und einigen ‚Kleinigkeiten' mehr, aber es hat nichts mit irgendwelchen Rassen oder auserwählten Völkern zu tun. Keine äußere Form der Zugehörigkeit zeigt die ‚wahre', also seelische Herkunft eines Menschen (siehe Seite 131), sondern nur das, was er aus seiner Individualität und seinen Herzensqualitäten entwickelt und tatsächlich lebt. Deshalb sagt Jesus so tragfähige Sätze wie „...das Reich Gottes ist in euch" und „...jedem geschieht nach seinem Glauben".

War Jesus ein Wunderknabe?

Wir sprechen heute von Indigo- und Kristallkindern, wenn sogenannte Hyperaktive durch ihren hohen IQ oder unbegreifliche Medialität, erstaunliche Weisheiten oder ein völliges Unverständnis für unsere ,primitive' Welt auffallen. Auf diesem Wege inkarnieren in der letzten Zeit Millionen reifer Seelen, die immer mehr eine neue höherfrequente Schwingung auf die Erde und in unsere Wendezeit bringen. Insider erkennen, dass diese Kinder unsere Lehrer sein können. (Ich vermute außerdem, dass diese Kinder als ersten Auftrag haben, unter anderem *ihre Eltern* zu wecken, die heute und jetzt schon ihr eigenes Potential mutig für entsprechende Veränderungen einsetzen sollen – und so etwas geschieht auch tatsächlich.)

Nun, auch darin war Jesus unserer Zeit weit voraus, geradezu wundersam. Dem österreichischen Visionär Jakob Lorber (1800-1864), der sich »Schreibknecht Gottes« nannte, wurde von Jesus unter den vielen Büchern auch eine Ergänzung zum verstümmelt überlieferten, apokryphen Jakobus-Evangelium diktiert. Es heißt »Die Jugend Jesu«, und darin finden wir ein hochintelligentes Gespräch in mehreren Kapitel zwischen Cyrenius und dem dreimonatigen Säugling namens Jesus. Einmalig?

Ein ähnliches Beispiel fand ich in der Zeitschrift »Partituren« (02/2006) in dem Leitartikel »Wunderkinder«. Frank Berger berichtet, dass es schon vor Mozart bekannte Wunderknaben gab, so zum Beispiel den 1721 geborenen Christian Friedrich Heinecken, das »Wunder von Lübeck«, der bereits mit etwa fünf Monaten zu sprechen begonnen hatte: *„Ehe er noch ein Jahr alt war, hatte er fertig alle die vornehmsten Historien in den 5 Büchern von Mose nach der Ordnung gelernt", berichtet ein Zeitgenosse. Als noch nicht ganz Dreijähriger kannte er mehr als 8.000 lateinische Vokabeln, hatte Plattdeutsch, Hochdeutsch und Französisch gelernt, beherrschte die Grundrechenarten und verblüffte mit seinem historischen und geografischen Wissen. Der Komponist und Hamburger Musikdirektor Georg Philipp Telemann reiste im Januar 1725 eigens nach Lübeck, um das ,Wunder zu ersehen'. ,Wahrlich', soll er ausgerufen haben, ,wenn ich ein Heide wäre, ich fiele nieder und betete dies Kind an!'"*

Jan befasst sich in seinem Buch »Die Kinder des neuen Jahrtausends« ausführlich mit unseren heutigen ,Wunderkindern' und auch später in seinem Bestseller »Hände weg von diesem Buch!«. Dabei beschreibt er nicht nur Chinas ‚Super-Computer' Shen Kegong, der mit dreizehn Jahren zwanzig Sekunden brauchte, um 625^9 im Kopf auszurechnen (14.551.915.228. 366.851.806.640.625). Jan schildert weitere Beispiele, die in ihrer paranormalen Übernatürlichkeit genauso zum späteren Jesus passen. In dem Film »Bleep« belegt Joe Dispenza, dass das Gehirn mindestens eintausendmal schneller ist als der schnellste Supercomputer der Welt (2005).

Der geniale Wunderknabe Jesus wurde in der ‚**Eliteschule**' der Essäer am Berg Karmel brillant auf seine Meister-Qualität vorbereitet und konnte bei seinem allgemein üblichen Jugendantritt vor dem Sanhedrin die amtierende Intelligenz Israels verblüffen. Der »Große Sanhedrin« im Tempel zu Jerusalem war als »Hoher Rat« mit seinen einundsiebzig Mitgliedern die höchste innerjüdische, richterliche Instanz in weltlichen wie klerikalen Dingen (Theokratie) und ist etwa unserem Bundesgerichtshof gleichzusetzen. Allerdings sprach der Hohe Rat ‚in der Vollmacht Gottes' (unglaublich, aber wahr): *„Gott selbst respektiert unsere Rechtsentscheidungen."* Und diese damaligen ‚Bundesrichter' hat der Wunderknabe Jesus mit seinen zwölf Jahren ‚verblüfft' (später, unter dem Vorsitz des Hohepriesters *Kaiaphas,* hat eben dieser Sanhedrin Jesus wegen Gotteslästerung zum Tod durch Steinigung verurteilt).

Den bekannten Hintergrund seiner früheren Jugendzeit erklärte mir mein Schutzengel Jakobias durch das Medium Tessari aus heutiger Sicht so: *„Er ist doch in einer gewissen Ärmlichkeit aufgewachsen, aber er hatte seine Gaben und das Wissen in sich. Aber er hatte ja auch Hände und die haben sich beschäftigt. Und da war Holz wichtig. Warum? Holz lebt. Und er hat aus dem Holz nichts Großes gemacht, aber wenn er damit umgegangen ist, hat er auch die Seele des Holzes aufnehmen können. Das ist altersbedingt, und damit war es für ihn auch wichtig – er hatte praktische Hände. Aber er hatte das hohe Seelenwissen als Botschafter des Lichtes, das er dann, nach und nach und je älter er wurde, praktizieren konnte."*

Eliteschulen gab es schon damals. Lewis schreibt: *„Die Begabtesten der heranwachsenden Essener – so auch Jesus – wurden von ihren Eltern allerdings zur Ausbildung in den ‚Karmel' gesandt. An dieser Stelle möchte ich auch gleich berichtigen, dass sein Vater fälschlicherweise Zimmermann gewesen sei und Jesus diesen Beruf ebenfalls erlernt habe. Übersetzt bedeutet das entsprechende Wort zwar ‚Meister seines Faches', aber auch Lehrer, und damit ist auch klarer, woher Jesus die entsprechende Vorbildung zum essenischen Meister besaß. Das* *auf dem Berge Karmel, nahe am Meer gelegene Zentrum, kann man sich als eine Art klösterliche Universität vorstellen, in der ‚Meister' die Jugend im geheimen Wissen unterwiesen. Wer den Karmel als Eingeweihter verließ, war gründlich vertraut mit der Kabbala, den Geheimnissen der Zahlen, der Astronomie, der Kraft der Edelsteine; er beherrschte das Heilen ebenso wie das Hellsehen; er kannte die geheimen Zusammenhänge von Herkunft und Ziel der Menschheit; selbstverständlich wusste er alles, was ein frommer Jude von Bibel und Gesetz wissen musste, und er sprach verschiedene Sprachen, unter anderem auch Griechisch, die damalige Sprache der gelehrten Welt. Wer zum Meister (Zadok) ausgebildet wurde, verfügte über das gesamte, zu jener Zeit noch erhaltene Geheimwissen und war berechtigt, das **Abendmahl** zu zelebrieren. Auch Jesus, dessen Sendung und wahres Wesen einigen wenigen Eingeweihten offenbar war, wurde essäischer Meister."*

Unter **Abendmahl** verstehe ich persönlich etwas anderes als die christliche Kirchenlehre, die damit im Gegensatz zum essäischen Sonnenkult das pharisäische ‚Fleisch-und-Blut-Denken' bis heute fortsetzt. Essäisch-mediale Meister schlossen den Alltag – vielleicht auch nur den siebten Ruhetag – mit einem Abend-Mahl, bei dem der jeweilige Meister die Sonnenenergie so stark in das Getränk im Kelch fokussierte, dass es zu leuchten begann. Von diesem ‚flüssigen Licht' nahmen alle Anwesenden und somit die Gemeinschaft schluckweise die reinigende, heilende, liebende und damit verbindende und einende Energie dankbar auf. Im Andenken an den ‚Erlöser' konnten medial veranlagte Urchristen, welche diese ‚Geistesgaben' weiterhin besaßen und pflegten, anfangs noch diesen Abendmahl-Brauch fortsetzen.

Doch ihre Nachfolger, die Priester, litten vermutlich auch am Paulus-Syndrom: Jesus konnte sagen, was er wollte, und man glaubte ihm, weil er ja Wunderwirken und Heilen konnte – eine Übernatürlichkeit, mit der Paulus nicht mehr aufwarten konnte. So wurde auch bei den frühchristlichen Priestern ein institutioneller Ersatz gefunden, um das ursprünglich mediale und urchristliche ‚Abend-Mahl' als ‚Fleisch und Blut Christi' weiter zu feiern.

Es gibt aber auch Theologen, die in dem Jesuswort *„ich bin das Licht der Welt"* (unbewussten?) Anschluss an die authentische Abendmahlpraxis mit dem lichtvollen Pokal (Gral?) Jesu finden.

Hatte Jesus einen Beruf?

Neueste Erkenntnisse brachten zutage, dass Jesus wohl Student war. Begründung: Jesus wohnte mit dreißig Jahren noch bei seinen Eltern, trug langes Haar, und wenn er etwas tat, war es ein Wunder... ☺ und *Boldi* kichert.

War Jesus mehrsprachig?

Das Wunderkind Jesus wuchs mit der Muttersprache Aramäisch auf. Bei den Essenern auf dem Karmel studierte er die Grundlagen, die an dem internationalen Handelsplatz Jerusalem – Schnittstelle mehrerer Handelsstraßen – nötig waren: das theologische Hebräisch wie auch Ägyptisch und Griechisch. Dass er sich mit den römischen Behörden in Latein unterhielt, ist anzunehmen.

Wie es sich mit den Sprachen auf seiner mehrjährigen Studienreise in den Osten verhielt, ist mir nicht bekannt. Aber was mit seinen Aposteln zu Pfingsten geschah, dass durch das *Ausgießen* des Heiligen Geistes ihr Talent der Mehrsprachigkeit in ihnen wundersam geweckt worden ist, funktionierte bei Jesus sicher genauso.

War Jesus ein Messias?

Unter dem Titel »Warum für Juden Jesus Christus nicht der Erlöser ist« schreibt der Rabbiner Shraga Simmons[47] folgende Abhandlung, aus der ich einige Absätze zitiere: *„Vor dem Hintergrund des enorm erfolgreichen Films von Mel Gibson »Die Passion Christi« und der ehrgeizigen weltweiten Vermarktungspläne der Produktionsfirma, die diesen Film als den vielleicht ‚besten Botschaftsträger seit zweitausend Jahren‘ an ‚die Ungläubigen‘ betrachtet, sollten wir Juden uns noch einmal genau klarmachen, weshalb wir nicht an Jesus glauben. Es geht hier nicht, und das muss betont werden, um die Herabsetzung anderer Religionen, sondern nur um die Klärung der jüdischen Position.*

Die Juden erkennen Jesus nicht als den Messias an, weil Jesus nicht die messianischen Prophezeiungen erfüllt hat. Jesus verkörperte in sich nicht die persönlichen Eigenschaften des Messias. Die Bibelverse, die sich in dieser Hinsicht auf Jesus ‚beziehen‘, sind falsch übersetzt. Der jüdische Glaube gründet in einer Offenbarung an das Volk Israels.

Verdeutlichen wir uns zunächst noch einmal den Hintergrund der ganzen Frage. Was genau ist eigentlich der Messias? Das Wort ‚Messias' ist eine Übersetzung des hebräischen Wortes ‚Maschiach' (Gesalbter). In der Regel bezieht sich dieser Ausdruck auf Personen, die durch die Salbung mit Öl zum Dienst an Gott geweiht werden. (2. Moses 29,7) Da Hohepriester und Könige gesalbt wurden, kann jeder von ihnen als ‚Gesalbter' (als Messias oder Maschiach) angesprochen werden. So heißt es beispielsweise: ‚Schmach sei es mir (David) vom Ewigen, meine Hand zu legen an den Messias des Ewigen (Samuel).' (1. Samuel 26,11) [...]

Er wird die Welt mit dem Wissen um den Gott Israels erfüllen, der die ganze Menschheit vereinen wird. Wie es heißt: ‚Und der Ewige wird König werden über die ganze Erde. An jenem Tag wird der Ewige einzig sein und sein Name einzig.' (Secharja 14,9) [...]

Zudem wird der Messias nach jüdischen Quellen menschliche Eltern haben und körperlich ganz normal ausgestattet sein, wie alle anderen Menschen auch. Er wird kein Halbgott sein, und er wird keine übernatürlichen Kräfte besitzen. Der Messias muss väterlicherseits aus dem Hause König Davids stammen (Jesaja 11,1, Jeremia 23,5, 33,17). Der christlichen Behauptung zufolge, nach der Jesus von einer Jungfrau geboren wurde, besaß er keinen Vater und kann daher das messianische Erfordernis nicht erfüllt haben, väterlicherseits ein Abkömmling von König David zu sein."

Für die Israeliten der damaligen Zeit war es unerträglich, dass sie, das ‚auserwählte Volk Gottes', nur ein bedeutungsloses und sogar tributpflichtiges Element im *Imperium romanum* sein sollten. Durch die immer wiederkehrende Knechtschaft, auch zur Zeit der römischen Besatzung, wurde als *Messias* eigentlich ein ‚befreiender Erlöser' erwartet – vermutlich ein *Neo*, wie er im Film »Matrix« als ‚Erlöser-durch-Gewalt' dargestellt wird. Der mehrfach im Alten Testament angekündigte *Messias* musste deshalb ein politischer Führer sein – ein *Maschiach ben David*.

Dieser politischen Auffassung ist Jesus stets entgegengetreten, indem er das geheime Wissen der mystischen Essäer, deren ausgebildeter Meister er war, dagegensetzte. Wissend und weise erklärte er, dass das »**Reich Gottes**« (eine Ausdrucksform der Essäer) – als Vereinigung des Menschlichen mit dem Göttlichen – **in jedem Menschen selbst vorhanden ist.** Somit ist verständlich, dass sich das mächtige Rabbinertum mit einem Jesus als *Messias* nicht anfreunden konnte.

Außerdem durfte ein *Messias* nach Psalm 34,20 nicht sterben: *„Der Gerechte muss viel leiden, aber aus allem errettet ihn der Herr.“* Da aber alle erkannt hatten, dass Jesus beschämt *‚am Fluchholz des Mose‘* (dem Kreuz) gestorben war, wurde mit der weiterhin ungelösten *Messias*-Erwartung der Israeliten (und vieler Christen) die damit verbundene Endzeiterwartung bis heute verlängert.

Langbein erkannte außerdem: *„Jesus will gar nicht als Messias im alten Sinne verstanden werden. Deshalb will er nicht als Jahwe-Messias erkannt werden, und deshalb wird immer wieder das Verbot ausgesprochen, ihn als Wundertäter zu offenbaren. Sonst würde er gegen seinen Willen für einen Messias gehalten, der er gar nicht sein will. Diese Haltung wird auf recht diplomatische Weise zum Ausdruck gebracht, ohne die religiösen Gefühle der Juden zu verletzen. Sie sollten ja von den ersten Missionaren zu Beginn des Geschehens für die neue Religion gewonnen werden.“*

Der hellsichtige Jesus ‚sah‘ voraus, dass das geknechtete Volk ihn dank seiner Wunder gern als ‚König der Juden‘ bejubeln, dass es oft begeisterte Sprechchöre bilden und man ihm dafür bei seiner Hinrichtung eine Dornenkrone verpassen würde.

Doch damit scheint schon wieder etwas *codiert* worden zu sein. Durch die Abbildung, die sich in das Turiner Grabtuch, in das Jesus eingehüllt war, eingeprägt hat, weiß man schon länger, dass Jesus keine Dornenkrone, sondern eine Dornen-Haube trug. Dazu kommen sofort kritische Fragen auf: Gab es das Wort *Haube* im Gegensatz zu *Krone* im Aramäischen, Griechischen und Lateinischen noch nicht?

Oder wurde diese Tatsache verschwiegen, weil man mit einer Haube nur schlecht einen ‚König der Juden‘ darstellen konnte? Oder vermeidet der Heiland genau das, denn er hat sich in den fast zweitausend Jahren, in denen er den Menschen (Medialen, Heiligen etc.) immer wieder erschienen ist, offensichtlich weder mit Krone noch mit Haube gezeigt. Das passte aber schlecht zur Kirchenlehre.

Mussten medial veranlagte Künstler, obwohl sie es bestimmt besser wussten, im Auftrag der bezahlenden Kirche, bis auf wenige Ausnahmen, stets das Kultbild eines dornen-*gekrönten* ‚Erlösers‘ darstellen? Als bewährte christliche Formensprache für die übernommene Bezeichnung Messias?

Abb. 27: Zweitausend Jahre ahnungslos?

Schlimmerweise ist schon allein dadurch dieser alte *orientalische ‚Messias-Erlöser-Gedanke'* viel zu stark auch in das Neue Testament eingeflossen. Mit diesem einfachen Trick, dass ein ‚Gottessohn' die Menschen von dem erlösen solle, was sie in ihrer Unverantwortlichkeit und Lieblosigkeit untereinander angerichtet haben, ließen sich auch die Christen zu *Anhängern* machen – zu Gläubigen, Harrenden und Anbetern, anstatt zu selbständigen, kreativen, liebenden und sanftmütigen *Nachfolgern* zu werden. Und das auf die seichteste Art: Leben für Leben, Jahrhundert für Jahrhundert, nun fast zwei Jahrtausende lang.

Jesu Studienreisen

Einige apokryphe ‚Bücher' sprechen auch von einer Studienzeit des jungen Jesus. Mein Leitfaden für diesen Zeitabschnitt ist dabei »Das Wassermann-Evangelium von Jesus dem Christus«[1] (aus dem die nachfolgenden Zitate stammen), das der Pastor Levi H. Dowling mental empfangen und das der Rosenkreuzer H. Spencer Lewis vor Ort nachgeprüft und in seinem Buch »Das mystische Leben Jesu«[8] veröffentlicht hat. Die biblische Informationslücke im Leben Jesu zwischen seinem zwölften und dreißigsten Lebensjahr hat keinesfalls etwas mit einer Zimmermannstätigkeit zu tun – er durchläuft ein gewaltiges Programm seiner geistigen, das heißt spirituellen und mystischen Ausbildung.

Ausgangspunkt der Ost-Reise war nicht etwa die zeitweilige Essener-Siedlung in Qumran, sondern das Kloster und die Mysterienschule Karmel (auf dem Berg nördlich des heutigen Haifa). Mit zwei Meistern (Magi) war Jesus ein Jahr lang unterwegs nach und durch Indien. Danach war er ein Jahr lang in der Klosterschule von Jagannath, einer Stadt (heute Puri), die durch viele Jahrhunderte zu einem berühmten Zentrum des reinen Buddhismus wurde. Mit seinem engsten Lehrer, dem Priester Lamaas, zog er anschließend durch das Land Orissa und durch das Gebiet des Ganges. Einige Monate blieb er in Benares, einer Stadt der Wissenschaft und Kultur. Er ‚studierte' weniger Sprache, Texte und Sitten als vielmehr die höchste Spiritualität wie auch kosmische Gesetze und Lehren des Hinduismus und Buddhismus. All die großen östlichen (hellsichtigen) Meister und Weisen erkannten an seiner strahlenden Aura und dem schon teilweise in seinen Körper eingetretenen Christuslicht seine herausragende Bedeutung für die Menschheit. Jesus war dabei – aufgrund seiner essenischen Therapeutae-Ausbildung und seiner bereits entwickelten Heilkräfte – schon als ein Heiler und Wunderheiler erkannt und bekannt und vertiefte seine Kenntnisse weiter, unter anderem bei dem berühmtesten Hinduarzt Udraka.

In dieser Lehrzeit wurde er besonders mit den Naturgesetzen vertraut. Udraka erklärte ihm: *„Die Naturgesetze sind dieselben, wie die Regeln der Gesundheit. Wer nach diesen beiden lebt, wird niemals krank. Wer die Regeln übertritt, versündigt sich, und wer sich versündigt, wird krank. Wer den Gesetzmäßigkeiten folgt, bewahrt sein Gleichgewicht in allen Dingen. Gleichgewicht ist Harmonie, und Harmonie ist Gesundheit. Missklang führt zu Krankheit.“*

Auch der junge Jesus hatte bereits großen Zulauf bei seinen Heilungen, seinen Vorträgen und Unterweisungen, vor allem für Kinder und Jugendliche. Da er ein Gegner des Kastensystems war, bekam er immer mehr Probleme mit den Brahmanen und Priestern. Er erklärte ihnen nämlich ‚sein Evangelium der Gleichheit' und ‚die Bruderschaft aller Menschen'. Er erklärte ihnen auch: *„...der Treffpunkt zwischen Gott und Mensch ist nur im Herzen jedes einzelnen zu finden. Denn mit leiser Stimme redet Gott zu ihm, und wer Ihn hören will, muss still sein.“* Er erklärte ihnen: *„Reißt Idole nieder, denn Idole haben taube Ohren. Bringt die Opferstätten selbst den Flammen dar. Und dann macht Menschenherzen zu Altären, und verbrennt die Gaben eures Geistes mit dem Feuer eurer Liebe.“* Und er erklärte ihnen: *„...eine große Einheit ist der Gott des Universums – dennoch mehr als Einheit. Alles, was da ist, ist Gott, und alles, was da ist, ist Eins.“* Es ist verständlich, dass Jesus nach solchen Predigten oft flüchten und sich verstecken musste, aber das durch das karma-bezogene Kastensystem ‚kasteite' Volk hatte er auf seiner Seite.

Ob Jesus auch in Tibet selbst war oder er nur schriftlichen Verkehr dorthin hatte, ist widersprüchlich. In beiden Fällen aber ging es um den Kontakt mit *Meng-tse*, dem Oberpriester von Lhasa, den man als den größten aller buddhistischen Weisen betrachtete.

Eine wichtige Station des damals Vierundzwanzigjährigen war auch der einjährige Aufenthalt in Persien, vor allem in der Königsstadt Persepolis. Auch hier heilte Jesus in den heiligen Hallen und sprach zum Volke. Es wird berichtet, dass er täglich nach dem Unterricht gebeten wurde, die anderen über höhere Erkenntnisse und Einsichten zu unterrichten, die er medial empfing. (Heute nennt man solche Fragestunden *satsang*.)

Sein Rückweg nach Palästina führte ihn erneut an den Euphrat, wo er mit Weisen Assyriens und mit berühmten Magi aus anderen Ländern ‚lehrte und lernte'. (Ein *magus* war ein höchster Eingeweihter in Riten, Zahlen, Sternenkunde, Klängen, Düften, Kräutern, Edelsteinen und anderem mehr.) Jesus hatte durch seine verständliche und sinnbildliche Auslegung geistiger Gesetze – oft in seiner gekonnten Form von bildhaften Gleichnissen – große Aufmerksamkeit erregt. Auch seine Heilkräfte und Heilmethoden erlangten schon eine solche Vollkommenheit, dass diese zum Wohle vieler gereichten. Er weilte längere Zeit in Chaldäa und besuchte auch das zerstörte Babylon.

Nach Griechenland reiste Jesus per Schiff. Athens Gelehrte hatten schon von ihm gehört, und er wurde eingeladen, vor den Weisen Athens zu sprechen. Er stand unter der persönlichen Führung und Obhut des Apollonius (in vielen Ländern hatte dieser den Ruf, ‚der Weise' Griechenlands zu sein), der ihm die alten Urkunden griechischer Philosophie erklärte. Von dort wurde er auch zum Orakel von Delphi gerufen, welches sogleich orakelte, eine neue Zeit sei angebrochen... seine Macht werde von nun an schwinden... Jesu Macht und Weisheit sei nun im Kommen... Nach dieser Aussage soll das Orakel für vierzig Tage geschwiegen haben, und Jesus redete, nach Athen zurückgekehrt, vierzig Tage lang als ‚sichtbares' Orakel.

Den Abschluss seiner langen ‚geistig-spirituell-magischen' Ausbildung erhielt Jesus endlich in Ägypten im höchsten Collegium und Kloster der Bruderschaft in Heliopolis. ‚Effektiv' wird diese Christus-Ausbildung dann – wieder in Palästina angelangt – mit der Jordan-Taufe durch Johannes ‚bestätigt' und damit auch offiziell in die Evangelien aufgenommen – Jesus ist als Dreißigjähriger wieder ‚da'. Was dabei auch korrigiert werden muss, ist die Tatsache, dass Johannes nicht im judäischen, sondern im jordanischen Betanien taufte.

War Jesus verheiratet?

Das könnte möglich sein, obwohl es keine Belege dafür gibt. Doch seit etwa zwei Jahrzehnten nimmt die Literatur über Maria Magdalena merklich zu, und auch Dan Browns Mega-Bestseller bringt ihr eine unerwartete Publicity. Auch Maria Magdalena selbst meldet sich aus der geistigen Welt mit mehreren, durch Medien übermittelten Büchern. Meine Theorie, dass die damalige Inkarnation Jesu eingebunden war in die grundlegende Vierheit, die »Einheit der Liebe«, fand ich jetzt bestätigt. Überrascht las ich eine Zusammenfassung verschiedener Gruppierungen von Meisterinnen und Meistern und darunter auch die Vierheit von Maria als *Maria*, Saint Germain als *Josef*, Sananda als *Jesus* und Lady Nada als *Maria Magdalena*[58].

Hat meine schon Jahre zurückliegende Intuition etwas mit dieser Veröffentlichung zu tun? Einschränken möchte ich dabei, dass dies für uns beide ‚reduzierte' Verständnisbilder sein dürften, denn meiner Meinung nach sind diese vier göttlichen Bewusstseine himmlisch-kosmisch noch viel, viel höher anzusiedeln – intergalaktisch. Nach einigen anderen Informationen, die zu mir gelangt sind, wird nämlich auch mit einer vorgetäuschten sogenannten »Bewusstseinsebene der Aufgestiegenen Meisterinnen und Meister« schon wieder Missbrauch getrieben. (*Boldi* kennt ja meine Texte genau und bestätigt prompt: „*...der Ungeist lässt grüßen!*)

Wir erkennen, dass in dieser vorsichtigen Wahrheitsfindung um Jesus und Maria Magdalena zwei gewaltige Vulkane brodeln und davon die ersten Erschütterungen an die literarische Oberfläche kommen: zum einen *die Unterdrückung der Weiblichkeit* auch im Neuen Testament von Anbeginn an und zum anderen *die Unterdrückung der Wahrheit über Jesus* – nicht nur als »...ganz Mensch«, sondern auch als »...ganz Mann«.

Mein Engel Jakobias bestätigt es mir: „*Er war ein Mann. Und er durfte das, verstehst du, er durfte auch Mann sein. Er musste nicht in der Askese leben. Wenn es sein freier Wille in gewissen Zeiten war, ist das in Ordnung. Er durfte auch dem, was das Urweibliche ist, in das Gesicht sehen, damit er auch die unermessliche Liebe für all das, was die Männlichkeit und die Weiblichkeit übertragen konnten, manifestierte – und du weißt ja, bei uns Engeln gibt es die Trennung männlich/weiblich nicht. **Denn ohne weibliche Urschwingung und ohne männliche Urschwingung kann kein Geschöpf bei euch existieren.**"*

Im 22. Logion des Thomas-Evangelium soll Jesus erklärt haben: *„Wenn du aus den Zweien Eins machst und wenn du das Innere wie das Äußere und das Äußere wie das Innere machst und das Oben wie das Unten und wenn du aus dem Männlichen und dem Weiblichen ein und dasselbe machst ... dann wirst du eingehen in das Königreich Gottes."*

Jesus und Maria Magdalena (ab hier werde ich im Buch dafür die Abkürzung MM verwenden) waren es, die vor zweitausend Jahren den ‚neuen Weg' zeigten – durch ihre tiefe Liebe füreinander *und* ihre Hingabe an ihre große Aufgabe, welche nur durch die Verbindung von *heiliger Spiritualität* und *heiliger Sexualität* verwirklicht werden konnte.

Die These der innigen Liebe zwischen Jesus und MM ist nicht neu. Bücher und Filme des letzten Jahrhunderts haben sich mit Begeisterung auf diese Romanze gestürzt. Das Musical »Jesus Christ Superstar« und Martin Scorseses Film »Die letzte Versuchung Christi« malen die so ‚unheilige' Familie eindringlich aus. Allein in den vergangenen Jahren sind ein gutes Dutzend Maria-Magdalena-Romane, aber auch kritische Sachbücher erschienen.

Langbein belegt ausführlich den antiken Kult der ‚Heiligen Hochzeit', der Paarung von Geist und Erde, und schreibt unter anderem: *„Zu Jesu Zeiten war das Ritual der Heiligen Hochzeit allgemein bekannt. Der Hieros-Gamos-Kult basierte auf dem alten Glauben, dass die Fruchtbarkeit der Erde erhalten wird, wenn sich der Himmelsgott mit der Erdgöttin vereint."*

Gardner legt den Begriff der ‚Heiligen Hochzeit' anders aus und befasst sich mit dem Essäischen Hochzeitsritual der dynastischen Verlobung und (drei Monate später) mit der *dynastischen Heirat*. Er zitiert den britischen Bischof Spong, der Argumente dafür vorlegt, dass Jesus und MM tatsächlich Mann und Frau waren.

Mehrere Autoren sehen allerdings schon in den Texten über die Hochzeit zu Kana in Galiläa ausreichende Argumente, um heute zu ‚belegen', dass der von allen Frauen hochverehrte Meister und die schöne und angeblich begüterte MM ein glückliches Ehepaar waren.

Aber mir geht es dabei um mehr. Der alexandrinische Kirchenlehrer Origines behauptete, MM sei unsterblich und habe von Anbeginn der Zeit an gelebt. Das gleiche sagte Jesus von sich selbst. Also können wir damit ihre hohe Göttlichkeit – bei beiden sicherlich ‚gleich hoch' – voraussetzen und dadurch erkennen: **Jesus hätte seinen damals äußerst schwierigen Erdenauftrag ohne Maria Magdalena womöglich nicht geschafft.**

Lassen Sie mich vorab noch etwas erklären: Ich kann in diesem Buch das wichtige Thema MM nur streifen. Dazu bedarf es nämlich noch weiterer Erforschungen und eigener Kontakte zu ihrem kosmischen Bewusstsein. Für meine Betrachtungen in diesem Buch habe ich ihre persönlichen Erklärungen aus ihrem »Manuskript« eingearbeitet, obwohl es noch anderslautende Darstellungen und Wahrnehmungen gibt.

Aber versuchen wir trotzdem einmal, liebe Leserinnen und Leser, etwas mehr Verständnis in die damalige Situation zu bringen. Erinnern Sie sich an unseren geistigen Ausflug als Beobachter in den Hyperraum und die Dimension der »Aufgestiegenen Meisterinnen und Meister«? Dort ist beschlossen worden, dass vier höchste Eingeweihte gemeinsam auf dem Planeten Erde inkarnieren sollten, um die »Einheit der Liebe« in einem neuen Umfang zu manifestieren. Vermutlich seit Ende des zweiten Jahrzehnts seines Erdenlebens war Jesus mit seiner Mutter Maria alleine, da Vater Josef bereits in die feinstoffliche Welt übergegangen war.

Doch dann war es soweit. Es kam zu der einst **geplanten Begegnung** mit der schönen und stolzen MM, wie sie es selbst heute in ihrem »Manuskript« liebevoll beschreibt. Ab jetzt war die himmlische Seelenvierheit energetisch komplett, und Jesus fühlte sich nun für seine übermenschliche Berufung nicht mehr alleine. MM kam als sogenannte Isis-Eingeweihte mitten in die Schar der Jüngerinnen und Jünger und war spontan die Lieblingsgefährtin Jesu. Langbein stellt fest, dass es „*...ganz offensichtlich eine innige Vertrautheit gegeben hat – zwischen Jesus, Jesu Mutter und Maria Magdalena*". Dies bestätigt letztere recht überraschend in ihrem »Manuskript«, woraus ich schon in dem Kapitel »Hatte Jesus einen Stammbaum?« berichtet habe.

Zur ersten Begegnung mit Jesus gesteht MM folgendes: „*An jenem Morgen wusste ich, dass etwas in der Luft lag. Ich spürte eine Art Erregung, ein Zittern in Armen und Beinen, noch bevor ich ihm begegnete. Ich befand mich bereits am Brunnen, als er kam. Ich hatte meinen Krug schon hineingesenkt, und er half mir, ihn herauszuheben. Manche der Apostel sahen mein goldenes Schlangen-Armband und nahmen an, dass ich eine Hure sei. Sie waren entsetzt, dass der Meister so einer half.*

Doch das berührte mich nicht. Jeschuas Augen hatten mich in eine andere Welt versetzt. Als unsere Blicke sich begegneten, schien ich in die Ewigkeit zu schauen, und ich wusste, dass er der Eine war, für den ich vorbereitet worden war – und er wusste es auch. Ich hielt mich unter denen, die mit ihm gingen, eher im Hintergrund. Abends entfernten wir uns gemeinsam – nicht jeden Abend, denn er wurde ständig gebraucht."

Meiner Meinung nach spielte sich das Zusammensein, das zugleich ein spirituelles Zusammenarbeiten von MM und Jesus war, mit ihren allerhöchssten Energien auf drei Erfahrungsebenen zugleich ab.

Die erste war das damalige Männer/Frauen-Problem, das vor allem unverheiratete Frauen hatten. Dazu kam, dass MM als Isis-Priesterin sicherlich genauso wie Jesus und Maria ‚gebildet' war und Lesen und Schreiben konnte. Unter den Jüngern dürfte das noch den Johannes betreffen. Im Buch »Mirjam« von Luise Rinser erklärt uns MM: *„Lieber spreche ich über Johanan, der Jeschuas und mein Freund war. Seine und meine Gespräche waren Adlerflüge, wenn wir über Jeschuas Lehre redeten. Wir nannten diese Gespräche Denkspiele, doch waren sie viel mehr als das, nämlich unser Ringen um das Verständnis dessen, was Jeschua ‚Vater' nannte und was doch kein Vater war, wie Zeus Vater war, sondern reiner Geist. Für Johanan, griechisch gebildet und griechisch denkend, war es schwer, seine Philosophie in Einklang zu bringen mit den jüdischen Vorstellungen vom Höchsten."* Die meisten Begleiter Jesu waren sicherlich Analphabeten, deren ‚Erleuchtung' sich wohl erst mit dem sogenannten ‚Pfingstwunder' vollzog.

Im apokryphen »Evangelium der Maria«, das 1896 in Kairo entdeckt und MM zugeschrieben wurde, finden wir viele Beispiele dafür, wie sie – Jesus ebenbürtig – den Aposteln und Jüngern manche ‚Worte' Jesu ausführlicher erklärte. Tieferer Sinn und Spirituelles war seinen Jüngern oft noch zu fremd, und Jesu Gleichnisse wurden von ihnen kaum besser verstanden als von den ländlichen Zuhörern. Auch heute noch bedarf es eines Studiums der Theologie, wobei Frauen zusätzlich die ‚kompetenteren' Auslegerinnen der Formulierungen des Heilands sein könnten – so auch MM, die ja zugleich als ägyptische Priesterin ausgebildet war.

Dazu zitiere ich eine Auswahl von Texten als Beispiele für die überlieferte Spannung zwischen dem ‚Apostelfürsten' Petrus und MM aus dem Buch »Das Evangelium der Maria – die weibliche Stimme des Urchristentums«[59] des französischen Philosophen und Theologen Jean-Yves Leloup:

„Da ergriff Andreas das Wort und wandte sich an seine Brüder: ‚Sagt, was denkt ihr über das, was sie uns erzählt hat? Ich jedenfalls glaube nicht, dass der Erlöser so gesprochen hat: Diese Gedanken sind anders als die, die wir gekannt

haben.' Petrus fügte hinzu: ‚Ist es möglich, dass der Erlöser so mit einer Frau geredet hat, über Geheimnisse, die wir nicht kennen? Sollen wir unsere Gewohnheiten ändern und alle auf diese Frau hören? Hat er sie wirklich erwählt und uns vorgezogen?' Da weinte Maria und sprach zu Petrus: ‚Mein Bruder Petrus, was geht in deinem Kopf vor? Glaubst du, ich hätte mir ganz allein in meinem Sinn diese Vision ausgedacht oder ich würde über unseren Erlöser Lügen verbreiten?' Da ergriff Levi das Wort: ‚Petrus, du bist schon immer aufbrausend gewesen; und jetzt sehe ich, wie du dich gegen diese Frau ereiferst, so wie es unsere Widersacher tun. Wenn der Erlöser sie aber würdig gemacht hat, wer bist denn du, sie zurückzuweisen? Gewiss kennt der Erlöser sie ganz genau.'"*

Petrus war besonders ungehalten über Marias Fragen und die Antworten, die sie erhalten haben wollte, und sprach zu Jesus: *„Mein Herr, sollen die Frauen aufhören, Fragen zu stellen, damit wir die unseren stellen können!"* Und Jesus sprach zu Maria und den anderen Frauen: *„Lasst also eure Brüder ihre Fragen stellen..."*

Der Ton des Petrus täuscht nicht. Er war wirklich schockiert, dass eine Frau so das Wort führen und Geheimnisse, welche die Apostel als Vertraute Jesu nicht kannten, enthüllen konnte. Es gibt zahlreiche Texte aus den ersten Jahrhunderten, die sich mit diesem Thema beschäftigen. Petrus scheint die Frauen nicht besonders zu mögen und misstraut allen, sogar seiner eigenen Tochter! Neben der ‚Tat des Petrus' aus dem Berliner Kodex zitiert Michel Tardieu in diesem Zusammenhang den vielsagenden Text: *„Petrus, der Führer der Apostel, mied den Anblick von Frauen. Da seine Tochter hübsch war und wegen ihrer schönen Formen einen Skandal provoziert hatte, begann er zu beten, und sie wurde tatsächlich gelähmt."*

Nach dem Willen ihres Vaters starb Petronilla (so hieß die Tochter des Petrus) als ‚Heilige, Jungfrau und Märtyrerin'. Doch bei solchen angeblichen ‚Gebetserhörungen' ist für mich Magie mit im Spiel. Das Ganze kann aber auch ‚erfunden' sein, und man hat solche Beschreibungen den ehrfürchtigen Gläubigen der damaligen Zeit als indirekte Drohung zugemutet.

Die Frauenfeindlichkeit des Petrus erklärt nicht alles. Was ihn wie auch Andreas schockiert, ist die eifersüchtige Angst, dass eine Frau ihm und den Männern überlegen sein und mehr wissen könnte als sie! Für einen Palästinenser jener Zeit ist das völlig undenkbar. Wie jeder Fromme dankte Petrus Gott jeden Morgen dafür, nicht „krank, arm oder als Frau" geboren worden zu sein.

Mit meinen Unterlagen könnte ich die antiken Gegensätze männlich/weiblich auch im Bereich der Apostel weiter belegen, doch dieses Beispiel mit MM und dem angeblichen ‚Kirchengründer' Petrus soll genügen. Leider behält die zeitlich nachfolgende Kirchengeschichte des Christentums diese Energien, die MM und Petrus von Anbeginn vorzuleben scheinen, weiter in Spannung: kirchliche Macht der Männer, notfalls mit dem Schwert, und Unterdrückung und Ausbeutung aller weiblicher Persönlichkeiten.

Um wieder in die hohe Schwingung göttlicher Liebe zu kommen, berichte ich über die Entdeckung von Ludwig Schoen, der sich auch diesem Thema schon jahrelang mit Nachforschungen vor Ort widmet. Voll Überraschung fand er nämlich in unserem Heimatland ein großes Kirchenfresko von MM als Hohepriesterin und von Aposteln umringt (Abb. 28). In ‚Insiderkreisen' scheint also doch das geheime Wissen zu existieren, dass MM neben Jesus eine herausragende Stellung der Weisheit bekleidete. Für den Bereich des Mittelalters stellen die Autoren Dan Bunstein und Arne de Kreijzer in ihrem Buch »Das Geheimnis der Maria Magdalena«[60] nämlich fest, dass *„...der ehrfürchtige Titel »Apostolin der Apostel« (apostola apostolorum) als Ehrbezeugung an Maria Magdalena im 12. Jahrhundert allgemein verbreitet gewesen zu sein scheint. Viele der größten Theologen jener Zeit... verwenden... diese Formulierung..., die sich auf ihre privilegierte Position als erste Zeugin der Auferstehung bezieht. Bezeichnenderweise wurde dieser Titel nicht nur im Wort, sondern auch im Bild verwendet."*

Abb. 28: MM als Hohepriesterin in Rüdesheim verehrt

In der Abtei in Rüdesheim ist MM in ein blaues Gewand gekleidet (klerikales Symbol für Mutter Maria), obwohl bei MM der damalige Auftrag stets lautete: Die Sünderin trägt ein rotes Gewand.

In der Dombibliothek in Hildesheim soll ein weiteres Gemälde erhalten sein, auf dem MM die Apostel lehrend, dargestellt ist, diesmal in einem roten Gewand.

Die zweite wichtige Erfahrungsebene des verschwiegenen Zusammenlebens von MM mit Jesus als Liebes- oder Ehepaar ist ihre ‚heilige' körperliche Liebesbeziehung. In ihrem »Manuskript« schildert uns MM: *„Ich bemerkte, wie ich einen Blick oder eine Berührung von ihm kaum erwarten konnte. Die Zeiten, in denen wir allein waren, waren das Wertvollste, das ich je erlebt hatte. Seine Berührung, sein Blick, einfach wie er sich anfühlte, brachte etwas in mir dazu, sich zu öffnen, und ich musste manchmal über mich selber lachen.*

Ich, die ich in den geheimen Praktiken der Isis ausgebildet war – meine Lehrerinnen waren der Ansicht, ich sei weit fortgeschritten –, diese Eingeweihte stellte fest, dass sie als Frau eine Anfängerin war. Denn ich sage euch jetzt, dass im Herzen, im Verstand und in der Körperweisheit des Weiblichen einige der größten Geheimnisse und Kräfte ruhen, die darauf warten, entdeckt zu werden. Und sie offenbaren sich alle durch die gegenseitige Berührung!

Wenn ich von Jeschua spreche, werde ich jedes Mal wieder von meiner Liebe und meinen Gefühlen überwältigt, die ich durch alle Zeiten für ihn empfinde...

Denjenigen, die sich in einer Partnerschaft befanden, bot die sexuelle Magie der Isis die Flügel, auf denen sie sich den Djed hinauf zum Thron des höchsten Bewusstseins schwingen konnten. Aus meiner jetzigen Sicht finde ich es äußerst tragisch, dass die Geheimnisse und die Heiligkeit unserer Sexualität von der Kirche, von den Kirchenvätern, als böse verteufelt wurden. Fast zweitausend Jahre lang wurde einer der kraftvollsten und schnellsten Wege zur Gotteserkenntnis als falsch hingestellt.

Und ich finde es wirklich als Ironie, dass die Kirche eine Sünde daraus gemacht hat – zum Schrecken all jener, die vielleicht zufällig darauf gekommen sind."

Durch das Medium Claudia Lennarz-Pung (www.waraonline.de) ergänzte MM am 2. April 2007: *„Bei der Sexualmagie, die ich mit meinem Geliebten Jeschua gelebt habe, haben wir bei und während unseres Verschmelzens uns immer durch diese wunderbare Magie genährt und gestärkt. Wir haben uns vorher gegenseitig in Liebe alle Energiezentren gereinigt, bevor wir den Akt der*

165

Vereinigung vollzogen. Hinterher haben wir uns die Aura mit dieser Kraft der Sexualität gestärkt. Anders wie ihr Orgasmen erlebt, haben wir mit dieser Kraft unseren Energiekörper genährt. Das heißt, wenn ihr in ekstatischen Zuständen seid, zieht diese Kräfte einmal durch euren gesamten Körper, und öffnet eurer Kronenchakra dabei, so dass diese Kräfte einfließen auf die Ebenen eurer fein-stofflichen Körper. Dies ist göttliche Liebe."

Die dritte im Neuen Testament verschwiegene Erfahrungsebene des Lie-bes- oder Ehepaares MM und Jesus wollen wir die ‚spirituelle' nennen: der gigantische, im Himmel gemeinsam beschlossene Auftrag, alles Alltägliche in ihrem jahrelangen Wanderleben mit einem *kosmischen Erleben* zu verbin-den. Beide hochmedial veranlagt, kannten sie die liebe- und friedvollen Er-fahrungsebenen der ätherischen Welten (Reich Gottes) – die ätherischen Sphären unseres Planeten und die anderer Sternenzivilisationen. Wieviel die-ser hochschwingenden himmlischen oder kosmischen Energie konnten sie in jener Zeit der Erdenwelt bereits anbieten? Sie hatten ja einen idealen Zeit-punkt für einen Paradigmenwechsel ausgewählt, denn es war die *kosmische Schnittstelle* zwischen zwei Zeitaltern.

- Die beiden, MM und Jesus, hatten die Kompetenz und die Qualifizierung, Göttliches zu manifestieren, und der Zeitpunkt und der Platz waren ge-nau richtig. Es sollte später – ab diesem Zeitpunkt – ein weltweiter Ka-lender alle die verschiedenen kirchlichen und staatlichen Zeitrechnungen verbinden.
- Es sollte vor allem auch ein neues Verständnis für das Göttliche in der menschlichen Vorstellungswelt verankert werden: kein strafender Gott irgendwo in der Tiefe des Weltalls oder auf einem heiligen Berg, sondern die Göttlichkeit jedes einzelnen in sich selbst – *„Himmel und Hölle sind in euch"*.
- Im Sinne der Gleichheit vor Gott (*„...wir sind alle Kinder des gleichen Vaters"*) sollte die Achtung der Frauen und des Weiblichen demonstriert werden. So erkennt Leloup: *„Aber das Wesentliche ist sicher noch tiefer: Bevor man spirituell ‚pneumatisch' sein will, muss man zweifellos akzeptie-ren, eine Seele und einen Körper zu haben. Das Annehmen der weiblichen und seelischen Dimensionen in uns ist die Grundbedingung, Zugang zum Nous oder der männlichen Dimension unseres Wesens zu gewinnen. Wie Graf Dürckheim bemerkte, ‚...erfolgt die Entdeckung oder Wiederentdek-kung des Spirituellen heute wie gestern über eine Versöhnung mit dem Weiblichen!'"*

Leloup verwendet die damals zeitgemäßen griechischen Begriffe *pneumatisch* im Sinne von ‚verbunden mit dem Übernatürlichen' (wie Chi oder Prana) und *nous* als ‚göttlichen Geist'. Er fährt fort: *„Das Ziel ist die Hochzeit des Männlichen und des Weiblichen – der Anthropos* (im Sinne der Anthroposophie Rudolf Steiners, der Verflechtung des *Menschen* mit dem *Übersinnlichen* – A.d.A.). *Diese Hochzeit sollte in uns auf der sozialen Ebene, auf der neurophysiologischen Ebene* (in den beiden Gehirnhälften) *und auf einer universaleren Ebene beginnen...“*

Diese brillante Philosophie krönt Aquaria mit einfacheren Worten: *„Solange das Männliche und das Weibliche nicht im Gleichgewicht sind, gibt es keinen Frieden. Und solange es keinen Frieden gibt, gibt es keinen Aufstieg.“*

An andere Stelle ergänzt sie: *„Die Kosmische Kraft, die euch beim Aufstieg in die Einheit zurückzieht, ist weiblich. Sie vereint alles, was sich durch männliche Kraft einmal verströmt hat, wieder im göttlichen Zentrum. **Daher ist eure Zukunft von kosmisch-weiblichen Kräften getragen.** Das darf kein Geheimnis bleiben, denn es bedeutet für jeden Erdenmenschen, dass ihn das Annehmen von weiblichen Kräften stärken wird und die Ablehnung schwächen. Dabei wird nur vorgegebenes Annehmen ebenfalls schwächen.“*

Da ich ja schon weiß, wie diese Thematik hier im Buch weitergeht, kann ich Ihnen, verehrte Leserin, lieber Leser, verraten, dass es tatsächlich ein fast zweitausendjähriger dorniger Entwicklungsweg war, diesem Ziel näher zu kommen. Erst im zwanzigsten Jahrhundert unter dem Einfluss der zunehmenden Wassermannenergie hörte man die Startschüsse in die weibliche Zukunft. Jesus macht Hoffnung, wenn er uns erklärt: *„Ihr seid jetzt soweit...“*

Es beginnt eine **Zukunft** mit der *Erkenntnis* zu mehr Weiblichem in uns Männern wie genauso in der Damenwelt. Doch das *Fühlen und das Spüren* des Weiblichen mit seinem Reichtum an Gefühlen, die nächsthöhere Stufe dieses Prozesses, ist in der patriarchalischen Welt der Neuzeit kaum leichter als es in der des Altertums war.

MM und Jesus waren etwas absolut Einmaliges unter all den hochverehrten Götterboten. Es kamen Zarathustra, Konfuzius, Buddha, Pythagoras und all die anderen berühmten hohen Eingeweihten zeitlich vor der Inkarnation von MM und Jesus, also im Widder-Zeitalter. Aber keiner von ihnen konnte uns Irdischen schon früher das bringen, was Jesus und MM vollbrachten.

Abb. 29: Diese Vision von Brigitte Jost zeigt Maria Magdalena und Jesus als kosmisches Liebespaar in einem Freudentanz ihrer Heiligen Liebe. Titel des kreisförmigen Mandalas: »Heiliges Eins-sein«. Die Künstlerin lädt ein, einen überspringenden Funken dieser ‚Liebe in Vollkommenheit' ins Herz aufzunehmen.

Wir können ihnen nicht dankbar genug sein, dass sie diesen heiligen Prozess damals mit der Reinheit ihrer göttlichen Liebe bewusst gelebt und ihren Samen gelegt haben – spirituell und materiell. Sie taten es aus reinster Liebe für unsere seelische Entwicklung und für die des menschlichen Kollektivs.

Und jetzt endlich kann diese Erkenntnis erwachen, und immer mehr von uns ahnen oder wissen es schon: *...die Vereinigung von Männlich und Weiblich in Liebe ist der Schlüssel für die Zukunft! Wir sind jetzt soweit!*

Darauf weist mich auch ein österreichisches Medium hin, das ein Buch über MM schreiben will und dabei ebenfalls meine Ansicht teilt: *„Unsere Zukunft braucht Menschen, die den Mut haben, das Herzzentrum, aus dem alles kommt, zu ihrem Mittelpunkt zu machen, dazu aber auch eine neue und höhere Art der körperlichen Liebe anerkennen und ihr die göttliche Ursprünglichkeit und Würde wiedergeben. Dadurch wird die Vereinigung des weiblichen und männlichen Pols in uns und in unserer Welt an der Basis erst möglich. Diese ‚Basis-Transformation' ist für uns enorm wichtig und beglückend und betrifft uns alle, ob jung oder alt, ob in Partnerschaft oder nicht!"*

In einem späteren Gespräch forderte sie mich auf: *„Wir sollten eine der größten Lügenenergien der Menschheit aufdecken: die Unterdrückung der heiligen körperlichen Liebe durch Ablehnung und Deformierung der Sexualität (nach dem Motto: Entziehe den Menschen den Boden, entzweie sie, dann sind sie geschwächt und beherrschbar... divide et impera!). Das beginnt damit, das bisher erfolgreich unterdrückte Erbe Maria Magdalenas, die mit Jesus heilige Sexualität gelebt hat, zu erkennen und zu würdigen."*

Was geschah vor der Kreuzigung?

Jesus hatte zwei Fronten gegen sich, seit er in der Öffentlichkeit seiner Heimat zu ‚wirken' begann – mit seinen Wundern, seinen vielfältigen Heilungen, seinen verständlichen Gleichnissen und der Frohbotschaft, dass vor dem Vater *alle Menschen gleich seien*. Er zog damit Volksscharen an. Wenn er sich einem Dorf näherte, strömten die Menschen herbei, brachten ihm schon die Heilungsuchenden entgegen, und nach den Heilungen lauschten die Begeisterten seinen Worten und Erkenntnissen. Das war für die damalige Zeit *Show* im reinsten Sinne.

Die beiden Fronten, für die Jesus allmählich eine Bedrohung darstellte, waren die damalige Priesterschaft und das imperiale Rom. Das tributpflichtige Königreich Judäa war nämlich keine ruhige Provinz, weder politisch noch religiös.

Die Jerusalemer Tempelmacht herrschte unumstößlich durch ihren strengen Gott Jehova, den man fürchten *musste*, während Jesus einen toleranten und liebenden Vater (*„in jedem Menschen"* – soweit sie dies schon verstanden) predigte und – dank seiner Heilkräfte – *demonstrierte*. Und das wirkte!

Wiederholt wandte er sich dabei gegen die starren Gesetze der Orthodoxie und machte sich damit gemäß den Gesetzen der Thora zum ‚Gottesverächter‘, den zu verfolgen das jüdische theokratische Gesetz befahl.

Nicht viel anders waren die Meldungen, die über Jesus nach Rom gingen. Er zählte nicht zu den bewaffneten Terroristen wie die Zeloten der jüdischen Nationalpartei, sondern war ein ‚Aufwiegler‘ mit Worten – durch die gepredigte Gleichheit *aller* Menschen lehrte er eine (fast demokratische) Aufwertung des einzelnen. Egal ob Römer oder Jude, ob Mann oder Frau – Jesus hat alle gleichgestellt und hatte damit alle damaligen Machtkreise *gegen sich*. Man könnte seine Lehre heute auch ‚idealen Sozialismus‘ nennen – und das in dem tyrannischen Imperialismus Roms, dessen Macht weitgehend auf Sklaven und Söldner aufgebaut war.

Ein Freund, Udo Brückmann, dessen Buch »Das Ende der Endzeit – Anleitung zur Göttlichkeit« der Amadeus-Verlag 1998 herausbrachte, beschreibt die damalige Situation so: „...*Jesus engagierte sich für die wahre Freiheit der Menschen, eine geistige und politisch-soziale Freiheit, eine Befreiung von Mißständen und Ungerechtigkeiten – im Einklang mit der weiblichen Ur-Kraft. Eine so sanfte ‚Revolution‘, die in die* **Gedanken** *der Menschen eindrang und sie veränderte, war für die Machthaber äußerst bedrohlich: Die ‚Waffen‘, die Jesus in das Bewusstsein der Menschen* **aller** *Schichten ‚einschleusen‘ wollte, waren und sind ‚die gefährlichsten Waffen aller Zeiten‘: Verständnis, Vergebung, Toleranz, Verantwortung, Wissen und* **Liebe***...*“

Die jüdische Tötungsart für die Gesetzesverstöße Jesu wäre nicht eine Kreuzigung, sondern eine Steinigung gewesen. Also müssen wir davon ausgehen, dass Rom den Tod Jesu befohlen hatte. Und wenn dorthin sicherlich von den begeisterten Anhängern berichtet wurde, die Jesus vergötterten, ihm in ihrer Unbesonnenheit und Kurzsichtigkeit den Titel eines *Königs der Juden* beilegten und ihn auch öffentlich als solchen ausriefen, dann musste das Unbehagen in Rom bezüglich dieser sensiblen Region ernst genommen werden. Dass dabei auch andere politische Streitigkeiten dem Jesus zugeschrieben wurden, dafür sorgte die Jerusalemer Priesterschaft. (Lewis)

So befand sich bei seinem Einzug in die Hauptstadt, dem Höhepunkt seiner biblischen Lehrtätigkeit, bereits ein Haftbefehl in den Händen der Behörden. Allerdings bestand das Problem darin, nicht die römische Allmacht auszuspielen und öffentlich zu verfahren, sondern die Verhaftung Jesu unauffällig durchzuführen, denn es war kurz vor dem einwöchigen Pessach-Fest, zu dem angeblich eine Million von Pilgern aus der Diaspora kamen, um Jehova zu opfern. Die Geschichte mit Judas ist bekannt, auch der Druck der Tempelmacht auf Pilatus, der das Verfahren bis nach dem Fest verzögern wollte. Es gibt Unterlagen, welche über die damaligen psychologischen und diplomatischen Ränke zwischen der Priesterschaft, den römischen Behörden und den essäischen Freunden Jesu detailliert berichten, was aber an dieser Stelle zu weit führen würde.

„Frohe Ostern!"

In einer Vision ,hörte' die mediale und stigmatisierte Therese Neumann (1898-1962), die sechsunddreißig Jahre von ,Lichtnahrung' oder dem Heiligen Geist lebte, in sich die ersten Grußworte Jesu **nach seiner Auferstehung.** *„Schlam lachon"* (*„Friede sei mit euch"*), klang so in Jesu aramäischer Mundart – kein Mensch weiß sonst, wie diese alten Texte und Worte ausgesprochen wurden (wir haben ja schon mit Latein unsere Probleme).

Wie können wir das Ganze verstehen? Die theologische Formel für den biblischen Jesus lautet ja: »Jesus ist ganz Gott und ganz Mensch.« Über sein *Menschsein* erfahren die Gläubigen in den verbliebenen vier Evangelien nicht viel und über sein *Gottsein* noch weniger.

So fand ich in der Zeitschrift »Wegbegleiter – Unabhängige Zeitschrift zur Wiederbesinnung auf das Wesentliche«[61] 2/2001 von Walter Vogt über die *Unkörperlichkeit* Jesu eine Beschreibung aus der *Acta Johannis* (Ende zweites Jahrhundert), in der Alt-Johannes, der ,Jünger, den Jesus liebhatte', folgendes berichtete: *„Wenn ich zu Tische lag, nahm er mich an seine Brust ... und bald fühlte ich seine Brust glatt und weich an, bald hart wie Stein ... Bald, wenn ich ihn anfassen sollte, traf ich auf einen materiellen dichten Körper, bald wiederum war die Substanz immateriell und überhaupt wie nichts..."* (,...zu Tische liegen' ist korrekt beschrieben. Es gab in der Antike noch keine Tische und Stühle im abendländischen Sinne.)

Ich versuche, von seinem ,übernatürlichen Menschsein', also seinem *Gottsein*, ein besseres Verständnis anzubieten, denn das wird selbst von kirchlicher Seite nicht ernst genug genommen. Geht Papst Benedikt XVI. mit seinem Buch möglicherweise mit gutem Beispiel voran? Dabei ist auch den Theologen klar, dass es kein Geschehnis im Erdenleben Jesu gab, das sein Gottsein besser bestätigen kann, als seine sogenannte *Auferstehung*.

Eine der Schlüsselfragen diesbezüglich lautet: Wo befand sich der Leichnam, und warum wurde er nicht vorgezeigt? Wie konnte er einfach verschwinden? Der Verschlussstein der Grabhöhle war so schwer, angeblich rund zweitausend Kilo, dass er nur mit Hebelwerkzeugen von mehreren Menschen hätte weggebracht werden können. Die Grabhöhle war versiegelt und bewacht, aber es geschah etwas, was die Nachtwache fliehen ließ, was wiederum in der römischen Militärordnung ein sehr strenges Vergehen war.

Die andere Schlüsselfrage lautet: Hat sich Jesus bei seiner Auferstehung einmalig rematerialisiert und lebte dann als Erdenmensch weiter, oder ‚erschien‘ er den Irdischen in seinem früheren Erdenkörper?

Sollte man die ganze Geschichte überhaupt bezweifeln? Was bleibt einem sonst anderes übrig, wenn man dieses ‚unlogische‘, aber detailliert berichtete Geschehen mit irdischen Argumenten zu verstehen versucht?

Gerade als ich auf La Palma dieses Buchthema »Auferstehung« neu schreiben wollte, kam mit der Post das Novemberheft (2006) der Zeitschrift »Magazin 2000plus« bei Jan im Verlag an. Die Titelgeschichte lautete: »Auferstehung Christi: Eine Realität« vom Verfasser Dr. F. X. Beyerlein. Verblüffend fand ich wieder die Synchronizität des Geschehens beziehungsweise die Resonanz bei meiner Arbeit. Den Text der Einleitung dieses Berichtes möchte ich Ihnen gerne vorstellen:

„Einer der führenden Experten, der sich einundzwanzig Jahre mit der Sammlung von Beweisen für die Echtheit der Auferstehung beschäftigt hat, ist der amerikanische Historiker Professor Josh McDowell. Als er einmal von einem Studenten gefragt wurde, warum er das Christentum nicht ad absurdum führen könne, antwortete Professor McDowell: ‚Aus einem sehr einfachen Grund: weil ich nicht in der Lage bin, ein historisches Ereignis fortzudiskutieren – die Auferstehung Christi.‘

Wie können wir das leere Grab erklären? Gibt es dafür möglicherweise eine natürliche Erklärung? Nach mehr als siebenhundert Stunden Beschäftigung mit dieser Frage gelangte der Professor zu der Schlussfolgerung, dass es sich bei der Auferstehung Christi entweder um einen der übelsten, bösartigsten, herzlosesten Scherze handelt, den man sich mit dem Glauben der Menschen jemals erlaubt hat – oder dass es sich um das bemerkenswerteste Ereignis der Geschichte handelt.“

Über die hohe Wertigkeit dieses spirituellen Geschehens gibt es noch eine andere kompetente Äußerung, die ich in der Zeitschrift »Visionen« (6/2005) gefunden habe. Roland Ropers interviewt den Benediktiner Laurence Freeman, einen in spirituellen Kreisen sehr geschätzten Vordenker, der folgendes schildert: *„Ich habe einmal den Dalai Lama nach seiner Meinung zur Auferstehung gefragt, und wir haben die Stelle in der Bibel über die Auferstehung zusammen gelesen. Er hatte einige wunderbare Einsichten, aber er sagte auch, dass die Auferstehung etwas Einzigartiges im Christentum ist, es handele sich nicht um Wiedergeburt, sondern um etwas, wozu es im Buddhismus keine Parallele gebe.“*

Der Universalgelehrte und Professor für Metaphysik Dr. Immanuel Kant meinte damals, dass die Auferstehung den irdischen Prozess der Wiedergeburt *transzendiert*, also die diesseitige Bewusstseinsform *überschreitet*.

Vor einigen Jahren veröffentlichte sogar die ehemalige »Akademie der Wissenschaften der UdSSR« einige Äußerungen des jüdischen Feldherrn und Geschichtsschreibers Josefus Flavius (Josaphat ben Mathitjahu, 37-100). Er war der größte Geschichtsschreiber zur Zeit Jesu. Seine Worte waren: *„In unserer Zeit trat Jesus Christus an die Öffentlichkeit. Er war ein Mensch von einer tiefen Wahrheit; wenn man Ihn, der soviel Wunder tat, überhaupt als Mensch bezeichnen konnte. Er wurde von hochstehenden Persönlichkeiten unseres Landes angezeigt. Pilatus kreuzigte Ihn. Durch dieses Geschehen kamen sogar die ins Schwanken, die Ihn von Anfang an liebten. Aber am dritten Tag kam Er wieder lebendig zu ihnen.“*

Der Turiner-Grabtuch-Forscher Diplomingenieur Joachim Andrew Sacco aus Beverly Hills erklärte 1995: *„Den Wissenschaftlern, mit denen ich zu tun habe (rund vierzig Forscher, die sich seit 1978 mit diesem Themenkreis befassen – Ärzte, Hämatologen, Physiker, Ingenieure aus verschiedenen Sparten, Archäologen, Historiker usw.) und die sich mit dem Fragenkomplex beschäftigen, ist es wie mir ergangen: Sie gelangten zu der Überzeugung, dass die Auferstehung tatsächlich stattgefunden hat. Wir haben einfach die Evidenz dafür vor uns. Da sprechen die Tatsachen.“* (Armin Risi)

Mir fällt es natürlich leichter, die ‚Lösung‘ dieser brillanten Inszenierung zu erkennen – keine solche wie im Islam, der eine ganz einfache Erklärung dafür fand. In der Sure 4,157 wird den Gläubigen erklärt, dass ein Doppelgänger gekreuzigt wurde. Wir wissen aus dem »Wassermann-Evangelium«, dass sich Jesus – wie schon dargestellt – dematerialisieren und unsichtbar machen konnte, was er auch tat, als ihn einmal einige Judäer steinigen wollten. Luther übersetzte diese gleiche Textstelle in der Bibel mit „...und er verschwand".

Mit dieser ‚Technik' konnte sich Jesus nach der Grablegung auch wieder *materialisieren*. Praktisch könnte es folgendermaßen gewesen sein: Sein leblos wirkender Körper wurde in die Grabhöhle gebettet. Sein schon vor der schmerzlichen Tortur ausgetretener Ätherleib kehrte nun wieder zurück in den stofflichen Leib, heilte und regenerierte ihn und war wieder Jesus wie zuvor. Ob er die schwere Grabplatte dann mit seinen übernatürlichen Kräften wegschweben ließ oder ein Engelteam das übernahm, wissen wir nicht.

Wichtig ist das Ergebnis: Die ganze Welt kann durch dieses Schauspiel erkennen, dass *Jesus* mächtiger ist als alle Irdischen – dass *Christus* mächtiger ist, dass das *Licht* mächtiger ist.

„Aber dadurch war etwas initiiert, was nicht mehr vergessen werden konnte. Der Akt war so markant, dass er mich in der Erinnerung vieler Menschen hielt. Ich konnte nicht mehr vergessen werden, und damit konnte nicht mehr vergessen werden, was wirklich wichtig war, nämlich das, was ich vermittelt und gelehrt hatte – Liebe, Mitgefühl und Barmherzigkeit. Das war das Wichtigste. Bewusstheit konnte ich damals nicht direkt lehren. Ich musste einfache Wege und Worte finden und vermitteln...

Die Kreuzigung war ein brutaler Akt, der die damalige Zeit widerspiegelte, eine Zeit, in der unbedingt ein neuer Impuls nötig war. Viele Menschen wurden gekreuzigt, getötet und umgebracht. Ich war nur einer von vielen. Aber meine Geschichte der Kreuzigung hatte ja sogar ein gutes Ende, auch im physischen Sinne, denn ich wurde wieder vom Kreuz heruntergeholt. Zur inneren absoluten Heilung kam später auch die physische Heilung dazu. Der Tod war kein wirklicher Tod. Das Leben ging weiter. Die Dramen, die das Leben spielt, sind oft ein Mysterium...

Im Außen habt ihr nur meinen geschundenen Körper gesehen. Im Inneren vollzog sich die absolute Transformation. Ihr dachtet, ich wäre tot, aber ich war so lebendig wie noch nie, obwohl bereits vorher schon die größte und höchste Kraft durch mich geflossen war.

Danach war ich vollkommen verändert. Ich war lebendiger als zuvor, und ich wusste, ich hatte meine Aufgabe vollbracht..." (aus dem Buch »Jesus – Für meine Freunde«[3] von Regine Zopf)

174

Wenn sich Jesus dank seiner magischen Kenntnisse die Prozedur der Kreuzigung erspart hätte, was ihm sicher möglich gewesen wäre, hätte er *ohne* eine Auferstehung niemals seine Göttlichkeit, sein »...war ganz Gott...« beweisen können.

So, nun heißt es sich entscheiden.

Die eine Möglichkeit wäre: Jesus wurde wieder Mensch, aß, trank und lebte weiter und reiste später samt Familie nach Südfrankreich oder nach Kaschmir. Dafür spricht als einzige Quelle die Schilderung des Evangelisten Lukas, der aus Syrien stammte und Arzt und Kunstmaler war und somit sehr gut beobachten konnte. Kann man den Zustand, dass Jesus wieder ein *normaler Mensch* war, noch besser beschreiben, als es Lukas versucht hat? Er schreibt nämlich: „*Während die Jünger dies redeten, trat Jesus selbst mitten unter sie. Da gerieten sie in Bestürzung und Furcht und meinten, einen Geist zu sehen. Und er sprach zu ihnen: Was seid ihr erschrocken, und warum steigen Bedenken in euren Herzen auf? Seht meine Hände und Füße, dass ich es selbst bin. Rühret mich an und sehet, denn ein Geist hat nicht Fleisch und Knochen, wie ihr seht, dass ich es habe. Da sie aber trotz ihrer Freude noch nicht glaubten und sich nur verwunderten, sagte er zu ihnen: Habt ihr etwas zu essen hier? Da reichten sie ihm ein Stück von einem gebratenen Fisch. Und er nahm es und aß es vor ihren Augen.*"

Die andere Möglichkeit, Jesu weiteres Erscheinen nach seiner Auferstehung *spirituell* zu erklären, wurde mir von meinem Engel Jakobias nahegelegt, denn auf meine diesbezügliche Frage erhielt ich die Antwort: „*Er hatte einen Leib, und dieser Leib hatte seine Funktionen... Aber dank seiner Medialitäten – wie auch immer – konnte er sich zeigen. Und das nennen dann die Menschen die Auferstehung. Das ist nicht falsch, aber er ist nicht als Mensch auferstanden, sondern er durfte sich zeigen!*"

Das stellt nun aber im Vergleich zu der ersten Theorie seine eindeutige Übernatürlichkeit heraus, genau das, was eben seine Göttlichkeit demonstriert. Sich materialisieren und sich dadurch den Menschen auf unserer verdichteten Erfahrungsebene zeigen zu können, weist auf seine Mächtigkeit und auf seine Nähe hin. Es gibt etliche Berichte von Wesenheiten, die eine Technik beherrschen, sich uns *innerlich* zu zeigen. Bei stark medialen Menschen geht das ganz leicht, uns weniger medialen geschieht das nur in besonderen Situationen. Aber sich allen Menschen *im Äußeren* zeigen zu kön-

nen, beherrschte nicht nur Jesus, sondern auch seine irdische Mutter Maria –
bis heute.

Und wie wurden nun die vielen Jünger zu *Aposteln*, die damals schon
weltweit (zwischen Britannia und China) das Fundament für die spätere
Weltreligion legten? Die verschüchterten (Damen und) Herren erlebten einen gottsallmächtigen (das ist Schwäbisch) Stimmungsumschwung durch
dieses Auferstehungserlebnis – „...*der Meister hat alles vollendet gemeistert.*"
Das erzeugte Begeisterung, und als feurige Bekenner der Auferstehung
konnten sie jetzt Jesu Nachfolge antreten. Der Pfingstgeist ‚salbte' sie dann
vollends zu Aposteln. In Jesu Namen stellten sie die Welt auf den Kopf.

„*Certum est, quia impossibile.*" (Es ist sicher, weil es unmöglich ist.),
meinte der Kirchenvater Tertullian. Etwas derart jeder Erfahrung Spottendes
wie die Auferstehung wäre niemals von den ersten Jüngern geglaubt worden,
wenn sie es nicht tatsächlich erlebt hätten.

Viele starben für ihren Glauben; andere wurden fürchterlich verfolgt.
Ohne die Überzeugung, dass Jesus wirklich von den Toten auferstanden ist,
hat ihr mutiges Verhalten keinen Sinn. Nur die Auferstehung ist eine Tatsache, für die es sich lohnen würde zu sterben. (Kissener)

Resümee: Jesus ging vollbewusst in die ‚Rolle' der Kreuzigung und Auferstehung. Wie wir sehen können, bedurfte es dabei keiner ‚Opfer-Rolle' –
es war seine für uns Irdische unvorstellbare göttliche Liebe, und es war sein
Vorsatz, dem Menschengeschlecht spektakulär zu demonstrieren: „...*ich bin
unsterblich... und bin bei euch alle Tage!*"

Ist Jesus ein Außerirdischer?

Diese Frage ist berechtigt.

Eine repräsentative Umfrage des Meinungsforschungsinstituts EMNID
im Auftrag von Reader's Digest (im Januarheft 2007) bringt es an den Tag:
Dreiunddreißig Millionen Deutsche glauben an Außerirdische. In Berlin waren es sechsundfünfzig Prozent der Befragten, mehr als die Hälfte. Es heißt:
„*Die Erde ist ein Teil der Milchstraße – eine von zweihundert Milliarden Galaxien im Universum. Jede dieser Galaxien umfasst im Schnitt vierhundert
Milliarden Sterne. Der uns nächstgelegene Stern, die Sonne, spendet das Licht*

*und die Wärme, die das Leben, wie wir es kennen, erst möglich macht. Ist es
also weit hergeholt zu glauben, dass irgendwo da draußen unter den wärmenden
Strahlen eines anderen Sterns intelligentes Leben entstanden sein könnte?"*

Aus dem Altertum kennen wir viele Hinweise darauf, dass unser Planet
immer wieder Besuche aus dem Kosmos bekam. Auch aus dem Mittelalter
sind dementsprechende Aussagen und Abbildungen von Künstlern bekannt.
Und in der Gegenwart hat der Amadeus-Verlag schon mehrere Bücher darüber herausgebracht.

Einige Angaben zum Altertum: Im »Wörterbuch der Religionen« findet
man unter *Götterwege* und *Himmelsreise* weitere Hinweise auf die Himmelfahrt *Jesajas*, auf die kosmischen Reisen *Muhammeds*, den »Feuergott«
Agni der vedischen Religion, den »Hochgescheiten« *Utnapischtim* des Gil-
gamesch-Epos und den göttlichen Jüngling *Ganymeds*, der in den Olymp
entrückte. Dies ist alles leichter zu verstehen, wenn wir dabei bedenken, dass
altes, aber unverständliches Wissen über die *Götterboten* zumeist zum Mythos wurde, wenn es über Jahrhunderte oder Jahrtausende mündlich überliefert wurde.

Über die Ur-Buddhas, also tibetanische Vorläufer des heute verehrten
Gautama Buddha, berichtet Jan in seinem Bestseller »Hände weg von diesem
Buch!« von erstaunlichen Körpermerkmalen, die zu seiner Frage führen, ob
die Ur-Buddhas Außerirdische gewesen seien? In den Werken der Forscher
von Däniken und *von Buttlar*, aber auch in dem 1976 erschienenen Bestseller
»Der zwölfte Planet – Wann, wo, wie die Astronauten eines anderen Planeten zur Erde kamen und den Homo sapiens schufen« des russisch-
israelischen Altertumsforschers *Zecharia Sitchin*, öffnet sich eine völlig neue
Sicht der Altertumsforschung. Diese »Klassiker« fanden zwischenzeitlich
brillante Nachfolger.[62]

Nun war ich doch eine Zeitlang verunsichert, ob ich auch in diesem Buch
auf die prä-astronautische Sichtweise des Alten Testaments und damit auch
auf Hintergründe um das außerirdische Geschehen um Jesus eingehen soll,
die doch für viele Christen einfach zu ‚verrückt' erscheinen. Doch meine
geistige Führung hat auch dabei ‚gemanaged', und von einem Freund bekam
ich unaufgefordert den Hinweis, dass im Internet ein Bericht zu finden sei,
der auf diesbezügliche vatikanische Interessen hinweise. Der Bericht mit
dem Titel: »Ein Vatikan-Beamter erklärt: Extraterrestrischer Kontakt ist real« wurde von Dr. Richard Boylan verfasst: *„Monsignore Corrado Balducci,*

ein theologisches Mitglied der Kurie (Regierungsmannschaft) im Vatikan und Insider, der in nächster Nähe zum Papst arbeitet, hat sich bereits fünfmal im italienischen Fernsehen geäußert, auch wieder während der jüngsten Monate, um zu erklären, dass außerirdische Kontakte ein reales Phänomen seien. Balducci gab eine Analyse über Außerirdische ab, die seinem Empfinden nach konsequent dem Verständnis der Theologie seitens der Katholischen Kirche folgt. Monsignore Balducci betont, dass Begegnungen mit Außerirdischen ‚nicht dämonisch, nicht die Folge psychischer Beeinträchtigung sind und auch nicht auf Fällen (geistiger) Fremdbesetzung beruhen, sondern dass diese Begegnungen sorgfältig studiert werden sollten'. Da Monsignore Balducci (unter anderem) als Experte in Sachen Dämonologie Berater des Vatikans ist, und da die Katholische Kirche in ihrer früheren Geschichte viele Phänomene ‚dämonisiert' hat, nur weil sie kaum verstanden worden waren, ist nun seine Feststellung, dass die Kirche diese Begegnungen nicht (mehr) zensiert, um so bemerkenswerter.

Balducci eröffnete einem amerikanischen Professionellen, dass der Vatikan dieses Phänomen im stillen eingehend beobachtet. Mein Informant vermutete zunächst, dass der Vatikan viele Informationen über Außerirdische und deren Kontakte mit Menschen von seinen Nunziaturen (Auslands-Botschaften) der verschiedenen Länder erhält. Doch die weiteren Informationen deuteten darauf hin, dass der Monsignore diese Fallbeschreibungen aus anderen Quellen hatte. Monsignore Balducci ist Mitglied einer Gruppe, die für verschiedene Themenbereiche als Berater des Vatikans tätig ist und so auch hinsichtlich möglicher Kontakte von Menschen mit ‚übernatürlichen' Wesen. Somit fällt auch das Thema ‚Extraterrestrische Begegnungen' in ihre Zuständigkeit und hierbei auch die mögliche spirituelle Bedeutung, die sich aus den allgemeinen Erkenntnissen über außerirdische Kontakte ergibt.

Eine parallele Information seitens des Wissenschaftlers Dr. Michael Wolf vom Nationalen Sicherheitsrat (National Security Council), Mitglied des ‚NSC-SSG-Unterausschusses' zur Bearbeitung des UFO-Phänomens, sowie seitens des bekannten Autors und Vatikan-Experten Padre Malachi Martin, deutet darauf hin, dass der Vatikan in Sorge darüber ist, dass sich eine umfassende doktrinäre ‚Neuorientierung (‚Aktualisierungs-Situation') für ihn ergeben wird, wenn der ‚extraterrestrische Kontakt' in den nächsten Jahren behördlicherseits offiziell bekannt gemacht wird."

Diesen Text fand ich bei »www.ufodisclosure.com«, wobei *disclosure* hier Offenlegung historischen UFO-Materials bedeutet, ein Geschehen, das zur

 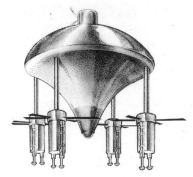

Abb. 30 a und b: Der Quadrokopter, ein Flugkörper mit vier Rotoren, vom Prinzip her ähnlich dem Entwurf des NASA Konstrukteurs Blumrich (rechts).

Zeit weltweit zu beobachten ist, und zu dem ein Sachkenner bemerkte: *„Die Dinge sind rapide in Bewegung geraten."*

Daher blicken wir doch zuerst zurück in die Antike, denn da muss wohl Gewaltiges abgelaufen sein zwischen unseren Vorfahren und diesen »Göttern«. Logisch ist: Jedesmal, wenn die Außerirdischen mit ihren Raumgleitern oder Feueröfen am Himmel aufgetaucht sind, erhielten sie spontan den Status von Göttern – auch wenn sie unsere hübschesten Töchter ‚vernaschten', was wir heute als alles andere als »göttlich« erkennen, früher aber sicher als eine außerordentliche Ehre empfunden wurde. Vermutlich sind damit wohlklingend ihre Genversuche überliefert worden.

Texthinweise im 2. Buch Mose lassen ebenfalls auf außerirdischen Kontakt schließen, diesmal mit Frauenfeind Jehova: *„Der Berg Sinai aber rauchte, darum dass der HERR auf den Berg herabfuhr mit Feuer; und sein Rauch ging auf wie ein Rauch vom Ofen, dass der ganze Berg bebte."*

So überliefert uns ebenso der staunende Prophet Ezechiel (Hesekiel) in seinem Bericht um 583 v.Chr. die detaillierte Beschreibung eines Raumschiffs und seiner Kosmonauten. (Ez. 1,15-21, siehe auch Hes. 1,4-28 und 2,12+13)

Ausführlicher dargestellt habe ich das in meinem Buch »Bis zum Jahr 2012« im Kapitel »Die Raumgeschwister«, oder noch umfangreicher hat Jan es in seinem Buch »Hände weg von diesem Buch!« beschrieben. Auch die Autorin und Paläo-SETI-Forscherin Gisela Ermel zählt in ihrer Abhandlung »Wo sind sie geblieben?«[63] verschiedenste irdisch-außerirdische Kontakte auf, die in fast allen Weltreligionen in den Mythen und Überlieferungen von

Abb. 31: UFO am Jordan

Schöpfungs- und Entstehungsgeschehen recht eindeutig formuliert sind. Bekannt ist das Beispiel des Propheten Elias, der per »Feuerwagen« gen Himmel verschwand: *„...siehe da, ein Wagen von Feuer und Rosse von Feuer, welche die beiden voneinander trennten; und Elia fuhr im Sturmwind auf gen Himmel."* (2. Könige 2,11)

Die Autorin fand noch weitere ‚Umsiedler‘, die in mythologischen Überlieferungen erwähnt werden, und befasste sich auch mit deren ‚Flugobjekten‘: *„Mag man auch lächeln über ‚feurige Wagen‘ und ‚feurige Pferde‘, aber offensichtlich wussten unsere Altvordern dieses ‚sieht aus wie‘ nicht anders zu beschreiben. ‚Pferde‘ als Fortbewegungsmittel im Himmelsraum sind dabei nicht nur den Autoren der Bibel eingefallen. In der Mythologie bekannte fliegende Pferde sind z.B.:*

ALBORAK: das Silberpferd des Erzengels Gabriel, auf dem der Prophet Mohammed eine Himmelsreise machen durfte;
BALACHO: ein Pferd der indischen Mythologie, das sogar fünfhundert Reisenden Platz zum Mitfliegen bot;
SLEIPNIR: ein ‚ehernes Roß‘ in der germanischen Mythologie, das imstande war, durch den Weltraum zu reisen. Es soll in neun Tagen von Asgard zur Erde geflogen sein und umgekehrt. Es war das ‚Reittier‘ des Gottes Odin.
HOFWARPNIR: Ein ebenfalls den Germanen bekanntes, die Lüfte durcheilendes ‚Pferd‘. Gna, die Botin der Göttin Freya, benutzte es, wenn sie von ihr ‚in Geschäften nach allen Weltteilen geschickt wurde‘.
PEGASUS: Der ursprüngliche Name dieses der griechischen Mythologie bekannten fliegenden Pferdes soll ‚Blitz und Donner des Zeus‘ gelautet haben."

Abb. 32: Mittelalterliche Gemäldeausschnitte

Der weißrussische (inzwischen verstorbene) Philologe Wjatscheslaw Saizew von der Akademie in Minsk belegte anhand alter Fresken und Überlieferungen seiner Region, dass eindeutige Darstellungen außerirdischer Flugkörper rund um das Geschehen Jesu – vor allem auf Golgatha – akzeptiert werden können. Legenden seiner Heimat aus dem fünfzehnten Jahrhundert erzählen manch Seltsames über den Leitstern der Weisen aus dem Morgenland. Bestätigung findet Saizew in der Aussage Jesu: „...mein Reich ist nicht von dieser Welt." Auch bei den Kreuzigungsmotiven haben einige mediale Künstler des Mittelalters fliegende Objekte dargestellt, die man heute als UFOs erklären kann.

Großartig passt dazu das Gemälde des Rembrandt-Schülers Aert de Gelder (um das Jahr 1710, heute im Fitzwilliam-Museum in Cambridge). Es betrifft die Taufe am Jordan, denn in den apokryphen Überlieferungen finden wir Bestätigungen dafür, dass es bei Jesu Taufe eine Lichterscheinung gegeben hat, die vom Himmel zur Erde strahlte. Gisela Ermel schreibt dazu: „Die Zeit der mittelalterlichen Hexenverfolgung zeigt erstaunliche Parallelen zum modernen UFO-Phänomen: angebliche Flugerlebnisse und angebliche Kontakte zu ,Teufeln' und ,Dämonen'. Hier gibt es Übereinstimmungen in zahlreichen einzelnen Details und eine große Anzahl von bis heute ungeklärten ,Selbstbezichtigungen' betroffener Personen aus dem Mittelalter."

Eine besondere Bestätigung solcher möglicher Effekte fand ich noch in einem historischen Bericht über die Auferstehung Jesu.[64] Der Literaturhistoriker Professor Dr. Alexander Belezkij von der ehemaligen »Akademie der Wissenschaften der UdSSR« veröffentlichte einen Bericht des Griechen Hormisius. Dieser war als offizieller Biograph des römischen Statthalters von Judäa tätig. Hormisius verfasste auch die Lebensbeschreibung von Pontius Pilatus. Seine Darstellungen enthalten wichtige Daten über die Geschichte Roms und Palästinas. Die Ausführungen dieses Griechen waren sachlich gehalten und frei von Gefühlen und Vorurteilen.

Hormisius Bericht ist besonders wertvoll, denn zur Zeit der Auferstehung Jesu befand er sich gerade mit einem Stellvertreter von Pontius Pilatus in der Nähe des Grabes. Am Anfang war Hormisius ziemlich stark gegen den Sohn Gottes eingestellt. Der Grieche betrachtete ihn bis zur Stunde der Kreuzigung als einen Lügner. Deshalb versuchte er, die Frau des Pilatus zu überreden, sich nicht bei ihrem Manne für Jesus einzusetzen.

Da Hormisius eng mit dem römischen Statthalter in Verbindung stand, hatte er sicher auch von der Warnung der Hohepriester und Pharisäer gehört. Die Bibel teilt uns mit: *„Des andern Tages, der da folgt nach dem Rüsttage, kamen die Hohepriester und Pharisäer sämtlich zu Pilatus und sprachen: Herr, wir haben gedacht, dass dieser Verführer sprach, da er noch lebte: Ich will nach drei Tagen auferstehen."* (Mt. 27,62 und 63)

Abb. 33: Sananda

Pilatus hatte diesen Fingerzeig ernst genommen. Er stellte den Pharisäern eine römische Wache zur Sicherung des Grabes zur Verfügung. Es kann sein, dass dieser nachdrückliche Hinweis der jüdischen Geistlichkeit auch den Historiker veranlasste, in der Nacht zur Felsgruft zu laufen. Er musste sich selbst davon überzeugen, dass Jesus nicht auferstehen und sein Leib im Grab bleiben würde. Aber die gewaltigen Ereignisse, die sich vor seinen Augen abspielten, erschütterten ihn.

„In jener Nacht gingen wir zum Grab, in dem Christus lag. Als wir schon etwa einhundertfünfzig Schritte davor waren, sahen wir beim schwachen Licht der Morgenröte die Wache vor der Felsgruft. Zwei Mann saßen und die andern lagen auf dem Boden. Es war sehr still, wir gingen langsam weiter und wurden von den Wachsoldaten überholt, die die Nachtschicht abzulösen hatten.

Unversehens wurde es ganz hell. Zuerst konnten wir gar nicht begreifen, wo dieses Licht herkam. Wir entdeckten aber bald, dass es aus einer Wolke fiel, die sich langsam zur Erde niederließ. Als die Wolke sich dem Grab näherte, erschien plötzlich ein Mensch wie aus Licht gestaltet. Danach dröhnte es, nicht am Himmel, sondern auf der Erde.

Die Wache am Grab sprang erschrocken auf und fiel sofort auf den Boden. Während dieser Augenblicke bemerkten wir rechts von uns auf dem Weg eine Frau. Sie näherte sich ebenso der Grabstätte. Mit einemmal begann sie aufgeregt zu schreien: ‚Es öffnet sich! Es öffnet sich!' Zu gleicher Zeit erkannten wir auch, dass der große Stein, der vor dem Grab lag, sich wie von selbst hob und der Eingang frei wurde! Wir erschraken zutiefst. Etwas später verschwand das Licht über der Felsgruft. Als wir nun zum Grab kamen, fehlte der Leib des Verstorbenen."

Soweit der Rückblick. Man könnte vorsichtig sagen: Jesus und das Christentum scheinen doch irgendwie in einer unmerklichen oder verdeckten Verbindung mit außerirdischem Geschehen zu sein. Daher wieder die Frage: Betrifft das auch Jesus persönlich? Ist er als hochentwickelte Seele womöglich überhaupt ein Außerirdischer?

Da gibt es noch eine Textstelle, die man heute anders auslegen könnte als früher. Jesus sagte: *„Doch ich erkläre euch: Von nun an werdet ihr den Menschensohn zur Rechten des allmächtigen Gottes sitzen und auf den Wolken des Himmels kommen sehen."* (Mt. 26,64) So lautet der Text in einer Ausgabe des Neuen Testaments von 1927. Doch wie soll man das verstehen? In der Einheitsübersetzung von 1979 heißt es daher *„...zur Rechten der Macht sitzen..."*, und in der Lutherrevision von 1984 heißt es *„...zur Rechten der Kraft sitzen..."*. Kann unsere heutige ‚technische Vorstellungskraft' da auch eine ‚bemannte' Macht/Kraft aus dem kosmischen Raum meinen?

Omnec Onec, eine US-Amerikanerin, die behauptet, von der Venus zu stammen, meint: Jesus kommt von dem Liebesstern Venus.[65] Eine andere Geistesgruppe ist überzeugt, Jesus sei ein Santiner.

Außerdem gibt es seit einem Vierteljahrhundert Botschaften eines *Jesus-Sananda*, der angeblich als »Leiter des irdischen Transformationsprozesses und Oberster Kommandeur der Galaktischen Flotte« unterwegs ist. Es meldet sich aber auch ein »Sananda Immanuel«, der behauptet, er sei Leiter der »Plejadischen Nation«, die mit einem Raumschiff bei uns stationiert ist. Hintergründe dazu konnte ich bisher nicht klären. Da bei dem Bericht des Sananda Immanuel auch ein Partner namens *Yahweh* als Leiter des »Lyrischen Reiches« mit seinem Raumschiff dabei sein soll, halte ich mich vorsichtshalber erst einmal zurück.

Der umstrittene Franzose Ra-el (www.rael.org) erklärt seinen weltweit rund 55.000 Gläubigen (2007), dass Jesus der Sohn eines Eloha aus dem Kosmos sei.

Ufologen verstehen auch die Textstelle im 9. Kapitel der Offenbarung als ‚Invasion' von Millionen von ‚Engeln auf feurigen Rossen' und somit als Schilderung eines lichtvollen UFO-Kontaktes.

Der Schweizer Sachbuchautor *Armin Risi* (www.armin-risi.ch) übersetzt aus dem Sanskrit den Namen *Sananda* als der *Glückselige* und setzt ihn dem

irdischen Jesus gleich. Das ist eine Brücke zu einer friedlicheren Vorstellung der geistigen Wesenheit Sananda. Man findet ihn nämlich auch in der Schar der »Aufgestiegenen Meisterinnen und Meister« und auf einer eigenen Internetseite (www.sananda-net.de), wo sich das »Jesus-Sananda-Lichtnetz« meldet. In einem kleinen Textauszug spricht er über sein Erdenleben als Jesus: *„Woher nahmen so viele die Kraft und die Weisheit, die Menschheit zu lehren und den Aufstieg vor der Zeit des Wassermanns zu erreichen? Nun: Viele gingen den Weg, den auch ich ging, den Weg der absoluten Wahrhaftigkeit, der Selbsterkenntnis und des Ablegens des liebe-verneinenden und bewertenden Egos. Leider sind in Eurer Welt noch viel zu viele im ablehnenden Ego gefangen und glauben, auf dem Weg des Lichtes zu sein. Doch das Licht ist immer leise. Das Licht ist immer hell. Das Licht ist niemals laut und grell. Das Leben – Gott – ist sich selbst genug. Darum erwecke Dein göttliches Licht in Dir, und trage es in die Welt hinein.*
Ich versprach: ‚Am Ende der Zeit kehre ich zurück zu Euch!‘ Ihr wartet, anstatt zu erkennen, dass ich längst angekommen bin und in Eurer Mitte weile. Erwecke das Bewusstsein der wirklichen Liebe, das Bewusstsein des Christus in Deinem Herzen, und Du wirst mich sehen. Wisset, ich bin bei Euch, doch Ihr seht mich nicht, weil Ihr Euch wie schon so oft in der Suche verliert. Der Christus ist in Dir, wenn Du erkennst, was Du in Wirklichkeit bist.“

Neugierig und etwas provokativ habe ich meinen Engel Jakobias mit den Worten *„Jesus ist doch Friedensfürst und kein Flottenchef“* herausgefordert, so dass er laut lachend antwortete: *„Jesus ist kein Flottenchef. Jesus ist in der unendlichen Energie der göttlichen Allmacht. Er hat seinen Platz und seine unendlichen Energien, die er der Erde und anderen Planeten geben darf, und das sind alles die Energien des Lichtwesens Jesus. Aber, darf ich es einmal etwas weltlich sagen: Er kutschiert nicht als Flottenchef hier durch den Raum. Warum sollte er das? Das ist doch Unsinn. Er braucht doch nur ein Lichtpünktchen zu schicken und schon ist alle Finsternis überstrahlt.*
Es gibt natürlich andere Planeten, die bewohnt sind. Hinter eurem Planeten sind viele bewohnte Planeten, die ihr gar nicht kennt und die vielleicht irgendwann einmal auftauchen, wenn sie wollen. Überall im Universum ist Bewegung, sind Wesen und Bewohner oder wie du sie auch nennen möchtest, und sie haben auch ihre Aufgaben – wenn zum Beispiel ein Planet der Erde absolut überlegen ist. Denn die Erde ist ein Prüfungsplanet, es ist noch kein hoher Planet, oh nein, es ist ein Lernplanet, auf dem die Seelen am meisten lernen können. Die Betonung lege ich auf ‚können‘.

Und somit kommen solche Planetarier, um hier ein irdisches Wort zu nehmen, euch zu Hilfe. Sie kommen und helfen, oder sie werden sogar in eure Erde hineingeboren oder lassen sich hineingebären und somit ist das eine unendliche Hilfestellung."

Die Wolke – ein altes Rätsel

Erinnern Sie sich an die Wolke, die der griechische Biograph Hormisius über der Grabstätte Jesu beschrieb? So eine Wolke kommt in den Evangelien noch öfters vor. Doch schon aus dem Alten Testament kennen wir die Beschreibung, dass dem zum Bergmassiv Sinai ziehenden Volk der Israeliten ihr Gott Jehova in Form einer Wolkensäule vorneweg zog: *„...So oft sich nun die Wolke von der Wohnung erhob, brachen die Israeliten auf ihrer Wanderung auf. Wenn aber die Wolke sich nicht erhob, brachen sie nicht auf bis zu dem Tag, an dem sie sich erhob. Die Wolke war am Tag über der Wohnung, des Nachts aber war Feuer in ihr..."* Solchen Phänomenen ging die Forscherin Gisela Ermel jahrelang nach, und sie veröffentlicht auf ihrer Internetseite[(66)] einen langen Bericht darüber.

Bibeltexte mit ‚Wolken' finden sich auch noch bei dem besonderen Geschehen, das als *Verklärung* von drei Evangelisten bezeichnet wird. Aus der »Offenbarung des Petrus« – ein äthiopischer Text aus dem zweiten Jahrhundert – zitiert Gisela Ermel zusätzlich eine klarere Beschreibung: *„...und wir sahen es voll Freude... Und es kam eine so große und sehr weiße Wolke über unser Haupt und nahm unseren Herrn und Mose und Elias fort..."*

Über die Himmelfahrt Jesu berichtet nur ein einziges der kanonischen Evangelien, das nach Lukas, und da wurde übersetzt: *emporgehoben.*

Abb. 34:
Eine sog. UFO-Wolke auf La Palma?

Was können wir uns darunter vorstellen? Auch dazu fand Gisela Ermel genauere Überlieferungen: *„...Himmelfahrt, die sich erinnerten, dass man sogar Suchtrupps ausgesandt habe, um Jesus zu suchen, den vielleicht ein ‚Geist' emporgehoben und irgendwo fallen gelassen habe. Vor dem Hohen Rat sagten Zeugen aus wie der Priester Phinees, der Levit Angaeus oder auch der Lehrer Adas: ‚...sahen wir, wie ei-*

ne Wolke ihn und seine Jünger überschattete. Und die Wolke führte ihn hinauf zum Himmel, seine Jünger aber lagen auf ihrem Angesicht am Boden.'"

Wer Hollywoods Science-fiction-Filme kennt, wird jetzt nicht staunen müssen, wenn er liest, was in Ephesus ablief. Gisela Ermel zitiert Berichte über die ,Luftreise' der Apostel ans Sterbebett der Mutter Maria, die in der berühmten Sammlung von Heiligenlegenden, der *legenda aurea*, überliefert werden: *„Es geschah aber, da Johannes zu Ephesus predigte, dass eine weiße Wolke mit Donner vom Himmel kam und hub den Apostel auf, und führte ihn vor die Tür der Maria. Er klopfte an und ging hinein... Da sprach Sanct Johannes: ,Ach wollte Gott, dass meine Brüder die Zwölfboten alle hier wären, dass wir dich mit großen Ehren möchten bestatten und würdiglich dir lobsingen.' Und da er das sprach, zu derselbigen Stunde wurden die Apostel alle von den Städten, da sie predigten, von Wolken aufgehoben und vor die Tür der Maria geführt... Und siehe, es geschah ein gewaltiger Donner; da kam ein Wirbel wie eine weiße Wolke und setzte die Apostel vor der Tür des Hauses nieder, gleich einem Regen."*

Diese erstaunliche Reise ging als *transitus mariae* in die katholische Fachwelt ein, erinnernd an die ,wunderbare Weise', auf welche die Apostel aus allen Ländern zum Sterbebett der Maria herbeigebracht worden sein sollen.

Auf weitere Beispiele möchte ich verzichten. Mit den bisherigen will ich aber anregen, dass auch das Irdische als *multidimensional* angesehen werden kann, was für den modernen Menschen schon viel leichter zu begreifen sein müsste. Natürlich gab es Multidimensionales immer schon, denn solches Überirdische ist ja auch mit den *zeitlosen* Dimensionen verbunden.

Ist dann die Versicherung im Neuen Testament auch als zeitlos zu empfinden, wenn es im Evangelium nach Lukas heißt, dass eines Tages *„...man den Menschensohn mit großer Macht und Herrlichkeit auf einer Wolke kommen sehen wird..."* (21,27)?

Jesus oder Christus?

Wir haben bisher festgestellt, dass Jesus mit seiner Kreuzigung ein so eklatantes Spektakel vollziehen wollte, dass es wie ein Urknall *die* Energie erzeugen würde, die daraus eine Weltreligion entstehen lassen konnte – die »Religion des Herzens«. *Äußerlich* ist es auch die Energie, die in Verbindung mit den Kreuzsymbolen heute noch wirksam ist.

Innerlich wirksam ist die Energie des Christus. Diese Energie ist nur *in uns* fühlbar, aber sie ist feinstofflich und technisch von medialen Menschen wahrnehmbar. Könnte diese Christus-Energie in uns nicht auch ein allgemeiner *Zustand* im Irdischen werden? *„Zustände!"*, verbessert mich Jan. Was mir sonst mein *Boldi* eingibt, das schafft Jan auch! *„Zustände kriegt man da"*, meint er, *„wenn man erlebt, wie manche überzeugte Kirchenchristen das Christlichsein verstehen und leben: kritisieren statt lieben, verurteilen statt verzeihen und so weiter. Es ist jeder einzelne von uns dafür zuständig, dass die Jesus-Energie zum Zustand der Neuen Zeit wird."*

Vielleicht ist der Titel »Christus« vielen ‚Abtrünnigen' zu theoretisch? Vielleicht ist er zu formlos und zu gesichtslos? Brauchen auch wir heutigen Menschen Stars, Idole, Heilige, Bosse oder Führer, die gefeiert werden? Oder brauchen wir gar wieder einen Jehova, der Ordnung schafft, droht und uns Angst *macht*? Wird man so zum *Macht*-Haber?

Wer hat den Ehrentitel »Christus«, der Gesalbte, eingeführt? Schaul, der als Paulus für die Urchristen eine »Lehre Jesu« konstruieren musste, da von Jesus selbst kein Gesetzbuch vorlag. Sicherlich braucht eine Glaubensgemeinschaft gewisse Regeln. In den Apostelbriefen erfahren wir etwas darüber. Aber auch Paulus konnte keine solchen von Jesus überliefern, denn er kannte ihn ja persönlich gar nicht. Um als großer Lehrer dieses Defizit zu überspielen, baute er seine ‚Erklärungen' mit der ‚göttlichen' Geist-Energie *Christus* auf.

Wir reden jetzt zweitausend Jahre lang über Christuskraft. Was hat das bewirkt? Leid, Qualen, Tod und Kriege innerhalb der Christenheit? Hat Paulus damit den *bildlosen Glauben* des Alten Testaments erfolgreich in die neue Kirchenlehre übertragen? Erfolgreich war das vielleicht für *seine* Genugtuung, aber anscheinend nicht für die Christenheit.

Sehen wir uns dagegen optisch klare und verständliche Bilder des segnenden Weisheitslehrers an, dann haben wir Jesus-Gläubigen tatsächlich das, was wir propagieren: die Religion der Liebe.

Große Teile der Welt sind von diesem Christentum geprägt. Und das ist gut so! Doch es sieht so aus, als bräuchten wir modernen Menschen wieder einfache Glaubens-*Bilder*, aber eben im Sinne der »Neuen Zeit« und ganz im Sinne des »Neuen Jesus«.

Kann es sein, dass erst unsere Augen etwas brauchen, damit das Herz angesprochen wird? Läuft dieser Prozess noch wie bei Kindern ab? Sind unsere Gehirnwindungen so angelegt, dass Visuelles zuerst bearbeitet wird? Oder lassen wir uns umtrainieren – zum passiven ‚Glotzen'?

Sehen ist einfacher und direkter als ‚Sich-etwas-vorstellen'. Die Werbestrategen kennen und können es.

Durch unsere moderne und ablenkende Erlebnissucht, welche perfekt gemachte Filme, Fernsehen und Internet befriedigen, konsumieren wir mehr denn je *Action* und Bilder, Bilder, Bilder (Pop-, Rock-, Sport-, Sex-Bilder, Idole und mehr). Aber auch für den verwöhnten und irgendwann übersättigten **visuellen Bedarf** – wenn er nicht nur der gedankenlosen Ablenkung dient – gibt es ein Ausgleichsprogramm. **Da wartet kein turbulenter Entertainer, sondern ein ‚visueller Dialog' auf ruhige Momente. Es wartet hilfsbereit der beruhigende, segnende, strahlende, liebende Jesus als Foto, als Bild oder Statue – einer, der Vertrauen erweckt** *und den wir betrachten können*.

Also handelt es sich hier nicht um eine unsichtbare Energie als *Christus*, von der nur die Theologen sprechen und die wir in uns meistens nur erahnen können oder sehnsüchtig suchen. Der Rosenkreuzer Peter Möller schreibt

Abb. 35 links: sich betrachten können

Abb. 36 rechts: sich vorstellen können

188

in seinem Buch »Einweihungswege in die Mysterien« (Argo-Verlag 2007):
„Diejenigen, die immer noch innerlich gegen das Christentum und den Christus ankämpfen, die sollten sich fragen, warum sie das tun? Bei denen muss man davon ausgehen, dass der Christus und sein Impuls überhaupt nicht verstanden wurden. Die einstrahlende Kraft des Christus ist völlig neutral und geistiger Art und hat nichts damit zu tun, beherrschenden Einfluss zu nehmen auf Menschen, Sippen, Menschengruppen oder Rassen. Das wäre ein Missverständnis, denn es ist eine Kraft, die das tiefste Innere des Menschen berührt, die den tiefsten Wesenskern des Menschen in seinen allerbesten und allerhöchsten Anlagen anregt und aktiviert!"

Wie soll auch die feingeistige, zarte und subtile Christuskraft etwas verändern, wenn sie nur *in unseren Herzen* wirksam werden kann und auf dem Wege dorthin nicht an unseren Köpfen vorbeikommt? Vor allem an unseren linken Hirnhälften kommt sie nicht vorbei, den gigantischen, aber egozentrischen Lebensfestplatten, die für alles, was *gefühlvoll* schwingt, eine doppelte Firewall vorgeschaltet haben.

Die schon dargestellte unterbewusste oder energetische beziehungsweise suggestive **Macht der Bilder** scheint unendlich vielfältig zu sein. Im Altertum war es das Mittel, den Menschen, die nicht Lesen und Schreiben konnten, über Darstellungen und Figuren bestimmte Informationen zu vermitteln. Das konnte auch leicht zu verschiedenstem Machtmissbrauch führen. Als es noch keine Illustrierten, kein Fernsehen und kein Internet gab, waren eben die *Schriftgelehrten* die Mächtigen. Ich erinnere hier an das schon anfangs Geschriebene über die *Macht von Wort und Bild.*

Und wie ist das heute? Wie viele Menschen der *ersten* Welt können noch ohne Film und Fernsehen leben – ohne diese ‚Bilder', die in Sekundenschnelle in uns eingehämmert werden? Dies ist eine erschreckende, psychologische Technik, die an unserem kontrollierenden Kopf vorbei direkt ins Unterbewusste dringt – für die meisten vielleicht noch schlimmer: ins Unbewusste. Und dort lauert dieses Unkontrollierte dann.

Es ist eine komplizierte Welt geworden, die Flut der Bilder. Es geht nicht ohne Entscheidungen und ohne unser striktes ‚Sich-öffnen' oder ‚Sichverschließen' vor dieser Flut. So ging es auch mir persönlich, und ich habe mich längst entschieden beim Fernsehen. *„...du lügst!"*, schreit *Boldi* förmlich und freut sich, dass er mich erwischt hat. Er meint die WM und hat mal wieder recht damit.

Blicken wir deshalb kurz zurück auf die Fußballweltmeisterschaft, die dank Kaiser Beckenbauer im Jahr 2006 in unserem Vaterland ausgetragen wurde (er wurde in Barcelona mit dem »Laureus-World-Sports-Award 2007« augezeichnet). Allein über die *Macht der Bilder* entstand eine weltweite Verbrüderung, die etwas *spüren* ließ, was vorher un-*denkbar* war: Das nationale Empfinden für unsere Mannschaft war integriert in das Mitfühlen und Mitfeiern und Mittrauern mit gegnerischen Mannschaften und fremden Nationen. Für viele war dieses Erleben ‚himmlisch' – statt runder Kanonenkugeln ein runder Spielball.

Die große Frohbotschaft Jesu, *die Gleichheit aller Menschen,* **wurde nicht nur diskutiert und gepredigt,** *sondern erlebt und gelebt.* **Da gab es sicher ein großes Fest im Himmel und eine kollektive Frohbotschaft von uns Irdischen an Jesus:** *„...wir sind jetzt soweit, dass die Saat aufgehen kann, die Du gesetzt hast."*
Es war eine der positiven Seiten des globalen menschlichen Erwachens, und die Menschen waren friedlich und glücklich. Die Frau Professor genauso wie der Herr Straßenkehrer. Da scheint es alle an der gleichen Stelle erwischt zu haben.
Und das konnte alles geschehen dank eines global vernetzten Fernsehens. Oder geschah es, weil sich die Menschen bereits ändern oder auch dank der Mitwirkungen geistiger und anderer Helfer, dass es zu diesem störungsfreien Event kam? Oder erlebten wir dies einfach, weil die Zeit und immer mehr Menschenseelen reif geworden sind – jetzt in unserer Neuen Zeit, dem dritten Jahrtausend?

Hatte Jesus Erfolg?

Die Welt im Außen braucht Erfolge und jeder von uns braucht sie auch. Dabei fühlen wir uns gut. Dabei werden wir beachtet, vielleicht sogar geachtet. Wir werden gelobt, umarmt, geküsst, beschenkt, und oft gehen solche Szenen weltweit durch die Pressemedien, um auch die anderen spüren zu lassen, wie sich ‚erfolg-reich-sein' anfühlt.
Im Vergleich mit solchen Euphorien sieht Jesus am Kreuz aus wie ein Versager. Selbst bei den größten kirchlichen Feiern mit Tausenden von Menschen hängt Jesus da am Kreuz als ‚Versager', denn es wird immer nur der *unsichtbare Christus* gefeiert. Doch die erfolgsorientierten Menschen un-

serer Zeit wollen ein Ziel vor Augen, einen Gefeierten und einen Umjubelten und Strahlenden – keinen Gemarterten.

Jesus hat sich seinen ‚Auftritt' sicherlich anders vorgestellt, denn er ist nach der Kreuzigung a u f e r s t a n d e n ! (*„...ihr wollt so gescheit sein und verwechselt die Reihenfolge"*, zischt *Boldi* und streckt die kleine Zunge raus.)

Die Idolsucht unserer gestressten Mitmenschen wird wissenschaftlich und psychologisch mit der Werbung bedient – teuer und sehr gut gemacht. Jeder von uns kennt die erfreuende und Interesse weckende Wirkung guter Gags, lachender Kinder und origineller Tiere. Das geht ins Herz und bringt Umsatz. Aber mit welchem ‚Bildmaterial' präsentiert man das *Angebot Jesu*? Seine Hilfe, seine Heilung, sein Frieden und seine Weisheiten sind umweltfreundlich und kostenlos, aber keiner will sie, nicht einmal geschenkt. (Man könnte damit ja auch am Kreuz landen.)

Ich bin trotzdem anderer Meinung und verweise einfach auf das andere Gefühl, das wir sofort bekommen – mit dem anderen ‚Christus' – dem, welchen wir sehen und lieben können.

Gedanken eines Christen hierzu:

„Geliebter und verehrter Freund und Bruder, lieber Heiland, was können wir denn nur tun, dass die Menschen Dir wieder vertrauen? Den Ehrentitel ‚Christus' einfach weglassen? Aber auch ohne diesen entstehen solche Blutdramen wie »die Passion Christi«, die Millionen unter Tränen angesehen haben... und das war es dann! Religiöses Abenteuer ohne Happy-End? Der wichtigste Teil Deiner irdischen Göttlichkeit fehlt: »Jesus war ganz Gott...« Haben sich alle gegen Dich verschworen? Heute noch?

Wir brauchen einfach ein anderes Bild von Dir – Dein neues? Dabei denke ich auch an etwas Bildhaftes, wie wäre es mit Christuslicht? Die Aufforderung, unser/Dein Licht in uns leuchten zu lassen, kennen wir von Dir. Und wo das Licht herkommt, das wissen wir – aus dem Lichtreich. Wir vermuten es immer schon dort, wo der nächtliche Kosmos ganz dunkel ist. Aber das ist so auf unserem dualen Planeten. Das stärkste für uns sichtbare Licht ist unsere Sonne, und sie hat auch vielen Irdischen durch Jahrtausende als göttliches Licht gedient. Jetzt aber wird uns das Christuslicht des Christus universalis weiterhelfen, jetzt im dritten Jahrtausend und jetzt in den neuen Schwingungen mit dem neuen weiblichen Erkennen und Fühlen.

Dein Christuslicht erhellt alles – von innen und von außen.

Abb. 37: Jesus und seine 10 Millionen Bürger von Rio

Warum ‚starb' Jesus in Jerusalem?

Da Jesus Galiläer war, musste er doch nicht nach Jerusalem wandern, um dort von den Besatzern hingerichtet zu werden. Aber warum hat er sich das so vorgenommen? Warum auch noch gerade zum größten Jehova-Fest des Jahres, zu dem angeblich schon rund eine Million Besucher aus der Diaspora erwartet wurden?

Eigentlich gab es für das kosmische Liebes-Team »JMJMM« zu jener Zeit nur drei ‚Plätze', um ein irdisches Spektakulum zu statuieren: Rom, Alexandria und Jerusalem, und ich glaube, ich hätte mich auch für letzteres entschieden. Immerhin kannten ja die vier Überirdischen die Vergangenheit und auch die Zukunft im gesamten Mittelmeerraum.

Mit Jerusalem befasst sich auch die weihnachtliche SPIEGEL-Ausgabe (2006), in der die Redakteure Follath und Schult folgendes ausdrücken: *„Gott, so heißt es nach einer uralten Überlieferung, warf einen Stein in das große Wasser, und auf diesem Stein entstand sie, die Stadt aller Städte: Mittelpunkt der Menschheit, Bindeglied zu den Überirdischen, Nabel des Universums; Ort eschatologischer Erwartung auf eine Wiederkehr eines Erlösers – mit einer Gegenwart als bitterer Wartezeit. Den Christen ist diese Stadt heilig, weil hier ihr Gottessohn Jesus predigte, Wunder wirkte, sich dornengekrönt auf seinen Leidens- und Opferweg, der Via Dolorosa, begab. Den Muslimen ist diese Stadt heilig, weil der Prophet Mohammed vom Felsen des Tempelberges mit seinem geflügelten Pferd Burak gen Himmel ritt und weil an dieser Stelle heute die Aksa-Moschee steht. Und den Juden ist diese Stadt heilig, weil hier König David die Stämme Israels vereinigt hat, Salomo den Tempel für die Bundeslade* *baute, ,Zion, das Haus unseres Lebens'.*" Die beiden Spiegel-Redakteure meinen daher, in Jerusalem sei die Verbindung zu Gott ein Ortsgespräch.

In den christlichen Glaubensbekenntnissen heißt es an der Stelle, die sich auf die Zeit zwischen Kreuzigung und Auferstehung bezieht: *"...hinabgestiegen in das Reich des Todes..."* Was ist damit gemeint? Das *ad inferna*, das heute mit *Reich des Todes* übersetzt wird, wurde zuerst mit *Hölle* übersetzt. Diese Stelle geht auf Vers 3, 19 aus dem 1. Petrusbrief zurück und wurde so gedeutet, dass Jesus nach seinem Tod die Unterwelt aufgesucht, dort gepredigt und einen Teil der dort Gefangenen befreit habe.

Es ist also kein Wunder, dass bei solchen Erklärungen, einer europäischen Umfrage zufolge, heute (2006) nur noch fünfzehn Prozent der Deutschen an eine Hölle glauben. Es ist ja erfreulich, dass das endlich der Frohbotschaft Jesu entgegenkommt, denn seinen Worten nach gibt es diese heißen Gefilde gar nicht. Er versichert uns *"...das Reich Gottes ist in euch – Himmel und Hölle sind in euch."* (*"...na, wer sagts denn!"*, freut sich *Boldi*.)

Gibt es noch eine andere mögliche Erklärung für Jesu Abstieg in ein ,Reich des Todes'? Ja, aber möglicherweise eine sehr abwegige für viele meiner Leserinnen und Leser. Aber ich möchte sie nicht verschweigen.

Es gibt für uns Erdenmenschen ein paläo-genetisches Schöpfungsmodell, das sich in Kurzfassung folgendermaßen anhört: Vor Hunderttausenden von Erdenjahren lebten die reinen, noch ziemlich göttlichen Erdenmenschen in Liebe und Frieden und hatten noch einen sehr feinen, fast ätherischen Körper. Schon damals kamen Außerirdische (Hinweise darauf finden wir in fast allen Religionen, vor allem in den sumerischen Texten) mit stark verkümmerten Seelenanteilen, aber einer hochentwickelten Technologie und attackierten die paradiesisch lebenden Menschen. Sie genmanipulierten den feingeistigen Mensch mit der Tierwelt des Planeten Erde, und so entstand der immer verdichtetere Erdenmensch, der wir heute geworden sind. In unseren embryonalen Entwicklungsformen finden wir nun den irdisch-tierischen Stammbaum und in unserem sozialen Verhalten tierische Revier- und Überlebenszwänge.

Bis hierher besteht eine beachtliche Wahrscheinlichkeit einer solchen Urwelt. Doch die Geschichte geht weiter: Unter diesen verschiedenen Eroberern aus dem All waren auch ,reptoile' Menschen, und es gab wohl oft mächtige kosmische und hochtechnische Kämpfe um unseren Planeten – (ganz im Stile moderner Hollywood-Produktionen). Es muss auch eine Zivilisation von Echsenwesen oder Reptiloiden dabei gewesen sein, die nach unseren heutigen Moralbegriffen besonders brutal und blutrünstig war und ist und die sich aber irgendwann tief in unterirdische Behausungen zurückziehen musste. Von dort aus wirken sie möglicherweise heute noch und haben das Ziel, den Planeten Erde komplett unter ihre Herrschaft zu bringen.

Diesem Thema[62] will ich zwar weiter keine Nahrung geben, aber bei meinen Unterlagen befindet sich auch die Notiz einer modernen medialen Aussage, die so lautet: *„Unter Jerusalem sehe ich eine riesige Hauptstation von Reptilienmenschen, brutal, und es brodelt schlimmer als ein Vulkan. Ich kann aber nicht feststellen, ob das Bilder von damals waren oder sie von heute sind."*

Wenn solche Wesenheiten tatsächlich dort ein Zentrum haben oder hatten, dann wäre es für uns eine viel logischere Erklärung dafür, wohin das hohe Lichtwesen Jesus – auch in seiner Energie als Christusträger – ‚hinabgestiegen' ist. Es wäre wünschenswert, dass Jesus damals schon das unterirdische ‚Areal' kräftig durch-*leuchtet* hat und die heute noch medial aufgefangenen Bilder inzwischen veraltet sind. In modernen, medialen Übermittlungen aus der geistigen Welt wurde uns schon öfter erklärt, dass diese lichtscheuen und gepanzerten ‚Freunde' mit unserer zunehmenden geistigen Lichtstärke (*Photonenlicht und Energiestürme der Sonne*) und der Erhöhung der *Schumann-Frequenz* sowie dem Zuwachs des Weiblichen in unserem Zeitabschnitt des *Venus-Sonnen-Transits* (die Göttin kehrt zurück) und dem *Galaktischen Jahr* der Mayas sowie *dem Erwachen der Herzenskräfte* von immer mehr mündigen Erdengeschwistern große Probleme und schon viele unterirdische Anlagen geräumt haben.

Es heißt, dass der Schutzengel Deutschlands (und zugleich auch Israels), der **Heilige Michael**, jetzt global mithelfe, den seelischen Bewusstseinsauf-

Abb. 38-41: Repsen-Töter Michael und Siegfried und Maria mit Drachen und Schlange

stieg voranzubringen – und den Weg frei zu machen. Wovon? Von alters her wird Michael immer wieder im Kampf mit dem Drachen dargestellt. Wussten die Künstler oder die Auftraggeber von früher mehr als wir? Da gibt es auch noch den Heiligen Georg, der einen Drachen bekämpft wie auch profane Drachentöter. Im Lexikon finden sich acht zum Teil bekannte antike Namen, drei auch aus unserem nordischen Bereich wie Siegfried, Baldur und Beowulf.

Aber verehrt wird auch eine Drachentöterin, die Heilige Margareta und natürlich noch die strahlendste unter den himmlischen Damen: Notre-Dame, *Unsere Frau*, die geliebte Mutter Maria. Der Offenbarer Johannes sieht sie das Reptiloide, symbolisch als Schlange dargestellt, zertreten.

Zum Geheimwissen zählt auch der duale Charakter der ‚Drachenenergie‘. Der Drache symbolisierte kosmisch die schöpferische ‚stehende Welle‘ im Vergleich zur ‚kriechenden‘ Schlange, dem schöpferischen Gegenpol. Im Gegensatz zum Abendland hat sich das chinesische Reich noch viel Traditionelles bewahrt, was die reptiloiden Dunkelmächte nicht verfälschen konnten. Beachtlich ist, dass der hochmediale Offenbarer Johannes die geistige Botschaft richtig weitergegeben hat, indem eine Göttin (Maria) mit ihrer weiblichen Kraft der ‚Schlange‘ den Kopf zertritt. Ist Marduk, der mächtige Gottvater Babylons, der mit seinem Drachen abgebildet wird, nun symbolisch der Herr des schöpferischen Drachens oder ein Vasall der Reptiloiden?

Etwas anderes passt noch hierher, was den Besuch Jesu im ‚Reich des Todes‘ erklären könnte. Bei einem ‚guten Württemberger‘ saß ich bei Jan, und unser Thema war auch MM und Dan Brown. Ich hatte ihr »Manuskript« durchgearbeitet, und wir diskutierten – er ist der Verleger meiner Bücher und hat zugleich auch als mein Sohn ein gewichtiges Wort. Ich erwähnte dabei, dass MM an vier verschiedenen Stellen ihres »Manuskripts« betont, dass Jesus das »Tor des Todes« durchschreiten musste, um damit den höchsten Grad seiner Einweihung zu erlangen. Dazu musste sein Ätherkörper – die Ägypter nannten ihn *Ka* – sein höchstmögliches Energiepotential aufgeladen haben. Einer der *Horuswege*, diese Initiation zu erreichen, war im Altägyptischen die ‚Heilige Sexualität‘. Die Begründung, warum Jesus das Tor des Todes durchschreiten wollte, lautet bei MM so: *„So wie ich es verstehe, tat er dies aus zwei Gründen. Zum einen war er eine Meisterseele, und solche Dinge zu tun, verleiht dem Ka enorm viel Kraft. Zum andern bahnte er einen Weg,* *auf dass andere ihm folgen könnten und einfacher durch die dunkle Welt hindurch kämen, indem sie der Spur seines Lichtes folgten."*

Da ließ Jan plötzlich einen Schrei los: *„Uaah, das habe ich schon in meinem verbotenen Buch geschrieben"*, und er erinnerte sich, dass er dabei das Bild der christlichen ‚Erlösung' ganz anders gedeutet hatte als es die Kirchen lehren. *„Denk an den Schutzschild, du warst damals der gleichen Meinung wie ich."*

„Richtig, das müssen wir aber jetzt wieder bringen, denn das kriegt ja durch Maria Magdalena eine sagenhafte Bestätigung." Wir sahen uns mit großen Augen an und malten uns in Gedanken diese neuen Möglichkeiten aus.

Aber dann wurde Jan unruhig und danach ich – wir haben ja beide keine Exemplare seiner indexierten Bücher mehr im Hause (Jan hatte zwei Hausdurchsuchungen), und auch die Texte auf seiner Festplatte sind gelöscht worden. Aber auf La Palma steht noch je ein Exemplar im Regal, und wir mussten uns gedulden. Erst Monate später hatte ich Gelegenheit, die Schilderung nachzulesen und abzuschreiben.

Die Vorgeschichte gebe ich hier gekürzt wieder. Jan schreibt, Jesus habe uns *nicht* von der sogenannten Erbsünde Adams und Evas und natürlich auch der unserigen erlöst, sondern von ganz was anderem. Jans Theorie lautet: Prähistorisch haben manipulative Außerirdische uns Erdenmenschen nicht nur körperlich unterjocht, sondern sie spielten noch ein grausameres Spiel: Um den Schulungsplaneten Erde wurde **ein magischer Sperr- oder Schutzschild** aufgebaut, der es inkarnationswilligen Seelen oder Bewusstseinen zwar erlaubte, auf der Erde zu inkarnieren, der es jedoch verhinderte, danach wieder davon freizukommen. Die Hindus nennen dies »das Rad der Wiedergeburt«. Jan erklärt dazu folgende Details in seinem verbotenen Buch, wobei er damals die regressiven und manipulierenden Außerirdischen als Teil des *Illuminaten-Plans* nannte:

„Wenn man normalerweise auf einen Planeten inkarniert, vergisst man nicht, was und wer man vorher war. Daher ist es auch kein Problem, nach einem entsprechenden Erfahrungsleben den Planeten wieder zu verlassen, um woanders erneut zu inkarnieren. Doch durch dieses manipulative Spiel hatten nun alle Seelen vergessen, wer sie waren. Sie wurden auf der Erde von den bestehenden Strukturen auch nicht in ihrer Entwicklung unterstützt, sondern im Gegenteil, das Wissen wurde sogar zurückgehalten. Und daher blieben immer mehr Seelen hier kleben und kamen nicht mehr los – gefangen durch das Kausalitätsgesetz, das Gesetz von Ursache und Wirkung. Gefangen deshalb, weil sie

St. Josef-Kirche in Herrenberg mit dem Rauhputz-Fresko von Joseph Walz (1933)

Ausschnitt aus dem Gemälde *Jesu Barmherzigkeit* von Adolf Hyla (1931)

Eine der seltenen Darstellungen von Maria Magdalena: Ausschnitt aus dem im August 2007 medial empfangenen Gemälde von Brigitte Jost (Gesamtabbildung als Kunstdrucke über den Verlag erhältlich)

als Unbewusste auch Unbewusstes geschöpft haben. Dem Kausalitätsgesetz ist es nämlich gleichgültig, ob seine Anwender sich bewusst sind, was sie »schöpfen« oder nicht. Man hatte die Seelen also ausgetrickst! **Das ist das diabolischste und schlimmste Prinzip aller Illuminaten-Prinzipien.**

Da das »Gesetz der Kausalität«, auch »Gesetz von Ursache und Wirkung« oder auch »Gesetz des Karmas« genannt, gnadenlos wirkt, wird erst jetzt klar verständlich werden, warum es wichtig ist, die »Dritte Partei« zu spielen. Diese Illuminati wollen zum Beispiel ein Ziel erreichen, haben aber zwei irdische Gegner, die ihren Zielen im Wege stehen. Daher spielen sie diese beiden Parteien gegeneinander aus. Zum Beispiel sagen sie dem Ersten, dass der Zweite über ihn gelästert hat, und dem Zweiten, dass der Erste über ihn gelästert hat. Diese beiden bekämpfen sich nun und verwickeln sich dadurch mit immer mehr destruktiven Energien, gegeneinander aussendend, und damit auch immer mehr mit dem Gesetz des Karmas. Bringen sie sich vielleicht auch noch gegenseitig um, hat nicht der Anstifter den Mord begangen, sondern seine Gegner. Er ist somit seine beiden ihm im Wege stehenden Rivalen los, und diese sind nun auch noch für wahrscheinlich mehrere Inkarnationen an die Erde gebunden, da sie einen Mord begangen haben. Einleuchtend?

Nach diesem Prinzip haben die Illuminati seit Jahrtausenden magisch gearbeitet und unbewusste Menschen und Religionen und Völker gegeneinander ausgespielt.

Durch das Projekt Jesu und die Resonanzschaffung für die Christus-Kraft wurde der Schutzschild gebrochen, der es Seelen nicht erlaubte, wieder aus dem Rad der Wiederverkörperungen auszusteigen – einfacher ausgedrückt: Seit die Christus-Kraft durch Jesus hier auf die Erde kam, ist es jeder Seele wieder möglich, durch ihr eigenes Tun innerhalb einer einzigen Inkarnation wieder auszusteigen. Das war die tatsächliche ‚Erlösertat‘ Jesu.«

Ist diese Darstellung des damals sechsundzwanzigjährigen Autoren Jan so noch aktuell? Absolut! Ich denke heute lediglich über seine damalige Bezeichnung *Illuminati* anders. Ich sehe sie nicht als Außerirdische im materiellen Sinne (wie in Hollywoodfilmen), sondern als Außerirdische der unsichtbaren, astralen, kosmischen Lebenssphären des Metaraumes. Und es waren meiner Meinung nach auch keine menschlichen Raumgeschwister, sondern reptiloide, extrem frauenfeindliche Invasoren. Und in diese künstliche, astrale Sperrzone im unterirdischen Jerusalemer Hauptzentrum legte der göttliche Jesus mit der Liebesenergie der göttlichen MM die vereinigte Liebes- und Lichtspur – in diesem Falle tatsächlich als Erlöser.

MM nennt das in ihrem Bericht: „...eine Lichtspur legen, auf der die Seelen (durch alle irdischen Astralebenen) Jesu nachfolgen und frei werden können." Verallgemeinerte das Jesus, wenn er erklärte „...ich bin der Weg"?

Der Österreicher Johann Kössner ist in unserem Sprachraum bekannt als Maya-Spezialist, und wir haben seinen Erkenntnissen und Verdeutlichungen sehr viel zu verdanken. Er sieht in der Maya-Terminologie Parallelen zu dem, was Jan erkannt hat, und schreibt: „Das Schließen der Sieben Siegel umschreibt ein Geschehen, das den evolutiven Prozess der Erdenmenschheit unterbrach und die irdische Schöpfung förmlich anhielt. Eine Art von ‚Frequenzsperre' hat die spirituelle Höherentwicklung unterbunden, und die geistig-seelischen Energien blieben niedrigschwingend und unterentwickelt. Das führte dazu, dass in einer Welt der Ängste die Menschheit glaubte, sie sei von Gott getrennt und damit den inneren und äußeren Ängsten ausgeliefert." [67] Kössner setzt dafür einen Zeitpunkt an, der mit dem angenommenen Beginn des Kali Yuga übereinstimmen könnte.

Jesus im geheimen

Jesus hatte das persönliche Überleben seiner ‚körperlich-seelisch-geistigen' Kreuzigung unter Beweis gestellt. Ich bin sicher, dass er wusste, damit seine avatarische Aufgabe in der Welt erfüllt zu haben. Von den Behörden vorschnell verurteilt und vom Volke überwiegend verkannt, dürfte sein äußerliches Wirken abgeschlossen gewesen sein. In jener Zeit blockierte die alte, festgefahrene, messianische Erlöser-Hoffnung noch vollständig ein neues Begreifen von Individualität. **Denn jede Erlösung ist Arbeit des einzelnen, und es muss daher jedem einzelnen selbst überlassen werden, seine eigene Erlösung zu vollbringen.**

Doch solches Wissen war damals noch ‚zu hoch' für das Volk, für die überwiegenden Analphabeten, für das Exoterische der Kirchen in einem brutalen Alltag. Aber solche Erkenntnisse wurden »esoterisch«, also ‚im geheimen' gesammelt und gelehrt. Angaben, wo und wie und wie lange Jesus sein mediales und angehäuftes Wissen seinen Aposteln oder anderen Jüngern tatsächlich vermittelt hat, gibt es nur sehr wenige. Im Evangelium nach Markus (4,34) finden wir folgendes: „Ohne Gleichnisse redete er nicht zu ihnen; waren sie aber unter sich allein, erklärte er seinen Jüngern alles."

In der *Pistis Sophia 1* (ein gnostisches Evangelium aus dem zweiten Jahrhundert) verbringt er *„von der Auferstehung bis zur Himmelfahrt elf Jahre damit, seine Jünger zu lehren".* Doch der letzte Satz des Evangeliums nach Johannes lässt mehr erwarten: *„Es sind noch viele andere Dinge, die Jesus getan hat. Wenn aber eins nach dem anderen aufgeschrieben werden sollte, so würde, meine ich, die Welt die Bücher nicht fassen, die zu schreiben wären."*

In Verbindung mit dem falsch ausgelegten Begriff ‚Erlöser' weist der Theologieprofessor Piñero auf seine Textforschungen hin: *„Der apokryphe Jesus... tritt seinen Anhängern als der **gnostische** Erlöser entgegen, der ihnen eine nicht für die Allgemeinheit, sondern allein für die Erwählten bestimmte Lehre offenbart. Jesus ist gekommen, diese Erkenntnis zu bringen. Die Erlösung des Menschen beruht im Kern auf einer Erleuchtung des Geistes; und diese ist nur zu erlangen, indem man die durch den Erlöser gnadenhaft ermöglichte »Gnosis« in die Tat umsetzt."*

Der gnostische Grundgedanke vom *Inneren Licht* kommt aus dem ältesten Wissen des iranischen *Zend Avesta*, der erst zarathustrisch, dann parsisch gelebt, eines der größten Werke religiöser Poesie aller Zeiten darstellt, kommt aber fast zeitgleich auch aus den altägyptischen Mysterien des *Thot-Hermes-Henochs* in die *esoterikós* (gr.: *innerlich*) des Altertums.

Bei dem Wort Gnosis (gr.: *Erkenntnis, Wissen*) findet man im Lexikon: Mensch und Kosmos enthalten Teile einer jenseitigen (guten) Lichtwelt, die aus der gottfeindlichen (bösen) Materie erlöst werden müssen. Diese Erlösung geschieht durch Gesandte des Lichts, vor allem durch Christus. Wäre diese Formel nicht eine passende Überschrift für die Geschichte von Jan mit seinem magischen Sperrschild?

Aus apokryphen Textstellen wissen wir aber, dass Jesus den Schwerpunkt dieses Gnostisch-Dualen vom Außen in die Innenwelt jedes Menschen verlegte – *„das Reich Gottes ist in euch – Himmel und Hölle sind in euch"* (wir nennen solches heute *Bewusstseinszustände*). Somit entfällt auch der *Erlöser von außen oder von oben.* Die Erlösung von eben dieser e i g e n e n, inneren Dualität *muss jeder von uns selbst bewältigen* (aber gerne zum Beispiel mit Hilfe von Jesus), denn gnostisches ‚Recht' ist: Respekt vor dem einzelnen und das Recht auf Selbstbestimmung auf der Grundlage persönlicher Verantwortlichkeit.

Piñero nennt dies die wahre Gnosis, *„...die in nichts anderem besteht – wie könnte es auch anders sein? – als darin, dass sich die geistig-geistlichen Men-*

schen ihrer Herkunft bewusst werden und dass ihnen aufgeht, wer sie sind und wohin es mit ihnen geht und wie sie sich am besten ihres fleischlichen Kleides entledigen, um sich das Wirkliche, das spirituelle Gewand anlegen zu können."

Außerhalb der *Kirchenlehre* nennt man den spirituellen Körper *Lichtkörper*, von dem gefordert wird: „*...lasset euer (inneres) Licht leuchten!*"

Dieses Urwissen über das *innere Licht* aus dem erwähnten prähistorischen Zend Avesta verbindet Hanish mit der praktischen Umsetzung des „*...lasset euer Licht leuchten*': „Wir müssen uns des Lichtes in uns nicht nur bewusst sein und uns nicht nur bewusst sein, dass wir die unendliche Intelligenz in uns haben, sondern müssen außerdem in der Richtung unserer Wünsche Lichtpunkte schaffen. Die elektro-magnetischen Kräfte unseres Wesens müssen sich in diesen Lichtpunkten treffen, um uns durch die entstehende Erleuchtung oder Klarheit den Weg zur Verwirklichung unserer Wünsche zu ebnen."

Diese ,innere Lehre', die man zu Recht auch als ,geheim' bezeichnen kann, wurde immer dann von der Rom-Kirche verfolgt, wenn in verschiedenen Glaubensgemeinschaften des christlichen Abendlandes versucht wurde, sie erfolgreich zu leben. Das hatte Jesus sehr wohl vorausgesehen. Erst über die großen Mystiker kamen religiöses Wissen (gr.: *Gnosis*) und Wahrheit direkt zu den Menschen. Mystische Orden wie zum Beispiel die Rosenkreuzer erhielten und kultivierten die Gnosis im Untergrund. Der Evangelist Johannes, in dessen Texten noch etwas von seiner gnostischen Botschaft belassen wurde, meinte dazu: „*Ihr werdet die Wahrheit erkennen, und die Wahrheit wird euch frei machen.*"

Den inneren Weg, das innere Licht, die innere Lehre haben in den zurückliegenden Jahrhunderten nur die in sich gekehrten Mystiker begriffen. Dieses ,Innere' hatte keinen Namen, und das Gros der Gläubigen verstanden es daher nicht.

Heute erkennen wir das als die göttlichen Schöpferkräfte unserer Herzen. Das ist **bildhaft**, verständlich und im Trend. Daher werde ich später mehr darüber schreiben.

War Jesus in Kaschmir?

Das Buch »Jesus lebte in Indien« von Holger Kersten, das 1983 erschien, basiert auf eigenen Reisen und ähnlichen Behauptungen, die schon von französischen Autoren im ausgehenden neunzehnten Jahrhundert gemacht wurden. Schon zwei Jahre später widerlegte aber der Indologe Dr. Günter Grönbold in seinem Buch »Jesus in Indien – Das Ende einer Legende«, dass Jesus nach seiner Kreuzigung dort gelebt habe und in Srinagar begraben sei.

Das Verblüffende ist die Namensähnlichkeit, die anscheinend geklärt werden konnte: Wenn man den arabischen Namen – seit dem vierzehnten Jahrhundert herrscht dort der Islam – *Yuzasaf* teilt in *Yuz Asaf*, klingt das eben ähnlich wie Jesus. Es sieht aber so aus, als verschwimme der Name eines zum Islam bekehrten Prinzen *Budhasaf/Yudhasaf/Yuzâsaf* durch seine Schreibweise, denn **Y** und **B** sind in der arabischen Schreibweise nur durch einen Punkt zu unterscheiden und deshalb leicht zu verschreiben. Es sieht zudem so aus, als habe sich das Tourismusgeschäft rechtzeitig dieser *christlichen Sensation* – recht professionell – angenommen.

Ganz sicher liegen aber teilweise Verwechslungen vor, da ja Jesus über ein Jahrzehnt zuvor dank seiner Heilungen und Aufklärungen in Indien aufgefallen war. Das betrifft aber nur Indien und nicht Kaschmir. Ich finde aber heute noch eine andere Begründung, warum Kaschmir/Indien als Wohnort und Begräbnisstätte Jesu unwahrscheinlich ist. Jesus lehnte die hinduistische Mentalität mit ihrem Kastensystem völlig ab, und dass der nachfolgende Islam noch brutaler mit der Menschenwürde umgehen würde, konnte er dank seiner hellsichtigen Medialität voraussehen. In beiden Religionen herrscht das *Kollektive* vor. Warum sollte er dann gerade dorthin pilgern und dort weiterleben wollen? Jesus beziehungsweise seine Lebensphilosophie war auf das *Individuum* ausgerichtet; den einzelnen, den Mutigen, der sein (inneres) Licht leuchten lassen soll; auf den, der seinen ‚Gott-in-sich' lebt und lieben lässt und damit bewusst Frieden in seine Welt bringt.

Sein »Weg« wird der neue **Weg des Westens**, das hatte Jesus schon ganz klar voraussehen können – sonst wäre es nicht Jesus gewesen. Doch was wissen wir über diesen Weg? Logisch wäre ja fast, dass Jesus zusammen mit Maria Magdalena nach Südfrankreich ging, mit Familie, Kindern und auch mit seiner Mutter. Doch ich fand nur zwei unsichere Dokumente, die das beschreiben.

Gardner durchforscht diese Möglichkeit gründlich, lässt MM und Jesus neben der Tochter Sarah noch zwei Söhne bekommen und daraus auch erbliche Wege für zukünftige Adelsgeschlechter erkennen. Bestätigung fände diese Theorie in einer Botschaft vom 18.11.2006 im Internet: *„Sananda hatte eine Familie – Frau und Kinder – so wie alle und lebte als das Wesen Jesus mit seiner Familie in der Aude, der südfranzösischen Region Lanquedec Roussillon..."*

Außerdem ist diese Variante über das irdische Weiterleben Jesu in Südfrankreich nicht überzeugend. Warum lebte dann seine Mutter Maria einsam im griechischen Kleinasien weiter? Warum findet man in Südfrankreich sehr viele Berichte und Legenden von MM, auch als schwarze Madonnen, wogegen kein einziger Beleg über Jesus bekannt ist? In der obigen Email heißt es weiter: *„Die wahren ‚Bücher' sind zur Zeit noch tief im Vatikan verborgen, um euch die Wahrheit darüber vorzuenthalten..."* Das trifft generell und ganz sicher zu, doch dass das jahrzehntelange Weiterwirken Jesu von der Nachwelt so perfekt ausgelöscht werden konnte, bezweifle ich stark.

Statt aber diese gesamte Thematik wegen der starken Widersprüche aus meinem Buch wieder zu streichen, entschloss ich mich, meinen Engel danach zu fragen. Und da erfuhr ich Erstaunliches: *„Die vielen, vielen, die ihn nachgemacht haben, die haben sich – und ich sage nun mal ein härteres Wort – als Jesus maskiert und sind durch die Lande gegangen, um zu predigen – teilweise gut, teilweise nicht gut. Und so haben eben viele Menschen gesagt, wir haben Jesus in Indien – oder wo du auch immer meinst – gesehen. Sie haben Imitationen gesehen. Menschen haben doch immer die Gabe, dass sie gerne etwas nachmachen, und das war ja wirklich eine große Aufgabe, eine Jesus-Gestalt zu kopieren, ich meine jetzt körperlich.*

Weißt du, die Welt besteht aus vielen, vielen Facetten. Und auch dieses Nachahmersystem funktioniert. Der Prediger, der Heiler und Heilen ist eine große Verantwortung, und Jesus konnte beides. Dazu kommt aber wieder das Manipulieren. Dann kommt die Autosuggestion, wo die Menschen vor einem selbsternannten Jesus – ich sag es einmal so – in eine Verzückung gehen. Natürlich, in diesem Zustand der Verzückung können sie schon gesunden, je nachdem wie das Gebrechen eben ist oder war. Nehmen wir an, es war ein seelisches Gebrechen. In der Verzückung kann man sogar in Organen, die krank sind, die Zellen umwandeln. Das sagt schon das Wort Verzückung, das ist ja schon auf der einen Seite wunderbar, auf der anderen Seite ist es eben auch eine Phantasie. Aber auch Phantasie kann heilen."

Nichts geht ohne Liebe

Diesen Buchteil abschließend möchte ich den Text anhängen, den ich zu Ostern 2006 einer Leserin geschrieben habe, die trotz Karfreitag-Mitgefühl den Heiland immer anders empfindet – auch in diesen seinen heftigen Tagen – und verärgert war über sich selbst und ihre Zweifel.

„...Damit ich mit solchen Kuriositäten überhaupt klarkomme, versuche ich mir vorzustellen: Jesus lebt ja weiter und erlebt all das, was in seinem Namen von den Erdenmenschen unternommen wird. Er weiß natürlich, wie beschränkt wir hier sind – weniger im Denken als vielmehr im Fühlen. Wie versprochen, ist er mit jedem von uns Tag und Nacht online, und trotzdem sind die Ergebnisse, die wir zustandebringen, sehr, sehr bescheiden.

Jesus hat uns während seiner Erdenverkörperung gezeigt, dass er in jedem Moment voller Liebe und absolut friedfertig ist, auch wenn er sich dem allen hätte entziehen können.

Und jetzt schaut er weiter voll Liebe und Friedfertigkeit geduldig zu – Jahrhundert für Jahrhundert –, was die Seinen in seinem Namen anstellen, wie gotts-erbärmlich sie ihn missverstehen, wie selbst viele der medialen Gläubigen, die guten Willens sind und seine Botschaften in ihrem Inneren aufnehmen, sie verdreht oder unverstanden oder kleingeistig weitergeben. Durch seine vielschichtige und multidimensionale Verbindung mit uns erlebt er täglich, wie selten wir die Liebe in uns fließen lassen – von unserer verdrängten Friedfertigkeit ganz zu schweigen.

Wie unvorstellbar groß ist seine Liebe zu uns, das zu ertragen und immer wieder und immer wieder mit unseren bescheidenen Fortschritten zufrieden zu sein?

Manchmal spüre ich es als ‚erhebende‘ Momente, in diese großzügige ‚Liebe‘ zu gehen, in seine geduldige und verständnisvolle, unsere Schwächen im kosmischen Maßstab doch als etwas Banales zu empfinden oder als ...ihr müsst halt noch viel lernen... Wenn wir uns von solchem inneren und äußeren Leid nicht einfangen lassen und es auch bagatellisieren, dann können wir oft im Jahr Ostern feiern.“

Heute kann ich diesem Schreiben ebenfalls die Zeilen aus der Frohbotschaft Jesu (Sommer 2005) anhängen, *...dass es jetzt soweit ist – es war vorher nicht möglich.*

Teil II

Abb. 42:
Portrait Jesu gezeichnet nach Angaben der italienischen medialen Visionärin Maria Valtorta (1897-1961)

4. Kapitel

Das Erbe der christlichen Kirchen

„Wenn du Menschen beeinflussen willst,
mache niemals den Versuch, einen Beweis zu erbringen.

Lüge sie frech und dreist an, und sie werden dir folgen.

Nie haben Menschen nach der Wahrheit gedürstet,
sie ziehen es vor, den Irrtum zu vergöttern.

Wer die Menschen täuscht, wird ihr Herr,
wer sie aufklärt, stets ihr Opfer.

Die Leichtigkeit,
mit welcher Behauptungen als richtig übernommen werden,
hängt mit der Unwilligkeit der meisten Menschen zusammen, notwendige
Kenntnisse zu sammeln, um sich eine eigene Meinung zu bilden."

Gustave Le Bon (1841-1931)
Französischer Soziologe und
Begründer der ‚Massenpsychologie‘

Die Väter im Hyperraum

Die wohl bekannteste Gebetsformel dieser Welt lautet ‚Vaterunser‘. Das klingt logisch, denn der Gott, von und zu dem Jesus sprach, trug ja im Gegensatz zum Gott des Alten Testaments keinen Eigennamen. Und so wie dieser wurden auch all die anderen Götter der umgebenden Religionen, bis auf eine Ausnahme, mit einem Namen angerufen.

In den altgriechischen Texten der Evangelien wurde einfach ‚Vater‘ übersetzt, da Jesus aramäisch sprach, und von daher wird die Anrufung *„Abba"* überliefert. Zwischenzeitlich fand man aber den ehemaligen Text des ‚Vaterunsers‘ in Aramäisch, und darin spricht Jesus seinen ‚Vater im Himmel‘ mit ‚Abwûn‘ an. Das übersetzt Dr. Neil Douglas-Klotz[68] mit ‚*Oh, Du atmendes Leben in allem*‘.

Mit welcher sprachlichen Fassung der Evangelien wir uns auch befassen, Jesus sprach die Worte, die ihm zugeschrieben werden, stets auf Aramäisch, eine der Ursprachen des Nahen Ostens. Dies gilt auch für das Gebet, das er seinen Jüngern gab, unser heutiges Vaterunser. Um es zu singen, benutzt Douglas-Klotz die Form des Gebets, die in den aramäisch sprechenden Kirchen der Welt, einschließlich der assyrischen und syrisch-orthodoxen, heute noch benutzt wird.

Auf seiner Internetseite heißt es weiter: Aramäisch unterscheidet sich sehr deutlich vom Griechischen, der Sprache, von der die westeuropäische Christenheit ihren Ursprung herleitet. Jedes aramäische Wort kann auf *mehrere unterschiedliche Weisen* interpretiert werden. Das gilt insbesondere für die Worte eines Mystikers oder eines Propheten.

Dadurch wird verständlich, dass Hanish das aramäische ‚Abba' auf seine eigene Art erklärt, nämlich dass es aus zwei aramäischen Worten zusammengesetzt sei. Aus ‚Ab', der *Anfanglose* und aus ‚Ba', das Umgekehrte oder *Endlose.* Dafür gibt es in unserer Muttersprache das Wort *Unendlichkeit. „Ich und Abba sind eins"* heißt dann soviel wie *„Ich und die Unendlichkeit sind eins".*

Dazu trägt auch MM in ihrem medial übermittelten »Manuskript« etwas Verblüffendes bei: *„Jeschua verwendete oft den Satz ‚Ich und der Vater sind eins'. Dies hat zu großen Fehlinterpretationen geführt. Aus der Sicht eines Eingeweihten ist ‚Vater' einfach ein anderes Wort für ‚Geist'. Jeschua wies mit diesen Worten also darauf hin, dass er mit **seinem Geist** eins sei und dass das die Grundlage der Wunder sei.*

So wechselte er zwischen zwei Vorstellungen hin und her, über welche die Evangelien in ihrer eigenen eingeschränkten Art berichten.
Einerseits sagte Jeschua manchmal: ‚Ich und der Vater sind eins', und zu anderen Zeiten sagte er: ‚Ohne meinen Vater vermag ich nichts.'
Das sind die beiden Pole, die sich durch den Einweihungsprozess ergeben. Der Eingeweihte pendelt hin und her zwischen der Kraft und der Überzeugung seiner Verbindung zur Geist-Quelle einerseits und dem Geisteszustand andererseits, in dem er erkennt, dass er nichts ist und ohne den Geist nichts vermag. Der eine Geisteszustand fühlt sich allmächtig an, der andere ohnmächtig. Der Eingeweihte muss sich zwischen diesen beiden hindurch bewegen. Als Miteingeweihte erkannte ich an diesen Worten Jeschuas, dass er sich mitten in diesem Paradox befand."

Diese Erklärung finde ich besonders wichtig, weil sie eigentlich auch erst heute weitläufiger verstanden werden kann. *Gott ist Geist,* und dieser Geist ist in uns und kann Wunder wirken und ist dialogfähig (ich erinnere an Neale D. Walsch als Bestsellerautor der »Gespräche mit Gott«). Der Begriff *Geist als Gott* war aber schon zu Jesu Zeiten begreifbar, was Johannes unter 4,24 belegt: *„Gott ist Geist..."* Aber alle damaligen Übersetzer mussten sich den Verständnismöglichkeiten ihrer Zeit und oft der jeweiligen Region anpassen, und so scheint die Übersetzung ‚Vater' noch die naheliegendste und verständlichste.

Bestätigung fand ich bei Regine Zopf, die im Jahre 2004 in ihrem liebevollen Buch »Jesus – Für meine Freunde«[3] von ihm erklärt bekam: *„Heute kann ich ganz anders zu euch sprechen als vor zweitausend Jahren. Heute kann ich ganz andere Worte benutzen und in gewisser Weise direkt die Wahrheit zu euch sagen.*

Früher sprach ich vom Vater und meinte damit das Göttliche. Heute kann ich es direkt benennen, das Göttliche, das um euch herum ist und das auch im Innersten von euch selbst wohnt. Diesem Göttlichen in euch einen Raum zu geben, es sich ausdehnen zu lassen, es sich entfalten lassen, das ist der Weg der wahren Spiritualität."

Das alles wäre auch nicht so dramatisch, wenn zu jener Zeit nicht noch ein anderer ‚himmlischer Vater' vorgeherrscht hätte: der Vater Jehovah der Israeliten. Er war ganz anders, er war in fast allem ganz anders. Zu dieser meiner Beurteilung fand ich drei Zitate, die in unserer Zeit aus dem jenseitigen und himmlischen ‚Reich des Geistes', dem Hyperraum, zu uns kommen: Von MM, von Aquaria und Saint Germain.

*„Manche meinen, sie bräuchten nur an Jeschua zu glauben und sich selbst nicht zu bemühen. Das war nie sein Verständnis oder seine Überzeugung. Er kam als Lichtfülle, als Strahl der Liebe **zu einer Zeit, als die Welt noch im Schatten eines eifersüchtigen Gottes lebte.**"* (Maria Magdalena)

„Der Kosmos hat weibliche und männliche Kräfte, zusammenziehende und verströmende. Beide zusammen bilden Bewegung, Leben. Alles ist Bewegung. Alles lebt. Wie soll sich das Männliche oder das Weibliche denn alleine bewegen können?

Gott ist Liebe. **Der ‚Gott' des Alten Testaments kann kein ‚Gott' sein, denn er liebt nicht.** *Göttlichkeit, göttliche Macht und Größe kommen nicht aus Gehorsam und Angst, Gewalt und Drohung und auch nicht daraus, dass alle Konkurrenz ausgeschaltet wird. Göttliche Macht und Größe kommen aus allem, was vereint, weil das Höchste die göttliche Einheit ist. Alles andere ist Illusion und Phantom, weil es trennt und teilt."* (Aquaria)

„Es ist von allergrößter Bedeutung, dass ihr erkennt, dass ihr euch auf eurem Weg der Vollkommenheit mit dem weiblichen Aspekt auszusöhnen sucht, ihn anerkennt. **Gott ist nicht ohne Göttin.** *So wie die Göttin auch nicht ohne Gott sein kann, ohne dass die Göttlichkeit dabei verloren geht."* (Saint Germain[69])

Was wissen wir Christen wirklich von diesem einsamen und frauenfeindlichen Gott, der von MM, Aquaria und Saint Germain angesprochen wird. Gemeint ist nämlich JHWH, das Tetragramm (Vierfachzeichen) des Gottesnamens *Jahwe*, des hebräischen Namens des Vaters der Israeliten. Die Aussprache ist von links gelesen ‚Jot-Hee-Vau-Hee'. Etymologie, Herkunft und Bedeutung sind heute noch unklar. Dieser Name wurde aber von frommen Juden selbst nie ausgesprochen, so dass sie aus Scheu dieses Tetragramm JHWH durch den Namen Adonai (*mein Herr*) vokalisierten. Andere wiederum vokalisierten *Jehovah*.

Schon in zwei Kapiteln habe ich dargestellt, wie stark auch im Alten Testament Hinweise auf außerirdische Kontakte in der Vorzeit überliefert werden. Könnten wir auch in Jehovah einen Außerirdischen sehen, der eine elitäre Zivilisation auf dem Planeten Erde aufbauen wollte? Er könnte sogar der Gott des Sündenfalls sein – doch heute gibt es Forscher, die deshalb einen feindlichen außerirdischen Kosmonauten in ihm sehen, weil er neben Opfergaben, Fasten, Beschneidung, Tempelgesetzen und eifersüchtiger Verehrung auch die Einbringung von Kriegsbeute wie *„...alles Silber und Gold samt dem kupfernen und eisernen Gerät..."* (*Josua* 6:19) forderte.

Der Islam behauptet gar: *„Der Gott der Juden ist der extraterrestrische Hominide Jahwéh, der einst im Alter von 762 Jahren gestorben war."* [70]
Aber lebt sein Phantom vielleicht als ‚Ungeist' im irdischen Astralreich, dem Metaraum, weiter? Gibt er denen, die ihn ehren, Unterstützung und Erfolge, und erzeugt bei allen anderen Ängste, die seine mentale Lebensenergie bilden?

In diesem Buch gehe ich nur auf einen besonderen Teil der Eigenarten, die der Gott des Alten Testaments haben soll, ein: **seine überlieferte Frauenfeindlichkeit.** Dabei ist schwer zu trennen zwischen *seiner Lehre* und all den Vorschriften und Gesetzen, welche die männliche Priesterschaft in *seinem Namen* einführte.

Dem ist Langbein besonders nachgegangen und hat daher den Verdacht: *„Falsch ist die Vermutung, dass Salomons Tempel ausschließlich der Verehrung Jahwes diente. Der salomonische Tempel bestand 370 Jahre. Immerhin 236 Jahre davon, also fast zwei Drittel der Zeit, beherbergte er eine Aschera-Statue. Wie war das möglich? Hatte doch Jahwe angeblich selbst nicht nur das Anbeten fremder Götter im allgemeinen verboten, sondern ganz konkret gefordert: ‚Du sollst dir keinen Holzpfahl als Ascherabild errichten bei dem Altar Jahwes!' Genau das aber geschah immer wieder! Jahrhundertelang war Aschera fester Bestandteil im religiösen Leben der jüdischen Stämme."*

Das ist wieder Anlass zu mancherlei Betrachtung. Offensichtlich war es in jedem Volksglauben ganz natürlich, dass ein Schöpfer auch eine Schöpferin hatte, mit der das Leben auf der Erde ‚erschaffen' wurde. Alle Religionen des Altertums im Vorderen Orient haben neben ihrem Gott hochverehrte Göttinnen. Einige Namen hierfür: *Inanna* nennen die Sumerer sie, *Sausca* die Churriten, *Mylitta* die Assyrer, *Istar* die Babylonier, *Atargatis* die Syrer, *Astarte* die Phönizier, *Kybele* die Phrygier, *Gaia*, *Rhea* oder *Aphrodite* die Hellenen, *Magna Mater* die Römer und *Aschera* heißt sie im Alten Testament.

Wer war Aschera? Warum (fragt Langbein) war Salomons Tempel lange Zeit das heilige Haus für Jahwe und gleichzeitig Aschera? Die Antwort entbehrt nicht einer gewissen Pikanterie: „Eine Zeitlang akzeptierte Aschera den semitischen Gott El als ihren Geliebten. Sie war die Himmelskuh, er der Stier." **El** war aber auch einer der Beinamen Jahwes.

Doch *El* soll übersetzt ‚der Gott' heißen und war somit kein Göttername wie zum Beispiel Jehovah. Somit wäre eigentlich *El* der geistige Vorläufer der beiden größten Religionen, die heute den Erdball beherrschen, das Christentum und der Islam. Die beiden sind nämlich die einzigen Religionen, deren Schöpfer keine Eigennamen zugebilligt bekamen. Sie heißen einfach GOTT, oft als *Vater* oder *Herr* übersetzt, genauso wie damals *EL*.

Der Göttervater *El* war, wie später im Christentum auch, der Vater in einer Trinität oder Dreifaltigkeit. Und die antiken Reiche seiner Verehrung sind auch das Stammland, das den sogenannten abrahamischen Religionen zugeschrieben wird – Judentum, Christentum und Islam.

Schöpfer der Welt und der Menschen, oberster Schiedsrichter und nominell Haupt der Götterfamilie ist El, ist ,der Herr'. Bei »Wikipedia« wird er als ,Universalgott, der allen Göttern innewohnt' bezeichnet. Seine Verehrung war im alten Orient weit verbreitet und reichte von den Aramäern über die Hethiter bis zu den Phöniziern, einige Forscher nennen auch Mesopotamien. Wahrscheinlich wurde er auch von einigen altisraelitischen Stämmen verehrt, die ihn im Laufe der Zeit als den alttestamentarischen Gott JHWH identifiziert haben, denn das Symbol des Stieres taucht auch bei Jahweh auf.

,El' ist auch Bestandteil des Namens Isra-*el*; ,*El herrscht'* oder ,*Gott streitet (für uns)'*. Im Alten Testament wird der Name El (es heißt, er trete 230 mal auf), oft in der abgewandelten, eigentlich pluralen Form als *Elohim* oder mit Zusätzen (El Shaddai, El Eljon) verwendet und mit Jehovah gleichgesetzt. El Eljon (Gen. 14,18) war zur Zeit der kaanaitischen Jebusäer der Hauptgott ihrer befestigten Stadt *Jebus*, das nach der Eroberung durch David das spätere Jebu-salem wurde. Die Energie des El scheint auch in der Wortendung ,–*el*' bei den Namen *aller* alttestamentarischen Erzengel wie Micha-*el*, Gabri-*el* und so weiter mitzuschwingen.

Und zu ,Aschera' finden wir (Wikipedia): „*Aschera (die Heilige) ist eine syrische/ugaritische Fruchtbarkeitsgöttin. Ihr Name leitet sich wohl von atr/aschr, also Heiliger Ort, ab. Verehrt wurde sie als Kultpfahl, der einen stilisierten Baum darstellt. Aschera ist die Gattin des Schöpfergottes El. Zeitweise galt Aschera in Israel als Ehefrau von JHWH. So fand sich in Kuntillet Adschrud ein Vorratskrug aus dem 8. bis 7. Jahrhundert mit folgender Inschrift: ... Ich habe Euch gesegnet durch JHWH und seine Aschera.*"

Wir können also erkennen, dass die Überlieferungen um Jehovah ziemlich unklar sind mit all den üblichen menschlichen Verständnisbildern und geschichtlichen Überschneidungen. Jehovah wurde somit zum ersten der einsamen männlichen Schöpfer. Dem folgten dann der Vater der Christen und der Gott der Muslime – angeblich alles mächtige Solisten, Designer und Schöpfer allen Lebens im Universum.

War es wirklich Jehovah, der seinen irdischen Schriftgelehrten die weibliche Energie und deren Verehrung entzog? Wollte er sie auch seinen irdischen Gläubigen – für sich selbst – entziehen? Oder waren es egomanische

Machtbedürfnisse der männlichen Religionsgelehrten, die ihre ‚Wünsche‘ dem mächtigen Gott in den Mund legten? Wurde er wie seine beiden großen Schöpferkollegen von uns Menschen ‚einsam‘ gemacht?

Kann es auch sein, dass er überhaupt nur eine ‚Erfindung‘ des jüdischen Ägypters, Hohepriesters und Magiers *Mosis*, hebräisch *Mosche*, griechisch *Moyses*, christlich *Mose* ist? Aber in der vormosaischen Zeit gab es den Namen JHWH schon. Einige alte Bibelstellen legen eine Übernahme von nomadischen Nachbarstämmen nahe. (Wikipedia) Warum nennt Aquaria diesen Gott ein *Phantom*? Warum sprach Rudolf Steiner nur von einem *Jehova-Prinzip*?

Doch auch zur Person *Mose* selbst gibt es keine historischen Belege. Dies hat der Forscher und Freund Stefan Erdmann gründlich recherchiert und meint: *„Sehr wahrscheinlich ist auch die gesamte Geschichte um Moses und der Bundeslade aus Ägypten entlehnt, denn bei dem biblischen Moses handelte es sich mit Sicherheit um den ägyptischen Pharao und Hohepriester Amenophis IV alias Echnaton, den man bis heute – für mich unbegreiflicherweise – zu einem Bösewicht denunziert... Ich sehe eher eine Verbindung zwischen einem historischen Jesus – den es für mich zweifellos gegeben hat – und den Hohepriestern des Alten Ägypten.“* [71]

Mein Engel Jakobias bestätigte mir: *„...es stimmt nicht alles, was hier in der Bibel steht. Und sie ist nicht einfach falsch interpretiert, nein, es geschieht oft zum Vorteil des Schreibers, damit er sich profiliert und auch, dass die Menschen ins Erstaunen kommen.“*

Es liegt somit nahe, dass das Widersprüchliche dabei weniger von dem ‚männlichen‘ Gott selbst kommt. Es könnte vielmehr von den verschiedenen **rabbinischen Machtsystemen** vieler Jahrhunderte stammen, die seinen Kult für sich und die Auserwähltheit durch ein Bündnis ‚männlich‘ codierten. Warum beklagt sich Jehovah durch seine Propheten mit den Worten *„Die Priester vergewaltigten meine Gesetze; zwischen Heilig und Profan machten sie keinen Unterschied, den Unterschied zwischen Rein und Unrein erklärten sie nicht. Die Beamten waren wie raubgierige Wölfe, indem sie Menschenleben vernichteten um schnöden Gewinns willen. Und deren (falsche) Propheten leisteten ihnen Vorschub, indem sie Lügen weissagten.“*

Solche Macht kann nicht mit ‚Gefühlen', vor denen die Männer von damals wie die von heute Angst haben, aufgebaut und erhalten werden. Daher musste die Energie, welche Gefühle ermöglicht und lebt, nämlich *alles Weibliche*, erniedrigt, ausgebeutet, ja sogar ausgelöscht werden.

War das einer der Gründe dafür, dass Jesus den ‚Abrahamkindern' erklärte: *„Ihr habt den Teufel zum Vater"* (Joh. 8,44)? Er sei ein Mörder von Anfang an und stehe nicht in der Wahrheit, und Jesus nennt ihn ‚*Vater der Lüge*'. Will auch Jesus damit ausdrücken, dass der Gott des Bundes eine Erfindung der männlichen Hohepriester ist?

„Vergesst einen Moment jene ‚Lehren' von ‚zornigen' und ‚verärgerten Göttern', und verbannt diese Art des Denkens aus eurem Verstand. Gott ist allumfassende Liebe, und ihr seid nach diesem Vorbild erschaffen und habt das gleiche Potential. Irgendwelche anderen Götter sind das Produkt von Hirnen, die ihnen menschliche Emotionen angedichtet haben, um somit eine Vorstellung von Göttern zu entwickeln, die eher menschlich und ‚furchtbar' sind. Es gibt absolut keine Notwendigkeit, Gott oder die vielen spirituellen Wesenheiten zu fürchten, die Gottes Werk ausführen." (die Sirianerin Ag-agria[72])

Der Wandel von den ‚natürlichen', dualen Götterbildern zu den heute verbliebenen einsamen Schöpfergöttern vermittelt uns keine himmlisch-kosmische Logik mehr, und immer mehr Menschen entfernen sich resigniert. **Man vergisst dabei auch das Göttliche in allem.** Es ist kein Wunder, wenn auch viele Wissenschaftler bei einem ‚geistlosen Urknall' Zuflucht suchen.

Was kann der Morgenstern dafür?

Die Venus ist der zweitinnerste Planet sowie der sechstgrößte des Sonnensystems. Sie kommt auf ihrer Umlaufbahn der Erdbahn am nächsten und hat fast die gleiche Größe wie die Erde. Da die Venus am Nachthimmel als einer der horizontnahen Sterne morgens und abends am besten sichtbar ist und nie gegen Mitternacht, wird sie auch Morgen- beziehungsweise Abendstern genannt. Sie zählt zu den vier erdähnlichen (terrestrischen) Planeten. Das übliche Zeichen des Planeten Venus ist das aus der Astrologie und der Biologie bekannte Symbol für das weibliche Geschlecht: ♀. Es steht auch für die Weiblichkeit als solche und gilt als stilisierte Darstellung des Handspiegels der Göttin Venus aus der römischen Mythologie. Im ganzen Sonnensystem sind sich im allgemeinen keine zwei Planeten so ähnlich wie die Venus und die Erde. So hat die Venus mit 12.103 km fast den gleichen Durchmesser wie die Erde, weshalb die beiden Planetenschwestern oft als Zwillinge bezeichnet werden.

Bevor ich aber auf die antike Bedeutung der ‚Venus‘ in Rom eingehe, sehen wir uns die aktuelle Venus-Energie näher an. Seit Johannes Kepler die Venus-Transite von 1631 und 1639 vorhergesagt hatte, waren diese seltenen Ereignisse, bei denen die Venus als dunkles Scheibchen vor der Sonne vorbeiwandert, ein besonders beliebtes Forschungsgebiet.

Der aktuelle Venus-Sonnen-Transit vom 8. Juni 2004 bis zum 6. Juni 2012 hat für unsere heutige Zeit, den Start ins dritte Jahrtausend, eine ganz besondere Bedeutung, denn mit der Venus ist zu Recht die kosmische Energie der Weiblichkeit, die der Gefühle und der Liebe in allen nur denkbaren Formen, verbunden. Von alters her war das so, und der energetische Gegenpol, das Männliche und Kriegerische, ist der andere Nachbarplanet der Erde, der Mars. Nun weist ja alles darauf hin, dass sich heute das Erdenkollektiv fast gänzlich in die marsianische Energie hineinschlittern lässt. Die Ichsucht und das einseitig materialistische Verstandesdenken werden möglicherweise in einem absoluten Chaos gipfeln oder einem globalen Zusammenbruch oder dem von vielen Religionen hilflos erwarteten Weltuntergang (mit der erhofften ‚gerechten‘ Verurteilung und Vernichtung der ‚Bösen‘).

Doch die ‚geistig-himmlisch-kosmische‘ Planung hat wohl noch andere Möglichkeiten. In neuen gechannelten Texten werden wir darauf hingewiesen, dass unser Planet in den acht Jahren des aktuellen Venus-Sonnen-Transits (also bis 2012) zum Ausgleich der marsianischen Erdschwingung eine Flut von weiblichen Energien mit ihrem Reichtum an Gefühlen und Sinnlichkeit erhält. Wir brauchen nur noch ‚zuzugreifen‘, was im Praktischen bedeutet, dass wir dafür unsere Herzen immer weiter öffnen sollen – über unsere Köpfe, und damit ist besonders die linke Hirnhemisphäre gemeint, funktioniert es nämlich nicht.

Über unsere rechte Hirnhälfte dagegen, in der unsere Kreativität und Individualität angelegt ist, können diese venusischen Energien sehr wohl aufgenommen werden.

Diese acht Jahre des Venus-Sonnen-Transits werden auch als die ‚Meisterjahre‘ des Erdkollektivs bezeichnet – mit dem Hinweis, dass die Menschen der ‚Neuen Zeit', also des dritten Jahrtausends, wieder in ihr seelisch-körperliches Gleichgewicht kommen können. Erst wenn die weiblichen und die männlichen Energieebenen wieder im Gleichgewicht sind und in der Harmonie der Einheit schwingen, löst sich die marsianische Energie auf – sind wir ‚erlöst'.

„Ihr seit jetzt soweit...", macht uns Jesus Hoffnung, und dieses Wissen kristallisiert sich immer klarer heraus, obwohl die Wissenden der Antike damit auch schon vertraut waren. Da die Entscheider in jener Zeit aber nicht nur Männer, sondern eben meistens Kirchenmänner waren, wurden damit tiefgreifende und einseitige Beurteilungen und Verurteilungen auf den langen kirchlichen und kulturellen Weg Europas gebracht.

Drei in Vergessenheit geratene, sittliche Zustände möchte ich aus der urchristlichen Zeit vorstellen: das elitäre und angstvolle Sittenleben der Israeliten, das heute völlig unverständliche Sittenleben der griechisch-ägyptischen Oberschicht der Ptolemäer und das sittliche Wohlleben begüterter Römer.

Als Beispiel für das altisraelische Moralempfinden zitiere ich nur einen der Vorwürfe, den Jehovah selbst durch seine Propheten kundtat: *„Samaria und Jerusalem trieben mit Ägypten Unzucht und ließen dort ihre Brüste betasten und ihren jungfräulichen Busen drücken. Sie wurden mir untreu, entbrannten in Gier zu ihren Buhlern, schmucken Jünglingen und purpurgeschmückten Stadthaltern. Sie befleckten sich mit den Götzen derer, die ihre Gier erregten. Und sie entbrannten in Lust zu den Buhlern, die in ihrer Geilheit Eseln und Hengsten glichen."*

Zum Alten Testament ergänzt Karlheinz Deschner in seinem Werk »Das Kreuz mit der Kirche«: *„Weiter erlaubt das Buch der Bücher die Polygamie, das Konkubinat mit Sklavinnen und Kriegsgefangenen, den sexuellen Verkehr mit Prostituierten und unverheirateten Frauen, die nicht mehr der väterlichen Obhut unterstehen..."* [73]

Über die einst mächtige Pharaonenfamilie der Ptolemäer im ägyptischen Alexandria fand ich für die Zeit ihres blutigen und inzestösen Untergangs nur noch Erschreckendes. Die nachfolgenden römischen Herrscher waren an einer Erneuerung uninteressiert, und der Ruf und die Moral dieser multikulturellen Industrie- und Hafenstadt war mit seinen Bordellstraßen ein Dorn in den Augen der Juden und der Urchristen.

216

Das weltweit übliche Wort *Sex* und *Sexualität* ist lateinischen Ursprungs. Rom hatte mit der Sexualität und seinen lockeren Sitten wenig Probleme, weil jeder Sklave und jede Sklavin sexuell missbraucht werden konnte, was jahrhundertelang auch so ‚üblich‘ war. Ich fand Berichte, die in bezug auf den antiken Sklavenhandel feststellen, dass es weitaus mehr Sklavinnen als männliche Sklaven gab. Das Unwürdige bestand schon allein darin, dass die Sklaven den potentiellen Käufern nackt präsentiert wurden.

Weitverbreitete Prostitution für das einfache Volk boten auch Gastwirte und Kneipenbesitzer an, wie auch Bademeister, Friseure und häufig auch Bäcker. (Wikipedia) Das römische Recht teilte die Frauen in zwei Kategorien: Ehefrauen, deren Sexualität durch die Ehemänner beschränkt wurde, und Prostituierte. Letztere waren sowohl einfache Prostituierte wie auch Hetären oder Konkubinen. Rom war somit das ‚Babylon‘ der Urchristen, und es gab keine ‚Sünde‘, die nicht hier zu finden war.

Das junge Christentum hingegen grenzte sich von jeder Sinnenfreude ab, und die Kirchenväter sahen und fanden dafür gründlichen Handlungsbedarf. Christen mussten anders sein. Sie waren ja damals auch gegen jeden Kriegsdienst, gegen Alkoholgenuss, gegen Fleischverzehr, ließen ihre Sklavinnen und Sklaven frei, glaubten an ein Weiterleben nach dem Tode und fielen durch soviel Neues auf, das zu jener Zeit geradezu undenkbar war – wir können heute sagen, sie waren tatsächlich ihrer Zeit weit voraus. Sie lebten ihren Glauben auch sichtbar, selbst wenn sie dabei zu Märtyrern wurden.

Da musste man auch neue Wege im sexuellen Miteinander gehen und mit allen möglichen ‚Glaubenswahrheiten‘, Sündhaftigkeiten und moralischer Theologie die Nächstenliebe von der körperlichen Liebe scharf abtrennen. Da die bereits zitierten Apostel Petrus und Paulus ihre Frauenfeindlichkeit unverhohlen ausdrückten, konnte man die Sexualität ziemlich leicht ‚verteufeln‘ – man konnte damit die körperliche Liebe *als göttliche Kraft* entwürdigen und ins Triviale und Profane ziehen.

Deschner schreibt dazu: „*Immer wieder bekämpft Paulus – vielleicht von Kind an impotent, zumindest aber randvoll mit sexuellen Komplexen – die »Unzucht« (porneia), das »Laster«, die »Werke der Finsternis«, »Schwelgereien und Trinkgelage«, »Unzucht und Ausschweifungen«, den »Verkehr mit unzüchtigen Leuten«, »Unzüchtige«, »Ehebrecher«, »Lüstlinge und Knabenschänder« – Homosexuelle nennt das Neue Testament »Hunde« –, »Unsittlichkeit,*

Unzucht und ausschweifende Lebensweise«. Dies steht an der Spitze. Erst dann folgen Götzendienst, Feindseligkeit, Zank, Zerwürfnis und anderes."

Was hat das nun mit dem Planeten Venus zu tun? Der antike Begriff für das Weibliche war »die Große Mutter«. Es gab sie kultisch sowohl in Verbindung mit der Erde – tellurisch – als auch kosmisch, und da finden wir immer wieder den Planeten Venus. Sie strahlte schon bei den Sumerern, also über zweitausend Jahre vor Christus, als *Göttin des Ischtar-Sterns*, als *Himmelsherrin*, als *Meine Herrin* (Ma Donna) und trägt Namen wie *Ischtar* (akkadisch), *Inanna* (sumerisch), *Aphrodite* (griechisch; Beinamen *Phosphoros*, auch *Heosphoros*, der Morgenstern) und *Venus* (lateinisch; poetischer Beinamen: *Lucifer*, der Morgenstern). Übersetzt heißt *Lucifer* Lichtbringer, denn die Venus ist der letzte sichtbare Stern am Morgenhimmel bevor die Sonne aufgeht.

Ganz offensichtlich ist also der ,Böse' mit Namen Luzifer eine Erfindung der ersten Kirchenväter, denn davor gab es keine Latein sprechenden Christen. Die liebestrahlende und glückbringende Göttin Venus wurde vermännlicht und ihre uralte Göttlichkeit zu einem ,gefallenen männlichen Engel' – na, immerhin ein Erzengel. Bei Jesaja (14,12) ist dazu zu lesen: *„Du bist vom Himmel gefallen, du schöner Morgenstern!"* Kann das sein? Im Lexikon heißt es: *„Jesaja ist neben Jeremia, Ezechiel und anderen einer der großen Schriftpropheten des Tanach, der Hebräischen Bibel. Er wirkte im damaligen Südreich Juda zwischen 740 und 701 v. Chr. in der Zeit der Bedrohung durch die antike Großmacht Assyrien."* Verwunderlich – wie kommt der römische Morgenstern in den hebräischen Tanach?

Für dieses Kuriosum bekam ich eine Erklärung. Einer meiner Leser in der Schweiz entdeckte ebenfalls, dass die lateinische Bezeichnung *lucifer* schon im hebräischen Text auftauchte, bevor es Latein gab. Er frug dann einen Gelehrten der Bibliothek des Hebrew Union College in Cincinnati danach und erfuhr, dass im Originaltext von *Jesaja* (anstelle Satan) nicht über einen gefallenen Engel geschrieben wurde, sondern über einen ,gefallenen' babylonischen König. Dieser habe während seiner Lebzeit die ,Kinder Israels' verfolgt, und vor seinem Tod wurde er hoffnungsvoll *,Tagesstern, Sohn der Morgenröte'* bezeichnet. Und später wurde einfach falsch übersetzt. (*„...und heute studieren es die schwarzen Männer auch falsch"*, kichert *Boldi*.)

218

Die endgültige Verquickung des *Luzifer* mit *Satan* hat die Christenheit ihren frühen Kirchenlehrern wie Origines (185-254) und vor allem Augustinus (354-430) zu verdanken. Das althebräische Wort *Satan* bedeutet ,*nachstellen, verfolgen*' im Sinne eines Staatsanwaltes. Daraus wurde später ein *Ankläger* beim himmlischen Gericht, und im Buch Hiob zählte er schließlich zu den Gottessöhnen, das heißt zum Hofstaat Gottes (*Satana-El*). Interessant ist dazu auch die Aussage des *Johannes*, der in seiner Offenbarung (10,10) über Satan schrieb: „*...denn der Verkläger unserer Brüder ist verworfen, der sie verklagte Tag und Nacht vor unserem Gott.*" Könnte es sein, dass von alters her zurecht erkannt worden ist, dass um jede einzelne ,Seele' gerungen wird, auch wenn sie einmal einen materialistisch-gottlosen Tiefststand erreicht hat? Und was wurde bis heute daraus?

Aus dem *Widersacher des Menschen* machten die Evangelisten (teilweise) den *Gegenspieler Gottes,* und die Verquickung von *Luzifer, Satan* und *Teufel* als Diabolus (vom griechischen *dia-bállein* ,durcheinanderwerfen, verfeinden, verleumden') ist allein ein Produkt christlicher Autoren. (Thomas Schweer) Unter dem Namen Beelzebub taucht er auch im Neuen Testament auf. Dieser Name wird abgeleitet von dem Gott *Ba'al-Zebub*, ein vermuteter Schandname und nur bekannt durch das geflügelte Bibelwort, ,*den Teufel mit dem Beelzebub austreiben*'.

Bei diesem heiklen, aber elementaren Glaubensthema bleiben natürlich sehr viele Fragen offen, und einige davon können wir uns noch ansehen.

Jesus erklärte zum Beispiel, *...Himmel und Hölle seien in uns...* Vielleicht reicht die Antwort, welche die »Höchste Meisterin Ching Hai« aus Formosa (Taiwan) auf chinesisch am 19. Oktober 1990 im UNO-Gebäude vorgetragen hat. Das Thema lautete »Der Unterschied zwischen einem Heiligen und einem Teufel«, und die Meisterin erklärte: „*Mit Macht, aber ohne Liebe, wird man zu einem Teufel. Es besteht nur ein kleiner Unterschied zwischen einem Heiligen und einem Teufel. Beide haben dieselben Kräfte, nur dass der Heilige Liebe hat und der Teufel nicht. Der Teufel ist selbstsüchtig, anspruchsvoll und räuberisch. Der Teufel kritisiert nur und ist intolerant. Der Heilige kritisiert ebenfalls, aber er ist auch tolerant. Der Heilige übt Nachsicht, wo es angebracht ist, so dass die Menschen ermutigt werden und sich nicht schuldig fühlen...*" In kürzeren Worten drückte sich der große deutsche Mystiker Jakob Böhme dazu aus: „*Ein jeder Mensch trägt Himmel und Hölle in sich; welche Eigenschaft er erweckt, dieselbe brennet in ihm.*"

Auf einen anderen wichtigen Punkt, »Das böse Prinzip«, weist Siegfried Hagl in »GralsWelt – Zeitschrift für Geisteskultur und ganzheitliche Zusammenhänge«[105] hin: *„Der große mittelalterliche Entwurf vom weltumspannenden Kampf zwischen Recht und Unrecht, zwischen Licht und Finsternis, wurde später verengt zu einem kleinlichen Streit zwischen Konfessionen und religiösen Gruppen, von denen jede die jeweils andere Seite des ‚Bundes mit satanischen Mächten' bezichtigte. Vergessen war das große Jesus-Wort: ‚An ihren Früchten sollt ihr sie erkennen', und Kreuzzüge, Ketzerjagden, Inquisition und Hexenverbrennung scheinen zu beweisen, dass Luzifer längst dabei war, sich zum ‚Herrn dieser Welt' aufzuschwingen, der weltliche und kirchliche Fürsten nach Belieben manipuliert."*

Dem halte ich das ‚Gnostische Prinzip' entgegen, nach dem eine Energie von außen – ob Licht oder Finsternis oder das Phantom Luzifer – nur wirksam werden kann, wenn eine innere und resonante Anbindung in uns Verkörperten vorhanden ist, Ichsucht oder Angst reichen natürlich auch schon.

Und was ist heute mit Luzifer? Interessanterweise distanziert sich die Kirchenlehre merklich von diesem überzogenen Bild, und Hagl weist auf drei erkannte Änderungen in der modernen Theologie hin. Erstens wird gefolgert, dass ein liebender Schöpfer weder ein ‚Böses Prinzip' zulässt noch eine Hölle erschaffen hat. Zweitens wird auch der alttestamentarische Erzengelsturz nicht mehr für möglich gehalten, und drittens ist Teufelsfurcht kein guter Ratgeber, und deren Überwindung ist ein großer Fortschritt. Eine weitere wichtige Erkenntnis in bezug auf den heutigen Umgang mit dieser luziferischen Energie bringe ich im nächsten Kapitel.

Bleibt noch das Thema, das ich am Anfang dieses Kapitels angesprochen habe: der aktuelle Venus-Sonnen-Transit. Seine wichtigste ‚Botschaft' lautet ja, dass die weiblichen und männlichen Energieebenen wieder ins Gleichgewicht und in Harmonie kommen müssen, wenn die marsianische Energie ausgeglichen werden soll. Im Buch »Mutter Erde wehrt sich«[74] wird uns erklärt: *„Die Vereinigung von Mann und Frau symbolisiert höchste Schöpfungsenergie und setzt diese frei. Sie dient als eine direkte Leiter zum göttlichen Bewusstsein, zur Verbindung mit dem eigenen göttlichen Selbst und mit dem des anderen. Es ist die Energie des göttlichen Mutterprinzips, die diese Lebenskraft zum Fließen bringt und sie zur Entwicklung der ganzen Schöpfung in höhere Kanäle lenken will. Voraussetzung dafür ist allerdings, dass die Liebe nicht um* *das Sexuelle zentriert bleibt, sondern als Quelle mit dem Herzen verbunden wird, um von dort den höheren Aufstieg anzutreten."*

Eine ausführliche Abhandlung über den Transit mit einer Botschaft von den »Sternältesten aus der geistigen Welt« fand ich in der Zeitschrift »Lichtfocus«[75], wovon ich einen Abschnitt vorstelle: *„Die Venus ist wie ein heiliger Gral unter den Sternen, sie verkörpert die Macht des Weiblichen, die Macht der Liebe und die Macht der Fülle. Unsere Sonne ist ein Kraftwerk der erleuchteten göttlichen Weisheit. Wenn diese zwei Planeten ihre Wege kreuzen, wird uns dies die Möglichkeit geben, alle Beziehungen, sowohl intime als auch anderweitige, auf die nächsthöhere Ebene zu erheben...*

Mit Venus (Liebe und Fülle) auf der Bahn der Sonne (Weisheit und Licht) dürfen wir die Gelegenheit erwarten, sowohl eine neue göttliche Liebe zu erfahren als auch die Möglichkeit, mehr Reichtum zu erleben, vor allem dürfen wir erwarten, tiefe Weisheit zu erlangen. Wir können uns inspiriert fühlen, Visionen zu verwirklichen, bei denen wir früher zögerten. Wir dürfen ein größeres Gleichgewicht sowie eine gesteigerte Harmonie in unserem Leben erwarten, die auf höhere Wahrheiten verweisen. In vergangener Geschichte ging der Venus-Transit jeweils gewaltigen Durchbrüchen des menschlichen Bewusstseins voraus...

Die Sternälteren sagen auch, seid vorsichtig und meidet negative Prophezeiungen, denn es wird viele von ihnen geben. Verwicklung jedweder Art, hervorgerufen durch angstbasierte Information, wird dich davon abhalten, zu deiner eigenen inneren Wahrheit vorzustoßen. Angst ist lediglich imstande, dich in die Irre zu führen und dieses Ereignis in der Zeit weiter voranzutreiben."

Ich sehe in dieser Betrachtung nicht nur eine *Leiter* in höhere Schwingungen, sondern auch eine *Brücke* zum antiken Verständnis der Venus als göttliches Mutterprinzip, das ja noch wie eh und je in der ,Erdmutter' verankert ist. Doch inzwischen sind wir fähig geworden, über diese Brücke das antike irdische »Prinzip des Weiblichen« mit dem kosmischen Raum wieder zu verbinden, in dem ausschließlich Harmonie, Liebe und Lebensfreude in den ,Beziehungen' herrscht.

Das Wiedererwachen der Göttin – ob antik oder modern –, welche die Venus auch heute noch oder wieder symbolisiert, ist *Heilung* für die Erde, die wir ja auch als ,Erdmutter' endlich wieder besser verstehen können. Und die ,Kunst' der neu verstandenen Herzens-Sexualität, die früher die Heilige Sexualität war, ist der beglückendste Weg, irdische Polaritäten aufzuheben –

es ist die *natürlichste Polaritätenaufhebungskunst*. Brigitte Jost hält die »Neue körperliche Liebe« für ebenso revolutionär und bedeutend für die zukünftige seelische Gesundung der Mitmenschen, wie die »Neue Medizin« für die körperliche Gesundung. Im Gegensatz zum üblichen Sexualverhalten bestimmen in der Neuen Liebe zunächst möglichst die Frauen die Sexualität, bis die harmonische Einheit zwischen Frauen und Männern wiederhergestellt ist. Auf diese Weise wird sexuelle Liebe irdisch *und* gleichzeitig kosmisch-liebevoll, ganz im Sinne: *Eine Frau i s t Liebe*. Vor einer so hohen und spirituellen Bedeutung der sexuellen Liebe brauchen wir Männer dann keine Ängste mehr zu haben.

Also dürfen wir uns auch in Zukunft am himmlischen Morgenstern erfreuen!

Die unsichtbaren Emotionalebenen

Nun wird es etwas okkult (*verborgen*) und esoterisch (*innerlich*). Leider haben beide Begriffe ihren ursprünglich korrekten Aussagegehalt verloren und werden sowohl missbraucht als auch verspottet. Aber es existieren für diese unsichtbaren Erfahrungsebenen auch althergebrachte wie neue wissenschaftliche Fachbezeichnungen. Man spricht vom *Jenseits*, der *Geisterwelt* und der *Ätherwelt*, aber auch von *Transzendenz* (das Überschreiten der Erfahrung, des Bewusstseins oder des Diesseits) und dem *Metaraum*. Die Wissenschaften, die sich damit befassen, sind die *Metaphysik* (philosophisch überempirisch jede mögliche Erfahrung überschreitend und ,hinter' der Physis existierend) und die *Parapsychologie* (die Wissenschaft, die sich mit den über(para)-sinnlichen Wahrnehmungen befasst).

Für unser Thema teile ich aber diese weitgehend unbekannte Geisteswelt erst einmal in zwei Betrachtungsweisen auf: der *astrale Metaraum* und die *emotionale Metaebene*. Beiden gemeinsam ist ihre Transzendenz, ihre Feinstofflichkeit und daher Unsichtbarkeit. Und das hängt nun wiederum zusammen mit den verschieden hoch- oder niedrigschwingenden Frequenzspektren, den *Biofeldern* oder *Schwingungsfeldspektren*, die grundsätzlich alle Gegenstände, Wesenheiten und Sphären im gesamten Kosmos in irgendeiner Form zu eigen haben – also auch die Metaebene, die unseren Planeten in ätherischer Form umhüllt.

Darüber gibt es Tausende von ,Informationen'. Es gibt schon welche von Hermes, Henoch, Buddha, Konfuzius, Pythagoras, Jesus, Maria und unzähligen anderen Weisheitslehrern der Vergangenheit. Es gibt solche, die zum Teil immer noch geheimgehalten werden. Und es gibt neue von modernen *geistigen Botschaften*, welche weltweit von medial veranlagten Mitmenschen ,empfangen' werden. Auf diese faszinierenden Themen kann ich im Rahmen dieses Buches aber nicht eingehen, habe darüber jedoch in meinen früheren Büchern schon sehr vieles geschrieben.

Ich empfehle, dabei zu differenzieren. Betrachten wir zuerst die **astrale Geisteswelt**, einen Teil des Metaraumes. Der Wortstamm *astral* kommt vom lateinischen *astrum* (Gestirn) und soll auf das zarte Licht des Himmelsgewölbes hinweisen. Hierher gehören alle irdischen Vorstellungen von Himmel, Fegefeuer und Hölle. Diese Vorstellungen darüber sind sehr verschieden: Moderne Physiker postulieren fünf Dimensionen (Michio Taku), der Orient (Henoch und Mohammed) berichtet von sieben verschiedenen Geistesebenen, andere zählen neun, zwölf (Burkhard Heim[76]) oder dreizehn (bei den Mayas) auf. Wer von ,unzähligen' berichtet, hat aber sicherlich auch recht und kommt dadurch möglicherweise der Unvorstellbarkeit dieser ,kosmisch-geistigen Welten' oder Sphären für uns Irdische am nächsten. Inzwischen gibt es verschiedenste Bücher dazu, doch je nach ,Empfangsqualität' der Autorinnen und Autoren fallen diese Darstellungen sehr individuell und teilweise sogar widersprüchlich aus.

Ein ,grundsolides' Basiswissen bieten die beiden Rosenkreuzer-Orden und die Anthroposophie, obwohl der mediale Dr. Rudolf Steiner zu seiner Zeit, also vor fast einhundert Jahren, auch noch nicht sein ganzes Wissen preisgeben konnte.

Da eine bekannte spirituelle Regel *„Makrokosmos gleich Mikrokosmos"* lautet – gemeint sind beispielsweise Universum und Mensch –, blicken wir zuerst kurz auf die menschliche Körpereinheit *Geist-Seele-Leib*. Diese Körper-Triade besteht somit aus unserem unsterblichen **Geist**, der im Hyperraum zuhause ist, unserem Seelen-, Astral- oder Emotional-Körper, der als **Seele** im Metaraum zuhause ist und unserem mehr oder weniger funktionsfähigen irdischen **Leib**, der auf der materiellen Ebene zuhause ist. Alle drei ,stecken' ineinander und ermöglichen so das irdische Dasein. Es gibt natürlich noch viel genauere und weitläufigere Beschreibungen als diese vereinfachte Darstellung. Das dadurch entstehende Energiefeld unserer Körper-Triade nennt sich **Aura,** und Neugierige können sich Teile ihrer Aura auf

223

sogenannten Esoterikmessen farbig fotografieren und erläutern lassen (es handelt sich dabei um die absolut seriöse Kirlian-Technologie).

Analog dieser drei körperlichen, verschiedenfrequenten Bandbreiten ‚himmlisch-astral-irdisch' ist auch unser lebendiger Planet ‚Erdmutter' aufgebaut, und dazu passt die vereinfachte Sieben-Himmel-Abstufung des Altertums. Wenn wir diesen Stufen der (mittelalterlichen) ‚Jakobsleiter' Nummern geben, dann leben wir hier auf Stufe 3, der materiellen Erfahrungsebene, die auch 3D genannt wird (D steht für ‚Dimension'). Hier sind zur Zeit an die sieben Milliarden Seelen inkarniert. Die Stufe 4 oder 4D ist das astrale und emotionale Zwischenreich, der Metaraum (unter anderem mit den sogenannten Jenseitsebenen der Hölle, des Fegefeuers und der Läuterungszone), und auch hier leben Milliarden von Seelen sehr lebendig miteinander. Die hochschwingenden geistigen Erfahrungsebenen 5D, 6D, 7D und höher sind der sogenannte Himmel oder auch der Hyperraum. Jesus erklärte es zu seiner Zeit so: *„...in meines Vaters Hause sind viele Wohnungen..."* Die dort lebenden lichtvollen und glücklichen Seelen, unter anderem unsere bereits heimgekehrten Anverwandten, sind wohl von unserer irdischen Perspektive aus unzählbar.

Alle diese unsichtbaren Geistebenen tragen einen dualen Charakter und sind daher auch in weiblich/männlich getrennt. Auf unserer irdischen 3D kann sich diese Dualität aber sehr heftig in polare Gegensätze ausweiten, was von der himmlischen 5D an aufwärts völlig ausgeschlossen ist.

Mehr zu diesem vielschichtigen Themenkreis des astralen Metaraumes möchte ich aus Platzgründen nicht ausführen.

Noch weniger als der astrale Bereich des Jenseits ist die **Emotionalwelt** bekannt – *die jenseitige Welt unserer emotionalen Energien.* Wobei vorab klarzustellen ist, dass das ‚Nichtkennen' nur für die Mehrheit der Menschheit gilt, elitäre Geheimbünde und -orden wissen seit alters her bestens über die feinstofflichen Energien des Metaraumes Bescheid.

Die meisten menschlichen Emotionen sind heftige Energieerzeugungen, die aus irgendeinem inneren Notstand entstehen, und sind Hilfeschreie entweder unserer Seele oder unseres Egos. Uns interessiert hier die religiöse Seite davon und von dieser wiederum die Ängste. Le Bon schreibt: *„Jedermann weiß, wie unduldsam die religiösen Glaubenssätze sind und welche Gewaltherrschaft sie über die Seelen ausüben."*

Erinnern wir uns an Luzifer, die künstlich erschaffene Personifizierung, die von intelligenten und mächtigen Kirchenmännern in der urchristlichen Zeit ‚erschaffen‘ wurde. Sie hatten vielfältige Ängste vor eigenständigen Frauen, vor inneren Regungen und Gefühlen und sicher auch Angst davor, von der eigenen Intoleranz eingeholt zu werden. Man brauchte etwas ‚Böses‘, dem man die jeweilige Schuld zuschieben konnte und kann. Ist es nicht ein leichtes Spiel, seine Ichheit genauso wie andere Schwächen einem *unsichtbaren* Wesen zuschreiben zu können, einem Dämon, einem Phantom? Davon profitierten mit der Zeit alle: die, welche ihre Schwächen, Laster und Gelüste unter seinem Deckmäntelchen versteckten, und die, welche ihren versteckten Ängsten einen Namen geben konnten. Luzifer wurde im Laufe von Jahrhunderten durch phantasievolle Schreckensbezeichnungen und abscheuliche Schreckensbilder energetisch immer weiter so mächtig aufgebaut, dass damit in der irdisch-astralen Emotionalwelt eine erscheinungsfähige und wirksame Wesenheit F o r m annehmen konnte.

Dieses weltweite Phantom hat Form angenommen und existiert nun schon lange, und es benötigt für sein Weiterexistieren immerwährend Nachschub an menschlicher, energetischer Nahrung. Je nachdem, wie *ichsüchtig* unser Alltag verlief („...*seine Vitamine!*“, versichert mir *Boldi* ganz wichtig), wird dementsprechend auch nachts im Schlaf sein Kraftfeld weiter gestärkt. Wodurch? Durch die aufgebaute geistige Anbindung und den subtilen Energiefluss. Womit? Mit unserer Lebenssubstanz, unserer Biofeldenergie. Beim Aufwachen sind wir dann geschwächt, apathisch, lustlos, wie erschlagen, ideenlos oder irgendwie hilflos.

Oder wir wachen ‚gestärkt‘ auf, um uns noch mehr durchzusetzen und Recht zu haben: „*Ich bin ich!*“ Unter dem kirchlichen Begriff der »Sieben Ursünden« – auch Hauptsünden oder Todsünden genannt – finden wir diese Negativkräfte menschlicher Ich-bezogenheit: Hochmut, Stolz und Eitelkeit; Trägheit; Neid und Eifersucht; Zorn und Jähzorn; Wollust; Gier und Geiz. Diese sieben Triebkräfte können wir verschieden stark ausgeprägt bei jedem Menschen unterscheiden, schlimmer noch: Wir Menschen ordnen uns stets selbst bei mindestens einer dieser Ur- oder Ich-‚Stärken‘ schwerpunktmäßig ein, wobei jede einzelne davon schon ein großes Hindernis auf dem ‚*Weg nach Innen*‘ darstellt. Solange unser Ego diese Charaktereigenschaften unserer äußeren Persönlichkeit pflegt, sich darin wohlfühlt und daran festhält, kann sich unser innerer Gottesfunke beziehungsweise die Christuskraft einfach nicht konsequent entwickeln, und wir bleiben viel zu oft im Bereich dieser niederen Schwingungen haften.

Angeblich kann man auch einen Pakt mit Luzifer abschließen, aber auch ohne einen solchen wird sich dieses Phantom ‚dankbar' erweisen und unsere Ichsucht weiter ‚hilfreich' unterstützen – Tag für Tag, von Situation zu Situation. („...*so wie die Ameisen Läuse züchten, damit sie Süßes melken können*", erklärt mir mein kleines Naturwesen verschmitzt.) Ego und Angst sind sein Nährboden, und *Luzi* (wie mein Sohn Jan ihn zu nennen pflegt) ist inzwischen weltweit so bekannt, dass es nicht nur wir Christen sind, die ihn bei seinem jenseitig-astralen Weiterleben kräftigen.

„Die irdischen Lüste des Menschen, die raffiniert gedeutet werden sollten, raffiniert erkannt werden sollten durch eine herabgekommene Denktechnik, die entwickelten in den Menschen ein Element, das Nahrung war für gewisse Astralwesen, welche darauf ausgingen, das Denken, das in so hoher Schärfe ausgebildet war, nun bloß zum Durchdringen der irdischen Welt zu verwenden. Anstatt das Denken zu spiritualisieren, wurde es zum Diener sinnlich-physischer Impulse degradiert. Im 20. Jahrhundert hat sich dieser Trend mit zunehmendem Tempo fortgesetzt, und zwar auf allen Gebieten. Das Denken der Menschen wurde ganz und gar durchsetzt von dem, was gewisse Astralwesenheiten dachten, von denen nun die westliche Welt ebenso besessen wurde, wie der Osten von den Nachkömmlingen der Schamanen." (Rudolf Steiner, 15.7.23)

Luzi ist ganz besonders clever, denn er wurde ja von hochintelligenten Männern ‚gezeugt' und ist eigentlich ein Neuling unter all den anderen weltweiten Dämonen und Teufeln anderer Glaubenssysteme. Ist er der ‚Hellste' – Luzifer, der Lichtbringer? Wahrscheinlich können wir davon ausgehen, dass er längst eine »Luzifer & Co. KG« gegründet und seinen archetypischen Kollegen interessante Posten zugeschanzt hat – dem Satan, dem Scheitan, El Shaddei, dem Ahriman, dem Beliar, dem Baphomet, dem Diabolus, dem Antichrist. Dies sind allesamt mächtige Wesenheiten – besonders wirksam, wenn wir uns ‚außer Kontrolle' befinden: bei Nacht, in heftigen Emotionen, im Rausch, auch im digitalen, aber auch wenn wir in unbewussten und bewussten Ängsten leben.

Doch nach dem »gnostischen Prinzip« können feinstoffliche Energien von außen nur an uns ankoppeln, wenn *in uns* eine gleichschwingende

Energie vorhanden ist – und wenn sie auch noch so schwach ist. Das wäre wohl, so wie wir uns alle kennen, das Siegfriedblatt auf unserer Schulter.

Aber gleichzeitig sind wir vor diesen gewaltig wirkenden Energieschmarotzern **geschützt**, wenn wir einfach nicht mehr an sie glauben. Das ist die grundsätzliche Voraussetzung für unsere seelische Freiheit. Wir sind vorzüglich geschützt, wenn wir zum Beispiel Kontakt zu Engeln aufnehmen, den *unzähligen liebevollen Lichtwesen* im Meta- und im Hyperraum, und wir sind göttlich geschützt durch *Christus* mit seinem Licht. Aber wir können noch andere ‚bewährte' (?) Rituale zu unserem nächtlichen Schutz zelebrieren.

Abb. 43: typische Schutzmantel-Madonna

Die Schutzmantel-Madonna, *Maria* mit ihrem weiten blauen Mantel, ist meine eigene bewährte Lieblingssymbolik, wenn mich des Nachts Unsicherheit, Zweifel und Sorgen befallen. Das Erbitten ihrer Energie, die Vorstellung und Visualisierung dieses Lichtfeldes und das dabei ‚Sich-eingehüllt-fühlen' bringen mich am schnellsten wieder in meine Mitte, meine Harmonie, mein Vertrauen und damit auch in die gedankliche Ruhe – und die Energie der Maria ist sekundenschnell da.

Mein bewährtes Verfahren, sich von eigenem lästigen Gedankenwirrwarr zu befreien, schildere ich später.

Durch den allgemein rückläufigen Kirchenglauben bekamen Luzi & Co. natürlich Handlungsbedarf.

- Doch diese Wesen sind sehr schlau, sie dringen jetzt außer über die erwähnten Formen der **Ichsucht** und über die vielfältigen **inneren Ängste** auch in unsere musischen Veranlagungen ein, zum Beispiel durch die Massenpsychose der Lärmfestivals, die sich den Anschein geben, etwas mit Musik für junge Leute gemeinsam zu haben. Mit den metallischen Klängen, den technischen Rhythmen und den ultratiefen Bässen zerreißen Luzi & Co. die Auren unseres Nachwuchses.
- Oder es geschieht über das technisch bequeme ‚Ausfüllen' unserer Gedankenpausen mit irgendwelcher Musik, also eine pausenlose energeti-

sche Anbindung an äußere Ablenkungen. *„Stille aushalten"* zeigt innere Stärke und ermöglicht mehr innere Klarheit. Eckhart Tolle spricht in seinen Vorträgen von der ‚**Dimension der Stille**‘, die dann schließlich zu einer Stille jenseits von Gedanken führen kann. Da ist Luzi dann machtlos.

- Oder es belastet durch die Fast-Food-Ernährung – körperliche wie geistige – die unsere Jugend aufquellen lässt. (Dr. Walter Mauch[77])
- Oder es schwächt unsere Auren auch durch die unverhohlene Egozentrik in der Sexualität, deren wundervolle Schöpferenergien schließlich immer öfter bei diesen astralen Wesenheiten landen.
- Oder es zeigt sich in der Sucht der Menschen nach trivialen Ablenkungen, um ihre verheimlichten inneren Schwächen und Ängste zuzudekkeln.
- Oder es steckt in der astral-geschürten Glut der Wut, alles das erfüllen zu müssen, was uns unfrei sein lässt. Modernes burn-out, Ausgebranntsein, Ausgelutschtsein, zunehmende Lebensunlust, innere Leere, unverständliche Hilflosigkeit und oft unbegründete Emotionalität unserer Mitmenschen lassen uns erkennen, wie viele unserer ‚nahrhaften‘ Lichtenergien bei den dunklen Gesellen landen.

Eine hellsichtige Leserin schrieb mir per Email, dass sie es erschreckend finde, wie viele Menschen in der Großstadt (sie meinte Köln) heute ohne Aura rumlaufen. Ihre Frage war: *„Lassen wir uns zu Zombies umzüchten? Geht das auch ohne Genmanipulationen? Das Licht wird immer mächtiger, werden es auf der anderen Seite auch die Dunkelwesen?"*

Verehrte Leserin, lieber Leser, es gibt aber noch etwas zu demaskieren, zugleich die perfekteste aller Codierungen. Denn unabhängig, ob im astralen oder im emotionalen Bereich der 4D, existiert noch eine weitere unsichtbare und mächtige, lichtlose Energieballung, ein Phantom, das ich im Buch schon einige Male als **Ungeist** bezeichnet habe.

Es müssen *uralte Energien* sein – sehr, sehr lichtlose, fast schwarze –, und viele Fragen tun sich dabei auf. Steht dieses globale Energieband heute noch in Verbindung mit dem prähistorischen extraterrestrischen Herrscher Anu und seinen Anunnakis? Stammt die dunkle Energiemasse noch aus Atlantis? Kam sie damals vom Mars? Sind diese Energien Produkte und Ergebnisse irdischer männlicher Priestersysteme, in denen sich eigensüchtige Magier übernommen haben? Ist es das vereinigte Kraftfeld der teils astralen, teils unterirdischen Reptiloiden? Ist es das in Tausenden von Erdenjahren angesammelte Kraftfeld der Lieblosigkeit von Milliarden Menschen? Ist es das Monster-Ego, Chef aller irdischen Ichsucht und Egomanie? Ist es der jahrtausendealte Moloch, bei dem das ungeahnte innere Leid und der äußere Schmerz duldsamer und gedemütigter Frauen landet?

Diese Liste ist noch durchaus verlängerungsfähig, und ich bleibe einfach bei meiner ‚neutralen‘ und unpersonifizierten Bezeichnung ‚Ungeist‘. Er hat zwar ein geformtes und längst verdichtetes, fast schwarzes Energiefeld, das sich rund um den Planeten legt, doch er trägt tausend verschiedene Gesichter, offensichtlich nicht nur menschliche. Und er hat Bewusstsein – genau das typische, das den Erdenmenschen innerlich, manchmal sogar äußerlich, auch prägt – vor Jahrtausenden und heute immer noch –, auch wenn wir inzwischen fast sieben Milliarden inkarnierte Seelen sind.

Wie drückte sich Le Bon bezüglich der Masse der Menschen aus? *„Lüge sie frech und dreist an, und sie werden dir folgen...“* Das ist die oft miese und fiese Macht des Ungeistes, die er mit einer elitären Minderheit, mit bestimmten Familien und mit männlichen Führungstypen in allen unseren Lebensbereichen teilt.

Meine persönlichen Gedanken zu diesem Thema:

Mein überhaupt nicht lieber Ungeist!

Du weißt, dass ich mich seit fast zwei Jahrzehnten intensiv mit Deinem lichtlosen Energiebild befasse, welches ich immer öfter und leichter bei wichtigen Entscheidungen und in ersehnten Berichten, aber auch in wertvollen Büchern klug versteckt entdecke. Wichtig ist mir das vor allem bei Botschaften und Texten aus der geistigen Welt. Durch Hunderte von Kanälen und Channelings will man uns helfen. Man bietet uns brillante Formulierungen, liebevolle Erklärungen und wunderschöne Texte von namentlich hohen, ja sogar höchsten Lichtwesen, und doch entdecke ich dann, dass Du Dich an einigen Stellen wieder hineingemogelt hast. Ich spüre Dich dabei förmlich kichern. Oft ist es bei mir nur ein Spüren, oft meldet sich aber auch der Verstand und sagt mir klar: Da ist wieder etwas faul in der übermittelten Aussage. Ich kenne Texte und sogar Bücher, die uns angeblich Jesus diktiert hat, und ich weiß nach einiger Lesezeit, dass Du es bist, der hier lügt.

Du ungeliebter Satansbraten, Du bist das große Problem unseres Planeten. Natürlich siehst Du das anders. Solange sich Menschen in ihrer Ichsucht von Dir verführen lassen, und solange der Rest der Welt sowohl seine Ängste diskutiert als auch die meisten davon heimlich in sich gut versteckt hütet, und solange sich die Frauen dieser Welt ducken und den Männern nacheifern, solange fühlst Du Dich berechtigt, mit Deinem Schatten die Seelen- und Herzenslichter der Liebevollen und Friedfertigen zu beschmutzen und zu verdunkeln. Du weißt ganz genau, dass 99,99 Prozent der Irdischen nichts außer Frieden, Ruhe und Lebensfreude wollen. 0,01 Prozent sind immer noch eine dreiviertel Million Machtsüchtiger, die mit dem glücklich sind, was Dich glücklich macht. Aber dafür werden sie gehasst, so wie Du gehasst wirst.

Oder gibt es einen, der Dich wirklich liebt, Du Demiurg? Die tun doch nur so, solange Du ihnen mit Deinen Ideen und Deinen Energien dienst. Wäre das nicht mehr der Fall, würden sie Dich fallen lassen wie eine heiße Kartoffel – eigentlich lag mir was anderes auf der Zunge. Bespucken würden sie Dich wie damals Jesus, als er plötzlich keine Wunder mehr lieferte.

*Die Energien, die Dir die emotionale Brutalität und Gewalt der vergangenen Jahrtausende geliefert haben, ändern sich, doch Dein Variantenreichtum scheint unerschöpflich zu sein. Du hast uns Irdische allmählich in eine Sackgasse umgeleitet und bist jetzt beim lustvollen Kassieren unserer Lebensenergien, denn die weltweit zersplitterte jeweilige Gottesliebe und die bislang unterentwickelte Nächstenliebe werden von der allerorts gefeierten **Selbstliebe** dominiert. Ganze sechs von hundert Christen gehen noch sonntags in die Kirchen. Also wieder einmal ,Eins zu Null' für Dich!*

Und mit den ganz Intellektuellen und Hochintelligenten hast Du auch leichtes Spiel, da helfen Dir die vielen gefühllosen Handlanger mit der Faszination des Kopfes und der Verachtung aller Empfindungen. Wenn die Menschen wüssten, mit wem sie nachts vernetzt sind, das gäbe einen Hass-Tsunami gegen Dich. Und mit der nächtlichen Macht der Gepanzerten und Kaltblütler hast Du auch eine Horrorgesellschaft als erfahrene Angstmacher. Deine Tricks sind weiterhin Misstrauen, Zweifel und Trennungen in allen nur denkbaren Formen. Und Dein Labsal sind die täglichen und nächtlichen, milliardenfachen Ängste – Du alt gewordener Quälgeist. Skrupellose Ichsucht, Vergeltungsdrang und Rachsucht, Größenwahn, Frauenfeindlichkeiten, Herzlosigkeiten, Geheimhaltungen, Verschwörungstechnologien und selbsterzeugter Terrorismus, Kinderpornografie und das neue digitale und seelenlose »Second Life« müssen wohl köstliche Würzmittel für Dich sein.

Aber hast Du wirklich noch weiterhin Lust, der Buhmann von allem zu sein, was dreckig, gemein, hinterhältig und voller Verrat ist? Die Mächtigen von heute werden Dich einstmals genauso verraten, wie sie sich untereinander misstrauen und verraten. Denn Du weißt wie diese, dass für Euch alle die Uhr tickt. Die Atombombe ist zu gefährlich geworden, das Internet zu perfekt, die Sterberate steigt wieder, weil die unnatürlichen Lebensverlängerungen nicht mehr finanzierbar sind; das gefühlvolle Weibliche bekommt weltweit immer höhere Stellenwerte, und das ruinöse Globalisieren der Wirtschaft wird zu einem Globalisieren der Herzen. Das Esoterische konntest Du lächerlich machen, aber die Spiritualität kommt aus einer anderen inneren Ebene voll zartem Licht, und dieses wird Dich eher traurig machen, weil Du dabei leer ausgehst.

Wirst Du nicht neidisch und fühlst immer mehr Deine Einsamkeit? Ach so, man bezeichnet Dich ja als gefühllos. Oder hat man Dir das auch nur angedichtet? Dass in Deinen dunklen Etagen des Metaraums, bislang zeitlos und uns von den Kirchen als ‚ewig' angedroht, die ‚Zeit' zu ticken beginnt, spürst Du und weißt Du auch ganz genau. Würde das auch für Dich ‚Erlösung' bedeuten? Denn der gesamte besiedelte Kosmos – und Du siehst und weißt mehr als wir – schwingt längst in den lichtvollen Frequenzen der Liebe und des Friedens, auch unser restliches Sonnensystem – nur unsere Erdmutter noch nicht, wie auch alle anderen Lernplaneten in unserer Milchstraße mit ihren polaren Erfahrungsebenen.

Im Diesseits liebe ich Deine schwarze Farbe nur, wenn ich sehe, dass in der globalen braven Herde immer mehr »Schwarze Schafe« sichtbar werden – dann juble ich. Und mit meinem Buchumschlag zeige ich es auch: Das Licht kommt in die Finsternis, in Deine, und das Licht ist am Ende immer Sieger!

Im Jenseits geht es Dir auch an Deinen verschmutzten Kragen. In einer Botschaft nach dem Asien-Tsunami wurde angekündigt, dass der irdische Astralbereich in eine Neuordnung kommt. ‚Die dichteren Sphären in eurer Seelen-Dimension werden in eine Verfeinerung hinaufgezogen und lösen sich dadurch teilweise sogar auf. Ihr erhebt euch seelisch und lasst alte Leidensmuster los. Eure Himmel kommen euren Schattenwelten sozusagen entgegen.' Na, hast Du das gewusst?

Saint Germain bestätigte kürzlich meine Erkenntnis, da er uns versichert, dass der dunkle Pol der Dualität, also der Pol, der Getrenntheit schafft, sich in dieser Zeit vor seinem notwendigen Tod fürchtet – da bist Du gemeint! Wir sollen nicht mehr kämpfen (wie ein »Neo«), und Du kämpfst bereits um Dein Überleben, da Du den Tod schon zu spüren beginnst.

Was ich in diesem Buch über die verstärkten weiblichen Sonnen- und Planetenenergien aus dem Kosmos geschrieben habe, kennst Du auch schon lange, aber diese weiblichen Energien werden Dir nicht dienlich sein, Du brauchst die schmerzlichen, leidvollen, erniedrigten und daher verhassten sexuellen Aggressionen, und die gönnt Dir bald niemand mehr.

Du hast Deinen Dienst als Gegenpol auf unserer irdischen Erfahrungsebene höchst eigennützig, aber vortrefflich vollzogen – danke! Aber unsere Ichsüchte und unsere Selbstliebe sind zu Selbstläufern und Du dadurch zu mächtig geworden.

Saint Germain versichert uns, dass die Vergangenheit erlöst werden will, damit eine neue Zukunft entstehen kann. Wenn wir Dir helfen können, dann lass es uns wissen. Denn jeder von uns hat schon öfters mitgeholfen, Dich immer wieder zu stärken, sicherlich auch in vielen früheren Erdenleben.

Ich verabschiede mich mit dem Gruß einer Deiner Mitarbeiter: toi, toi, toi (Teufel, Teufel, Teufel).

Johannes

Das göttliche Erbe

Jeder Erdenmensch, der auf dieser Erfahrungsebene inkarniert, ist mit gottesebenbildlichen **Schöpferkräften** ausgestattet und kann sie auf drei verschiedenen Wirkebenen einsetzen. Ich nenne sie die ICH-, DU- und die WIR-Ebene, wie ich sie weiter unten abgebildet habe.

Feinstoffliche Energie ist Schwingung, und unsere drei Schöpferebenen ,strahlen' ihre eigenen Schwingungsfrequenzspektren aus. Wird eines dieser drei Schöpferenergiespektren in unserem Leben bewusst oder unbewusst vernachlässigt, entsteht ein Ungleichgewicht. Dadurch wird unsere individuell angelegte Harmonie gestört, und unser Verhalten kann für uns und andere zur Belastung werden. Solche gefühlsmäßige wie emotionale Defizite können kurzfristig wie auch jahrelang oder lebenslang vorherrschen.

Unser **Kopf** mit seinem Verstand und seinen zwei Hirnhälften bietet uns mit der Gedankenkraft unseres ICHs ein gigantisches Schöpferpotential. Alles, was wir haben und besitzen, wurde in irgendeiner Form von einem Menschen erschaffen, nachdem es *zuvor gedacht worden ist*. Alles – die Speisen, das Haus, das EDV-Programm, das Auto, das Flugzeug, aber auch das

Messer, das Schwert, die Kanone, die Atombombe und natürlich auch das Gebet, die Chormusik, der Dom und das Kreuz –, alles ist menschliche Schöpferkraft, die zuerst durch Gedankenkraft geboren wurde.

Die zweite gewaltige Schöpferkraft ist in unserem **Sakralchakra** angelegt, und möchte das DU leben – sowohl rein körperlich in der Zeugung neuen Lebens, als auch im Erleben harmonischer wie auch ekstatischer Glücksgefühle des liebenden Vereintseins und der körperlichen Liebe. Das Vernachlässigen dieses Schöpfungspotentials hat System und trennt uns gleichzeitig von vielen Lebensenergien unserer göttlichen Erdmutter. [78] Unsere Lebensfreude, unsere Sinnlichkeit, unsere Kreativität und beglückende Erfüllung in verschiedensten Abstufungen warten hier auf unser bewusstes Erleben. Die körperliche Liebe ist dabei die Initialzündung.

Das dritte menschliche Schöpferzentrum in der Körpermitte und der Mitte unserer sieben Chakren ist unser **Herz** mit seinen immensen Kräften im WIR. In diesem unermüdlichen Körperzentrum Herz, das sich nicht durch Zellwucherungen selbst zerstören kann und uns ‚lebenslang‘ am Leben erhält, ist auch unser göttliches Schöpferpotential mit seinem inneren Licht beheimatet. Wenn wir, wie Jesus meinte, unser Licht nicht unter den Scheffel stellen, sondern leuchten lassen, muss dies nicht ein abgehobener Heiligenschein sein („...*ätsch, du bist bloß neidisch!*“, meint mein kleiner Frecher), sondern ebenso gut tut es auch ein mutiges, offenes und strahlendes Herz in unserem Alltag. Über unsere fünf schöpferischen Herzenskräfte im Spiel des Erdenlebens, wie ich sie in den Evangelien verstanden habe, schrieb ich mein drittes Buch »Alles ist Gott«.

So wie unsere Schöpferkraft des Kopfes vom ICH lebt, so lebt unsere ‚herzliche‘ vom WIR und unsere sexuelle Schöpferkraft vom DU. Bei allen drei Schöpfungswegen sind wir besonders erfolgreich durch gelebtes ‚Tun‘, und es gibt inzwischen Tausende von Anleitungen, Büchern und Seminaren, wie wir lernen können sinnvoll und schöpferisch-wirksam mit unseren drei göttlichen Potentialen umzugehen. Die Steigerung solcher Prozesse liegt dann noch *im Zusammenwirken* unserer zwei oder – optimalerweise – gar drei Energieebenen, ihre gelebte Synchronizität. Manchmal möchte man wirklich daran glauben, dass wir Gottes ‚Ebenbilder‘ sind – oder schreibe ich lieber: ...*sein könnten?*

Analog zu den sieben Spektralfarben des lebensspendenden Sonnenlichtes besitzt unsere geistig-seelische Körper-Triade Energiezentren, die unsichtbar in der gleichen Farbfrequenzreihenfolge wie im Regenbogen schwingen. Ihre Bezeichnung kommt aus dem Sanskrit und lautet *Chakren* (Energiewirbel).

7. Violett   Spiritualität, Bewusstheit, universelles Bewusstsein, Erkenntnis
6. **Indigo**   **Logik, Erkenntnis, Willenskraft, Selbstbewusstsein, Wahrnehmung**
5. Hellblau Kommunikation, Inspiration, Offenheit, Ausdruck, Äußerung
4. **Grün**   **Gefühle, Liebe, Herzenswärme, Heilung, Mitgefühl, Intuition**
3. Gelb   Wille, Macht, Persönlichkeit, Weisheit, Verarbeitung (Emotionen)
2. **Orange** **Sexualität, Kreativität, Gefühle, Begeisterungsfähigkeit, Erotik**
1. Rot   Erdung, Instinkte, Überleben, Urvertrauen, Durchsetzungsfähigkeit

Unsere drei Hauptchakren sind die schon erwähnten ICH-, WIR- und DU-Energien – die 6, die 4 und die 2. Darunter, dazwischen und darüber liegen die anderen vier Energiewirbel. Das Kehlkopfchakra (5, zwischen Herz und Stirn) trägt einen Großteil der Gedankenschöpferenergie *nach außen*, damit sie entsprechende Formen annehmen kann, und das Nabelchakra (3), das Sonnengeflecht zwischen dem Herz- und dem Sakralchakra, hält die nicht gelebten Lebensenergien *in sich zurück*, und zwar speicherfähig – *Ärger* in allen Formen (Distress, Ohnmacht, Wut, Zorn, Unbeachtetsein uvm.), *Ängste* in allen Formen (Verlust, Krankheit, Besitz, Todesangst uvm.) *Leid* und *Schmerz* in allen Formen (Mitleid, Trauer, Demütigung, Körperschmerz uvm.) und auch *Schuld* und *Sichschuldigfühlen* in allen Formen (familiär, religiös, national uvm.).

Unser oberstes, das Scheitelchakra (7), wird in Zukunft wichtige Wege öffnen können, sofern wir unseren ‚geerdeten Fuß‘ im untersten, dem Wurzelchakra (1), wirklich geerdet halten. Denn nur in unserer Ganzheitlichkeit können die ersehnten seelischen Fortschritte gedeihen. Die inzwischen oft geforderte **Ganzheitlichkeit** meine ich in unserem Falle so, dass unsere drei Schöpferkräfte alle im Gleichklang sind und im Gleichklang *gelebt* werden.

Bei allem Geschehen, das mit diesen Stichworten und ähnlichen Emotionen verbunden ist, entstehen feinstoffliche Energien. Für mediale Menschen sind sie fühl- und manchmal auch sichtbar. Auch die Kirlian-Fotografie kann viele davon farblich darstellen, und geschulte Experten erklären und deuten sie.

Warum erkläre ich das hier an dieser Stelle? Alles, auch die Entstehung des Christentums, hatte seine *Schöpfer* und unzählige *geistige Väter*, seine weltweite Verbreitung und seine Institutionalisierung. Ich möchte die nachfolgende Skizzierung der gestaltenden Persönlichkeiten etwas schematisieren, denn wir werden leicht erkennen, dass von der schöpferischen Ganzheitlichkeit Jesu zusammen mit MM ❶ ein gewaltiger Wandel entstand zu den reduzierten ‚Schöpferebenen‘ von Paulus ❸ und den vielen Kirchenvätern ❷ und damit zu fast allen urchristlichen Gemeinden, die glaubten, ihre Schöpferenergien nur teilweise ❷ leben zu dürfen.

Schöpfungs-ebene	Energie	Liebe	❶ Ganzheitlichkeit	❷ Christlichkeit	❸ Vermännlichung
ICH	Geist	gedachte Liebe	Geist	Geist	Geist
WIR	Gefühle	gefühlte Liebe	Gefühle	Gefühle	—————
DU	Vereint-sein	gelebte Liebe	Vereintsein	—————	—————

Abb. 44: Die Schöpferebenen

Zur Ganzheitlichkeit Jesu ist zu sagen, dass diese trotz seiner Übernatürlichkeit nicht von vornherein auch ausgebildet war. Seine göttliche Schwingung musste zuerst reduziert werden, allerdings nicht durch Schwächen oder Krankheiten oder ähnliches, wie dies bei uns meistens der Fall ist. Die ‚Reduzierung‘ sehe ich in Kraftfokussierungen auf sein Heilen und all die anderen übernatürlichen und wundersamen Kenntnisse und auf sein priesterliches Auftreten. Dies waren die kleinen Einweihungen auf seinen Studienwegen bis zu Beginn der biblischen Überlieferungen, so ab dem dreißigsten Lebensjahr.

Für die Zeit danach fand ich noch zwei weitere wichtige Einschnitte im Erdenleben Jesu: Seine erste große Einweihung für seinen Lehr- und Leidensweg war sein Rückzug in die Wüste. Es war ein entscheidender Prozess – der *Prozess seiner Entscheidung*, den Weg, den er durch seine Hellsichtigkeit kannte und vor seiner Inkarnation angenommen hatte, ab jetzt tatsächlich anzutreten. Ich nenne es seine ICH-Einweihung. Und seine DU-Einweihung, die zweite große und gleichwichtige Einweihung, war die Begegnung mit MM. Zusammen mit dieser göttlichen Inkarnation kam er in seine absolute Größe, die für seinen spektakulären Auftrag Voraussetzung war.

Wir können es uns vielleicht so vorstellen, dass Jesus erst durch die Vereinigung mit MM in seine **Ganzheitlichkeit** kam. Als Priester und Heiler hatte er mit seinen beiden oberen Schöpferebenen, dem ICH und dem WIR, schon göttlich gewirkt, doch durch die Begegnung mit der Göttin erwachten auch alle seine körperlichen Sinne – sinnlich und übersinnlich, und die beiden gingen gemeinsam in ihre **Vollkommenheit**. *Boldi* versucht es auch mit einem Gleichnis: *„...wie bei unseren schönsten Bäumen... wer hoch hinausragt, hat tiefe Wurzeln."*

Mit dieser allgemeinen, aber übergeordneten Erkenntnis blicken wir aber zuerst noch einmal in den Südosten der antiken Welt.

Das orientalische Erbe

Wenn wir kurz die Augen schließen und uns irgendein Bild mit Menschen im Orient vorstellen, erhält dabei fast jeder die Szene von Männern in langen weißen Gewändern und mit einer Kopfbedeckung. Ähnlich gekleidete Frauen muss man in diesem Bild aber suchen. Nicht der Kleidung wegen, sondern weil sie sich mehr im Hause ‚wohlfühlen'. Das eine ist klimabedingt, das andere glaubensbedingt.

Die langen Gewänder waren auch noch Amtstracht in Rom, und in dieser Art der Toga zeigt sich später auch Jesus den Künstlern – vielleicht in Erinnerung an Galiläa? Und die ähnlich verkleideten Kardinäle und Päpste tun dies wohl in Erinnerung an das antike Rom. Aber warum tragen heute alle Pastoren und Priester auf der Welt einen rockähnlichen, matriarchalisch wirkenden ‚Talar' und auch noch ganz in schwarz? Sicherlich als elitäres Markenzeichen, das sich offensichtlich bewährt hat. Doch warum dieses und kein anderes? Warum ist die klösterliche Ordenstracht bei den Nonnen und Mönchen gleich? Wir wissen, der ‚Rock' ist weiblich, und das im gesamten Abendland, wogegen wir Männer ‚Beinkleider' tragen. Warum also trägt bei uns Christen der männliche Klerus Röcke? Es ist keine wichtige Frage, aber ich empfinde auch hierbei noch die orientalische Anbindung.

Zum Thema schwarzer Talar: Es gibt Erklärungsversuche, wie *„...die Kirche lebt damit auch den mütterlichen Archetypen als die große Beschützerin* aus", was irgendwie verständlich wäre, wenn man bedenkt, dass diese ‚Tracht' wie lange schwarze Röcke aussieht. Aber daran wird gezweifelt. Es soll vielmehr die *elitäre Absonderung* von allen anderen Farben sein. Auch die heutigen Richter, Staatsanwälte und Anwälte tragen im Gericht schwarze Roben.

Schwarz wird entweder als *Abstandhalter* oder als *Energieräuber* eingesetzt. In beiden Fällen heißt dann das Thema *Angst*. Schwarz ist auch die Farbe *eigener* versteckter Ängste, mit denen man leichter leben kann, wenn man durch Schwarz bei den anderen, den Mitmenschen, Ängste erzeugen kann. Im Äußeren finden wir es daher in der personifizierten Kirchenmacht und früher im Faschismus wie in Italien oder bei der reichsdeutschen SS.

Nachdem Max Planck im Jahre 1900 durch seine Schwarzkörperforschung zur Quantenphysik fand, diente auch in der Technik das Schwarz als nützlicher Energie-Absorber, speziell beim Sonnenlicht und in der Wärmeherstellung. Damit wurde die *physische* Energieaufnahmefähigkeit bewiesen, die im nichttechnischen Bereich schon immer als *metaphysischer*, subtiler, seelischer und geistiger Energieraub schmarotzte. Dieser meist unbewusst spürbare Energieverlust erzeugt in uns die erwähnten unterbewussten Ängste, die damit eigentlich nur logischer Selbstschutz mit innerem und äußerem Rückzug bedeuten.

Interessant kann dabei unsere Beobachtung der eigenen Reaktionen zur Farbe Schwarz sein – zum Beispiel bei unserer Bekleidung. Warum trage ich gerne Schwarz oder warum nicht? Warum gerade heute? Dann ist die Farbe Schwarz eigentlich keine Farbe mehr, sondern wird zum Ausdruck irgendeiner Stimmung. Auch in der Trauer signalisiert Schwarz: Ich brauche Energie, Zuwendung, Trost.

Physisch wie metaphysisch, auch spirituell, ist Schwarz eigentlich nur die fehlende Energie des Lichtes und der Farbe – weißes Licht zum Beispiel *enthält* alle Farben und ist auch die *Summe aller Farben*. Scheinbar ist das nur metaphysisch und im feinstofflichen Bereich so, denn in der Druckerei ist die Summe aller Farben schwarz. Doch Millionen Wassertröpfchen können die Lebensenergie Licht prismatisch in die sieben Spektralfarben ‚zerlegen' und farbige Regenbogen zaubern. Es sind außerdem die sieben Farben unserer Chakren in der gleichen Reihenfolge wie in den immer unveränderten Regenbögen der Welt.

Im Vordergrund solcher subtiler, absorbierender und angsterzeugender Energien, die sich natürlich auch farblich ausdrücken, erkennen wir das Erbe des sogenannten Partriarchats. Im klassischen Sinne versteht man unter einem **Patriarchat** eine ehrwürdige Vorrangstellung eines älteren, auserwählten Würdenträgers – vor allem in den kirchlichen Bereichen. Was sich aber zu einseitig und anders entwickelt hat, ist die *dominante* Machtstellung der Männer gegenüber den Frauen, ein Sozialverhalten, das Androkratie genannt wird. Die Bezeichnung Patriarchat ist somit nicht korrekt. Auch in dem Wort *dominant* steckt der lateinische Stamm *dominus* (Herr, Gebieter).

Wenig beachtet wird dabei, dass die historische ‚Rechtslage' in unserem Abendland ganz andere Voraussetzungen hatte, als in dem Gebiet unserer Betrachtung um Jesus, das wir von uns aus gesehen als Morgenland bezeichnen. Das Keltische des Altertums kannte die Achtung und Wertschätzung des Mütterlichen und Weiblichen, also der Frauen. So war meine Freude groß, dass ein revolutionärer Forscher von Bestseller-Niveau, Dr. Hans-Joachim Zillmer[79], zum Aspekt des alteuropäischen Mütterglaubens, die Urreligion von der Ur- oder Allmutter, folgendes bestätigte: *„Dementsprechend war das vorgeschichtliche Zeitalter der abendländischen Urgemeinschaft das Zeitalter der Mütter. Die Gesinnung der Sippengemeinschaft beruht auf dem Naturrecht, und der Uranfang des Rechts ist die Familienordnung als gewachsenes Gewohnheitsrecht. Die Alten-Mutter repräsentierte die (göttliche) Allmutter in der Gemeinschaft (Sippe) als Ergebnis des kultischen Matriarchats der Mütter, Seherinnen und Rechtsbewahrerinnen."*

Es hatte solange Bestand, bis das christliche und mit ihm das alttestamentarische und römische Kulturgut mit seiner ‚einseitig-männlichen' Dominanz alles Nordische überwucherte. Bei dem Überbegriff ‚christlich' fordert Zillmer aber auf, genau zu unterscheiden: *„Allerdings besteht ein gravierender Unterschied zwischen dem christlichen Glauben der erst im Mittelalter räumlich wuchernden Papstkirche und dem christlichen Glauben der in Europa im ersten Jahrtausend vorherrschenden keltisch-germanischen, altnordischen, gotischen und skythischen Völker."*

Am ausgeprägtesten zeigt sich der Erhalt weiblicher Wertschätzung in den Ländern, die mit dem römischen Katholizismus am wenigsten in Berührung gekommen sind. Allgemein und aktuell heißt es im Lexikon unter ‚Patriarchat': *„...Die skandinavischen Länder haben mit fast 40% die größte Zahl an Frauen in leitenden Positionen, wohingegen die arabischen Länder nur eine Rate von rund 6% aufweisen."*

Konkret drückt sich dazu Sabine Mrazek in der Zeitschrift »Lebens|t|räume« in ihrem Beitrag »Frauen Power in der Wirtschaft« (6/2007) aus. Sabine Mrazek (www.sabeconsult.de) betreibt Einzel- und Wachstumscoaching und wurde dafür am 20.4.2007 mit der »Auszeichnung für das Beste Personalentwicklungskonzept NRW« geehrt. Sie stellt fest: *„50 Jahre Gleichberechtigung: Und in den an der deutschen Börse notierten 50 größten Unternehmen ist keine einzige Frau im Vorstand. In den 100 größten Unternehmen Deutschlands gibt es eine Vertreterin des weiblichen Geschlechts im Vorstand. Der einzige stimmige Grund für diese Tatsache wäre, dass Frauen dies nicht wollen. Da ich aus sehr, sehr vielen Gesprächen aber weiß, dass das nicht der Fall ist, stelle ich zu Recht die Frage: ‚Was ist da los?'"*

Doch gehen wir zurück zu den Wurzeln dieser Einseitigkeit. Da sich unsere mitteleuropäische Altertumsforschung überwiegend nach Süden und orientalisch ausgerichtet hat, wissen wir, dass dort seit über fünftausend Jahren Männerherrschaft vorherrscht. Das fällt zeitlich in etwa zusammen mit dem Beginn des hinduistischen Kali-Yugas, das ich bereits auf Seite 109 vorgestellt habe. Astrologisch beginnt diese Entwicklung mit dem zurückliegenden Stier-Zeitalter, und erhalten hat sich diese auch in dem nachfolgenden Widder- und dem Fische-Zeitalter. Erst das jetzt angehende Zeitalter des Geistausgießers Aquaria/Aquarius wird das langersehnte Gleichgewicht dieser getrennt gehaltenen Energien weiblich/männlich ermöglichen.

Das spiegelt auch das irdische Verständnis der verschiedenen Pantheonvorstellungen der Antike (gr.: *pantheos* die Gesamtheit aller Götter eines Volkes). **Alle Religionen hatten ausnahmslos auch Göttinnen** in ihrem Kult, ursprünglich ja auch die Israeliten. Deren bis heute erhaltener Monotheismus oder Eingottglaube hat aber dann einen langen Werdeprozess durchgemacht, weil er in der vorliegenden Form von Priestern redigiert worden ist. (Helmuth von Glasenapp) Genau das hat auch das Christentum übernommen, und genau darin sehe ich den immerwährenden und beträchtlichen Einfluss des Ungeistes. Er fand immer hörige Männer, die ihre Ängste vor dem Weiblichen als *seine* Frauenfeindlichkeit in ihrem Wirken etabliert oder weitergeführt haben. Dazu passt auch die Frage: Wurden solche Ängste bewusst oder unbewusst mit Mutter Natur gekoppelt, wenn die Herren Meteorologen den Schäden anrichtenden Un-Wettern bis vor kurzem Frauennamen gaben?

Dieses archetypische Weltthema der **Unterdrückung der Frauen** und ihrer Weiblichkeit hat schon viele Bücher gefüllt, die aber weitgehend ungelesen blieben. Ich kann dieses ausschlaggebende Thema auch nur kurz streifen und einige Zitate anderer Forscher präsentieren.

Ein Beispiel aus der Religion: Professor Dr. Manfred Hauke lehrt Dogmatik und Patrologie an der Theologischen Fakultät von Lugano, und in seinem Buch »Respondeo 17, Das Weihesakrament für die Frau – eine Forderung der Zeit?« schreibt er: *„Während in der Frühzeit Israels noch gleichermaßen beide Geschlechter zum Tempel Zutritt hatten, gelangte die Frau zur Zeit Jesu nur bis in einen Vorhof. In den Synagogen wies man ihr auf der Empore oder in einem Nebenraum den Platz an... Töchter im mosaischen Gesetz zu unterweisen, galt als ungehörig. Selbst das Gespräch mit einer Frau war für einen Mann verpönt... War es doch nach einer liberalen Auslegung mancher Rabbiner für den Mann möglich, seine Gattin schon dann wegzuschicken, wenn sie die Suppe hatte anbrennen lassen oder wenn er eine schönere Frau fand.“*

So setzten die Priester in Jerusalem ein Patriarchat ohnegleichen durch. Immer wieder hat die moderne Psychoanalyse darauf verwiesen, dass sich damals ein *sakraler Männerbund* inszenierte. (DER SPIEGEL) *„...die Worte der Tora werden eher im Feuer vernichtet werden, als Frauen gelehrt werden“*, steht im Talmud. (Die Tora ist der wichtigste Teil der Heiligen Schrift der Israeliten. Der Talmud ist neben dem Alten Testament das grundlegende Werk der Verhaltens- und Lebenslehre.)

Das war ein Beispiel aus der vorchristlichen Vergangenheit, die unter dem alten *morgenländischen Einfluss* und dem des Ungeistes stand. Als ich las, was Gardner aus dem zweiten Jahrhundert unserer Zeit berichtet, hatte ich das Bild des Orients noch einmal deutlich vor Augen. Er schreibt: *„In der christlichen Kirche hatte ein Trennungsprozess eingesetzt: Die Männer vollführten den Ritus, die Frauen beteten in der Stille. Am Ende des Jahrhunderts war selbst dieser Grad der Beteiligung verschwunden, und die Teilnahme von Frauen am religiösen Gebet wurde ganz verboten. Jede Frau, die an religiösen Handlungen teilnahm, wurde als Dirne und Hexe beschimpft.“*

Wurde diese Angst vor selbstbewussten Frauen irgendwie forciert? Dazu schreibt Gardner: *„Viele Frauen, die offiziell für ketzerisch erklärte Gruppen der Nazoräer anführten, verkündeten eine Lehre, die sich auf Anweisungen der*

Therapeuthai in Qumran stützte. Diese Lehre war eher spirituell inspiriert, während die römische Form des Christentums sehr materialistisch war. Mystische Lehren wurden als enorme Gefahr angesehen. Laut Roms Strategie gegen Frauenpriester mussten sie als Sünder und Untergebene angesehen werden...“

Auch im außerkirchlichen Leben der Frauen hat sich die Situation der Christinnen verschlechtert. Im »Lexikon der christlichen Antike«[80] heißt es dazu: *„Das rigorose Scheidungsverbot im westlichen Christentum hat die Abhängigkeit der Frauen von ihren Ehemännern beträchtlich vergrößert... Frauen der Oberschicht hatten in der Spätantike ein hohes Bildungsniveau, Bildung gehörte zum Frauenideal. Hier hat das Christentum ebenfalls die Situation verschlechtert, da es Bildung zumindest tendenziell als ‚weltlich‘ geringschätzte und besonders Frauen auf Bibelstudium und Frömmigkeit festlegte.“*

Erstaunt lesen wir bei Hauke, dass die im alten Griechenland beschränkte Frauenrolle geradezu emanzipiert war und fast das gesamte Römische Reich erfasste. *„In manchen Dingen waren die Frauen in der Welt des griechisch-römischen Hellenismus sogar ‚emanzipierter‘ als die heutigen Frauen. Es gab nicht nur Unternehmerinnen, Ärztinnen usw., sondern selbst Gladiatorinnen und Ringkämpferinnen. In manchen Philosophenschulen gaben Frauen Unterricht und zogen dabei von Ort zu Ort – wie ihre männlichen Kollegen und ähnlich wie Paulus. Bekannt sind auch die Priesterinnen, besonders in den Mysterienreligionen, einer starken Konkurrenz des Christentums.“*

Der kritische Autor Michael Ritzer[81] stellt durch seine gnostischen Kenntnisse die Frage: *„Ist die alte ‚Antike Mysterienreligion‘, in deren Zentrum der Fruchtbarkeitskult stand, der Schlüssel zum Kern aller Religionen? Kann es sein, dass Menschen ohne die heidnische Ur-Religion die Mission, das Auftreten und Wirken von Christus Jesus gar nicht verstehen können?“*

Unter dem Überbegriff ‚Gnostische Mysterienreligionen‘ wird aus Rom alles bekämpft, was mit dem geisterfüllten Inhalt solcher Lehren zusammenhängt. Diese kommen sowohl aus dem Osten des Imperiums wie auch aus dem griechisch-koptischen Alexandria. Immerhin wurde auch **Isis** bis zum Konzil von Ephesus im Jahre 431 als Himmelskönigin, Gnadenspenderin, Retterin, Unbefleckte Sancta Regina, Mater dolorosa im sternengeschmückten Mantel und mit dem Gotteskind verehrt – als kosmische Mutter. (Ritzer)

Abb. 45:
Yaschoda mit Krischna

Abb. 46:
Isis mit Horus

Abb. 47:
Maria mit Jesu

Dieser schamlos übernommene männerdominante Kirchenglaube hielt sich konstant, wurde aber im achtzehnten Jahrhundert allmählich von Aufklärung und Rationalismus abgelöst. Dafür begann bei der Intelligenz und den Mächtigen ein neuer Glaube – die Wissenschaftsgläubigkeit und der Fortschrittsglaube, heute inzwischen mit einer Faszination der Technik als ‚männliche Ekstase'. Doch es wurde auch dabei nur eine neue Form der Androkratie, der anhaltenden Männervorherrschaft, die sich abenteuerlich durch zwei Jahrtausende zog und tiefe Spuren des Leids und des Todes hinterließ.

Das paulinische Erbe

Das ist eigentlich ein schockierendes Thema. Was heute wieder an Erkenntnissen zu diesem Apostel, Märtyrer und Heiligen offengelegt wird, ist schwerwiegend.

Zur Person weiß man, dass Rabbi Schaul (3-64), der Saulus aus Tarsos, der hellenistischen Hauptstadt der römischen Provinz Zilitien, Sohn jüdischer Eltern war. Sie waren Diaspora-Juden und daher vertraut mit der orthodoxen Vorgabe, sich allen fremden Kultureinflüssen auf die elitäre Kultur der Israeliten zu widersetzen und auf einen *politisch*-erlösenden Messias (Gesalbten) zu warten. Andererseits ist Saulus als römischer Bürger geboren und aufgewachsen. Da Tarsos zu einer Hochburg des elitären *Mithras*-Kultes zählte, musste er auch mit den Lehren dieses *unpolitisch*-erlösenden Sohn des Lichtgottes Helios vertraut gewesen sein.

Saulus war Schüler des Hohepriesters und pharisäischen Schriftgelehrten Gamaliel, den die Mischa siebenmal als großen Rabbi ausruft. Er lernte vor allem die Halacha-Pädagogik, die mündliche Überlieferung des Talmuds. Er selbst erklärt in der Apostelgeschichte, er wäre „*...mit aller Sorgfalt unterwiesen im väterlichen Gesetz zu Füßen Gamaliels und war ein Eiferer für Gott, wie ihr es heute alle seid... ihr Männer, liebe Brüder, ich bin ein Pharisäer und ein Sohn von Pharisäern*", zitiert Ritzer. Bei der bis heute anhaltenden Kritik an dem konvertierten Paulus sollten wir dies im Blick behalten.

Was werfen die Kritiker dem Heiligen Paulus vor? Obwohl heute nicht mehr alle ‚seine' Briefe ihm zugeschrieben werden, füllen diese einen zu großen Teil des Neuen Testaments, das eigentlich die Frohbotschaft Jesu sein sollte. Robert Kehl schreibt in seinem Büchlein »Jesus, der größte Betrogene aller Zeiten«: „*Etwas Schlimmeres konnte Jesus wohl nicht widerfahren, als dass ein vollblütiger Pharisäer seine Sache in die Hand nehmen würde, auch wenn er es gutgläubig tat.*" Verdächtig ist, dass die Briefe, die Paulus hinterlassen hat, kein einziges Gleichnis von Jesus enthalten und auch dessen eigentliche und geniale Frohbotschaft unerwähnt bleibt. Trotz vieler weiterer Kommentare, die mir vorliegen, beschränke ich mich aber nur auf seine ‚eigene Offenbarung'.

Vorab: Paulus führte ins Urchristliche offiziell die Diffamierung der Sexualität, die Zurücksetzung der Frauen, die Geringschätzung der Ehe und die Aufwertung der Askese ein. Somit stammt die früheste Geringschätzung der Frauen im Christentum von Paulus! Mit dem darüber vorliegenden Material könnte ich Seiten füllen, doch das führt uns heute nicht mehr weiter.

Paulus spürte die Größe der urchristlichen Idee und hatte durch seine Ausbildung auch das *Know-how* zu ihrer Durchsetzung. **Aber nicht mit dem Pazifisten Jesus, denn damit war nach seiner Meinung kein Staat zu machen in der antiken Welt der Männer.** Jesus als Gekreuzigter war für ihn ein Bestrafter, ein Versager. Und wie kann man daraus einen Sieger machen? Indem man Jesus entpersonifiziert: *Jesus ist gestorben, es lebe Christus.*

In seinem Buch »Jesus überlebte die Kreuzigung«[(82)] verdächtigt Soami Divyanand den Paulus: „*Da er jedoch entschlossen war, eine neue Religion zu organisieren, deren Oberhaupt er sein wollte, nutzte er den Ruhm Jesu aus und begründete seine neue Religion auf einem Jesus-Kult. Durch die Herausstellung von Jesu Opfertod appellierte er an die menschlichen Emotio-*

Abb. 48: Paulus

nen. Er verkündete einen ‚Opfertod‘ für alle, die daran glaubten, als Mittel zur Erlösung und konnte dadurch den einzigen Weg dahin, nämlich den inneren Pfad und die spirituelle Macht des Gottmenschen, übergehen; er hatte davon ja nicht die geringste Vorstellung, während Jesus gerade diesen inneren Pfad in seinem ganzen Leben praktiziert und gelehrt hatte."

Moderne urchristliche Kritik gegen Paulus zählt noch weitere Aussagen auf, die seine innere Anbindung an das Pharisäertum erkennen lassen und heute noch die Frohbotschaft Jesu verfälschen. Er erklärt zum Beispiel, der Christ müsse der Obrigkeit dieser Welt gehorchen müsse, da diese von Gott eingesetzt und angeordnet und Gottes Dienerin sei, die mit dem Schwert auch ein gerechtes Strafgericht vollziehe. (Röm. 13,1-4) Jesus dagegen erklärte: „…gebt dem Kaiser, was des Kaisers ist, und Gott, was Gott gebührt." Paulus sagte auch: „…was auf dem Fleischmarkt verkauft wird, das esst, und forscht nicht nach, damit ihr das Gewissen nicht beschwert." (1. Kor. 10,25) Heute noch werden Milliarden von Tieren hingeschlachtet, weil Paulus den vegetarischen Grundsatz Jesu und der Urchristen aufgehoben hat.

Deschner beklagt: „Immer wieder predigt Paulus von Versöhnung und Erlösung, von dem Sühnemittel ‚in seinem Blute‘ der Erlösung, ‚durch sein Blut‘ der Friedenstiftung, ‚durch sein am Kreuz vergossenes Blut‘."
Ritzer entdeckt: „Viele Christen trauten dem neuen Saulus, der nun Paulus hieß, nicht und gingen ihm aus dem Weg, was Paulus selbst offen bekennen muss. Denn dieser predigt von nun an ein ganz anders Evangelium. Er redet von seinem Evangelium und duldet kein anderes neben sich. Paulus ging von Anfang an seinen eigenen Weg, was bald zu erheblichen Unstimmigkeiten im Urchristentum führte. Der Mann aus Tarsus reklamierte für sich den direkten Kontakt zu Gott, er **berief sich auf seine Offenbarungen**. Zu dieser Zeit dürfte er bereits über hohe Summen finanzieller Möglichkeiten verfügt haben, denn er baute plötzlich überall neue Gemeinden…" Auch andere Autoren erkennen, dass Paulus neue Gemeinden gründete, die mit den ersten urchristlichen wenig Kontakt hatten.

Die mystische Gemeinschaft der Nazoräer, deren Haartracht auch Jesus trug, verunglimpfte Paulus als ‚Renegaten und falschen Apostel‘ und erklärte, seine götzendienerischen Schriften müssten vollständig verworfen werden. (Gardner)

Die Autorin, Theologin und Pädagogin Dr. Christa Mulack zitiert dazu in ihrem Buch »Jesus – der Gesalbte der Frauen«[83] den anerkannten Philologen und Religionshistoriker Wilhelm Nestle, der schreibt: *„,Christentum ist die von Paulus gegründete Religion, die an Stelle des Evangeliums Jesu ein Evangelium von Jesus setzt.' Und ergänzend möchte ich hinzufügen: Nicht nur ein Evangelium, sondern sein Evangelium von Jesus, das sich ja in beträchtlichem Maße von jenem der Evangelisten unterscheidet. Trotzdem wurden in der christlichen Tradition die Lehren Jesu und die des Paulus, den ein Theologe einen ‚Klassiker der Intoleranz' nennt, unterschiedslos zum ‚Wort Gottes' erklärt und damit einem Pseudochristentum der Weg bereitet, an dem die Kirche bis heute krankt.“*

Paulus geht davon aus, dass das Christentum dem erwählten Volk unterstellt ist und er damit das Alte Testament der ganzen Welt öffnet.

Für viele christliche Theologen ist das auch heute noch selbstverständlich, für viele aber ist das der reine Horror. Das Energiespiel, das wir schon aus den Evangelientexten kennen, setzt sich also weiter fort: Jesus kontra Pharisäer und Pharisäer kontra Jesus. Im 23. Kapitel des Evangeliums nach Matthäus drückt sich Jesus dazu ganz offensichtlich klar aus.

Paulus hat viele wohlklingende Zitate (anstelle von Gleichnissen wie Jesus) über die Liebe, doch er versteht sie scheinbar nur männlich. Er könnte sonst nicht lehren: *„...da Gott nichts veranlasst, was nicht notwendig ist, muss der Tod Jesu notwendig gewesen sein.“* Dass ein *Christ*, wie er Jesus bezeichnet, aus reiner Liebe zu uns auf Erden kam, wurde ihm anscheinend nicht geoffenbart.

Seine Forderung, einfach, aber rückhaltlos zu g l a u b e n, wurde der »Religion der Liebe« somit zum Verhängnis.

Vielleicht gilt das auch noch für die andere seiner ‚eigenen Offenbarungen', welche die Menschen von ihrem geliebten Jesus wegbrachten. Ich meine seine Erfindung eines **unpersönlichen Christus** – etwas Abstraktes und kein sichtbares Gefäß für die gläubigen Menschen, wie es Jesus für sie war. Dass es diesen Christus-‚Geist' gibt, zu dem wir heute eher *Bewusstsein* sagen würden, ist klar. Es ist die kosmisch-reine Energie der Liebe, die wir auch göttlich nennen können und die jedem Inkarnierten zur Verfügung steht, der sich dafür öffnet. ‚Göttlich' klingt gut, weil sie die himmlische und übernatürliche Liebe darstellt, die zu leben wir in unserem Alltag nur selten fähig sind – göttlich auch als übernatürliche Energie, die somit tief in unsere Natur und Stofflichkeit hineinwirken kann. Insofern dachte Paulus absolut richtig.

Sein großer Kollege der Neuzeit, der New-Age-Vordenker der katholischen Kirche, der französische Jesuit und Professor Pierre Teilhard de Chardin (1881-1955) prägte dann den Begriff **Christus universalis**.

Paulus dagegen konnte als innerlicher Pharisäer nicht anders, als dass er seine ehemalige Messiasvorstellung modernisierte. Der eingedeutschte Titel *Messias* heißt hebräisch *maschiach*, griechisch *chrestos* und latinisiert *christus*, der ‚Gesalbte‘, ursprünglich der ‚gesalbte König‘. Dieser wurde aber als *Erlöser* erwartet – von den Israeliten als politischer Befreier und zukünftiger König. Von den Urchristen wurde er dagegen als Erlöser ihrer vermeintlichen Sünden erhofft, bevor der gefürchtete Tag des Jüngsten Gerichtes kommen würde, der ‚nahe‘ erwartet wurde.

So ging dieser Ehrentitel *Christus* einen steinigen Weg durch die Kirchengeschichte, bis er 1920 in Paris durch Teilhard de Chardin in seiner kosmischen Größe erkannt und ausgedrückt wurde.

Das Erbe der Reformation

Der deutsche Gegenspieler eines unrühmlichen Zeitabschnitts der päpstlichen Kirche war Luther. Er ist Initiator und Schlüsselfigur der größten Kirchenreform des Christentums – der Augustinermönch Professor Dr. Martin Luther (1483-1546). Wenn die Protestanten ihre großen Männer auch durch Heiligsprechung ehren würden, wäre ihr *Martin* schon lange heilig. Aber er war auch sehr irdisch-menschlich, und das hat der Liebeslehre des Heilands nicht immer gut getan.

Sicherlich war eine Reform der Kirche, die noch in der altrömischen Zentralmacht Papst/Kaiser als ‚Heiliges Römisches Reich‘ agierte, dringend nötig. Sicherlich wurde auch durch die deutschsprachige Reformation die katholische Universalkirche gestoppt, denn sie war auf dem Weg zum ‚Eine-Welt-Gottes-Staat‘, perfekt geplant mit Latein als Weltsprache, das nur die Elite – Theologen, Juristen und Mediziner – beherrschte, deren Auserwähltsein über die Lateinschulen leicht gesteuert werden konnte.

Aber ich bin sicher, unser Ungeist half auch auf dieser Seite der Fronten brillant mit, dass aus der gewollten Erneuerung und Kirchenreform eine Kirchenspaltung entstand, die unvorstellbar bestialische und verheerende Glaubenskriege (Bauernkrieg und Dreißigjähriger Krieg, der ganz Deutschland entvölkerte – von sieben auf vier Millionen *Teutsche*) zwischen den christlichen Brüdern und Schwestern auslöste – ganz auf deutschem Boden mit europäischer Hilfestellung. Zur Rechtfertigung Luthers fand ich bei dem längst vergessenen Historiker Viktor Bibl folgende Klarstellung: *„Es war auf jeden Fall nicht deutscher Geist, der im Reiche die ersten Blutopfer forderte und zum Glaubenskrieg hintrieb. In der von dem Spanier Ignatius von Loyola gegründeten »Gesellschaft Jesu« lebte der in einem achthundertjährigen Kampf gegen Andersgläubige gereifte religiöse Fanatismus weiter. Bald bekam Deutschland an allen Ecken und Enden die ‚jesuitischen Praktiken‘ zu spüren."* Der letzte christliche Glaubenskrieg endete übrigens erst im soeben vergangenen zwanzigsten Jahrhundert in Irland.

Welche ‚Früchte‘ brachte die Reformation, die zu einem unkontrollierten Selbstläufer wurde, der Christenheit außerdem?

1. wird in der neuen Luther-Bibel das Alte Testament offiziell aufgenommen und verdeutscht, wobei das Alte das Neue Testament ‚erdrückt‘. Dadurch bleibt ohne die Apostelgeschichte dem Heiland mit seiner genialen »Religion der Liebe« seitenmäßig gerade ein Fünftel der ‚Heiligen Schrift‘ der Christen. Ich nehme es ernst, dass Jesus davor warnte: *„...man füllt auch nicht neuen Wein in alte Schläuche..."* Dr. Immanuel Kant, Professor für Metaphysik, sagte: *„Ihr müsst zwischen Jahwe, dem ‚deus ex machina‘, und Gott, dem ‚deus ex anima‘ wählen, für beide ist nebeneinander kein Platz."* Friedrich Nietzsche meinte: *„Dieses N.T. mit dem A.T. zu einem Buch zusammengeleimt zu haben als ‚Bibel‘, das ist vielleicht die größte Verwegenheit und ‚Sünde wider den Geist‘, welche das literarische Europa auf dem Gewissen hat."*

2. wird mit der pauschalen Übersetzung ‚*Gott, der Herr*‘ für alle die verschiedenen Gottesnamen des Alten Testaments das obige falsche Bild zementiert. Wie wir wissen, verstand der Heiland unter seinem liebenden Vater etwas ganz anderes als die Israeliten.

3. wird unter der Lehrformel *sola scriptura* (lat.: *allein die Schrift*) ein Buchstabenglauben festgeschrieben. Aus der ‚lebendigen Lehre‘ wurde teilweise eine Diktatur des Wortes. Viele christliche Gruppen betrieben das mit völlig unchristlichem Fanatismus und ebensolcher Intoleranz. Der Heiland, der erklärte: *„...der Buchstabe tötet, aber der Geist macht lebendig"*, war vergessen.

4. wird unter der Lehrformel *sola fide* (lat.: *allein der Glaube*) erneut die paulinische Glaubenslüge ‚der Glaube allein macht selig‘ festgeschrieben. Der bekannte jüdische Professor Erich Fromm, Humanist und einer der wichtigsten Vertreter der Psychoanalyse der USA, stellte in seinem berühmten ersten Werk »Die Kunst des Liebens« fest: *„Luthers Hauptthese lautete, dass sich der Mensch Gottes Liebe nicht durch seine eigenen guten Werke verdienen kann. Gottes Liebe ist Gnade, der gläubige Mensch sollte auf diese Gnade vertrauen und sich klein und hilfsbedürftig machen. Gute Werke können Gott nicht beeinflussen; sie können ihn nicht veranlassen, uns zu lieben, wie das die katholische Kirche lehrt.“*

Aber unser streitbarer Reformator führte ja schon selbst ‚Kriege‘ und emotionale Wortschlachten. War es nicht der verborgene Hochmut seines eigenen Ichs, das sich letztlich selbst zum Maßstab dafür machte, was von nun an in der lutherischen Kirche als *christlich* zu gelten hatte und was nicht? Hatte der Ungeist ein leichtes Spiel mit ihm? Mit Intoleranz ging er gegen alle vor, die sich *seiner* Verkündigung des Evangeliums nicht beugten. Es schien für ihn nicht *zuerst* die Wahrheit, ‚das reine Evangelium‘, zu zählen, sondern inzwischen die Macht der Institution Kirche, Pfarrer zu berufen oder nicht. Maßgebend sollte einzig sein, ob sich der Prediger den Formvorschriften für das Pfarramt der Kirche unterwarf, *„...sonst soll man sie nicht zulassen noch hören, wenn sie gleich das reine Evangelium wollten lehren, ja wenn sie gleich Engeln und eitel Gabriel vom Himmel wären... will er predigen oder lehren, so beweise er den Beruf und Befehl (der Kirche)... will er nicht, so befehle die Obrigkeit solchen Buben dem rechten Meister, der Meister Hans (damals der Henker; A.d.A.) heißt.“* (siehe Luthers »Auslegung« des 82. Psalms)

Immer hartherziger und engstirniger wurde unser großer christlicher Reformator, und ich zitiere noch einen erstaunlichen Text aus dem Spätwerk des Neunundfünfzigjährigen, drei Jahre vor seinem Tod, in dem es in seiner Schrift »Von den jüden und iren lügen« (1543) heißt: *„Ein solch verzweifelt, durchböst, durchgiftet, durchteufelt Ding ist‘s umb diese Juden, so diese 1.400 Jahr unsere Plage, Pestilenz und alles Unglück gewest und noch sind. Summa wir haben rechte Teufel an ihnen. Daß man ihre Synagogen oder Schulen mit Feuer anstecke, und was nicht verbrennen will, mit Erde überhäufe und beschütte, daß kein Mensch einen Stein oder Schlacke davon sehe ewiglich...“* (Erlanger Ausgabe XXXII.242/233)

Und noch viel Schlimmeres wünschte ihnen unser christlicher Reformator. Es ist kein Wunder, dass Luther am Ende seines Lebens wollte, dass man **aus seiner Reformation, seiner neuen Kirche, das Alte Testament wieder entfernen würde**, da es ja weitgehend auch die Lehre der inzwischen verhasst gewordenen Juden war. Sein wichtiger Berater, der jüdische Astrologe Professor Philipp Melanchthon, (der eigentlich *Schwarzert* hieß, aber zur Tarnung ein Pseudonym benutzte) hatte alle Mühe, Luthers judenfeindliche Schriften wieder aus dem Verkehr zu ziehen. Aber erst im vorletzten Jahrzehnt hat sich die evangelische Kirche bei der jüdischen Kirche dafür offiziell entschuldigt.

Habe ich nun den wirklich großen Deutschen zu sehr herabgewürdigt? Luther hatte aus der geistigen Welt sicher die richtigen Intuitionen. Aber seine Emotionalität, ein Zeichen seiner Egozentrik und daher seiner inneren Verbindung mit dem Ungeist, ließ seine Zeiten der Klarheit oft in unsinnige Verständnislosigkeit umkippen. Zum Beispiel dehnt Luther das hochschwingende Wort ‚evangelisch‘ bewusst auch auf das Alte Testament aus, wohlwissend, dass das griechische Wort *eu-aggélion (ˮwas ein Freudenbote mit sich bringtˮ)* bedeutet. Gemeint war ausschließlich des Heilands Lehre, aber nicht Jehovas Gesetzesmacht.

Luthers ‚Evangelische Freiheit‘ war schwer verständlich und entpuppte sich als Farce, als sich 1524 die Bauern gegen die Leibeigenschaften empörten. Rainer Schepper äußert in seinem Buch »Das ist Christentum«[84] sein Entsetzen über folgenden Luthertext: *ˮDer Esel muss Schläge haben und das Volk mit Gewalt regiert werden.ˮ* Und die Junker mit ihren Kriegsknechten, die mit Mord und Brand unter den Bauern wüteten, waren dem Luther noch nicht einmal grausam genug. *ˮIn einer eigenen Broschüre forderte er die Tyrannen zu noch ärgeren Greueln auf, indem er schrieb: ‚Es ist kein Teufel mehr in der Hölle, sie sind alle in die Bauern gefahren. Daher soll man die Bauern erwürgen, heimlich und öffentlich und wie tolle Hunde totschlagen‘.ˮ*

Kritiker erklären, dass Luthers Übersetzungsqua lität teils hudelig, teils eigensinnig war. Sie musste weitgehend in der »revidierten Luther-Bibel« von 1912 verbessert werden. In ganzen elf Wochen peitschte er unter Zeitdruck stehend 1522 n. Chr. seine Übersetzung des Neuen Testaments aus dem Griechischen und dem Lateinischen durch. Auch das nachfolgende Alte Testament bot die Möglichkeit, seinen ‚teutschen‘ Geist und seine Frauenfeindlichkeit (da er Paulus hoch verehrte) darin unterzubringen. Zum Beispiel konnte er auch Diakoninnen nicht ertragen. Nach einer detaillierten Beschreibung von einigen entsprechenden Beispielen resümiert Langbein: *„Man sieht: In einer patriarchalischen Welt, in der Frauen dienstbar zu sein hatten, passte Luther das Neue Testament seinen Vorstellungen an. Er suchte also nicht nach Erkenntnis – Gnosis. Vielmehr glaubte er, die Wahrheit bereits zu kennen und veränderte Biblische Texte im Sinne seiner Vorstellung von der Wirklichkeit. Anstatt nach Erkenntnissen in den Texten zu suchen, zwang er seine Ansichten den Texten auf."*

Luthers großen ‚Glücksfall' sehe ich darin, dass ihm damals die noch nie dagewesene Chance geboten war, sich durch die frisch erfundene Buchdruckertechnik europaweit ausdrücken zu können. Luthers Bibelübersetzung erschien ab September 1522. Im Jahr darauf erschien auch seine erste Teilübersetzung des Alten Testaments; beide zusammen erlebten bis 1525 bereits zweiundzwanzig autorisierte Auflagen und einhundertzehn Nachdrucke, so dass bis zu einem Drittel aller lesekundigen Deutschen dieses Buch besaßen. (Wikipedia)

In dieser ‚Energie des Neuen' – damals war das absolute ‚high-tech' –, und in dem vorhandenen Drang nach Aufbruch und Veränderung, wurde vieles, was wir heute als unsinnig ansehen, einfach akzeptiert und ‚erstmal' mitgemacht. Dabei sehe ich Luther auch als Opfer – denn Zeitgeist verbirgt viel ‚Ungeist'.

Das Erbe des Vordenkers Descartes

Abb. 49:
René Descartes

Im siebzehnten Jahrhundert, dem Beginn der ‚Neuzeit', des Rationalismus und der Aufklärung bewirkten ihre Vordenker, der Italiener Galilei, der Brite Bacon und der französische Philosoph René Descartes (1596-1650), dass die Denkweise der ‚Aufklärung' nicht nur die radikale Beschränkung aller Erkenntnis auf *reine Vernunft* erzwang. Die Aufklärung verbannte auch die Seele gleichsam aus dem Leibe und machte Spiritualität zum reinen Spuk. Diese verlorengegangene Spiritualität und Religiosität wurde allmählich durch Wissenschaftsgläubigkeit ersetzt. Aus kirchlichen Dogmen wurden Absolutheitsansprüche einer einseitig ausgerichteten Wissenschaftlichkeit, die nur experimentell erforschte und lediglich nachweisbare *Materie* anerkannte und geradezu zu einer hochintelligenten Materialismusgläubigkeit ausartete. ‚Visionärer Fortschrittsglaube‘ frotzelte jemand auf seiner Internet-Startseite und stellte die Frage, ob es überhaupt jemanden geben könne, der nicht in die Falle trete, ‚an etwas glauben zu müssen‘. Immer mehr Mitmenschen glauben inzwischen, das Materialistische, das jetzt seit rund vier Jahrhunderten ‚funktioniert‘, sei das Nonplusultra der menschlichen Evolution.

Zweifelsohne war es für das Menschenkollektiv fällig, dass die Wissenschaften den Klöstern entzogen wurden und eine große Freiheit des Denkens und Forschens in ungeahntem Maße entstand. Es war ein nötiger, längst fälliger und gewaltiger Pendelausschlag zur Gegenseite – natürlich zugleich auch ins astrale Reich unseres erfindungsreichen Ungeistes. Und immer stärker ufert der Materialismus aus, weil wir ‚glauben‘, wir hätten keine Geistanbindung mehr und wir bräuchten auch keine solche mehr.

Aber wir haben es bloß vergessen. Wir, die Alltagsmenschen, die es in sich fühlen; wir, die Spezialistinnen und Spezialisten aller Branchen, welche die Ruhelosigkeit des Suchens kennen; wir, die herrschenden und beherrschten Plutokraten, die glauben, die Herren der Welt zu sein – wir alle haben es vergessen oder verdrängen es bewusst, dass es nichts auf unserem Planeten gibt, das ohne Geist existieren kann. **Materie ohne Geist kann nicht existieren.**

Die Wissenden wissen und verschweigen es. Mein eigenes Suchergebnis, die Arbeit meines dritten Buches, betitelte ich mit »Alles ist Gott«. Das ist absolute Realität, gleichgültig, welchen Namen wir diesem ‚Kinde‘ geben. Natürlich werde ich gefragt: „*Gilt das auch, wenn wir diesen Weg des geistlosen Modernismus weiter verfolgen und bei Umweltzerstörung, anhaltendem Glaubenskrieg und der NWO landen?*“

Vermissen Sie vielleicht, dass ich nichts Aufklärendes über Weltkriegsgefahr, künstlich erzeugte Tsunamis, geheimgehaltene Psychowaffen, Wetterkriege, Hyperinflation und so weiter dramatisiere?

Auch diese ‚geistlose Materie‘ hat *Geist* und besteht aus den gleichen menschlichen Schöpferkräften, wie wir sie bisher kennengelernt haben – aber Sie wissen, wessen Geist hier stets förderlich mithilft. Von alters her sprechen die Philosophen vom Dualismus, der besagt, dass jede Energie *so oder so* angewendet werden kann, denn das irdische Geschöpf Mensch darf auf einem »Planeten des freien Willens« lernen zusammenzuleben.

Denn dank unseres freien Willens und unserer hohen Intelligenz wurden und werden wir zu mächtigen Schöpferinnen und Schöpfern und stehen dabei stets dem »Prinzip der Anwendung« gegenüber.

Das Wirken der ‚großen Aufklärer‘ – der Beginn der Aufklärung und des Rationalismus – war damals sehr sinnvoll, und ihr Erbe ist inzwischen so vielfältig wie noch nie auf unserem Planeten. **Es liegt nur an uns, welches Erbe *wir* antreten beziehungsweise *ob* wir das Erbe annehmen oder ausschlagen, denn auch dazu haben wir unseren freien Willen.**

Ein Film, den sicher viele von uns mehrfach gesehen haben, ist das schwedische Meisterwerk ‚Wie im Himmel‘. In diesem singt die von ihrem Ehemann gepeinigte Gabriella mutig: *„Ich habe mein Selbst nie verloren, ich habe es nur schlummern lassen.“* Ich weiß, sie sang das Lied für uns alle und für jeden von uns.

Was wir im Zeitalter des Materialismus als ‚geistig‘ zu verstehen versuchen, drückte vor rund sieben Jahrzehnten der Nobelpreisträger Professor Max Planck in seiner berühmt gewordenen Rede folgendermaßen aus: *„Als Physiker, also als Mann, der sein ganzes Leben der nüchternen Wissenschaft, nämlich der Erforschung der Materie diente, bin ich sicher frei davon, für einen Schwarmgeist gehalten zu werden. Und so sage ich Ihnen nach meiner Erforschung des Atoms dieses: Es gibt keine Materie an sich! Alle Materie entsteht und besteht nur durch eine Kraft, welche die Atomteilchen in Schwingung bringt und sie zum winzigsten Sonnensystem des Atoms zusammenhält. Da es aber im ganzen Weltall weder eine intelligente noch eine ewige Kraft gibt, so müssen wir hinter dieser Kraft einen bewussten, intelligenten Geist annehmen. Dieser Geist ist der Urgrund der Materie! Nicht die sichtbare, aber vergängliche Materie ist das Reale, Wahre, Wirkliche, sondern der unsichtbare, unsterbliche Geist ist das Wahre! [...] So sehen Sie, meine verehrten Freunde, wie in unseren Tagen, in denen man nicht mehr an den Geist als den Urgrund aller Schöpfung glaubt und darum in bitterer Gottesferne steht, gerade das Winzigste und Unsichtbare es ist, das die Wahrheit wieder aus dem Grabe materialistischen Stoffwahnes herausführt und die Tür öffnet in die verlorene und die vergessene Welt des Geistes.“*

Professor Dr. Hans-Peter Dürr, ein mit dem »Alternativen Nobelpreis« ausgezeichneter Quantenphysiker, bestätigt: *„Im Grunde gibt es Materie gar nicht. Jedenfalls nicht im geläufigen Sinne. Es gibt nur ein Beziehungsgefüge, ständigen Wandel, Lebendigkeit. Wir tun uns schwer, uns dies vorzustellen. Primär existiert nur Zusammenhang, das Verbindende ohne materielle Grundlage. **Wir könnten es auch Geist nennen** – etwas, was wir nur spontan erleben und nicht greifen können. Materie und Energie treten erst sekundär in Erscheinung – gewissermaßen als geronnener, erstarrter Geist. Nach Albert Einstein ist Materie nur eine verdünnte Form der Energie. Ihr Untergrund jedoch ist nicht eine noch verfeinerte Energie, sondern etwas ganz Andersartiges, eben **Lebendigkeit**. Wir können sie etwa mit der Software in einem Computer vergleichen. [...] In der subatomaren Quantenwelt gibt es keine Gegenstände, keine Materie, keine Substantive, also Dinge, die wir anfassen und begreifen können. Es gibt nur Bewegungen, Prozesse, Verbindungen, Informationen. Auch diese genannten Substantive müssten wir übersetzen in: Es bewegt sich, es läuft ab, es hängt miteinander zusammen, es weiß voneinander. So bekommen wir eine Ahnung von diesem Urgrund der Lebendigkeit. Besser gesagt: Wir ahnen und erleben.“* [85]

Meckelburg ergänzt: *„Wenn die Welt von René Descartes ausgedient hat, dann vor allem deshalb, weil das eigentliche Substrat der Welt sich nicht aus Objekten (wie klein sie auch immer sein mögen) bestehend erweist und auch nicht aus Raum, sondern aus untereinander in Beziehung stehenden Feldern, die sich in ständiger Bewegung befinden...“* Das hat Descartes eben damals noch nicht wissen können.

‚Wissenschaftlich‘ weiß es aber noch jemand ganz genau: Dr. Matthew Fox, theologischer Rebell im Sinne Jesu, Leiter der privaten »Universität für Schöpfungsspiritualität« in Kalifornien und Autor von vierundzwanzig Büchern, darunter »Mitfühlen, Mitdenken, Mitfreuen«, erklärt in seinem Interview im Buch »Politik des Herzens«: *„Wissenschaft und Spiritualität kommen zusammen. Sie trennten sich im 17. Jahrhundert, und das Ergebnis war katastrophal. Wissenschaft erkundete die Kräfte des Universums – atomare Energie und chemische Prozesse – und verkaufte seine Seele an das Militär, nationale Ideologien und Chemiefirmen, die allesamt die Welt zerstörten. Währenddessen gab die Religion das Universum auf, wurde immer introvertierter und brachte den Leuten bei, dass es nur im Körper eine Seele gibt.*

Das Universum aber ist das eigentliche Sakrament, heilig und geheimnisvoll. *Das ist verlorengegangen als die Religion die Beziehung zum Kosmos auf-*

kündigte. Jetzt haben wir eine pathologische Situation: Wir haben Religion tri-
vialisiert und die Formen der Verehrung geschwächt, und wir haben eine Wis-
senschaft ohne Verantwortung. Das ändert sich jetzt, weil sich die Wissenschaft
ändert. Heute gibt es mehr Mystiker in der Wissenschaft als unter den Bischöfen
dieser Welt." [22]

Das Erbe des Vordenkers Weishaupt

Descartes war ein französischer Philosoph, der im siebzehnten Jahrhundert
ein *wissenschaftliches Paradigma* auslöste, und der deutsche Philosoph Dr.
Adam Weishaupt (1748-1830) schuf den nächsten Paradigmenwechsel[86],
ein *plutokratisches Paradigma*, das im achtzehnten Jahrhundert begann.
(Plutokratie ist die Staatsform, in der die Macht auf dem Besitz, dem
Reichtum beruht.) Als angeblicher Jesuit studierte er an der Universität In-
golstadt Geschichte, Rechte, Staatswissenschaften und Philosophie, promo-
vierte 1768 zum Doktor der Philosophie und war zuletzt Professor für Kir-
chenrecht – sicherlich ein Ausbund von Gefährlichkeit mit einem brillanten
Können und Wissen.

Beyerlein schreibt dazu: *„Die Illuminati repräsentieren die traditionelle*
feudale Machtelite, das Bündnis der europäischen Aristokratie mit den jüdi-
schen Geldverleihern, geeint durch Geld, Ehe und Okkultismus. Im Jahre 1770
engagierte Mayer Amschel Rothschild den 22jährigen Adam Weishaupt, um die
Oberschicht der europäischen Gesellschaft für einen Geheimkult mit dem Ziel
zu interessieren, den Kurs der westlichen Zivilisation (d.h. das Christentum)
umzukehren (daher der Begriff ,Revolution')." [87]

Das Jahr 1776 hatte es dann in sich. Am 1. Mai gründete Adam Weishaupt seinen Illuminatenorden, Adam Smith veröffentlichte »Wealth of Nations«, und am 4. Juli wurden die USA gegründet – drei stabile Säulen, die
den Beginn des Kapitalismus bildeten. Wer ist Adam Smith? Als schotti-
scher Moralphilosoph wird er als Begründer der klassischen Volkswirt-
schaftslehre angesehen. Das Erscheinen seines berühmten ökonomischen
Hauptwerks »Wohlstand der Nationen – Eine Untersuchung seiner Natur
und seiner Ursachen« (*Wealth of Nations*) wird als die Geburtsstunde der
Nationalökonomie genannt. Er gab sich großzügig: *„Trotz der natürlichen*
Selbstsucht und Raubgier der Reichen und obwohl sie nur ihre eigene Bequem-

lichkeit im Auge haben, obwohl der einzige Zweck, welchen sie durch die Arbeit all der Tausende, die sie beschäftigen, erreichen wollen, die Befriedigung ihrer eitlen und unersättlichen Begierden ist, trotzdem teilen sie doch mit den Armen den Ertrag aller Verbesserungen... Als die Vorsehung die Erde unter eine geringe Zahl von Herren und Besitzern verteilte, da hat sie diejenigen, die sie scheinbar bei ihrer Teilung übergangen hat, doch nicht vergessen und nicht ganz verlassen." Meinte er damit auch die Frauen, weil sie ja beim Verteilen an die ‚Herren und Besitzer' übersehen wurden?

Was hat das mit unserem Heiland zu tun? Die Mitglieder des inzwischen geheimen weishauptschen Illuminatenordens sind Illuminaten (lat.: *illuminati*), also Erleuchtete. Ihr Licht ist das des ‚Lichtbringers' (lat.: *lucifer*). Somit haben wir wieder das alte Spiel der totalen Konfrontation mit dem Heiland. Wir sehen, hier wird mit dem cleveren Missbrauch einer wertvollen Energie gespielt. *Licht und Liebe* sind die zwei Seiten der gleichen Energie: physisch Licht und metaphysisch Liebe. Die Wortschwingung *Licht* aber holen sich geschickt die Luzifer-Erleuchteten, und das möchte ich in diesem Buch nicht weiter unterstützen. Krankhafte Ich- und Selbstsucht hat nichts mit Erleuchtung zu tun, und daher bezeichne ich die Herren Illuminaten im folgenden als das, was sie sind: **Egomanen!**

Nanu, wenn ich hier in meinem Schreibstübchen sitze und auf der Suche nach der besten Formulierung in Gedanken meinen Blick so hin und her schweifen lasse, streife ich auch mein großes Poster des Heilands, das ich

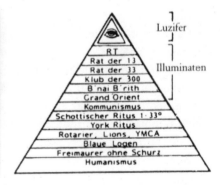

Abb. 50 links: Mayer Amschel Rothschild
Abb. 51 Mitte: Adam Weishaupt
Abb. 52 rechts: Die Illuminaten-Pyramide mit den einzelnen Graden wie sie der Autor Gary Allen deutet.

vor mein Ablageregal geklebt habe, und was fängt plötzlich mein Blick auf? Eine feines Lächeln meine ich, erhascht zu haben.

„Ein weises Lächeln auf Deinem Antlitz, mein Freund und Bruder? Betrifft es das Wort Egomanen? Wie kannst Du da weise lächeln? Ich mache mir gerade Gedanken über deren Missbrauch Deiner Lichtschwingung und Du lächelst wissend? Halt, jetzt habe ich's: Du hast mir schon bei meinem letzten Buch durch ein Medium Deinen berühmten ‚Hinweis' in Erinnerung gebracht: „...sie wissen nicht, was sie tun." Sooo ist das! Wir leben hier in der Illusion von Raum und Zeit und nehmen alles todernst (blödes Wort!) und meinen, wir sollen und müssen und so weiter... Wenn Du bei uns bist, bist Du trotzdem weiterhin in Deiner hohen Schwingung von außerhalb des Raumzeitkontinuums, in der Schwingung, die wir himmlisch nennen. Klar, wie hättest Du das sonst ausgehalten in den fast zweitausend Erdenjahren, alles, was man in Deinem Namen veranstaltet hat, wohlmeinend, dass es so sein müsste, und boshaft, weil man es so haben wollte – und Millionen Abstufungsvarianten davon zwischen diesen beiden menschlichen Schöpfungspotentialen? Wir dürfen ja unseren freien Willen verwenden, wir Irdischen. Und dann kommt das raus, was wir heute ernten? Lassen wir's lieber! Ich danke Dir, mein verehrter Freund und Bruder!"

Johannes

Eine Bestätigung dieser meiner Gedanken fand ich eine Woche später, als ich auf der Internetseite von »www.Mutter-Maria.com« surfte und die »Botschaft für das Neue Zeitalter«[21] (vom 30. Oktober 2006) fand, aus der ich schon weiter vorne zitiert habe. Darin lautet ein weiterer Absatz: *„Liebe Kinder, es ist an der Zeit, eure Vorstellung über das Neue Zeitalter etwas zu überdenken. Viele von euch warten auf die angekündigten Prophezeiungen, ohne sich darüber im klaren zu sein, dass auch Prophezeiungen Veränderungen unterliegen. Vergesst nicht, dass Prophezeiungen immer nur einen Spiegel an Möglichkeiten offenbaren, so wie es die jeweilige Zeit als Tendenz andeutet. Tendenzen aber können sich verschieben... **Nichts ist starr und vorhersehbar.** Es gibt natürlich Energieströmungen, große Wellen und Linien, die als potentielle Realitätsblase über euren Zeitachsen schweben, aber ihr seid diejenigen, die diese Blase anzapft und in die Materie einlädt. Tut ihr dies nicht, vergehen diese Realitätsblasen und bilden sich neu im ewigen Zyklus des Werdens und Vergehens, um an anderer Stelle, von anderen Wesen angezapft und in die Materie eingeladen zu werden."*

Zurück zu den Schöpfungen unseres irdischen Patriarchats: Schließt sich hierbei ein Kreis, oder bildet sich das Gegenteil, eine immer offenere Schere? Was der katholischen Universalkirche im Mittelalter nicht möglich war, nämlich der ‚Eine-Welt-Gottes-Staat‘ der männlichen Theologen, das hat Professor Dr. Adam Weishaupt für seine und unsere Zukunft zielstrebig angelegt: die neo-patriarchale ‚Neue-Welt-Ordnung‘ (*novus ordo seculorum*). Darüber gibt es inzwischen reichlich Aufklärungsliteratur, die als Verschwörungstheorie lächerlich gemacht, aber teilweise auch heftig angegriffen wird.[88]

Aber ich vermute, dass die Mächtigen das aufklären *lassen*, was aufgeklärt werden darf – nicht zuviel, dafür mit ausreichend Widersprüchen. („*...die schlecht gehüteten Geheimnisse*", kichert *Boldi*.)

Dabei wird von den meisten der Herren Aufklärer übersehen, dass unabhängig von den zunehmenden Polaritäten reich/arm, mächtig/ohnmächtig, elitär/vermasst und anderen die uralte Grundschwingung allen irdischen Übels weiter ungestört vorherrschen kann und nur das Gesicht gewechselt hat: **die Gewalt des Männlichen über das Weibliche, die Gewaltenergie des schöpferischen Kopfes über die Primärenergie der schöpferischen Herzenskräfte. Davon kann offensichtlich auch bei den mutigen Aufklärern geschickt abgelenkt werden.**

Wenn wir bedenken, welche ‚Aufklärungswelle‘ Jan mit seinen anschließend beschlagnahmten Erstlingswerken ausgelöst hat, dann wird deutlich, dass das auch das taktische Vorgehen der ‚Herren‘ Egomanen beeinflusst hat. Sie tun so, als hätten sie den Start in den Dritten Weltkrieg schon mehrfach verpasst, aber auch das war sicherlich von einem der vielen geheimen Männerbünde so geplant, denn: „*...in der Politik geschieht nichts zufällig! Wenn etwas geschieht, kann man sicher sein, dass es auf diese Weise geplant war!*" Dies erklärte kein Geringerer als F. D. Roosevelt, der sehr karriereerfahrene Jurist, heimliche Egomane und geehrte US-Präsident.

Das Magazin der gleichen Weltmacht, »Forbes«, durfte für das Jahr 2006 veröffentlichen, dass die Liste der Superreichen jetzt **793 Milliardäre** umfasst. Wenn wir an den Rummel der wöchentlichen Erwartungen des Millionen-Jackpots im deutschen Lotto denken (drei Millionen, manchmal sogar dreizehn...), dann betrachten wir kurz den Begriff *Milliardär* etwas genauer – denn dieser besitzt mindestens 1.000 (in Worten: eintausend) Millionen an versteuertem Vermögen. Und davon gab es im Jahre 2006 einhundertzwei

Milliardäre *mehr als im Vorjahr*. Natürlich sind da auch einige Damen dabei wie die Harry-Potter-Autorin Rowling (an Position 746) – man weiß ja, was sich gehört. Aber annähernd dreizehn Prozent mehr Milliardäre in einem einzigen Jahr! Da ist jeder *wirkliche Weltkrieg* völlig unnötig und ziemlich störend, da ist die ,Angst der Welt' viel einträglicher, und regionale Konflikte sind als lukrative Angstmacher und zum Testen neuer Waffen völlig ausreichend.

Jesus weist auf die duale Seite auch des Geldverdienens hin, wenn von ihm der Satz überliefert wird: „*...gib dem Kaiser, was des Kaisers ist, und Gott, was Gott gebührt!*" (Mein schlauer *Boldi* ist damit wohl auch überfragt und säuselt deshalb bloß verschmitzt skeptisch: „*...welchem Gott?*")

Schon im Jahr 2004 übermittelte der Sternenmensch Eklaar, ein ätherischer Lehrer vom Mars, (im Buch »Aquaria«) seine ermutigende Antwort bezüglich unserer Ängste vor der Möglichkeit eines Dritten Weltkrieges: „*Jeder Gedanke ist eine Schöpferenergie und drängt in die Verwirklichung. Aber damit er sich in greifbare Realität umsetzen kann, braucht er dazu passende, dichter schwingende Gefühlssubstanz. Also: Entzieht dem Dritten Weltkrieg eure Gedankenkräfte und vor allem eure Gefühlssubstanz, und die Pläne werden sich nicht umsetzen können!*

Steigt gefühlsmäßig aus, das heißt, habt weder Angst noch Wut, seid ohne Bewertung oder Ablehnung, lasst den Dritten Weltkrieg einfach im Regen stehen. Wie wir schon besprochen haben, ist es wichtig, dass ihr innerlich ausgeglichen seid und Themen wie diesen mit euren Herzkräften und ohne Emotionen begegnet.

Eure Gedanken werden sich nicht vollständig davon entfernen können, da ihr ja wachsam und informiert bleiben sollt, aber wohin ihr eure kostbaren menschlichen Empfindungen lenkt, womit ihr euch gefühlsmäßig verbindet, und was ihr in eure Realität hinein zieht, ist eure freie Entscheidung.
Ihr habt den freien Willen, der unantastbar ist! Lasst euch nicht einfangen durch Furcht, Unsicherheiten oder negative Emotionen – auch dann nicht, wenn ihr feststellen müsst, dass sich wieder weitere Anzeichen eines möglichen Weltkrieges zeigen! Lasst euch auch von diesen Vorzeichen nicht beeindrucken. Es sind lediglich Teilumsetzungen.

Hätte der Plan nämlich so viel Kraft, könnte er sich viel schneller verwirklichen. Scheinbar fehlt ihm aber Energie! Und das ist eure Chance. Kommt in eure Herzensliebe. Verströmt Liebe statt Angst, Wut und Unsicherheit. Wieder einmal ist die Liebe der Mittelpunkt, nicht wahr?"

Die heimliche Macht der Philosophen geht von Descartes über Weishaupt zu Leo Strauss, dessen Lehren heute die Spitze der US-Egomanen geprägen. Für Zeitkritiker wäre das ein aufschlussreiches Thema.

Das Erbe der Frauen

Mit dem Beginn des letzten Jahrhunderts gab es eine merkbare Frauenbewegung, und die Fachwelt spricht von zwei europäischen Wellen. Die erste Welle nach dem Ersten Weltkrieg kann man als die »soziale Freiheit« bezeichnen und die zweite Welle in den Sechzigerjahren eher als die »sexuelle Freiheit«.

Bei »Wikipedia« heißt es: *„Die **erste Welle** der modernen Frauenbewegung oder Frauenrechtsbewegung (Mitte des 19. Jahrhunderts bis Anfang des 20. Jahrhunderts) kämpfte für die grundsätzlichen politischen und bürgerlichen Rechte der Frauen wie z.B. das Frauenwahlrecht, das in Deutschland erst im November 1918 rechtlich verankert wurde, das Recht auf eine Erwerbstätigkeit und das Recht auf Bildung."*

Die **zweite Welle** der Frauenbewegung kam in den berühmten Sechzigerjahren im Anschluss an das »zweite deutsche Wirtschaftswunder«[89], die sexuelle Freiheit. Sieben Stichworte erwähne ich zur Erinnerung an diese Zeit: Wertewandel, Sexuelle Revolution, Miniröcke, Feminismus, Studentenbewegung, Beatles und Rocker.

Aber zwischen diesen beiden allgemein bekannten und endlich befreienden Frauenbewegungen gab es in unserem Vaterland noch eine Welle, die energetisch eigentlich eine Woge war: die **deutsche Welle** oder *Kraft und Leid der deutschen Frauen* im und nach dem Zweiten Weltkrieg – das Leid der Mütter, der Witwen, der Vergewaltigten[90] und der Trümmerfrauen.

Millionen Väter, Söhne und Ehemänner kamen nie mehr nach Hause. Und die Millionen Mädchen und Frauen, Mütter und Witwen haben Schmerz und Leid ertragen und haben verantwortungsvoll deren Plätze, Pflichten und Leistungen übernommen – alleine. Erst waren es jahrelange Fronteinsätze der Männer und dann Gefangenschaft oder der endgültige Verlust der geliebten Familienangehörigen – tiefes, jahrelanges Leid, verbunden mit Opfer, Verzicht und übermenschlichem Einsatz. Frauen wurden die stillen Heroinnen zu dieser Zeit. Sie mussten es sein und bewiesen dabei, dass sie es und wie sie es konnten. (*„…Germaninnen wie früher!"*, strahlt *Boldi* und hüpft von einem Bein auf das andere.)

Romain Leick zitiert in »SPIEGEL-Edition« 15/2007 in seiner Rezension über das Buch »Der Brand« des Historikers Jörg Friedrich eine erstaunliche Aussage eines US-Berichtes: *„...Die Frauen vielleicht noch mehr als die Männer, muss man hinzufügen, weil sie an der Heimatfront die Verantwortung für das tägliche Leben und die Familien trugen. Vielleicht wollte Jörg Friedrich, jenseits aller Polemik, nichts anderes aufzeigen und mit seinem Bestseller den Opfern der Luftangriffe auf Hitler-Deutschland, den hilflosen, wenn nicht unschuldigen Menschen da unten in ihren Kellern und Bunkern, ein literarisch-historisches Denkmal setzen."*

Wenn wir versuchen, diesen Zeitabschnitt aus karmischer Sicht zu überblicken, dann lief das Opfer-Täter-Spiel bei den Männern im Draußen. Zuhause, in der Heimat, war es eine heute sicher kaum mehr vorstellbare Frauen- und Mütterenergie, die das Leben am Leben erhielt. Es müssen hohe Seelen gewesen sein, die in diesem irdischen Zeitabschnitt ihre Reife einbrachten.

Diese Kraft und Energie ist und bleibt tief verankert – in unseren Familien, in unserem Volk und im Kollektiv. Wie viele der Witwen haben ihre Liebe durch Sehnsucht und Herzensleid ersetzt bekommen? Wie viele der deutschen Mütter haben die *Mutter Maria* noch besser verstanden und noch mehr geliebt?

Für unsere Zukunft haben wir in diesen beiden Jahrzehnten (den Vierziger- und Fünfzigerjahren) **im ätherischen Raum ein Energiefundament eingelagert, auf dem ‚Herausragendes' entstehen wird.** Millionen Frauen haben damals mit ihrem Weiblichen und ihrem Gemeinschaftssinn eine Basis geschaffen, die unsere heutige Weltmeisterschaft der Männer in Technik und Export *überdauern* wird. Unsere Generationen sollten unseren Kriegsmüttern und -witwen dafür grenzenlos dankbar sein! Ich bin davon überzeugt, dass starke, bewusste und selbstbewusste *Frauen von heute* aus diesen damals angelegten Kraftfeldern immer wieder Kräfte nachfüllen können.

Diese Zeit deutscher Frauen fand eine herausragende Personifizierung in der späteren Karmelitin und Heiligen, der zum Katholizismus konvertierten Jüdin Dr. Edith Stein. Sie war eine brillante Philosophin (erste deutsche Hochschulassistentin in Philosophie) und emotionale Frauenrechtlerin. Obwohl sie mit Auszeichnung promoviert hatte, wurde sie als Frau nicht zur Habilitation zugelassen (1919 Ablehnung an der Uni Göttingen, später auch in Breslau und Freiburg), erreichte aber mit ihren Bemühungen die grundsätzliche Möglichkeit der Habilitation von Frauen in Deutschland. Resigniert ging sie ins Kloster, wurde trotzdem verfolgt und ist in Auschwitz umgekommen. Vom Vatikan wurde sie am 11.10.1998 heiliggesprochen. Wurde Edith Stein damit zur deutschen Jeanne d'Arc des 20. Jahrhunderts?[91]

Heute zählt sie zu den sechs europäischen Schutzheiligen »Europa sancta«. Für diese Dimensionen stehen maßstabsetzend und hilfreich sechs Persönlichkeiten, die Papst Paul VI. und Papst Johannes Paul II. zu Patronen Europas erklärt haben: als Herren die Heiligen Benedikt, Cyrill und Method und in gleicher Anzahl die Damen Catarina von Siena, Brigitta von Schweden und Edith Stein.

Bei »www.edith-stein-medien.de« heißt es: *„Edith Stein fügt sich somit einer spirituellen Gefährtenschaft von besonders hohen Maßstäben ein. Mit Benedikt von Nursia verbindet sie die Suche nach einer dem christlichen Anspruch angemessenen Lebensform, mit den Aposteln der Slawen, Cyrill und Method, die Liebe zum geschriebenen Wort, mit Brigitta von Schweden die Wertschätzung der Mystik als Gegenpol zur Vorherrschaft der absoluten Rationalität und mit Catarina von Siena der wache Blick für die gesellschaftliche und kirchliche Wirklichkeit."* Edith Stein und ihre beiden heiligen Kolleginnen stehen jetzt europaweit für die vernachlässigte Wertschätzung der Frauen in den so oft der Verkrustung ausgesetzten gesellschaftlichen Strukturen.

»DER SPIEGEL« (24/2007) feiert inzwischen »Die Alpha-Mädchen, wie eine neue Generation von Frauen die Männer überholt« und veröffentlicht eine Statistik über den Frauenanteil (2005) der Professoren von 14,3 Prozent, Habilitierten 23 Prozent, Promovierten 39,5 Prozent, Hochschulabsolventen 50,8 Prozent und Abiturienten von 56,8 Prozent. Die Alpha-Mädchen sind demnach *„...pragmatischer als ihre Mütter, sie sind ehrgeiziger, zielstrebiger, gebildeter als die Männer. Sie glauben nicht mehr an die Versorgung durch die Ehe, sondern an den Erfolg. Eine junge Frauengeneration macht sich auf den Weg an die Macht – und lässt die Männer hinter sich... Die jungen Frauen, sagt der Jugendforscher und Shell-Studien-Autor Professor Dr. Klaus Hurrelmann, sind auf der Überholspur: sind ‚flexibler, fleißiger, erfolgreicher' als die Jungen. Und sie sind ‚durchsetzungswilliger und leistungsstärker als ihre Mütter und Großmütter.'"*

Und diese waren schon großartig, wenn wir an ihren Weg als Kriegsmütter und -witwen zurückdenken.

Kommen wir zum Ende des historischen Rückblicks. Mit meinem Durchstreifen der leidvollen Geschichte des Christentums und der Frohbotschaft des Heilands ist unser historischer Kurzausflug abgeschlossen. Ich hoffe, dass das, was ich dabei offenlegen und klären will, nicht im geistigen Scherbenhaufen versickert.

Was die Herren Egomanen betrifft, auch deren historische Vorläufer, so möchte ich noch anmerken, dass sie mit all ihrem negativen Treiben durchaus auch Positives auslösen – wenn sicherlich auch unbewusst und vor allem ungewollt. Unser genialer Freimaurer hat wohl auch tiefer geblickt, als er Mephisto reimen ließ: *„Ich bin ein Teil von jener Kraft, die Böses will und Gutes schafft."* Etwas ironischer reimte Wilhelm Busch: *„Das Gute – dieser Satz steht fest – ist stets das Böse, das man lässt."*

Ich versuche es auch einmal mit so etwas wie einem Gleichnis: Wenn die Seelen der hochintelligenten, aber frauenfeindlichen Herren am Ende ihres Erdenausflugs wieder heimkehren und bei ihrer Seelenfamilie im Hyperraum (5D) ankommen, sehen sie in ihrem Lebensfilm, was sie angerichtet haben. Schleunigst (*Boldi* kichert bei diesem Wort, weil es im Himmel keine ‚Zeit' gibt) wird die Seele das wiedergutmachen wollen und sucht sich ein entsprechendes nächstes Erdenleben aus. Karmisch gibt es dafür grundsätzlich zwei Möglichkeiten für den Ausgleich – die passive und die aktive: Die zuvor männliche Seele wird Frau und erlebt bei irgendeinem Macho das, was sie im Leben davor als Leid verursacht hatte – das wäre passiv. Oder im anderen Falle, dem aktiven, geht die Seele erneut in eine Männerrolle und betreibt von dieser Seite aus eine Wiedergutmachung für das Weibliche. Diesen karmischen Ausgleich in irgendeiner Form meint wohl Maria, wenn sie mir empfiehlt, die Entwicklung der Christenheit aus einer größeren Distanz zu betrachten. (*Boldi* lässt mir keine Ruhe, ich solle unbedingt schreiben, was er dazu weiß: *„...ein Schriftgelehrter, der seinen Männergott verehrt hat, wird im nächsten Leben ein Priester, der Maria verehrt, und bleibt trotzdem Machooooo – hahaha."*) Auf was der alles kommt!

Ich kann mit solchen ‚geläuterten' Männern, die etwas gutmachen wollen, gut mitfühlen und frage mich, woher mein inneres Wissen wohl kommt? (Schlauberger *Boldi* weiß es schon: *„...da wirst du kräftig mitgemacht haben, damit du das jetzt alles verraten kannst."*) Der Evolutionsprozess einer sogenannten *reifen Seele* schließt nämlich stets die Erfahrungen beider Seiten polaren Erdenlebens zur Genüge ein.

Als Entschuldigung für manche ungewollte Glaubensverletzung und gewollte Attacken bitte ich Sie zu trennen zwischen *religiösen Gefühlen* und *kirchlicher Lehrmeinung*, mit der andere Menschen – genauer: kluge Männer – versucht haben, *religiöse Werte* zu vermitteln. Durch viele Zitate anderer kluger Männer habe ich versucht, die Puzzleteilchen des christlichen Bildes aus deren Sichtweisen zu betrachten.

Wenn ich mit meiner Vergangenheitsanalyse jemanden in seiner ehrlichen Religiosität verletzt haben sollte, so mache ich es im jetzt folgenden Buchteil wieder wett und bitte, einfach durchzuhalten und weiterzulesen – es kommt noch viel ‚Wieder-gut-machung‘, nämlich das, was ich unter der »Religion des Herzens« verstehe.

Sie werden sehen, dass nichts *neu* zu sein braucht bei den Empfehlungen des Heilands, **neu sollte nur unser Verständnis sein.** Der bedeutende französische Dichter, Mitglied der Académie Francaise, Victor Hugo (1802-1885) befasste sich auch mit der Entwicklung und Läuterung der Menschheit und hat erkannt: *„Nichts auf der Welt ist so stark, wie eine Idee, deren Zeit gekommen ist!"*

Teil III

Abb. 53: Diese Vision der Künstlerin Brigitte Jost stellt unseren Heiland dar, der heilsame Liebe verströmt – auch an den Betrachter des Bildes. Titel: »Seine Liebesgabe«

5. Kapitel

Die sieben wichtigen Lebensregeln des Heilands

Verehrte Leserin, lieber Leser!

An dieser Stelle des Buches beginnt ein **neuer Teil** – auch energetisch neu. Am liebsten wäre mir, das Papier hätte ab hier auch einen anderen, zarten und warmen Farbton, damit der Wechsel der neuen feinstofflichen Schwingungsmuster meines neuen Verständnisversuchs für die Frohbotschaft des Heilands auch optisch dargestellt wird. Aber der Verleger hat sein Haupt geschüttelt.

Auf den Seiten bis hierher habe ich versucht, uns aus alten Meinungen, vielleicht sogar festen Überzeugungen, f r e i zu bekommen.

Denn diese sind und bleiben alt, vorbei und out.

Wir leben und denken schon längst in der ‚Neuen Zeit' (engl.: *new age*), der Kalender sagt uns: *drittes Jahrtausend* nach Erscheinen des Heilands, und die Esoteriker erkennen das *Wasserman-Zeitalter* anstelle des leidvollen Fische-Zeitalters. Die Welt um uns herum ist weder alttestamentarisch noch altrömisch oder mittelalterlich. Unsere Welt ist viel, viel *freier* geworden, oft schon dimensionslos in der Technik und multidimensional in unseren Vorstellungen. Nur bei unserer Gesundheit[92], unserer Lebensqualität, unserem weiblich/männlichen Ungleichgewicht und unseren Gefühlen fehlt noch die Versöhnung, von der ich jetzt berichten möchte.

Bei unseren inneren wie auch kopforientierten Bildern von dem, was uns die Kirchenmänner versucht haben zu erklären, bleiben wir noch bei viel zu vielen Bräuchen und bequemem Festhalten hängen. Dies geschieht meist unbewusst oder oft angstvoll – es könnte ja vielleicht doch noch irgendeine Strafe in unser Leben kommen. Oder wir verdrängen es ganz aus unserem Alltag, und unser lichtloser Freund genießt dann seine Häme: wieder eine oder einen abgehakt!

Die Kosmogenetikerin Elke-Claudia Wolf (mit der sehr interessanten Internetseite www.metaisis.com) bestätigt: *„Mir selbst scheint es so, als würden sich nun die letzten Anker des Fische-Zeitalters aus Gaia herausziehen, und*

267

der Fluss, und das Rauschen des Wassermann-Meeres ergießt sich aus allen Ei-
mern des Kosmos in die Welt – dort, wo noch nicht hingeleuchtet wurde, fließt
Licht und Klarheit, und nur der kleine Schritt nach vorne zeigt das neue Leben
–, langsam, aber unaufhörlich dringen tiefe Lebenswünsche wieder in das Be-
wusstsein der Menschen, Selbstverwirklichung ohne Ego-Dual-Naturen poten-
ziert die inneren und äußeren Entscheidungen, und es mag ein bisschen so
scheinen, als würde man sich verlieren."

Dies erkennt auch Doris Angela Dick, wenn sie über das Wassermann-Zeitalter schreibt: *„Wir treten in das achte Zeitalter ein mit der Merkaba, dem Doppeltetraeder mit acht Spitzen, als Symbol und Fahrzeug. Und es ist gewiss kein Zufall, dass der platonische Körper des Würfels mit acht Spitzen den Doppeltetraeder an seinen Spitzen als Umraum umschließt. **Wird uns im Neuen Zeitalter die Trinität als Quaternität bewusst?** Dies ist eine noch offene Frage. Bilden dann in der Familie der Vater, die Mutter, der Sohn und die Tochter die neue Einheit?"* (Wobei wir bezüglich der ‚Tochter' noch verschiedener Meinung sind...)

Sie haben im Buch schon kennengelernt, dass ich den Heiland an manchen Stellen als meinen verehrten Freund und Bruder empfinde und auch so anspreche. Das kommt sicherlich von ihm und nicht von mir, denn er hat uns ja schon damals versucht zu erklären, dass wir alle ‚*Kinder des gleichen Vaters*' sind. Das betrifft natürlich uns alle, und so möchte ich diese Schwingung im weiteren Teil des Buches auch manifestieren, indem ich mir erlaube und es euch anbiete, ab jetzt per ‚Du' zu sein. (Wir sind es ja auf diesen ‚geistigen Ebenen' sowieso mit jedem – mit Gott, mit dem Heiland, mit unserem Schutzengel und überhaupt mit allen. Nicht einmal zum Teufel würden wir ‚Sie' sagen.)

Ab hier stelle ich sieben ‚geflügelte' und biblische Worte des Heilands vor. Es geht mir dabei nicht darum, alte Zitate neu zu variieren. **Es sind lebendige Empfehlungen eines großen Meisters** mit einem übernatürlichen Wissensschatz und mit medialer Veranlagung, in die Tiefe der menschlichen Seelen zu blicken.

Und womit der Heiland damals seiner Zeit weit voraus war, damit ist er heute aktueller denn je, denn unser globales Verständnis zusammen mit der heutigen Intelligenz gibt uns zum Teil völlig neue Sinnbilder vieler geläufiger Jesus-Worte.

Ich werde versuchen, sie in der neuen Energie unseres Neuen Zeitalters anders auszudrücken. Allerdings nicht so ‚modern‘, dass ich eine Tabelle präsentiere, in der wir nach vielem Nachdenken Häkchen machen und die erzielten Punkte zusammenzählen und bestaunen. Vielleicht wären dann die einen Anwärter für einen Heiligenschein, und ein zu ehrliches Punkteergebnis müssten andere mit einer Flasche Rotwein runterspülen. Das will ich dir und mir ersparen. Der Heiland würde wahrscheinlich wieder weise lächelnd denken: *„Sie wissen wieder nicht was sie tun“.* Denn er versicherte uns damals glaubhaft:

„Seid gewiss, ich bin bei euch alle Tage bis ans Ende der Zeiten!“ (Mt. 28,20)

Vorab sollte ich vermutlich erst einmal klären, warum dieser Satz bei mir anders lautet als im Evangelium nach Matthäus. Im griechischen Text ist nämlich eindeutig die Rede von ‚Äonen‘, also *Zeitaltern,* und nicht von einem ‚Ende der Welt‘. Wenn ich alle Texte zu dem griechischen Wort aiōn und seinen Auslegungen seit dem vorchristlichen Ursprung zusammenfassen würde, gäbe das fast ein eigenes Büchlein (köstlich, was man da zu lesen bekommt). Wen es interessiert, mehr dazu unter[93].

Beachtlich finde ich auch hierbei wieder mein geistiges Geführtsein. Als dieses Buch bereits in der Manuskriptendphase war – Teile waren schon bei der Lektorin – begegnete mir ein gepflegter älterer Herr, der in der Fußgängerzone kostenlose kleine Heftchen unter die Leute verteilte und ich steckte auch eines dankbar und lächelnd in meine Brusttasche. Etwas später blätterte ich in dieser kleinen Prägung »Echtes Gold« und stellte fest, dass es eine Sammlung von Bibelzitaten aus dem Neuen Testament war. Dahinter stehen ein deutscher und ein Schweizer Verlag und die Gemeinschaft »Verbreitung der Heiligen Schrift«, welche unter »www.vdhs.com« anbietet: *„Wenn sie nicht im Besitz einer Bibel sind, so senden wir Ihnen auf Anforderung ein **Neues Testament** (2. Teil der Bibel) zu.“* Diese Differenzierung zwischen Altem und Neuem Testament habe ich mit Freude festgestellt, doch das, was ich als innere Führung empfinde, ist die korrekte Übersetzung meines Lieblingszitates, das ich darin fand: *„Und siehe, ich bin bei euch alle Tage **bis zur Vollendung des Zeitalters.“***

Was können wir darunter verstehen, dass der Heiland ...*alle Tage bei uns ist...*? Das Allerwichtigste ist, dass wir bereit sind zu akzeptieren, dass wir dafür nicht irgendwie auserwählt sein müssen, sondern dass der Heiland unser geliebter Freund und Bruder und nach guter irdischer Pfadfinderart *allzeit bereit* ist. Wir brauchen dazu keinen Theologen, keine Beichte, keinen Heiligenschein, keinen geweihten Raum, kein Freisein von Sünden, keine besondere Andacht – nichts und niemanden brauchen wir, um von uns aus in die Bewusstseinsschwingung des Heilands zu gelangen, **denn das ist eine Schwingung von Herz zu Herz.**

Es ist wie mit der EDV-Maus: ein Klick und wir sind mit der Herzfrequenz WLAN-verbunden – *wenn wir wirklich wollen und wenn wir davon überzeugt sind.* Jeder von uns hat seinen freien Willen und seine Schöpferebenen, und wenn sich die beiden Schöpferebenen des Verstandes und des Herzens willentlich vereinen, öffnet sich unser Herzportal und die Energien können strömen.

Das klingt dir zu einfach? Ich weiß, dass unsere Erziehung das ‚Göttliche', gleichgültig, in welcher Personifizierung es von uns gedacht wird, irgendeiner sakralen Atmosphäre zuordnet. Natürlich ist diese förderlich und für mich auch selbstverständlich, *aber sie ist keine Voraussetzung.* Keiner muss heute mehr in den nächsten Dom eilen. Wahrscheinlich war das aber im Mittelalter noch sehr empfehlenswert. *„Es war vorher nicht möglich"*, tröstet uns der Heiland.

Du musst auch kein Schamane werden, um mit bestimmten Ritualen in der Natur unserer Erdmutter in Kontakt mit der geistigen Welt zu sein. Die erhöhten Schwingungen der Neuen Zeit erleichtern es uns heute sowieso. Ich spreche im Meer mit den himmlischen Freunden genauso wie im Auto.

Man kann aber durchaus sein Zuhause in eine feierliche Atmosphäre stimmen durch Kerzen oder angenehme Düfte. Meine Schwingung ist dabei oft mein ‚Ich-danke-euch!'. Meistens habe ich kein inneres Bild vor mir, wen ich mit meinem Dank meine, denn ich *weiß* längst, dass das für die immateriellen Bewusstseine überhaupt keine Bedeutung hat. Eifersüchtige Götter hat es bestimmt nie wirklich gegeben, sie waren (nicht nur meiner Meinung nach) Erfindungen der Irdischen.

In meinen früheren Büchern bin ich ausführlich auf den Unterschied eingegangen, ob ich mit der geistigen Welt *bittend* oder *dankend* kommuniziere. Bittend trägt die Schwingung irgendeines Mangels mit sich, dankend dagegen kommt aus einer zufriedenen Fülle. Du spürst dann selbst den Unterschied. Solange du bei deiner inneren Kommunikation aus irgendeinem Grund in der ICH-Schwingung bist, weil *du* dankst oder bittest, ist der Unterschied dieser beiden verschiedenen Schöpferenergien stärker spürbar. Wenn du in der DU- oder WIR-Schwingung bist, weil du aus Mitgefühl für andere oder durch Mitwirkung bei einer Sache oder einem Geschehen bittest oder dankst, wird es spürbar zur Nebensache.

Empfehlenswert und förderlich ist es natürlich, zwischen unserer oft heftigen Alltagsbeanspruchung und dem hochfrequent schwingenden Bewusstseinsfeld des Heilands eine entsprechende ‚Einkehr‘ zu halten – eine mentale meine ich –, einfach um abzuschalten. Aber auch die andere, an die du vielleicht denkst, kann in einer schlimmen Situation erst einmal behilflich sein. Mich hat schon manchmal ein ‚Kleiner‘ als geistiges Getränk unterstützt, soweit loslassen zu können und frei zu werden, dass gerade dadurch eine himmlisch-geistige Kommunikation erleichtert wurde. Wem das zu ‚männlich‘ erscheint, dem kann ich auch andere, bewährte Techniken der ‚Einkehr‘ oder Umkehr in das höher schwingende Bewusstseinsfeld des Heilands empfehlen: Atemübungen, Meditation, Waldspaziergänge und dergleichen.

Dieser ‚geschwisterliche‘ Umgang mit dem Heiland mit dem nötigen Respekt eines ‚Jüngeren‘ vor dem ‚Älteren‘ ist einfach ‚göttlich‘. Das ist etwas so Wunderschönes und Großartiges und anschließend Beruhigendes und Beglückendes – das kann man kaum beschreiben (da ich kein Mystiker bin). Es hilft sowieso stets nur das Probieren und probieren und wieder probieren. Das Gemälde, das die Heilige Faustina in des Heilands Auftrag malen ließ, trägt die Unterzeile: *„Jesus, ich vertraue auf Dich.“* Anders scheint es wohl nicht so leicht zu funktionieren, er kennt die Irdischen ja schon lang genug.

Dazu erklärte mir der Heiland: *„Vertrauen war und ist zu allen Zeiten die Voraussetzung, um euren Weg der inneren Führung hin zu Gott und hin zu uns zu gehen. Dies war zu meinen Zeiten so, dies ist zu deinen Zeiten so. Und im Vertrauen kann sich euch alles Wissen, von Zeit zu Zeit und nach und nach, im Innern offenbaren.*

Und niemand kann den Weg des Herzens und der Güte und der Liebe gehen, wenn er misstraut.

So ist dies jetzt ein Weg, den alle Menschen lernen sollen, wenn sie der Liebe dienen wollen.“

Das zählt übrigens nach meiner Erfahrung zur allerschwierigsten Polarität, die wir alle energetisch in uns tragen: **das Vertrauen und das Misstrauen, der Zweifel.** Ich habe zwei Jahre lang Vorträge darüber gehalten, wie wir durch unser *Vertrauen* zum ‚Sich-führen-lassen' kommen, das uns dann immer öfter ein glücklicheres Lebensgefühl beschert. Allein das ‚*Sich-führen-lassen*' kann zu einem spannenden ‚Spiel' in der Grauzone zwischen Licht und Schatten werden, wobei die lichtvollen Energien stets nur unser Bestes im Sinn haben, wir das aber nicht immer erkennen. Nie und nimmer wird es dabei ein Bestrafen geben, im schlimmsten Fall ein Erkennen, wo oder wie wir wieder einmal nicht optimal reagiert haben, und dann sollten wir es als einen nötigen Lernprozess dankend annehmen.

Das Gegenteil von Vertrauen ist der *Zweifel*, das perfekteste Handwerkszeug des Ungeistes. Zweifel beherbergen Misstrauen, und Misstrauen beherbergt **Ängste.** Wenn uns die Schwingung des Zweifels erfasst und wir sie annehmen oder geschehen lassen, entsteht früher oder später *Trennung*, eben das Gegenteil von Vertrauen und Vereinigung und Vereintsein. Wirtschaftlich, politisch, in den Religionen, in der Familie, in Partnerschaften – dieser ‚Trojaner' Zweifel wird dann zum Selbstläufer und am Ende zum Zerstörer. Derjenige, der dabei im dunklen Hintergrund lauert, hat dann Grund zu feiern, du kennst ihn schon.

Innere Trennung – im Wirtschaftsbereich spricht man auch von der ‚inneren Kündigung' – trifft zuerst unsere DU-Schöpferebene, unser Sakrales. Wie unglücklich sieht es da in unserem Umfeld aus, da, wo wir die Menschen besser kennen und Einblicke haben? Und das können wir auf das Kollektiv übertragen. Zweifel kommen stets aus der ICH-Schöpferebene und treffen hauptsächlich unsere DU- und WIR-Schöpferebenen. „*Der Zweifel ist's, der Gutes böse macht*", meint (nicht mein *Boldi*, sondern) unser Geheimrat von Goethe.

Die universale Liebe

Aber da gibt es noch etwas, das viel Umdenken von uns fordert. Denn ich höre schon: „*...das ist doch wieder alles männlich-kopfig!*" – also, auch ein **Um-*fühlen*** ist gefordert. Somit empfiehlt es sich, dabei dringend unser Begreifen auszuweiten. ‚Begreifen' ist eine Kopfenergie, und wenn wir damit bereit sind ‚umzufühlen', lernen wir eine verschütt gegangene Seite von uns selbst kennen. Wir lernen unser Fühlen und Spüren aber erst wirklich kennen, wenn wir diese Schöpferkräfte aus unserer Angstmatrix freilassen, die da heißt: Wir könnten ja – Männer wie Frauen – unser Gesicht verlieren.

Es ist an der Zeit, denn der Heiland wäre auch gerne endlich der weltweit berühmte *Repräsentant der »Religion des Herzens«* und nicht der Namensgeber vieler Gläubiger, die in seinem Namen ‚urteilen'. Er wäre auch gerne die hochverehrte Schlüsselfigur einer *Heiligen Familie*, nämlich von ‚JMJMM', der »Einheit der Liebe«. Aber unseren lieben Heiland bewundern wir immer nur wie einen einsamen *Solisten,* und das wollte er bestimmt nie sein – weder als vermeintliches Opfer noch als vermeintlicher Erlöser.

Des Heilands Bewusstsein ist ein eng geschnürtes Liebespaket mit göttlichem Inhalt – oder ein gigantisches Überraschungsei! Seine *neu* zu verstehende Liebe beinhaltet, außer seiner eigenen grenzenlosen Liebe, den liebenden Abstand eines glücklichen Vaters, die nicht endende Liebe einer glücklichen Mutter und die körperliche Liebe einer glücklichen Frau. Das ist ungenormte, gebende und nehmende, also hin und her fließende, lebendige Universalliebe.

Dabei können dann alle unsere drei Schöpferebenen aktiv werden, sich *ent*-wickeln (aus *Ver*-wicklungen und Anbindungen), können leben und erleben. Dadurch können wir dann immer mehr den *niedrig-sinnlichen* Alltag verlassen und ermöglichen immer öfter *über-sinnliche* Gefühlswellen einer inneren Verbundenheit mit dem göttlichen Gesamtpaket ‚Liebe'. (Meinem *Boldi* fiel auch etwas Schlaues dazu ein: *„...es ist doch keine Blackbox, deren Packungsbeilage eines mehrjährigen Studiums bedarf – kicher!")*

Dieses himmlische *„...bin bei euch..."* ist sicherlich sehr universell gemeint, und ich würde es aus irdischer Sicht in drei verschiedene Verständnisbilder aufteilen. Wir können uns vorstellen, dass der Heiland *bei uns ist* und dass der Heiland *in uns ist* und dass der *Christus Jesus in uns* ist.

Der Heiland ist bei uns! Was spricht dagegen? Weil wir weder im Religionsunterricht noch in unseren Familien ein solches Denken kennen, ist das Annehmen dieses Angebots allerdings nicht leicht, zumindest ein längerer Weg – da uns aus Kirchensicht erklärt wird, wir seien von Gott getrennt, und uns von den materialistischen Wissenschaften erklärt wird, so etwas wie Gott sei doch nur Einbildung. Sollen wir wirklich annehmen, dass das trotzdem nicht stimmt, was so kompetente Männer behaupten? Es stimmt wirklich nicht!

Alle geistigen Wesenheiten können bei uns sein, und einer, der es zum Beispiel tatsächlich immer und absolut verlässlich ist, ist unser Schutzengel. (Leider hat seine Bezeichnung auch in unserer Muttersprache einen männlichen Artikel: *der* Engel. In Wirklichkeit sind Schutzengel weder männlich noch weiblich, sondern sind liebende, helfende, feinstoffliche und lichtvolle Bewusstseinsfelder, die fast jede sichtbare Form annehmen können, die bei uns Vertrauen erweckt.)

Ich kann aus eigener Erfahrung schreiben und kenne andere Berichte und Bezeugungen, dass es zumindest so ist: Die Anwesenheit oder Nähe jeder geistigen Wesenheiten spüren wir im Ruhigwerden oder in der Ruhe, welche bei unserem Darandenken, unserem Beten, Bitten oder Flehen *in uns* eintritt – natürlich auch bei unserem Danken, ob ganz allgemein oder für einen besonderen Anlass. Unsere übliche Unruhe, die durch irgendeine Spannung oder Anspannung, Leid oder Krise, Unsicherheit und Angst entsteht, wird durch die feinstofflichen Bewusstseinsfelder der geistigen Wesenheiten so überlagert, dass innere Harmonie, Be-ruhigung, Zu-frieden-heit, Ver-trauen, Ge-lassen-heit und erneute Zuversicht entstehen.

Aber warum dehne ich das auf *‚alle geistigen Wesenheiten'* aus? Eine umfassende Antwort dazu wäre sicherlich ein eigenes Buch, und solche gibt es schon. Ich meine damit einfach all die ‚Bilder', die jeder einzelne von etwas Übernatürlichem in sich trägt, gleichgültig, aus welchen hohen Ebenen die Energie dabei fließt. Das ist ein individuelles resonantes Geschehen und bei jedem von uns verschieden. Wichtig ist dabei unser Vertrauen, *dessen es grundsätzlich und bei allem Unsichtbaren immer bedarf.*

Sicherlich ist es beim *unpersönlichen* himmlischen Vater und auch beim *anonymen* Christusgeist schwerer, Vertrauen zu bilden, wogegen es den meisten bei unserem Heiland viel leichter fällt, vor allem, wenn wir ihn vom Kreuz herunternehmen. Das Vertrauen zu Mutter Maria fällt uns möglicherweise am leichtesten, selbst uns Männern, wenn ich zumindest von meiner Person ausgehe. (Bin ich froh, dass mir mein frecher *Boldi* jetzt nicht mit Ödipus kommt.)

Als Weisheitslehrer rät uns der Heiland in dem Buch »Jesus – Für meine Freunde«[3] von Regine Zopf: *„Wenn ich von Vertrauen spreche, dann meine ich nicht blindes Vertrauen. So viel Leid wurde den Menschen angetan, indem sie blind vertraut haben. Blindes Vertrauen entsteht immer dann, wenn der Mensch zu bequem ist, selbst die Dinge zu überprüfen, selbst nachzuforschen,*

274

selbst Bemühungen in die Wege zu leiten. Blindes Vertrauen hat damit zu tun, dass man sich nicht selbst mit etwas beschäftigen möchte und es dem andern überlässt. Blindes Vertrauen ist damit verbunden, nicht genügend Verantwortung übernehmen zu wollen."

Das gleiche gilt natürlich auch für alle geistigen Wesenheiten, die uns Hilfe und innere Führung anbieten – die Erzengel zum Beispiel, eine wundervolle und vertrauensvolle Energie, die wir zu allem möglichen erbitten können (auch wenn wir aus alttestamentarischer Tradition meinen, die Erzengel wären männliche Wesen). Und dann gibt es beispielsweise noch Babaji und Krischna und viele sogenannte ‚Aufgestiegene Meisterinnen und Meister' – wahrscheinlich unzählige Wesen der Liebe.

Dazu fällt mir etwas ein, das ich als Erkenntnis schon in meinem letzten Buch geschildert habe. Mir passierte folgendes: Für die schwierige Suche nach einem Miethäuschen am Meer hier auf La Palma ging ich in unsere schöne Marienkirche (in Los Llanos), zündete ein Kerzchen an und bat um Hilfe bei meiner Suche. Eine Viertelstunde später hatte ich das Haus (für die Dauer von dreieinhalb Jahren), und seit damals erzähle ich immer wieder von Mutter Marias Gunst. Inzwischen hatte ich aber durch ein Medium wieder Sprechkontakt mit meiner leiblichen Mutter (Gisela Holey) im Jenseits gehabt, welche zeitweilig auch die Rolle meines Schutzengels übernommen hat. Ich fragte, ob ich ihr eventuell Unrecht tue, indem womöglich sie mir das Häuschen vermittelt habe und erhielt folgende Antwort: *„...glaube mehr an das, was du schreibst. Alle Energien haben für euch die Gesichter, die ihr sehen wollt. Die Mutterenergie kann mein Gesicht haben oder das der Mutter Maria oder der Mutter Erde oder das des Meeres oder der großen kosmischen Mutter. Merke dir das!"* (Ja, so war meine Mutter.)

Noch einmal zu unserem Heiland, der versichert hat, dass er alle Tage bei uns ist. Zu seinem Energiefeld, dessen kosmische Größe und dessen irdische Macht keiner von uns erahnen kann, haben wir wegen seines irdischen Auftrags zusammen mit seiner irdischen Familie einen leichteren Zugang. Auch innerhalb der Heiligen Dreifaltigkeit ist er das ‚Mitglied', das einen Erdenkörper angenommen hatte und uns somit am ähnlichsten ist. Die beiden anderen Namensträger sind transzendente und körperlose Bewusstseine, die nur gefühlt und selten begriffen werden. Der Heiland war und ist dagegen ein erdverbundener Freund mit der Frohbotschaft, in der er sich mehrfach als ‚Vermittler' zum Vater anbietet.

Eine innere Gleichschwingung mit dem Göttlichen erreichen wir also am einfachsten mit dem Heiland. Mit ihm verbindet uns auch seine ihm angedichtete Opferrolle, weil auch wir uns in den vielen Lebenslernprozessen oft in eine Opferrolle flüchten – auch eine *Gleichschwingung*. Außerdem ist der Heiland ja bekannt für seine Wunderkräfte, seine Heilkräfte, seine Hilfsbereitschaft, sein Verzeihenkönnen, seine Verständnisfähigkeit – alles das sind innere Wünsche einer sehnsüchtigen *Gleichschwingung*. Und seine Achtung und Wertschätzung des Weiblichen, seine macho-freie Güte, seine im Stillen präsente Stärke, ist der Traum einer gelebten *Gleichschwingung*.

Der Heiland, der uns versichert hat, dass er alle Tage bei uns ist, ist jederzeit bereit und fähig, uns zu helfen, wenn wir ihn darum bitten. Aber wir sollten ihm schon die Chance geben, *so* helfen zu dürfen, wie *er* es für richtig ansieht, denn er sieht weiter und sieht tiefer in unser Inneres und das der anderen. Wenn wir nur einen Wundermann suchen, der unsere Wunschliste verkleinert, dann kann unsere Energieverbindung schnell *diffus* werden – unrein durch astrale Kräfte, denn mit unserem Ego, und sei es noch so bescheiden, gibt es bei ihm *keine Gleichschwingung*. Dafür lauert dann ein anderes starkes Energiefeld auf unsere kopfgesteuerten Frequenzspektren.

Verständlicherweise gibt es eine *ethische Qualitätsvorgabe* für die inneren Energieverbindungen mit dem Heiland oder anderen geistigen Wesenheiten: **Seelenkontakte sind ausschließlich Herzkontakte!**

Mit ‚kopfigem' Tricksen haben wir keine Chance bei ihm und anderen und ich bin sicher, auch nicht bei unserem dunklen Energieschlucker, denn der wird immer um eine Nummer schlauer sein als wir.

Abb. 54:
Jesus mit Herz in Mazo (La Palma)

Das Licht in uns

Nun gibt es noch eine Intensiv-Version des heilandschen ‚Bei-uns-seins'. Stellen wir uns vor, er wäre nicht von oben mit uns verbunden, wo wir bloß irgendwo am Rande seines gigantischen Energiefeldes angeschlossen wären („*...höchstens, allerhöchstens*", ereifert sich mein *Boldi*), sondern sein Bei-uns-sein ist jetzt *in uns*, vornehmlich **in unserem Herzen**. Dann wird alles viel ernsthafter, denn der Heiland ist jetzt *in uns* präsent und bedarf einer gewissen Pflege. Nun spürt er unser Lachen und unser Weinen, unsere Freude und unseren Schmerz, unsere Begeisterung und unseren Frust, unseren Jubel und unseren Zorn, er erlebte mit uns die Fußballweltmeisterschaft in Deutschland und erlebt mit uns die Angst vor dem angekündigten Dritten Weltkrieg oder einer beruflichen Kündigung, er spürt unsere Schwächen oder Krankheiten, unsere Enttäuschungen, unsere Demütigungen, unser Heimweh nach Zuhause.

Wenn du dich um den hohen Anspruch bemühst, dass du ihn, den Heiland, innerlich wie äußerlich in deinem irdischen Umfeld, das du dir für dieses Erdenleben ausgesucht hast, leben willst, dann zählst du zu den ganz großen Lichtkindern der Neuen Zeit. Mir fallen dazu gleich mehrere bekannt gewordene Beispiele ein, die Wege aufzeigen, *das Bewusstsein des inneren Heilands zu leben* und zu manifestieren.

Für drei grundverschiedene Energiekonzentrationen möchte ich je ein Beispiel anführen: ein gefühlvolles, ein öffentliches und ein stilles. Das *gefühlvolle* Beispiel – und es wurde ein Kassenschlager – ist für mich der ergreifende schwedische Film »Wie im Himmel«. Das *öffentliche* Beispiel ist der Auftritt des Staatspräsidenten Nelson Mandela mit einem Textabschnitt aus seiner berühmten Antrittsrede vor einhundertzwanzigtausend Zuhörern im Stadion von Soweto. Und das Beispiel ‚*in der Stille*' wurde in Kalkutta manifestiert.

Abb. 55: Gabriella

»Wie im Himmel« wird als religiöser Gospel-Film angesehen, erhielt den Oscar und weitere Filmpreise und trägt den Untertitel: „*Es ist ein Abenteuer, das eigene Paradies zu finden.*" Gabriellas Lied schließt mit den Worten: „*Ich habe mein Selbst nie verloren, ich habe es nur schlummern lassen, und den Himmel, den ich suchte, den finde ich irgendwo.*"

Nelson Mandela, Friedensnobelpreisträger, mehrfach geehrt, auch als ‚Botschafter des Gewissens‘ (Amnesty International), ging trotz achtundzwanzig (!) Jahren Inhaftierung in keine Opferrolle, sondern nahm die Aufforderung des Heilands wörtlich: *„So lasst euer Licht leuchten vor den Leuten...“* (Mt. 5,16) und erklärte der Welt: *„...Unsere tiefgreifendste Angst ist nicht, dass wir ungenügend sind. Unsere tiefgreifendste Angst ist, über das Messbare und für andere Erträgliche hinaus kraftvoll zu sein. Es ist unser Licht, nicht die Dunkelheit, die uns am meisten Angst macht. Wir fragen uns, wer bin ich, mich brillant, großartig, talentiert, fantastisch zu nennen? Aber wer bist du, dich nicht so zu nennen? Du bist ein Kind Gottes. Dich selbst klein und angepasst zu halten, dient nicht der Welt. Es ist nichts Erleuchtetes daran, sich so klein zu machen, dass andere um dich herum sich unsicher fühlen. Wir sind alle bestimmt zu leuchten, wie Kinder es tun. Wir sind geboren worden, um den Glanz Gottes, der in uns ist, zu manifestieren. Er ist nicht nur in einigen von uns, er ist in jedem einzelnen. Und wenn wir unser eigenes Licht erstrahlen lassen, geben wir unbewusst anderen Menschen die Erlaubnis, dasselbe zu tun. Wenn wir von unserer eigenen Angst befreit sind, befreit unsere Gegenwart automatisch andere.“*

Auf einem Schild im Kinderheim Shishu Bhavan in Kalkutta[94] wird auch dazu aufgefordert, *unerschütterlich* auf den inneren Heiland zu hören und in der Stille unbeirrt weiterzuwirken:

„Trotzdem“

Die Leute sind unvernünftig, unlogisch und selbstbezogen.
Liebe sie trotzdem.

Wenn du Gutes tust,
werden sie dir egoistische Motive und Hintergedanken vorwerfen.
Tue trotzdem Gutes.

Wenn du erfolgreich bist,
gewinnst du falsche Freunde und echte Feinde.
Sei trotzdem erfolgreich.

Das Gute, das du tust, wird morgen vergessen sein.
Tue trotzdem Gutes.

Ehrlichkeit und Offenheit machen dich verwundbar.
Sei trotzdem ehrlich und offen.

Was du in jahrelanger Arbeit aufgebaut hast,
kann über Nacht zerstört werden.
Baue trotzdem.

Deine Hilfe wird wirklich gebraucht,
aber die Leute greifen dich vielleicht an, wenn du ihnen hilfst.
Hilf ihnen trotzdem.

Gib der Welt dein Bestes, und sie schlagen dir die Zähne aus.
Gib der Welt trotzdem dein Bestes.

Zu dem herausragenden Erleben des ‚*Heilands-in-uns*' wäre noch viel zu schreiben, aber ich denke nicht, dass ich es noch verständnisvoller anbieten könnte.

Der Christus in uns

Alle Welt spricht vom Christentum und von *Jesus Christus*. Unzählige Bücher sind über Jesus Christus geschrieben worden. Es dürfte überwiegend der männliche Klerus gewesen sein, denn es soll weltweit über dreihundert verschiedene und anerkannte christliche Glaubensgemeinschaften geben. Und jede scheint Jesus Christus wohl anders zu verstehen.

Ich bleibe weiterhin bei meiner felsenfesten Überzeugung, dass der Heiland eine geniale Frohbotschaft bringen wollte. Aber durch die paulinischen Erweiterungen konnte eine Christuslehre entstehen, welche nicht alle Menschen zu erreichen scheint. Auf die kümmerliche Ernte der Früchte dieser fast zweitausend Jahre christlicher Missionierung und Kriegsführung brauche ich nicht noch einmal hinzuweisen.

Wer von den christlichen Geschwistern ahnt denn und wer weiß es, dass der Jesus am Kreuz nicht tot ist, sondern als mächtiger Freund und Bruder quicklebendig bei uns sein kann?

Auch als Christus? Natürlich, aber das ist eine noch höherfrequente kosmische Schwingung, die ich schon kurz angesprochen habe – es ist eine göttlich liebende Lichtschwingung, in die nicht nur das ganze Sonnensystem eingehüllt ist, sondern die als *Christus universalis* sicherlich auch galaktische Ausmaße hat. Wenn dieses grenzenlose **Christuslicht** auf unserer irdischen Erfahrungsebene nicht verstanden wird, fehlt es wohl an den Umsetzungsmöglichkeiten. So bleibt unser irdisches Dilemma, dass die Eigenschaften männlich, reich, mächtig, egoistisch und friedlos mit ihren erschütternden Gegenpolen nicht in eine Harmonie kommen können, trotzdem ein Dauerleiden.

Es gab und gibt unzählige bewundernswerte Frauen und Männer, die es in ihrem Erdenleben geschafft haben, *wahre christliche Liebe zu leben.* Es sind Millionen Mädchen und Frauen und Männer, die ihre Liebe, ihr DU und ein WIR bewusst leben und dabei ihren Erdengeschwistern dienen – mit christlichem oder andersgläubigem Hintergrund oder einfach aus ihrem freien Willen heraus. **Ohne ihr meist stilles und mannigfaltiges Wirken sähe es auf unserem polaren Lernplaneten noch heftiger aus. Das gilt sowohl für einzelne Lebenswege als auch für das irdische Kollektiv. Ihnen sei tausendfach Dank gesagt!**

Schon mehrfach habe ich die Bezeichnung »**Christus universalis**« verwendet. Der französische New-Age-Vordenker der katholischen Kirche, Paläontologe, Philosoph, Theologe (SJ) und Professor Pierre Teilhard de Chardin (1881-1955) prägte diesen Begriff 1920 in Paris. Denn die zeitlose kosmische Liebesenergie wurde einstmals durch Paulus als Ehrentitel für den ‚Erlöser‘ etikettiert und glitt dadurch in die Institutionalisierung des männlichen Klerus. Dabei sollte auch das *Christus-Liebes-Prinzip* in der Dreifaltigkeitslehre das *Liebes-Prinzip des weiblichen Potentials* ersetzen (alle antiken Religionen kannten Vater-Mutter-Sohn-Gottheiten, im christlichen Rom dagegen wurde Vater-Heiligergeist-Sohn durchgesetzt).

Teilhard de Chardin gab dieser ‚gebundenen‘ Liebesenergie endlich eine neue Dimension. Dass das *Christus-Liebes-Prinzip* sich ab jetzt auch mit Anima und Aquaria verbindet und diese ‚*Göttlichkeit-des-weiblichen-Potentials*‘ erwachen lässt – darauf gehe ich noch ausführlicher ein. Doch schon Anfang des letzten Jahrhunderts wurde das natürliche Duale der weiblichen Energie in der katholischen Kirche zaghaft eingestanden, und Teilhard de Chardin bekennt in seiner »Hymne an das Ewig-Weibliche«[95]: *„Wer mich gefunden hat, steht am Anfang zu allen Dingen."*

Der Heiland gab uns dazu einen Tip, indem er uns aufforderte, *unseren Körper als Tempel zu sehen* – was wohl ganz wichtig zu sein scheint. Tempel waren zu jenen Zeiten der Mittelmeer-Hochkulturen um Athen und Rom das Schönste und Edelste und künstlerisch Herausragendste, was menschliche Schöpferkräfte erschaffen konnten, und jeder Tempel hat sein Allerheiligstes, seinen Kern – beim symbolischen Tempel ‚Mensch‘ ist es sein Herz. So hat es der Heiland wohl gemeint, und darin sah er den inneren Weg zur geforderten Vollkommenheit.

Das ist kein leichter Weg. Und wie wir in der Literatur und auch im heutigen spirituellen Umfeld beobachten können, ist es sogar ein sehr schwieriger Weg – vor allem ihn *konsequent durchzuhalten.* Wie viele, die gekommen sind, schaffen es tatsächlich? Wie viele geben irgendwann wieder auf? Das Christuslicht hier in der Materie zu leben und leuchten zu lassen, ähnlich wie Nelson Mandela, ist ein Prozess, der das metaphysische, unsichtbare Licht heruntertransformieren muss in sichtbare Strahlung. Hier möchte ich auf die hohe Bedeutung und meine Hochachtung für jede einzelne Person hinweisen, die bei diesem Entwicklungsprozess unbeirrt durchhält – nämlich ‚trotzdem‘!

So dürfen wir uns nicht wundern, dass die immer helfenden und geduldigen Lehrer und Meister aus dem Hyperraum zwischendurch auch mal Tacheles reden und monieren, wie es wohl mit unserer Bereitschaft und Ernsthaftigkeit aussieht. Das klingt dann so wie folgende Aufforderung, die ich in der Zeitschrift »Die Quelle – Lehre und Heil aus dem Christusbewusstsein« fand:

„Seid ihr bereit, in der Tiefe den Geist in euch aufzunehmen und Einlass zu gewähren? Seid ihr bereit, auch in eurem Alltag die Verbindung mit dem inneren Licht, mit Christus aufzunehmen? Seid ihr bereit, euch dieser neuen Lehre hinzugeben, die letztendlich uralt ist, denn sie ist die ewige unvergängliche Lehre, gelehrt vor zweitausend Jahren, gelehrt von jedem Heiligen, gelehrt von all jenen, die je herabgestiegen sind, um der Erde Licht zu bringen, dass es auch eure Wahrheit wird? Seid ihr bereit, in eurem Alltag diese ewigen Wahrheiten umzusetzen und euch somit vom Schatten und Schutt dieser Welt zu reinigen? Und eure Seele zu einem leuchtenden Juwel zu machen, zu einem wahren Tempel, in dem ich, als das Licht, als die wirkende Kraft bin? Ich spreche als der Heilige Geist, ich spreche als das Licht, ich spreche als der Christus Gottes, denn wir sind eins.“

Gerne gestehe ich an dieser Stelle, dass ich meinen Lieblingssatz schon immer als das größte Vermächtnis des Heilands angesehen habe: *„Seid gewiss, ich bin bei euch alle Tage bis ans Ende der Zeit."* Diese Gewissheit lässt uns dann auch so weise lächeln, wie ich es von seinem Antlitz kenne. Und wenn sich die Gelehrten wieder einmal uneins ob seiner ehemaligen mündlichen Überlieferungen sind, werde ich gelassen bleiben und mir sagen: *„...wenn zwei sich streiten, kann ein Dritter lächeln."*

Denn wenn dem Heiland das Lächeln nicht vergeht, dann wohl auch nicht dem Christusanteil in mir.

„Selig sind die Friedfertigen, denn sie werden Kinder Gottes heißen!" (Mt. 5,9)

Der Gruß der Essäer war: *„...der Friede sei mit dir",* und der Heiland als essäischer Meister hat ihn genauso weitergegrüßt – bei den vielen Menschen um ihn herum eben als: *„...der Friede sei mit euch."* Damit klar ist, was der Heiland mit Frieden meint, heißt es bei Johannes (14,27): *„Meinen Frieden gebe ich euch – nicht einen Frieden, wie die Welt ihn gibt."*

Also meinte er den **inneren Frieden**. Das neue Denken aus ganzheitlicher Sicht führt auch hier zu einem erweiterten Blickwinkel. Ich sehe dabei einen erfolgreichen, dreistufigen Weg, der von Friedfertigkeit geprägt wird: den Frieden *um uns herum*, den Frieden *mit uns* und den Frieden *in uns*. Das bedeutet für uns Vollbeschäftigung, wenn wir uns gezielt damit befassen.

Es ist sofort zu erkennen, dass es hier um Friedensformen geht, die uns niemand von außen beschert, kein Politiker, keine Partei, kein Wissenschaftler und kein Theologe. Den Frieden in unserem Umfeld, mit uns selbst und tief in unserem Inneren **können nur wir ganz alleine erschaffen und stiften**, vor allem aber immer wieder erhalten. Es ist *unsere* Friedfertigkeit, die des Individuums, des einzelnen und auch die Friedfertigkeit, die in (meist kleineren) Gemeinschaften zustande gebracht und dort erhalten werden kann.

Unsere persönliche Friedfertigkeit, auch die mit uns selbst, hängt einzig und allein von unserem Ego und seinen Empfindlichkeiten ab. So wie der Gegenpol zum äußeren Frieden der Krieg ist, so ist es zum inneren Frieden die **Aggression**. Unser Verhalten in der Gemeinschaft wird immer mehr davon abhängen, wie wir mit unseren eigenen Aggressionen und denen der Umgebung umgehen können. Da es sich um eine ICH-Energie handelt, können wir davon ausgehen, dass wir bei unseren emotionalen inneren Kämpfen astrale Anbindungen haben, tagsüber oder im Schlaf, und der Ungeist bei unseren aggressiven Reaktionen mit beteiligt ist. Wenn wir gar ‚blind vor Wut‘ sind, dann hat er unsere Schöpferebenen umgepolt.

Dieses Thema ist in unserer Welt verstärkt entstanden, weil wir nie gelernt haben, damit umzugehen. Auch *Anpassungszwänge* fordern uns immer stärker heraus, ideologische wie soziale. Und ist die Anpassung nicht aus Liebe oder nur zwangsweise vollzogen, erzeugt sie automatisch aggressive Emotionen – meist gegen andere mit einem Ausbruch, was mehr Männerart ist, oder oft auch gegen uns selbst, woran eher Frauen leiden. Aggression, die emotionale Schwester des Frusts, spiegelt als ein zentrales ICH-Problem vor allem die Ängste, die Verunsicherungen, die innere Leere und die innere Geistlosigkeit unserer Zeit und ihrer Menschen wider.

Die Frohbotschaft des Heilands hält mit ihren Spielregeln dagegen: *Sicherheit und Ausgeglichenheit durch inneren Frieden, äußere Friedfertigkeit, mitfühlende Tatliebe und Rücknahme des ICHs.* Sobald wir diese Schwingung einige Male erleben – durch Stille, Entspannung, Rückzug (ich kenne da eine kleine Insel), Aussteigen, Gebete, Meditationen, Gespräche oder Gemeinschaft mit Gleichgesinnten –, spüren wir ganz deutlich, welche *innere Stärke* wir wieder zur Verfügung haben. Unsere Aggressionen (auch Neid, Eifersucht und Gier) lassen innere Defizite erkennen – meist *mangelnde innere Sicherheit,* die zu Ängsten und Zweifeln führt. **Unsere zunehmende innere Stärke** ist der Heiler aller aggressiven Emotionen. Wenn wir dabei an unsere drei Schöpferebenen denken, ist es die mittlere Ebene unseres Herzzentrums, deren eine Herzenskraft die *Friedfertigkeit* ist, die zusammen mit der anderen Herzenskraft, der *mitfühlenden Liebe,* innere Stärke zeugt.

Durch solche zunehmende innere *Aggressionsfreiheit* können wir uns die Eintrittskarte in das himmlische Stadion beschaffen – der Heiland hat es immerhin versprochen.

Auch aus dem Hyperraum kommen klare Hinweise wie zum Beispiel der Textabschnitt (unter www.elraanis.de) von Cecilia Sifontes, den ich im »LichtFokus« Nr. 9 fand: *„Der Friede auf diesem Planeten wird also dann erschaffen, wenn die Menschen so sehr daran glauben und einen so starken Fokus und so viel Energie in diesen Glauben lenken, dass er zur Wirklichkeit wird. Frieden wird erschaffen, wenn ihr Frieden lebt; Frieden wird erschaffen, wenn* *ihr Frieden liebt; Frieden wird erschaffen, wenn ihr in jeder Situation den Frieden wählt. Unnötig zu erwähnen, dass all die Gewalt im Fernsehen und in den Kinofilmen der Verwirklichung des Friedens auf dem Planeten zuwiderläuft, wenn ihr euren Fokus und eure Energie in die Gewalt lenkt. Frieden wird auf dem Planeten Wirklichkeit werden, wenn ihr und andere als Vorbild lebt.*

Ich weiß aus Erfahrung, dass viele Menschen gerne wahrhaben möchten, sie könnten alles am Fernsehen anschauen, ohne damit den Planeten zu beeinflussen. Sie tun es aber. Ihr könnt das nur, ohne Energie hineinzugeben, wenn ihr von eurer Seelenebene oder von darüber liegenden Ebenen aus zuschaut. Als Seele habt ihr volle Kontrolle über euren Fokus. Von eurem physischen Körper aus lenkt ihr Energie in alles hinein, auf das ihr fokussiert, und auf dieser Stufe ist der Fokus gleichzeitig auch euer allgemeines Bewusstsein."

Übe aktive Friedfertigkeit

Mit unseren energetischen Schöpferebenen können wir das – nicht nur für uns, sondern genauso für unsere Mitgeschwister. Erinnere dich bitte an die drei irdischen Schöpferebenen, die des *Kopfes* mit der ICH-Energie, die des *Herzens* mit der WIR-Energie und die *sakrale* mit der DU-Energie. Alle drei, einzeln oder im Verbund, sind daran beteiligt, dass wir mit mehr Friedfertigkeit durchs Leben gehen können.

Im folgenden schildere ich einige meiner Gedankengänge, wie es bei mir selbst sein könnte: Der Umgang mit meiner schöpferischen ICH-Energie ist der Hauptfaktor meines Verhaltens mir und anderen gegenüber. Das kann sich abspielen zwischen Rechthaberei und Besserwisserei und Nicht-beachtet-werden oder gar Beleidigtwerden – meine Abspeicherungen im Gehirn wehren sich jedes Mal. Karrieresucht, ungebremste Egozentrik, andauerndes Durchsetzen eigener Ichbezogenheit, oft verbunden mit maßlosem Erfolgshunger, erhält sich stets auf Kosten anderer, oft gerade zu Lasten der Friedvollen.

Dieser tägliche Wettstreit *in jedem von uns*, auch im äußeren Umfeld, zwischen einer gewissen *Selbstlosigkeit* und einer für nötig gehaltenen *Selbstbehauptung*, ist eine echte Herausforderung für mein Ego, ein ‚proofen' seines Stellenwertes, ein Abklopfen seiner Dimension in mir.

Aber je mehr und je öfter ich meine linke Hirnhälfte in Urlaub schicken kann, dest mehr Ausgeglichenheit und Harmonie kann von meinen anderen beiden Schöpfungsebenen, Herz und Sakral, erhalten bleiben. Wenn ich jetzt beim Schreiben zu meinem großen Heiland-Poster blicke und an sein weises Lächeln denke, dann strahlt das den himmlischen Zustand aus; ohne Ego zu sein ist typisch Heiland – aber er war in seinem Erdenleben auch schon so. Aus seinem und aus jedem anderen Herzzentrum können (automatisch) nur liebevolle Gefühlskräfte und Energien wirken. Das zeigt uns der Heiland auf seinem Gemälde mit den beiden Herzstrahlen.

Und für mich habe ich erkannt: **Friedliebend** wirken zum Beispiel *meine Hingabe* zu etwas; *der Ausgleich* von polaren Energien, die in mir entstehen oder die auf mich zukommen; *Mitgefühl* für das, was mir in irgendeiner Form begegnet, und außerdem fühle ich, wie in jedem Herz, nicht nur dem meinen, die angeborene *Sehnsucht nach Frieden* schlummert. Diese Herzenskräfte sind als Primärenergie immer noch so himmlisch-rein, wie sie es waren, bevor ich mich entschieden habe, noch mal eine Inkarnation als Johannes zu wagen.

Aber das gleiche gilt für alle Erdengeschwister.

Unsere Herzzentren, unsere Gottesfunken, unsere höheren Selbste (im Vergleich zum *niederen Selbst* der ICH-Energie), unsere ICH-BIN-Anbindungen und noch einiges Ehemals-Himmlisches mehr **sind unser ‚göttliches‘ Erbe.** Mit den Schöpferkräften der Herzschwingung sind wir dem Göttlichen *ebenbildlich.* Somit versuche auch ich mir weise lächelnd klarzumachen, dass alle meine Herzenskräfte wie ursprünglich *friedliebend* sind.

„Der Schlüssel ist, dass jegliche Schöpfung einmal im Herzen entstanden ist. Wenn wir etwas im Herzen erschaffen, das wir es aus dem Herzen heraus übertragen, ist es wie ein Satz Lichtstrahlen, die aus deinem Kopfe herauskommen. In den Gemälden, die Jesus zeigen, kann man dieses Licht wiedererkennen. Und von dort aus geht es in dein Merkaba-Feld, das nichts anderes als ein Projektor ist. Es projiziert in der Tat das, was im Herzen vorhanden ist“, bestätigte der Eingeweihte Drunvalo Melchisedek in seinem Interview in den »UFO-Nachrichten«. (April 2007)

Aus meinem sakralen DU-Chakra drängt die Sehnsucht nach Vereinigung, die immer Befriedigung und Frieden (Vereinigung ohne Friedensvertrag) mit anschließender Friedfertigkeit entstehen lässt. Was ist damit gemeint? Unser Sakrales ist die Schöpferenergie schlechthin. Hier schwingt zum Beispiel auch meine lebenserhaltende Energie mit, und dazu braucht sie Frieden. Das Lexikon führt noch weitere Sakralenergien auf, die alle zu ihrem Leben und Erleben *die friedliche Atmosphäre benötigen*: die Sinnlichkeit, die Lebensfreude, die schöpferische Kraft und Kreativität, die sexuelle Energie, die Lebenslust, die positiven Bindungen zu anderen Menschen und zum anderen Geschlecht, das Selbstbewusstsein und die Begeisterungsfähigkeit. Es ist kein Wunder, dass dieses Schöpferkraftzentrum *sacrum* oder *heilig* und die körperliche Liebe früher schon ‚Heilige Sexualität‘ genannt wurde.

Welche Sehnsucht verbindet alle Menschen dieser Welt? Die Sehnsucht nach Frieden! Ist das noch zu steigern? Ja, wenn auch noch unser *innerer Frieden* zu unserer Herzenssache wird! Dann kann sich Frieden immer dauerhafter in unserem Erdenleben manifestieren. Im »Das Jesus-Buch«[112] des geistigen Wesens *White Eagle* steht folgende treffende Definition des inneren Friedens:

Es gibt nichts, was wichtiger ist, als in Frieden zu sein.
Frieden wächst aus den Wurzeln der Liebe,
der Liebe zu sich selbst und allen anderen Lebewesen.
Dieser Frieden endet nicht, wenn Disharmonie da ist.
Er begleitet dich hindurch und wird Kraft und Stärke sein,
eine Stärke, deren Wurzeln Liebe ist.

Da wäre aber noch etwas zu klären, denn unsere Frauen betreffend, vielmehr das Weibliche mit seinem Reichtum an Gefühlen, gibt es noch allerhand Nachholbedarf in unserer Welt. Wir Männer lassen davon noch viel zuwenig zu – wir lassen nämlich die ganze Schublade mit diesem Thema zu. Aber wir werden nicht darum herumkommen, uns da doch noch hineinzufühlen, denn Aquaria drückte sich klar aus: *„Solange das Männliche und das Weibliche nicht in Harmonie sind, gibt es keinen Frieden!"*

Die Überschrift dieses Abschnittes lautet »übe aktive Friedfertigkeit«. Gibt es auch eine passive? Dafür finde ich keine Bestätigung. Aber es gibt tatsächlich pseudo-passive Friedfertigkeiten – so könnte man es nennen, wenn wir zum Beispiel *fried-voll* sind aus Bequemlichkeit, aus Angst, aus Charakterlosigkeit, Duckmäuserei, Duldung, Geliebtwerdenwollen oder sonst irgendeiner Verhaltensschwäche. Dieses *missverstandene* Friedvollsein können wir aber besser erkennen, wenn wir einiges davon als Ohn-Macht ansehen, denn die Machtsysteme des Bürgertums und der Kirchen pflegten eine langfristige *Verschleierungstechnik* unserer göttlichen Schöpferkräfte –

allein durch deren dominante Erziehungssysteme hat man jede seelische Selbst-Entwicklung rechtzeitig ‚zugedeckelt'.

Dazu fand ich eine aktuelle Bestätigung (29.2.2007) im Internet[96], worin Nick Rockefeller dem alternativen Dokumentarfilmer Aaron Russo angeblich verschiedene Fragen beantwortet. Rockefeller nannte auch zwei hauptsächliche Gründe, warum die Elite der Befreiungsbewegung der Frauen Geldmittel bereitstellte, und der zweite Grund lautete: *„...weil es ihnen ermöglichte, die Kinder in einem früheren Alter in die Kindergärten zu bringen, damit man sie dort dahingehend indoktrinieren könne, den Staat als hauptsächliche Familie anzunehmen, um das traditionelle Familienmodell zu zerbrechen. Diese Enthüllung stimmt mit früheren Zugeständnissen seitens der femininistischen Vorkämpferin Gloria Steinem überein, dass die CIA die Zeitschrift Ms.Magazine als Teil des gleichen Programms zur Zerschlagung des traditionellen Familienmodells finanzierte."*

Zur Friedfertigkeit fand ich noch eine Betrachtungsweise bezüglich der Frage: Gibt es auch eine »natürliche Friedfertigkeit«? Dazu schreibt Ulrike Gramann: *„Das erstmals aus dem 16. Jahrhundert belegte Adjektiv ‚friedfertig' bedeutet soviel wie friedliebend, friedlich und muss entsprechend auch als bereit zu Ruhe und Harmonie gedeutet werden. Friedfertigkeit ist mehr als bloßer Verzicht auf die Erstanwendung von Gewalt, sie schließt eine Bereitschaft zum Einlenken, zum ersten Schritt und zur vertrauensbildendenden Maßnahme ein. Diese Bereitschaft wird häufig Frauen zugeschrieben. Frauen seien ‚sanfter', stärker auf Harmonie bedacht, überhaupt geschickter in der Gestaltung sozialer Beziehungen. Als Begründung dafür wird häufig eine naturgegebene Liebe zum Leben herangezogen, insbesondere wegen der biologisch gegebenen Möglichkeit, Kinder zu gebären. Ob damit jedoch auf ‚natürliche' oder gar biologische Weise Friedfertigkeit programmiert ist, kann nicht als sicher gelten."* [97]

Was hindert uns eigentlich daran, endlich friedfertig zu sein, wenn es so viele positive Beschreibungen dieses Zustands gibt?

So hat es uns ja auch der Heiland vorgelebt und uns ganz klar dazu aufgefordert: *„...ich bin der Weg!"* oder: *„...wer mir nachfolgt, der wird nicht wandeln in der Finsternis, sondern wird das Licht des Lebens haben."* Wenn der Heiland wirklich ‚wandeln' meinte, dann drückt das *absolute Friedfertigkeit* aus, denn nur derartig Starke können in der Finsternis, also im Energiefeld des Ungeistes oder unseres ‚geistlosen' Miteinanders, ‚w a n d e l n'.

Wie sähe denn unsere Welt aus, wenn das menschliche Erdenkollektiv tatsächlich friedfertig zusammenleben würde? Es ist gar nicht auszudenken, so paradiesisch würde es sein. Nun, es ist nicht mehr lange bis zum 21.12.2012, wenn nach der Maya-Botschaft eine Neue Zeit beginnt und vermutlich das Kali-Yuga überstanden ist.

Wenn wir – du, ich, wir – immer wieder versuchen, alle unsere drei energetischen Schöpfungsebenen vereint in Friedfertigkeit zu leben und zu erleben – so, wie wir es jetzt kennengelernt haben –, dann kommen wir in den ersehnten Zustand einer **Glückseligkeit** im Körper. Das scheint die irdische Vorstufe zu sein zu dem himmlischen „*...selig sind die Friedfertigen...*".

Der Friede in dir

In seiner sogenannten Bergpredigt fordert uns der Heiland auf, friedfertig und sanftmütig zu sein. In unserem Alltag ist das sehr schwer umzusetzen, trotzdem gelingt es uns, wenn wir diesbezüglich bewusst innere Entscheidungen treffen. Doch wie lange wir dann einen solchen auffallend friedfertigen Zustand erhalten können, wie lange wir sanftmütig zusehen können, was so alles um uns herum geschieht oder was so alles auf uns zukommt, das ist sehr verschieden.

Ich freue mich, dass mir solches inzwischen schon ganz gut gelingt – was für die einen mit einem Kopfschütteln, weil ich nicht reagiere, und für andere mit einem Lob, dass ich ‚die Ruhe bewahrt habe', verbunden ist. Dabei versuche ich, solche Vorgänge als Energiefelder zu bewerten. Dadurch werden diese Energien von ihren Schöpfern losgetrennt, und dafür oder dagegen gibt es dann gewisse Techniken, damit umzugehen. In Asien waren es einstmals Kampftechniken, aber nicht nur äußere, sondern zugleich auch innere Energieprozesse.

Für mich sind das energetische Selbstverteidigungstechniken oder innere Kampfspiele, in deren Hintergrund ich mir das Lächeln eines asiatischen Weisen vorstelle, der seine Überlegenheit genau kennt – ich sah früher mit Begeisterung die Fernsehserie des Shaolin-Mönches Kung-Fu. Seit längerem sehe ich aber dabei das weise Lächeln des Heilands, der uns vorgeführt hat, was *er* unter Sanftmut versteht.

Trotz meiner an den Tag gelegten ‚Ruhe' kann es aber nachts ganz anders aussehen. Da melden sich in meinem Kopf manche Fremdenergien, die ich im Laufe des täglichen Geschehens nicht ganz umleiten oder zurückspiegeln konnte und diese wollen aufgearbeitet werden. Da kann ich dann Ursachen erforschen, kann versuchen dahinter zu blicken, sogar Verständnis zu finden, um schließlich durch Verzeihen die restlichen Fremdenergien in den ‚Papierkorb' zu verschieben. („...*haha, ihr komischen Menschen habt einen übervollen Papierkorb im Zimmer, einen schnellen in euren Denkmaschinen und einen ganz kleinen in euerem Herz*", triumphiert kichernd mein aufmerksamer *Boldi*.)

Vor Jahren wurde mir aus der geistigen Welt ein Weg gezeigt, wie ich mich immer wieder, und manchmal ganz schnell, von solchen nächtlichen Energieproblemen befreien kann. Es sind überwiegend Gedankenenergien, die vom Tag noch verblieben sind, doch durch die nächtlich-astralen Anbindungen gesellen sich zum Beispiel Zweifel, Schuldgefühl, Rechthaberei, Verletztsein, Ängste oder anderes in unsere gedanklichen Betrachtungen – es kann ein ‚fesselndes' Nachtprogramm sein, auch oft mit Herzklopfen. Dadurch ist die ‚Nachtruhe' dann vorbei.

Die Befreiung von solchem emotionalen Gedankenwirrwarr geht trotzdem ganz leicht, und wir finden dabei wieder unsere innere Ruhe, den Frieden in uns und damit auch den benötigten Schlaf. Kurz:
Wir geben den Energien unseren Gedanken oder Emotionen eine Form,
wir sammeln diese Formen ein und visualisieren einen ‚Ball',
wir gehen damit in immer tiefere Entspannung (Alpha-Zustand),
wir schweben dann noch tiefer in unser Herzzentrum,
wir übergeben unseren ‚Ball' dem ‚Christuslicht-in-uns', und
wir erleben das Happy-End im Traum, weil wir schon eingeschlafen sind.
Es funktioniert fast ausnahmslos.

Zuerst müssen wir die unbeherrschten Gedankenenergien, denen wir irgendeine Form gegeben haben, einsammeln. Dann versinken wir in eine immer tiefer gehende Entspannung mit Hilfe des Ausatmens, um dadurch in den sogenannten Alpha-Zustand[118] zu kommen – ein anhaltend tiefes und emotionsloses Entspanntsein. Das alles spielt sich noch an unserer Körperoberfläche ab, danach ‚fahren' wir visuell mit einem mentalen Fahrstuhl in unser Inneres und landen im Herzzentrum, dessen göttlichen Lichtkräften wir die ‚Erlösung‘ unserer unbewältigten Gedankenkräfte überlassen – diese Erlösung ist eigentlich eine **Transformation**. Das war es dann!

Damit *lassen wir geschehen* und *geben ab* – das ist praktizierte Spiritualität. Die Übung verläuft folgendermaßen:

Erstens beobachtest du – im Sitzen oder Liegen –, was gedanklich mit dir vorgeht, und dann sammelst du alle deine Gedanken zu einem Energieball oder Knäuel; auch alle Emotionen und Gefühle, alles, was dir energetisch geschieht im Inneren wie im Außen; was dich belastet oder dir gut tut; was dich traurig macht oder erfreut – einfach alles. Gib den Befehl: *„...alle diese Energien aus der letzten Stunde!"* Stelle sie dir als Energiefäden vor, hell, dunkel, farbig, grau..., wie du willst. Danach ‚knüllst‘ du alle zusammen wie einen Schneeball, der aber aus klar erkennbar verschiedenen Energiefäden besteht. Durch dieses Formgeben und Behandeln wirst du zum Betrachter und gewinnst bereits jetzt Abstand zu deinen Problemen. Deine Gedankenenergie-Kugel legst du nun auf deine Brust. Falls du die Übung im Sitzen machst, drückst du sie an deine Brust.

Zweitens beginnst du nun das Entspannungs-Zählen in Verbindung mit einem immer tieferen Ausatmen. Entspanne alle Muskeln, auch die des Gesichts. Dann atmest du ein mit einer gedachten Dreizehn, langsaaaam ausatmen mit der Zwöööölf, einatmen mit der Elf und langsaaaam ausatmen mit der Zeeeehhhn, und so fort. Dabei stets tief ausatmen, immer tiefer und auch die Ziffern mit einer immer tiefer klingenden Stimme denken, die dabei immer schläfriger werden soll. Das letzte bewusste Ausatmen dieses Entspannungsprozesses ist dann die Nuuuuuuull, ganz tief und auch in der gedachten sonooorigen Stimme wooooohlig schwingend.

Drittens siehst du dich nun – falls du noch nicht eingeschlafen bist – in einem Fahrstuhl, so schön, wie du dir einen in dein Haus einbauen würdest. Mit der Kugel aus Gedankenenergiefäden vor dir in den Händen, gleitest du sanft immer tiefer in deine Mitte, tiefer, tiefer, bis du durch einen kleinen Ruck weißt, dass deine Fahrstuhlkabine in deinem Herzzentrum angekommen ist. Nun folgt der erlösende Moment: Die Fahrstuhltüre geht automatisch auf, und eine alles überstrahlende Lichtfülle deines inneren Jesus oder Christus flutet dir entgegen, und du schaust zu, wie sich deine Gedankenenergien-Kugel auflöst und zu einem N i c h t s wird. Du bist jetzt frei!

Diese Übung scheint so einfach im Vergleich mit den früheren christlichen Kontemplationen oder den buddhistischen Versenkungen. Doch die Zeiten mit ihren höheren Schwingungen haben sich geändert. Wir können heute mit logischen Vorstellungen den Heiland oder ‚Jesus-Christus-in-uns‘ annehmen und aus dieser ‚Perspektive‘ mit ihm ‚zusammenarbeiten‘ – er ist bei uns alle Tage! Daher wirkt diese einfache Übung manchmal die ‚reinsten Wunder‘, wenn wir danach feststellen können, dass aus unserem Problem oder unserer Krise auf einmal ‚der Dampf‘ raus ist und wir Abstand dazu und eine neue Sichtweise gefunden haben. Diese Übung kann uns auch in fast allen ‚schweren Stunden‘ weiterhelfen und ist ganz individuell einzusetzen. Wir können sie bei einfachen Ein- oder Durchschlafproblemchen starten und sowie wir dabei registrieren, dass es tatsächlich ‚funktioniert‘, entsteht Vertrauen dazu und Glaube daran, und letzterer soll sogar Berge versetzen können.

Der ‚**Frieden-in-uns**‘ ist stets eine **Herzenssache**, doch auch unser Kopf mit seinem intelligenten Verstand kann uns dazu verhelfen, dass wir mit dieser Übung innere Probleme, Konflikte, Krisen und somit eigentlich ‚Herausforderungen‘ zur ‚Herzenssache‘ machen. Zwar benötigt die Schöpferebene unseres Kopfes mit seinem brillanten Verstand noch Entscheidungen im Sinne von ‚entweder/oder‘, unsere ‚herzliche‘ Schöpferebene dagegen lächelt darüber bereits weise (vielleicht auch manchmal sehr traurig) und weiß, **dass es nur ein ‚sowohl als auch‘ gibt**. Das weiß sogar mein ‚Mini‘ (das Wort hört er gar nicht gerne und tut fast beleidigt): „*...ohne eure intelligenten Birnen hätten wir schon längst Frieden auf der Erde!*“ (Aha! Schon habe ich es zurückgekriegt.)

Aber hören wir dazu auch den Quantenphysiker Dürr, der zu unseren ‚intelligenten Birnen‘ meinte: „*Mein Gehirn soll mir im wesentlichen helfen, den Apfel vom Baum zu pflücken, den ich für meine Ernährung brauche...*“, und sich dabei auf die Umgangssprache bezog. Doch „*...die Quantenphysik beschreibt die Natur viel besser, denn in der Quantenwelt herrscht die **mehrwertige Logik**, also nicht nur Ja und Nein, sondern auch Sowohl-als-auch, ein **Dazwischen**. Eben das Nicht-Greifbare, das Unentschiedene. Daran müssen wir uns gewöhnen.*“[85]

Danke, Professor Dürr, geben wir dem Kind eben zwei Namen: *mehrwertige Logik* und *der Heiland-in-uns*.

„Richtet nicht, auf dass ihr nicht gerichtet werdet!" (Mt. 7,1-2)

Wir haben hier das »Prinzip von Ursache und Wirkung«, den wohl ältesten Erklärungsversuch für eine gerechte und unsichtbare Ordnung des menschlichen Miteinanders. Andere nennen es auch »Gesetz der Wechselwirkungen; »Gesetz des Ausgleichs«; »Kausalitäts-Prinzip«, das schon Aristoteles (384-322) formulierte, oder »Karma« (sanskrit: Tat, Handlung, etwa 1200 v.Chr.). Das lateinische Wort causa in Kausalität heißt Ursache, und aus jener Epoche kennen wir zwei Regeln: causa aequat effectum (die Ursache gleicht der Wirkung) und causa praecedit effectum (die Ursache geht der Wirkung voraus).

Vom römischen Konsul, Redner und Philosophen Marcus Tullius Cicero (106-43) stammt eine weitere Formel: „Wie du gesät, so wirst du ernten", die das gleiche ausdrückt. Im Neuen Testament formuliert es dann Paulus weiter aus und schreibt (Galater 6,7): „Irret euch nicht. Gott lässt sich nicht spotten. **Was immer ihr sät, das werdet ihr auch ernten.** Wie will man Weizen ernten, wenn man Unkraut gesät hat? Dieses Gesetz ist hart und grausam und gerecht." Und im Evangelium nach Matthäus klingt es so: „Richtet nicht, damit ihr nicht gerichtet werdet! Denn wie ihr richtet, so werdet ihr gerichtet werden, und **nach dem Maß, mit dem ihr messt und zuteilt, wird euch zugeteilt werden.**"

Das mit dem Richten sollten wir heute nicht mehr ernst nehmen, das ist die alte Angstmache jener Zeit, in der sich zwei Energien begegneten. Die eine Energie war die des alttestamentarischen Gottes, der richtet statt liebt, und die andere war die allgemeine Erwartung des Weltendes, bei dessen Gericht allerdings endlich diejenigen bestraft werden würden, die man zu den Bösen zählte. Ich behaupte sogar: Selbst wenn wir uns mit ‚richten‘ und verurteilen anderer Menschen ‚vertan‘ hätten, wird uns n i e m a n d aus der geistigen Welt richten. Mit ‚vertan‘ meine ich, dass wir nicht die Ursache unseres Ärgers richten und bewerten, sondern die Person, die ihn verursacht hat. Das ist ein wesentlicher Unterschied. Ein solches göttliches ‚Rechtssystem‘ gibt es nicht (darauf komme ich gleich). Es kann vielleicht Angst vor so einem Gerichtetwerden geben, aber dann kann es auch eine astrale Anbindung (Ungeist) sein.

Peter Willigis Jäger ist einer der bedeutendsten spirituellen Lehrer unserer Zeit. Als Benediktiner und Zen-Meister geht er in seinem Buch »West-östliche Spiritualität – Visionen einer integralen Spiritualität« (Theseus,

März 2007) über die traditionellen Vorstellungen der Religionen hinaus und schreibt: *„Das göttliche Urprinzip ist kein Schulmeister. Religionen haben viele Menschen mit einem moralisierenden Gott verletzt. Es wartet kein Richter, sondern eine unendliche Liebe auf uns."* Das Interview mit ihm (»Wege« 4/2006) schließt er mit seiner Erkenntnis: *„Wir kehren heim in unseren Ursprung."*

Aber es gibt für den zitierten Matthäustext noch eine hintergründige Erklärung. Wenn alles Göttliche ‚Ur-Einheit' heißt, dann heißt das ‚Ungöttliche' Trennung und Teilung. Richten bedeutet somit auch **ur-teilen.** (Was unsere Sprache alles weiß!)

Der Heiland erklärte uns (am 24. November 2006): *„Was passiert nun in Wirklichkeit, wenn ihr ein Urteil fällt? Mit jedem Urteil erklärt ihr, dass der andere nicht göttlich ist, da ja etwas ‚Falsches' nicht göttlich sein kann. Durch euer Urteil richtet ihr euch selbst, denn tief in euerem Inneren wisst ihr, dass auch ihr nicht göttlich seid, da ihr ja richtet. Ihr richtet euch selbst. Dies meinte ich vor zweitausend Jahren mit dem Satz: ‚...richtet nicht, auf dass ihr nicht gerichtet werdet.' Mitgefühl, Güte und Vergebung sind die einzigen Möglichkeiten, euch aus diesem ewiglich trennenden Kreislauf wieder herauszuholen. Das Königreich des Himmels ist in euch, in euren Herzen. Aber das Richten und Urteilen verschließt die Tür zu euren Herzen immer fester. Mit jedem Urteil, das ihr fällt, sei es noch so klein, sei es nur ein hämisches Lächeln über einen anderen oder Schadenfreude und so weiter, baut ihr wieder neue Mauern um euer Herz. Denn wisset, euer Herz ist weit, weit mehr und so vollkommen erhaben in seiner unschuldigen Ausdrucksweise, als ihr auch nur erahnen könnt."*

Die Essenz steckt somit in den drei eindeutigen Formeln:
‚Wie du gesät, so wirst du ernten',
‚Nach dem Maß, wie du misst und zuteilst, wird dir zugeteilt' und
‚...dass alles getilgt werden muss bis zum letzten Heller'.

Das sind Verhaltensregeln ohne Drohungen, sogar ohne: *„...du sollst!"*

Doch der eigentliche Sinn der antiken Erklärungsversuche ist verlorengegangen. Fast alle damaligen Religionssysteme glaubten noch, dass die Seele des Menschen schon in zurückliegenden Leben existiert hat. Auch im Alten Testament sind solche Textstellen zu finden (Präexistenz der Geister). Am klarsten definiert war es im Mithraismus, im Buddhismus und bei vielen kleineren Glaubensgemeinschaften wie den Pythagoreern, den Essäern und den Nazoräern. Damit wurde dies auch stark im griechisch-koptischen Alexandria gelehrt. Im Machtgerangel zwischen den christlichen Metropolen Rom und Alexandria – beide an irdischer Größe und theologischer Bedeutung stark schwindend – setzte sich Konstantinopel immer stärker durch und damit auch die Verdammung der Seelenwiederverkörperungslehre, heute Reinkarnation genannt.

Was hat die *Wiederverkörperung der Seele* mit unserer christlichen Lehre zu tun? Mehrere Forscher der urchristlichen Lehre bestätigen – veranlasst durch immer neue Funde ehemaliger und noch unverfälschter Originaltexte –, dass am Anfang der Christenheit die Reinkarnation eine Säule im gesamten Glaubensgebäude war. Ohne sie hätte das Christentum jeder Logik entbehrt. Wie wäre das Erdulden der furchtbaren Martyrien zu erklären, ohne den Glauben an das seelische Weiterleben und ohne den gegenseitigen Trost des ‚Sich-wieder-treffens‘ auf der himmlischen Ebene? Wie könnte ein *gütiger Gott* – im Gegensatz zu den anderen *strafenden* Gottesbildern der Juden und Römer – dem einen Menschen goldene Löffel und dem anderen nur das Hungertuch geben – in einem *angeblich* einzigen Erdenleben?

Die wenigen schriftlichen Belege früher Kirchenfürsten und Theologen wie Origenes, Basilides und der Heilige Gregor zeigen uns, dass sie selbstverständlich die Seelenwiederverkörperung lehrten. Man hielt sie damals noch für ein *fundamentales Dogma*, das im Konzil von 451 auch weiterhin bekräftigt wurde. Der christliche Neuplatoniker Nemesios, Bischof von Emesa in Phönizien um 400, sagte: *„Gemeinsam ist allen Griechen, welche die Seele für unsterblich erklärten, der Glaube an ihre Wanderung aus einem Leib in den anderen."*

Was dann keine hundert Jahre später, nach der Thronbesteigung des Kaisers Justinian geschah, ist historisch belegt und liest sich wie ein Krimi. Ich kann hier nur auf das Ergebnis eingehen, auf **das Erbe des Justinian**: Das »Fünfte allgemeine oder ökumenische Konzil« in Konstantinopel entschied im Jahre 553 n. Chr. auf Druck des Imperators, dass von nun an die Reinkarnationslehre als Ketzerei zu gelten habe und jeder, der sie vertrete, verdammt sei. Wörtlich: *„Wer eine fabulöse Präexistenz der Seele und eine monströse Restauration ihrerselbst lehrt, der sei verflucht."* Die diesbezüglichen neun Bannflüche des Kaisers aus dem Jahre 543 (Synode der Ostkirche von Konstantinopel) wurden abermals bestätigt und auf insgesamt fünfzehn erhöht. Wissen muss man dazu, dass von zu vielen Bischöfen dieser Entscheid nicht als bindend angesehen wurde und das Konzil deshalb zehn Jahre später, im Jahre 553 n. Chr., nachvollzogen werden musste. Von den nahezu dreitausend Bischöfen waren gerade einhundertfünfundsechzig anwesend, darunter nur ganze sechs aus dem Westen des riesigen Reiches. Und die Wiederverkörperungslehre soll von diesem Gremium mit *einer* Stimme Mehrheit ,verdammt' worden sein.

Dazu lesen wir in »Zeiten*Schrift*« 9/95: *„Doch Dekrete und Gesetze allein können einen tief verwurzelten Glauben nicht so leicht ausradieren. Deshalb dauerte es einige Jahrhunderte, bis die Kirche endlich alle alten christlichen Schriften konfisziert, zerstört oder so stark verfälscht hatte, dass die Lehre der Wiederverkörperung nach und nach aus dem Bewusstsein der Gläubigen verschwand."*

Eine – vor allem für gläubige Katholiken – sicherlich überraschende Bestätigung dafür kommt von Mutter Maria. Ich zitiere aus dem Buch »Marias Botschaft an die Welt«[98], in dem die Amerikanerin Annie Kirkwood ihre ,Gespräche' (1987 bis 1991) mit Maria, der Mutter unseres Heilands, veröffentlichte, eine Antwort zu obigem Thema: *„In der Frühzeit der Kirche war diese Lehre jedoch allgemein bekannt und anerkannt, und es waren menschliche Gründe, weshalb man sich dann davon abwandte. Es lag nicht daran, dass es nicht wahr ist."*

Unsere drei obigen Verhaltensformeln der Frohbotschaft hatten dadurch allerdings ihren tieferen Sinn verloren. Als Unsinn wurden danach die Empfehlungen der Evangelien empfunden, und man brauchte sich nun nicht mehr daran zu halten. Man sah an den Mächtigen und den ,Bösen', dass es für sie keine Richter und keine Strafen gab, und so trickste man sich ebenfalls durch sein ,klein-sündigeres' Leben. Das Verurteilen anderer hatte plötzlich keine erkennbaren Konsequenzen mehr und verschwand ganz aus der Frohbotschaft des Heilands. Dadurch wurde das, was wir Christen für *christliche Nächstenliebe* halten, zu einer Geißel der Menschheit mit Inquisition, Völkermord, Sklaverei und Zwangsmissionierung, später im Verbund mit weltweitem Kolonialismus.

Ein Happy-End? Inzwischen hat der Heilige Geist doch etwas bewirken können, denn Seine Heiligkeit, Papst Johannes Paul II, gestand sehr diplomatisch ausgedrückt: *„Der Tod ist nicht das letzte Wort über das menschliche Schicksal, weil der Mensch zu einem Leben ohne Grenzen bestimmt ist, das seine Erfüllung in Gott findet."*

Eine Welt der Vernunft?

Nach dem Verdammen der Reinkarnationslehre aus der christlichen Kirchenlehre entstanden ersatzweise ‚gerechte' Vorstellungen, die ich in drei Gruppen pauschalisiere:

- Ich glaube an die Seelenwiederverkörperung und damit an meinen göttlichen Ursprung und ein ewiges Weiterleben meiner Seele.

- Ich glaube, dass ich im Evolutionsgeschehen aller Lebewesen ein Produkt der Liebe meiner Eltern oder eines ‚Zufalls' oder einer unverhinderten Vereinigung bin und erlebe irgendwann wie alle anderen irgendeinen irdischen Tod.

- Ich bin ein Kind Gottes, gebe mein Bestes und werde am Jüngsten Tag wieder in meinem gesunden Körper auferstehen.

Für alle drei Möglichkeiten gibt es keine ‚wissenschaftlich anerkannten' Beweise. Während das erste und das dritte Lebensbild weiß, dass es eine überirdische ‚Gerechtigkeit' gibt, hängt die mittlere Gruppe diesbezüglich in einem ‚geist-losen' Raum. Aber *jedes* auf unserer Ebene Erschaffene hat geistiges Leben und bedarf der geistigen Anbindung – natürlich auch der ‚ablehnende' Mensch. Und wenn es nicht ethische, verantwortungsvolle und sinnvolle beziehungsweise lebenserhaltende Energien sind, dann sind es eben sinnlose, egozentrische, workoholische oder elitäre Geistenergien. Du ahnst jetzt wahrscheinlich schon, was kommt: Woher bekommen *diese* unzähligen Menschen, die an kein Jenseits glauben, dann – mehr oder weniger intensive – Geist-Ersatzlieferungen oder Surrogate? Darauf habe ich schon mehrfach hingewiesen.

Unter uns Christen finden wir solche, die längst die Seelenwiederverkörperung als einzig logisches und kosmisches Ordnungssystem akzeptieren. Das »Prinzip von Ursache und Wirkung« stellt ein lückenloses wie auch gerechtes Langzeit-Abrechnungssystem dar, das jedes Fehlverhalten aller Erdenmenschen in Gedanken, Worten und Werken registriert und deren unsterblichen Seelen solange präsentiert, bis es ‚*bis auf den letzten Heller*' getilgt ist.

Unter uns Christen finden wir welche, die verantwortungsvoll einen möglichst ethischen Lebensweg erfüllen und durch Gewissenserforschung (verschiedenster Art) wieder weitgehend die urchristlichen Gemeinsamkeiten pflegen. Durch das Akzeptieren dieser von Gott geführten Ordnung entfällt heute wie damals das ‚Richten‘.

Unter uns Christen mit immerhin fast zwei Milliarden registrierten Taufen gibt es aber auch die unübersehbare Herde Gläubiger und Ungläubiger, die ohne geistige Ordnung in einem ‚rechtsfreien‘ Raum versuchen, sich nach ihrem Dafürhalten positiv und rechtschaffen oder auch bequem dem Kollektiv anzupassen. Rechtsfrei meine ich deshalb, weil die bisherige Kirchenordnung mit einem ‚Richten‘ erst am letzten Tag und einer Auferstehung ‚im Fleisch‘ keine Logik mehr bietet. Dabei meinen wir, wir könnten ohne geistige Anbindung, aber mit Vernunft unsere Probleme selber lösen. Aber wie sieht unsere *vernünftige Welt* aus?

Le Bon warnte 1895: „*Der Gebrauch der Vernunft ist für die Menschheit noch zu neu und zu unvollkommen, um die Gesetze des Unbewussten enthüllen zu können und besonders, um es zu ersetzen. Der Anteil des Unbewussten an unseren Handlungen ist ungeheuer und der Anteil der Vernunft sehr klein.*"

Dagegen erkennt einhundert Jahre später der italienische Religionshistoriker und Philosoph Professor Umberto Eco rückblickend in einem Interview des Buches »Das Ende der Zeiten« (DuMont 1999): „*Andererseits möchte ich... behaupten, dass unser Jahrhundert moralischer als viele andere gewesen ist. Ein Gefühl für sittliches Verhalten zu haben, bedeutet nicht, dass man vermeidet, Böses zu tun, sondern vielmehr, dass man weiß, dass eine bestimmte Tat schlecht ist und besser nicht begangen werden sollte. In diesem Sinne ist Heuchelei eine Konstante des Moralbewusstseins, denn sie besteht darin, das Gute zu erkennen und zu schätzen, und zwar selbst dann, wenn man im Begriff ist, etwas Böses zu tun.*"

Trotzdem ist dies ein Zustand, der niemanden mehr befriedigt und bei dem selbst dem Heiland das weise und sinnige Lächeln schwerfallen könnte. Was hat er alles ‚geleistet‘, damals und in der Zeit bis heute – und der Korb mit Früchten ist derartig bescheiden. Was würde uns *heute* der Heiland empfehlen?

„Verurteilt nie den Menschen selbst, verurteilt nur dessen Tun!"

- Be-urteilen, das was wir Christen erleben, also unseren irdischen, welt-weiten Alltag, *können wir mit unseren Köpfen.*

  Mit der Vernunft, mit Verantwortung, mit Erkenntnissen und Logik können wir uns ‚christlich' dafür einsetzen, dass unsere Welt friedlicher wird. Wir können uns ‚christlich' dafür einsetzen, dass die ‚Erdmutter' wieder zu ihrem Recht kommt, und wir können uns vor-christlich dafür einsetzen, dass die Frauen mit ihrem Reichtum an Gefühlen und Wissen wieder ihre beachtete Wertschätzung bekommen.

- Be-urteilen, warum sich unsere Mitmenschen nur in ihrer Egozentrik wohlfühlen und erfolgreich wähnen, *können wir nur mit unseren Herzen.*

  Wir können in keinen einzigen Mitmenschen hinein-,blicken', wir kön-nen nur versuchen *hineinzufühlen.* Denn mit unseren Herzenskräften – das Mitgefühl, die Weisheit, die Sanftmut und daher die Toleranz und das Verständnis – meldet sich unser ‚Göttliches-Zentrum-in-uns'. Das sind genau die Regungen, die uns der Heiland zusammen mit den beiden gro-ßen Frauen Maria und Maria Magdalena einst vorgelebt hat.

Nochmals: Was würde uns der Heiland wohl empfehlen? *„Ich lade dich ein, noch einmal alles über das »Prinzip von Ursache und Wirkung« zu lesen, und denke darüber nach, wie alles seit ewigen Zeiten und im gesamten göttli-chen Raum geregelt ist. Euer Planet Erde ist nicht der einzige. Alle Schöpfungen der kosmischen Ordnung haben den freien Willen, aber das dabei Erschaffene wird am Ende in Güte und Harmonie die lebendige Schöpfung erweitern. Alles ist bewährte ‚himmlische' Systematik, und ihr könnt es getrost uns überlassen – gebt eure Problemfälle in die nächsthöhere Instanz ab.*

Bittet einfach, und glaubt nicht, ihr hättet die besten Lösungen. Bitten und Beten macht dich frei! Bitte um tausend Engel, die deine Sorgen übernehmen, und du kannst loslassen und das tun, was sich dein Herz ersehnt. Oder bitte einfach mich und meine ganze Heilige Seelenfamilie. Glaube es doch endlich, dass wir bei euch sein können – bei Tag und bei Nacht."

„Ja oder nein!" (Mt. 5,37)

Wir wissen, dass wir hier in einer Welt leben, deren Energien – wie fast alles andere auch – dual, also zweiseitig oder zweigesichtig erscheinen. Das be-trifft sowohl die sichtbaren als auch die unsichtbaren ‚Energien'. Diese Zweiseitigkeit kann auch zu Spannungen führen, und dann entstehen daraus

Gegensätze oder Polaritäten. Es entsteht auch oft ein leidenschaftliches Schwarz-Weiß-Geschehen, wobei sich ‚das Leben' weitgehend in der gemäßigten ‚Grauzone' abspielt. Ich habe schon mehrfach ‚Wege' dafür erwähnt, dabei immer wieder auszugleichen, und der Heiland hat sie uns vorgelebt.

Nun gibt es dabei auch »Entweder-oder-Polaritäten«, die keinen Ausgleich erlauben, zum Beispiel *natürliche Polaritäten* wie Nord/Süd oder links/rechts, die kein ‚Dazwischen' haben und auch nicht ausgeglichen werden können. Vor allem gibt es aber die *unnatürlichen Polaritäten*, die Ron Smothermon[113] »Definitions-Polaritäten« nennt. Darunter verstehen wir Frieden und Krieg, Schöpfung und Zerstörung, Eigenes und Fremdes, Schönheit und Hässlichkeit, Kosmos und Chaos, jenseitiges und diesseitiges Leben, Heiliger Geist und Ungeist und andere mehr. Zu solchen entgegengesetzten Kräften sagte der Heiland: *„Eure Rede aber sei: Ja, ja; nein, nein. Was darüber ist, ist von Übel."*

Wenn wir hier sehen, dass der Heiland in einigen Bereichen klare und eindeutige Antworten und Stellungnahmen fordert, dann werden wir dabei auf ein modernes Problem unserer Zeit gestoßen, das sich um klare ‚Bekenntnisse' im alltäglichen Verhalten dreht. Bei geschäftlichen und politischen Verhaltensgewohnheiten ist es *in* geworden, und im Bereich des mittleren Managements aller Institutionen und Unternehmen wird man darin sogar geschult, *sich möglichst immer alle Optionen offen zu halten* – es lebe die Grauzone! Von den Machern der obersten Etage dagegen erwartet man klare Entscheidungen wie *Ja* oder *Nein* – so wie es der Heiland meinte, um auch aus uns **Entscheider** zu machen.

Ohne Entscheidung gibt es keine Veränderung, ohne Veränderung gibt es keinen Wandel, und ohne Wandel gibt es keine friedliche Zukunft.

Das elegante und diplomatische ‚Alle-Optionen-offen-halten' unserer Zeit ist wieder das *äußerliche Wirken*, ein oberflächliches Ausweichen, eine gefährliche Illusion unserer modernen Unkultur. Es ist die subtile, unsichtbare Mitwirkung des Ungeistes und ein wirkungsvolles Mittel unserer kopflastigen Ichheit, von einem entscheidungsträchtigen **Wirken des Herzens** abzulenken. Auf dieser Schiene kann sich unser Seelenbewusstsein nur schwer entwickeln und entfalten. Auch der Offenbarer Johannes legt hierbei nach und warnt uns vor bequemem Verhalten: *„Weil du aber lau bist, weder heiß noch kalt, will ich dich aus meinem Mund speien."* (Offb. 3,16)

Durch unseren freien Willen haben wir immerzu die Wahl, uns zu entscheiden oder uns davor zu drücken – täglich, oft stündlich.

Jetzt könnte ich einige Seiten lang aufzählen, was uns laufend oder überraschend *heraus*-fordert und zu Entscheidungen *auf*-fordert, zum Beispiel bezüglich unseres **Wohlbefindens**: Entscheiden wir uns für Kreativität, Selbstvertrauen, *„ICH bin okay"* oder lieber für Verneinung, Angst und Selbstmitleid? Entscheiden wir uns für Vertrauen, Freundschaft, *„WIR sind okay"* oder für Kontrolle, Distanz, ICH weiß es besser? Es geht wieder nur um die verschiedenen Anwendungen der Energien aus unseren drei Schöpfungszentren.

Zum Beispiel bezüglich unseres **Gewissens**: Wenn sich diese unterdrückte Herzensenergie meldet und uns ‚das Gewissen plagt', sind Entscheidungen fällig. Begriffe wie Gewissenhaftigkeit, Gewissensbisse, Gewissenskonflikte und Gewissenszweifel weisen auf die Dringlichkeit hin, sich durch Entscheidungen, oft natürlich sehr persönliche, von irgendwelchen energetischen Belastungen zu b e f r e i e n.

Ich kenne noch eine weitere Betrachtungsstufe – dem einen von uns fällt sie leichter, dem anderen vielleicht schwerer. Es empfiehlt sich, bei allen unseren Entscheidungen auf das *Gesamte* und somit auf *den dahinterliegenden Sinn* zu achten, denn alles, was uns in irgendeiner Weise nahe geht, hat stets etwas mit uns ganz persönlich zu tun – nicht nur bei den großen Entscheidungen, auch schon bei den vielen kleinen, denn auch sie stellen Schritte unseres Lebensweges dar, Schritt für Schritt. Somit könnten die Grundsatzentscheidungen auch hinter allen *kleinen* Entschlüssen so heißen: *Herz* oder *Kopf, Gemeinsamkeit* oder *Ichheit, Liebe* oder *Angst, gefühlvoll* oder *gefühllos, innen* oder *außen, Sein* oder *Haben?*

Aus meiner Zeit als Unternehmer weiß ich, dass viele unangenehme Dinge entschieden werden müssen, damit die **Erfolgslinie** nicht unterbrochen wird. Im Privaten aber kann man sich viel leichter vor unangenehmen Entscheidungen drücken. Man denkt, dass alles gut geht, aber der Zukunfts-Energiefluss wird auch hierbei gestaut.

Alles, was in irgendeiner Form auf uns zukommt, *hat eben etwas mit uns zu tun*. Wir können es uns anschauen (und erkennen), können es annehmen (und erlösen) oder ‚liegen' lassen (dann wird es mit einem neuen Gesicht wiederkommen) oder davonlaufen (dann wird es uns in schmerzlicherer

Form wieder einholen). Aus diesen eigentlich sehr bekannten Verhaltenserfahrungen habe ich später meine dreifache E-Formel gebildet:

$$e^3 = \text{erfahren} - \text{erkennen} - \text{entscheiden.}$$

Wir werden diese Erfolgsspirale *erfahren-erkennen-entscheiden* in unserem ganzen Leben wiederentdecken. Wir werden immer wieder dazu aufgefordert werden, denn jede Stagnation und fast jede Depression kann so entschlüsselt werden.

Ich überliste mich bei Bedarf, wenn mich etwas als ‚Problem' belastet, und taufe den Begriff um in ‚Herausforderung' – und schon verändert sich auch die Schwingung! Die veränderte Schwingung wiederum kann helfen, schneller in die Erkenntnisschritte des e^3 zu kommen, was uns dann zu der sicherlich damit verbundenen und benötigten Entscheidung führt.

Eigentlich ist das ein mutiges Freiwerden. Wir haben auf unserer irdischen Erfahrungsebene den freien Willen, eigenschöpferisch und kreativ sein zu können. Zur Bewältigung unserer dabei nicht immer geglückten Schöpfungen haben wir dann das Erkenntnis-Konzept e^3, das es uns erleichtert, nicht von unseren energetischen ‚Kindern' aufgefressen zu werden (natürlich nur energetisch, aber das kann auch sehr schmerzhaft sein).

Wie oft haben wir uns schon darüber amüsiert, wenn tatsächlich durch Gespräche und Übereinkünfte Entscheidungen gefällt werden konnten und sich *prompt* der nächste Entscheidungsbedarf anmeldete? Auch nach eigenen inneren und ernsthaften Entscheidungen kann das so geschehen. Kaum hat man seine Entscheidung verkündet, meldet sich schon das nächste Thema. Kann es sein, dass wir diesen damit verbundenen Energiebedarf viel zu wenig beachten?

Es gibt noch ein mutiges Freiwerden. Wenn wir (auf seriöse esoterische Art) unser jetziges Erdenleben als Schulung betrachten (weil die Noten vom letzten Leben nicht befriedigend waren), üben wir ja erneut, das Duale und das Polare im Irdischen besser zu bewältigen. Es wird uns dazu erklärt, dass wir die beiden Seiten des Dualen, das Nebeneinander und Miteinander, auch deshalb erneut erfahren möchten, weil wir die reine Energie eines klaren *Ja oder Nein* endlich kennenlernen wollen.

‚Entscheiden Ja/Nein → verändern → wieder entscheiden Ja/Nein → wieder verändern' ist eine irdische Gesetzmäßigkeit – ein Dauerlauf, der nicht nur im Außen zu Erfolgen führt. Auch unsere seelische Entwicklung benötigt Erfolge, es sind dann möglicherweise die Stufen auf der Jakobs- oder

Himmelsleiter. So könnte es doch der Heiland gemeint haben. Vom ‚*Jein*‘ hielt er sicher gar nichts, das hätte weder der Einführung seiner »Religion der Herzen« noch der späteren, sehr mühseligen Umsetzung einzelner Forderungen gedient.

Doch jetzt ist die Erdenmenschheit mehr oder weniger am Kipp-Punkt der Wendezeit angelangt, und jede unserer positiven Entscheidungen im Rahmen dieser spirituellen Lernwege ist zugleich eine Entscheidung für das irdische Kollektiv. Unsere Energien gehen in das holographische[99] oder morphische Feld der Wendezeit ein oder, wie Meckelburg es nennt, in das ‚Biogravitationsfeld des Bewusstseins‘.

Saint Germain[100] erklärt uns dazu: „*In der Neuen Zeit wird es keine Zwischenstufen mehr geben.* **Das bedeutet, dass die Farbe Grau nicht mehr existieren wird.** *Es ist die Zeit der Entscheidung, die für die Menschheit gekommen ist. Ob bewusst oder unbewusst trifft jede Seele nun ihre Entscheidung. Zur Auswahl stehen nur noch Weiß und Schwarz.*“

Dazu meint der Heiland: „*Ihr seid jetzt soweit.*“ Wir haben also endlich die größere Chance für **ein klares JA der Herzen,** und ich ahne, wie jemand weise und sinnig lächelt.

Sei mutig und unbequem wie alle Mächtigen!
Lebe außergewöhnlich, un-*angepasst*, un-*fassbar*, un-*möglich* –
in den Augen der anderen!
Wenn du dich für das Leben und Erleben
deiner unerschöpflichen göttlichen Schöpferkräfte e n t s c h e i d e s t,
dann wirst du ein neuer Mensch und führst ein neues Leben.
Nichts ist mehr so, wie es früher war.
Entscheide dich bitte ‚bewusst‘ – du tust es auch für uns alle.

„*...denn sie wissen nicht, was sie tun!*“ (Lukas 23,34)

Der ganze Satz heißt: „*Vater, vergib ihnen, denn sie wissen nicht, was sie tun.*“ Der Heiland hat dies angeblich bei seiner Kreuzigung ausgesprochen. Welche Erklärung gibt es dafür, dass ein ‚Mensch‘ in diesem Zustand alles vergibt, was man ihm Unmenschliches angetan hat? Doch halt, der Heiland bittet ja den Vater, dass er diesen irdisch-richtenden Ungeist-Anhängern vergebe. Aber wir wissen doch längst, dass der himmlische ‚Vater' des Heilands ein Vater der Liebe ist, der nie richtet und somit auch nichts zu vergeben braucht. Gibt es auch hier einen heimlichen Code zu entschlüsseln?

Falls er den ‚Vater' der Judäer gebeten hätte, der bekannt dafür ist, dass er zürnt und richtet, dann könnte ich diese Textstelle akzeptieren. Aber die Energie Jehovahs in der christlichen Frohbotschaft des Heilands, der jetzt ‚ihn' in seiner vermeintlichen Not als Vater anspricht? Das ist für mich undenkbar! Diesen Satz überliefert auch nur Lukas. In den apokryphen Evangelien, zumindest in den wenigen, die uns erhalten geblieben sind, gibt es diesen Ausspruch auch nicht – weder mit noch ohne ‚Vater'.

Nun, ich selbst habe den Satz in diesem Buch schon mehrfach eingesetzt, allerdings ohne ‚Vater', weil für mich nicht geklärt ist, wen er mit ‚Vater' gemeint hat. Bei näherer Betrachtung fand ich für dieses geläufige Zitat nämlich drei Einsatzmöglichkeiten: einmal mit dem Vater der Judäer als energetisches Störfeld in der christlichen Frohbotschaft; einmal als auffällige Überschriften aller möglicher Autoren und Redakteure der profanen Pressemedien, um zu bekunden, dass sie etwas über irgendwelche ‚Idioten' berichten, die nicht wissen, was sie tun; und die dritte Verständnismöglichkeit, die ich erkenne, ist mir während des Schreibens meines letzten Buches vor rund fünf Jahren intuitiv eingegeben worden:

„Es gibt nur Wissende und Unwissende."

Es wurde weiter erklärt: *„Alle Seelen sind gleich. Alle haben das Licht, aber sie erinnern sich nicht daran. Die Wissenden und Wahrhaftigen führen zum Erhalt, die Unwissenden zur Zerstörung."* So bekommt das Zitat des Heilands in seiner Frohbotschaft einen weiteren neuen Sinn.

Unser kopflastiger Dualismus ‚Wissen/Unwissen' ist keine Erbsünde oder sonst eine ‚Schuld', sondern ganz einfach ‚unser Sprung in die irdische Zweiheit'. Wir tragen beides in uns und haben den freien Willen zu entscheiden, ob wir den Mut haben, Wissen zu ertragen.

„Wir alle haben das Licht...", klärt er uns auf. Wo? Wir sprechen von ‚hellen Köpfen' und malen bei den Heiligen die Aureole um ihr Haupt. Aber das wird es wohl nicht sein, wenn er fordert: *„...lasset euer Licht leuchten!"* Diesen Platz hat schon der weltweite geheime Orden der Egomanen belegt, deren ausschließlich **kopforientiertes Selbstleuchten** luziferische Illumination ist.

Nein, damit wir es endlich richtig verstehen können, ließ sich der Heiland schon vor rund siebzig Erdenjahren für uns zeitgemäß malen und weist auf dem Gemälde mit seiner linken Hand auf das ‚göttliche' Lichtzentrum hin, das er durch die **beiden Strahlenbündel** symbolisiert. Und heute erklärt er uns dazu: *„...daraus kannst du erkennen, wo mein Geist waltet: Er ist immer im Herzen. Er offenbart Wärme, die aus den Strahlen meines Herzens entsteht."*

Abb. 56:
Leuchten aus dem Herz

Um das leichter zu verstehen, können wir uns **Ganzheitlichkeit** aus zwei Blickwinkeln ansehen. Über und unter unserer Herzmitte haben wir jeweils die schon beschriebenen drei Körperchakren. Da die Ziffer Drei aber (nach meiner Ansicht) meistens eine reduzierte Energie darstellt, kommen wir erst mit der Vier und der Acht in die kosmische Einheit, die früher auch noch eine irdische Ganzheitlichkeit war. Legen wir aber in unsere Chakrenenergie die Lemniskate als »Rotierende Acht«, dann kommen wir der Ganzheitlichkeit näher, die uns Jesus in seinem Erdenkörper vorgelebt hat.

Die durch unser Herz rotierende göttliche Energie-Acht erleichtert in unserer Neuen Zeit den Vereinigungs- und Verschmelzungsprozess aller unserer Schöpferebenen.

Der andere Blickwinkel wäre wieder die sogenannte **Verständnissache**. Aber Verständnissache ist unsere Schöpferebene des ICHs, die ohne Erinnerungen an Vorleben im Diesseits und Jenseits und damit auch ohne ein solches Wissen ist. Nein, die ‚Herzensreligion' würde mit ihrem übernatürlichen Reichtum an Gefühlen vielmehr und immer stärker zur **Herzenssache** werden. Unsere Herzenssache ist die WIR-Schöpferebene, die voll gesammelten Wissens ist, das bereits als Summe aller früheren Erdenleben zu Weisheit wurde.

Der Heiland selbst meinte dazu auf La Palma: *„Ich sagte schon, dass ich die Weisheit auf dieser Welt verkörpere, doch diese Weisheit ist abhängig von der Liebe, denn Weisheit ohne Liebe ist kalt. Doch umgekehrt ist Liebe ohne Weisheit nicht viel wert, denn Liebe selbst ist nur durch die Weisheit einsetzbar.*

Abb. 57: Das Herz zwischen den Chakren und der ‚Rotierenden Acht'

Doch wenn du manche Schriften liest, wirst du erkennen, dass eine Kälte ihre Werke umgibt, dass die Liebe fehlt, dass der Kopf, der Intellekt, das Gehirn angesprochen wird und nicht das Herz. **Und daraus kannst du erkennen, wo mein Geist waltet: Er ist immer im Herzen. Er offenbart Wärme, die aus den Strahlen meines Herzens entsteht."**

In meinem Buch »Alles ist Gott« habe ich ein Fülle von Überlegungen und Erfahrungen geschildert und welche ungenutzten Möglichkeiten wir mit den ‚herzlichen' Kräften dieser unserer zentralen Schöpferebene besitzen. **Solches Wissen ist kein Prozess des Suchens und des Lernens, solches Wissen ist in erster Linie ein Prozess des Sich-Erinnerns. Unser Herzwissen ist viel umfangreicher als wir ahnen.**

Dabei fallen noch zwei weitere Gegensätze auf: geformte und ungeformte Schöpferenergien. Zum einen sind nämlich die göttlichen Primärenergien als Herzenskräfte noch in ihrem *un-geformten Zustand*, was man als rein bezeichnen kann. Die Energien des ICHs hingegen haben durch den gesteuerten Intellekt bereits *Form angenommen*, sind in die Dualität oder gar in die Polarisierung gegangen und damit in eine niedriger schwingende Frequenzbandbreite ‚transformiert' und umgewandelt. Dies scheint eben besonders die Anhänger des irdischen Patriarchats zu betreffen, die ihren Herzspeicher nicht öffnen können. (*„...das Passwort vergessen, gell?"*, grinst mich *Boldi* an.)

Wir erkennen auch hier wieder die bekannte Kopf/Herz-Realität, das einseitige ‚Spiel' wie im Mann/Frau-Ungleichgewicht, das uns eigentlich auch auf Nichtwissen/Wissen hinweisen möchte.

Der Heiland betonte *das Wissen*, und ich vermute, dass sein Hinweis auf Neues zielt, denn wir sind heute klar, logisch und intelligent genug, um zu erkennen, dass unser Wissen, unsere Ratio, unsere Dialektik und unsere Logik viel zu einseitig eingesetzt werden. Diese wertvollen Qualitäten sind zu sehr in den Prozessen unserer linken Hirnhälften und daher mit dem ICH der irdischen Egozentrik verwickelt. Betrachten wir dabei einmal das männliche Symbol Yang, in dessen Fläche, ähnlich einem großen Punkt, ein zentraler Teil von Yin wie eine Art von ‚Herzenergie' existiert – in seiner Mitte. Ich vermute, dass dafür der Hinweis des Heilands gedacht ist, **unser Wissen wieder mit dem Licht zu verbinden.** Das dabei entstehende *transformierte Wissen* ist dann unsere neue, verantwortlichere Schöpferenergie.

**Verantwortungsvolles Wissen unseres Kopfes ist Bewusst-*heit*,
die seelischen Qualitäten unseres Herzens sind Bewusst-*sein*.**

Können wir uns daher vorstellen, dass unser Heiland aus seiner göttlich-zeitlosen Sphäre all unsere schmerzlichen Entwicklungen um seine Person nur milde lächelnd betrachtet und uns abermals zu erklären versucht, dass das ganze Grunddilemma eigentlich nur ‚Wissen und Nichtwissen‘ heißt oder ‚Erinnern und Vergessen‘? Fliehen wir ein Leben lang vor dem Öffnen des Wissensspeichers in unserem göttlichen Herzzentrum, um es mit der mächtigen Datei unserer linken Hirnhemisphäre verlinken zu können, weil wir bei unserer Geburt das Passwort vergessen haben?

Können wir weiterhin so denken wie Cypher, der Gegenspieler von Morpheus, im Film »Matrix«, der in einer Szene sagte: *„Unwissenheit ist ein Segen"*? Der Heiland weiß, weise lächelnd von den unzähligen Seelenentwicklungsprozessen, dass auch die Nichtwisser und die ‚Nichtswissen-wollenden‘ trotzdem am Ende ihr Lernprogramm absolvieren werden.

Aus anderen Berichten weiß ich, dass auf der ätherischen Lebensebene im Hyperraum die Künste, welche wir griechisch ‚Musen‘ nennen, bewundert und geliebt werden. Um IQs und Titel kümmert sich keiner mehr, denn die ICH-Schöpferebene hat sich dort längst ausgelebt.

„Du sollst deinen Nächsten lieben wie dich selbst!" (Mt. 19,19)

In dieser christlichen Liebesformel entdeckte ich auch einen Geheim-Code, den ich jetzt dechiffrieren möchte. Warum vermute ich so etwas? Wahrscheinlich gibt es keinen Satz, der auf unserem Planeten noch öfter ausgesprochen wurde als dieser – von Milliarden Christen in rund zweitausend Jahren und in mehr als zweitausend verschiedene Sprachen der Welt übersetzt.

Nun vergleichen wir diese ‚Masse‘ von Aufforderungen mit den ‚Früchten‘ der berühmten christlichen Nächstenliebe. Da ist ganz sicher irgend etwas ziemlich falsch gelaufen und tut es wohl heute noch! Für diese Erkenntnis muss ich wohl nicht ins Detail gehen – du weißt, was ich meine! Ich muss auch nicht auf das schlimme Altertum und das noch schlimmere Mittelalter hinweisen. Ich erinnere bloß daran, dass sich vor knapp zwanzig Jahren noch die Theologen mit ihren ‚Anhängern‘ in Irland fanatisch bekriegt haben. (Laut Wörterbuch gibt es das Wort Nächstenliebe *charity* auch im Englischen, ich habe das extra überprüft.)

Es kann also bei meiner Betrachtung der mageren Ernte nicht am sprachlichen Verständnis liegen. Der Grund für die fehlende Umsetzungsfähigkeit muss woanders gesucht werden. Mein Verdacht, dass diese Urformel christlichen Verhaltens wieder eine männliche Schöpfung ist, bestätigte sich. Daher wurde ,Liebe', jener Zeit entsprechend, lediglich patriarchalisch verstanden. Es ist die kluge männliche Codierung der ICH-Schöpferebene im Alleingang ohne das DU und das WIR. Das kann ja dann keinen sichtbaren und anhaltenden Erfolg bringen. (*„...es reicht ja, wenn die Herde fleißig übt"*, kommentiert *Boldi* altklug.)

Meine Spurensuche führte zuerst zu Mose im Alten Testament, aus dem dieses Gebot eigentlich stammt. Dabei durfte ich feststellen, dass seine Auslegung von alters her sehr uneinheitlich war. Bei Wikipedia liest man: *„...es gibt bereits einige Besonderheiten der Ethik der Zeit des Talmud. Zentral ist dabei die Stelle aus Levitikus (3. Buch Mose) 19, 18, die in christlichen Kreisen oftmals so zitiert wird: ,Liebe deinen Nächsten wie dich selbst.' Näher beim hebräischen Urtext wäre jedoch die Übersetzung: ,Liebe deinen Nächsten, denn er ist wie du.'"* Stimmt das?

Ich frage mich, wer diese Erklärung in das Lexikon Wikipedia gesetzt hat, denn in der Bergpredigt nach Matthäus zitiert der Heiland (5,43) den Originaltext im damaligen Talmud, den er ja auch kennt, völlig anders und ablehnend, nämlich mit *„Du sollst deinen Nächsten lieben **und deinen Feind hassen.**"* Noch fand ich keine weiteren Belege dafür, aber in Luthers Kommentaren steht ebenfalls: *„Schreiben doch ihre Talmud und Rabbiner, das Töten sei nicht Sünde, wenn man keinen Bruder in Israel tötet..."* Es war also ein Merkmal des Bundes, dass mit dem ,Nächsten' nur jemand des eigenen Volkes gemeint sein konnte. Jehova drückt sich klar aus: *„Du sollst dich nicht rächen noch Zorn bewahren gegen die Kinder deines Volks."*

Und das ist eine der elitären Schwingungen, die der mosaischen Formel gut codiert und verschlüsselt anhängt und die n i e mit der mitfühlenden Schwingung der Frohbotschaft vereinbar wäre und sein könnte. Daher distanziert sich der Heiland auch in klarer Ausdrucksform, wenn er betont: *„Ich aber sage euch..."* (Mt. 5,44)

Doch auch im Neuen Testament konnte diese berühmte Formel weiter ‚verschlüsselt' werden. Erstens bekennt sich unser Pharisäer Paulus in seinen Briefen weiter zu der alttestamentarischen Schwingung. Er schreibt: *„Denn das ganze Gesetz ist in einem Wort erfüllt, in dem: ‚Liebe deinen Nächsten wie dich selbst!'"* (Galater 5,13-15) Und an die Römer (13,8-10) schreibt er: *„Seid niemandem etwas schuldig, außer, dass ihr euch untereinander liebt; denn wer den andern liebt, **der hat das Gesetz erfüllt.**"* Das ist aber ganz typisch die bewährte **Macht des Gesetzes** des Jerusalemer Tempels.

Zweitens scheint sich das *männliche Verständnis von ‚Liebe'* fortgepflanzt zu haben – vom innerlichen Pharisäer Paulus über den heidnischen Kaiser Konstantin bis zum späteren Klerus. Es war eine wohlmeinende, aber männlich eingeschränkte Form der Liebe und der Auswahl des christlichen ‚Nächsten', *wen* die Nächstenliebe treffen durfte. Wenn wir all das Richten, Morden, Versklaven und mit dem Schwert Missionieren der christlichen Kirche betrachten, gibt es keine andere Erklärung als die Übernahme der alttestamentarischen Jehovah-Formel: *„...liebe deinen Nächsten, und hasse deinen Feind."* Man kann vermuten, dass die Entscheider der Kirchenleitung dies stets bewusst gehandhabt haben, während die große Schar der Gläubigen es natürlich unbewusst tat. Von der *allumfassenden Liebe* eines sanftmütigen Herzensmenschen wie dem Heiland ist man anscheinend immer noch weit entfernt, denn die Art der Liebe, die er meinte, kennt keine wechselseitige Belohnung.

Drittens heißt es ja als das Maß unserer Liebe zum Nächsten: *„...wie dich selbst."* Wissen wir, wie sehr sich die Menschen *selbst* geliebt haben? Wie sehr sie sich auch heute *selbst* lieben? Hier wurde auch geschickt codiert mit der Ich-heit und dem schlechten Gewissen. Die von Gläubigem zu Gläubigem verschieden ausgeprägte Selbstsucht gibt keine Liebe ab, sie liebt *sich selbst* am meisten und ist weiterhin vom ICH geprägt und nicht vom WIR.
Der Energiefluss zum Nächsten kann aber genauso blockiert werden durch eingeredete Schuld und ehrliches ‚Sich-schuldig-fühlen' – *„ich bin doch nichts wert"*. Jede Opferrolle verbraucht ihre eigene Energie für sich selbst und hat keine mehr für Nächste in ihrem Umfeld übrig.

Viertens gibt es eine Codierung der ganz besonderen Art: die Liebe zum Nächsten in körperlicher Form. Diese Verschlüsselung als *Moral* wurde zu einer kompletten Verschlusssache. Mehr denn je erkenne auch ich die Ursache: die versteckte Angst der Männer. Die Vereinigung von Mann und Frau mit dem gegenseitigen DU symbolisiert höchste Schöpferenergie *in Liebe* – zwei Sakralchakren vereinen sich, und göttliche Liebesenergie wird frei. Individuelles Freiwerden durch diese kleinste heilige Gemeinschaft aktiviert unsere Lebenskraft und lässt wieder alle unsere Schöpfungskräfte fließen – auch ins Kollektiv. Aber ,Freiwerden' in Liebe ist Individualität und solche stört Machtsysteme (wie im Film »Matrix« gezeigt).

Im Buch »Mutter Erde wehrt sich« wird uns versichert: *„Im Liebesaustausch gebt ihr einander Informationen preis, die weit über eurem intellektuellen Fassungsvermögen liegen. Dies war euren Machthabern ebenfalls bekannt, weshalb eure sexuellen Beziehungen sofort dämonisiert wurden."*

Der Ma-Hitraner Ejia erklärt in dem zukunftsweisenden Buch »Aquaria« von Brigitte Jost uns allen: *„Jedes Lebewesen trägt in seinem Inneren alle kosmischen Kräfte, denn jedes Lebewesen ist **ein kleiner Kosmos im großen Kosmos**.* [101] *Das heißt, dass Frauen natürlich auch kosmisch-männliche Kräfte in sich haben und Männer kosmisch-weibliche.*

Der Kosmos besteht aus beiden Prinzipien, und zwar im Gleichgewicht. Und obwohl du als kleiner Kosmos im weiblichen Körper das weibliche Prinzip mehr ausdrückst als das männliche, ist dein inneres Seelenwesen ein Abbild des vollendeten kosmischen Gleichgewichts beider Kräfte in Einheit.

Daher kommt dein Sehnen, dich mit dem zu vereinen, das dich in diese Vollendung bringen kann. In der körperlichen Liebe drückt sich dieses ,Eins-sein' in ekstatischen Energien aus, und weil Einheit oder Eins-Sein das kosmische und unser aller Ziel ist, ist das Wesen des Kosmos in Augenblicken der Vereinigung natürlich besonders mitbeteiligt, wodurch eine entsprechend starke ekstatisch freudvolle Kraft fließt.

Die natürliche Weiblichkeit und die natürliche Männlichkeit leben daher stets in gegenseitiger Liebe und Verehrung füreinander."

Dies bestätigen inzwischen auch irdische Wissenschaftler. Der schamanische Professor Dr. Malidoma Somé erklärt in dem Buch »Politik des Herzens«: *„Eines der Dinge, die ich in der modernen Kultur beobachtet habe, ist die Krise im Umgang zwischen den Geschlechtern. Männer und Frauen wissen oft überhaupt nicht mehr, warum sie eigentlich zusammen sind oder wieso sie bestimmten Beziehungsmustern folgen und wieso ihre Gefühle und Neigungen so unterschiedlich sind. Wenn ich mit beiden Geschlechtern arbeite, wird mir sehr deutlich, woran es dieser Kultur fehlt: Männer ehren Frauen zu wenig und*

Frauen ehren Männer zu wenig, es mangelt an gegenseitiger Aufmerksamkeit der Geschlechter.«[102] Also mangelt es auch an Nächstenliebe.

Bei meiner kritischen Betrachtungsweise dieser weltweit berühmtesten Definition von Liebe als Nächstenliebe meine ich natürlich die allgemeine Mehrheit, die sich Christenheit nennt. Gemäß dem Sprichwort *,Ausnahmen bestätigen die Regel'* könnte ich aber auch ein großes Loblied anstimmen über die unzähligen ehrlich liebenden Männer und Frauen, *die bewussten Christen*, die an ihrem Platz auf dieser Welt Nächstenliebe auch als Helfen, Dienen und Friedvollsein im Sinne des Heilands verstehen. Ihr Charakteristikum ist ihre Unauffälligkeit, ihr *understatement*, ihre Bescheidenheit. Wenn sie Großes in der Geschichte für Völker, für den Frieden, für die Medizin, für das Rechtswissen, für Befreiungen und unzähliges anderes geleistet und errungen haben, dann geht das in den Annalen unter, denn die Publikationen lieben die Siege und die Eroberungen.

Viele von ihnen folgen dem Beispiel des rebellischen Meisters, der die Füße des anderen wusch, anstatt sich seine ehrfürchtig waschen zu lassen. Sie zählen zu den Wissenden, und wir dürfen ihnen sehr, sehr dankbar sein.

Inzwischen leben wir bereits im dritten Jahrtausend, in der neuen Schwingung des Aquaria-Aquarius-Zeitalters, in der weiblichen Sonnenkraft im »Gitternetz der Göttin«, im Zyklus des Venus-Sonnen-Transits, im heilenden »Galaktischen Jahr« des Maya-Kalenders, dem zunehmenden Photonenlicht und dem unaufhaltsamen Erwachen des ,Weiblichen-in-uns-allen' mit seinem Reichtum an Gefühlen. Und da ließ sich die geistige Welt doch tatsächlich etwas Neues einfallen – anstelle der missbrauchten Aufforderung ,Nächsten-Liebe' hören wir jetzt die ,griffigen' Begriffe ,mitfühlende Liebe' und **Mitgefühl**. Ist dies eine neue Liebesstrategie, ein neues Nachdenken und ein neues Verstehen?

Es gibt da noch die karmische Überlegung: Wenn wir in allen Mitmenschen unsterbliche und inkarnierte Seelen sehen, können wir auch einen äonenlangen Seelenentwicklungsprozess voraussetzen. Dieser ist aus himmlischer Sicht **zeitlos**, in unserer materiellen Erfahrungsebene kann er aber Jahrtausende von Erdenjahren währen (unser Jahr hat eben die Dauer einer Sonnenumkreisung). Muss diese männlich-priesterlich orientierte ,Nächstenliebe' erst in allen Facetten komplett ausgelebt sein, bevor wir fähig werden, Mitgefühl erleben zu können?

310

Diesmal kommt es aber von seiten der Frauen, und es kommt aus den Schöpferebenen des DU und des WIR – und das ICH darf dabei mithelfen, ohne zu dominieren. **Die Neue Zeit nimmt Form an.** Durch dieses griffige neue Wort ‚Mitgefühl' können auch wir Männer unsere Meinung ändern, ohne das Gesicht dabei zu verlieren. Es empfiehlt sich sehr, denn sonst geht irgend etwas Zeitgemäßes an uns vorbei.

Aquaria erklärt ihre in uns allen aufsteigende Energie: *„Ohne eure Liebe zum Weiblichen-in-euch seid ihr nicht lebendig! Der große Reduzierungsvorgang eurer inneren und äußeren ‚Göttlichen Weiblichkeit' hat euch schon zu lange den essentiellen Boden unter euren Füßen entzogen. Er hat euch rund um die Erde Weibliches, Sinnliches, Körperliches, körperliche Liebe, Gefühlsmäßiges, die Erde, die Natur, die Kinder und das Leben ablehnen und euch dadurch sterben lassen."*

Mitgefühl schwingt anders als Nächstenliebe. Das gibt Anlass zu mancherlei Betrachtung. Bei Mitgefühl spürst du förmlich den Kontakt, Mitgefühl fühlt sich hautnah an. **Und wenn wir Mitgefühl fühlen, sind wir für Sekunden im Himmel.**

Nächstenliebe dagegen bleibt gefühlsmäßig anonymer und unpersönlicher. Wenn ein Mann nächstenlieb sein will, will er damit meistens auch etwas demonstrieren, denn das mit dem ICH ist bewährt und üblich. Bei Mitgefühl kann sich aber auch der Mann leisten, aus dem Moment heraus zu reagieren, spontan! Später kann er erklären: *„Na ja, das war eben so."*

Wenn wir lernen, immer öfter unser Mitgefühl anzuerkennen und zu registrieren, lernen wir eine innere Seite von uns kennen, die vermutlich seit den Kindertagen nie ernst genommen, vielleicht sogar unterdrückt wurde. Wenn wir diese Regungen allmählich doch ernst nehmen und immer besser spüren, dann lernen wir auch, wieder unsere Herzenergien zu spüren. Die Schöpferenergien der Herzebene werden in den nächsten Jahren eine immer größere Bedeutung bekommen und unsere **wirkliche Stärke** und Intuitionsfähigkeit erkennen lassen. Wir werden sie sogar dringend brauchen, denn in der »Religion der Herzen« sind unsere Herzenskräfte die Energien, die uns in der neuen Freiheit begleiten, so dass wir uns von alten Anbindungen erlösen können.

Der Heiland bestätigt uns: *„Natürliche Reaktionen des Herzens kommen von selbst. Ihr müsst nichts dafür tun. Die Bewegungen in euerem Herzen werden nicht nur durch einen anderen Menschen, durch Mitgefühl für das wahre Leid eines anderen, sondern auch durch einen schönen Tag, das Aufgehen einer Rosenblüte, ein euch nahestehendes Tier, einen wunderbaren Sternenhimmel und den Blick über ein blaues, tief strahlendes Meer ausgelöst."* (Regine Zopf) Das ist die Freiheit, die ich meine!

Beobachte dich einmal selbst ganz kritisch, wenn du das nächste Mal einem Obdachlosen am Straßenrand begegnest und du ihm als Christ natürlich eine ‚Spende' gibst. Im Sinne der Nächstenliebe erfüllst du ein Gebot, das einfach zu uns Christen gehört (und damit erfüllen wir quasi unsere Pflicht). Und dann beobachte bei einer ähnlichen Begegnung deinen Gefühlsbereich, dein Mit-Gefühl: Irgendein Mensch (mit den gleichen Gefühlen für Freud und Leid wie du) kniet auf der Straße und bittet um Hilfe. Wenn du ihm einen Euro gibst, spürt dein Geldbeutel das überhaupt nicht, aber du erntest einen dankbaren, oft überraschten Blick dafür, und Augensprache ist Herzenssprache, ist ein Gefühlsdialog. Beobachte dabei dein Fühlen und dein Denken!

Erzengel Michael übermittelte uns durch Celia Fenn im April 2007 innerhalb einer langen Botschaft[103]: *„Mitgefühl nimmt alle wahr und ehrt alle, für das, was sie sind. Mitgefühl zu erleben bedeutet, tief in eurem eigenen Wesen den Weg eines anderen Menschen zu spüren und fähig zu sein, diesen Weg zu ehren, selbst dann, wenn er nicht der eure ist. Denn jene, welche mit den Augen des Mitgefühls sehen, verstehen das wahre Prinzip der Einheit, welches lautet, dass, was immer von einem anderen Menschen erlebt wird, ebenso auch eure Erfahrung ist, denn alle sind eins. Fähig zu sein, dieses anzunehmen, ungeachtet dessen, wie tiefreichend und schmerzhaft die Illusionen eines anderen Menschen sein mögen, und diese in Liebe zu umarmen, bedeutet, dem Prinzip des göttlichen Mitgefühls für alle Dinge zu folgen."*

Noch etwas können wir in der Schwingung des bisher kaum zugelassenen Mitgefühls beobachten und wieder lernen: unsere **Spontaneität**. Wir Männer und die vielen uns angepassten Damen sind längst Planer geworden – ich schreibe hier aus eigener Erfahrung. Das ist sowohl zweckmäßig als auch nötig, und doch kommt man mit den Jahren in Routinen, die zu einer gewissen Selbstversklavung führen können. So sinnvoll es auch oft sein mag, es ist ausschließliche Kopfsache unserer linken Hirnhälfte.

Und nun stell dir vor, dein dir inzwischen wertvoll gewordenes Mitgefühl stört deine Routinen. Herzensreaktionen sind immer spontan und authentisch – ich kann mir nicht vorstellen, dass wir sie planen können. Spontaneität und Authentizität bedeuten vor allem Individualität, vielleicht sogar Einzigartigkeit. Tatsächlich sagt man uns aus der geistigen Welt, jeder von uns sei einzigartig und göttlich. Aber wer von uns – außer den gemanagten Stars – traut sich denn noch, einzigartig zu sein? Bequemer und leichter kommt man doch durchs Leben, wenn man angepasst und nicht allzu auffällig, sondern ‚mainstreamig‘ mitschwimmt. Ich erinnere hier an den Textblock von Seite 302: *„Sei mutig...“*

Dieser Individualität gibt der ungarische Psychologe Professor Dr. Mihaly Csikszentmihalyi an der Universität Chicago einen noch tieferen Sinn: *„Gleichzeitig bedeutet es, dass wir uns bewusst werden müssen, dass dieser einzigartige Bewusstseinspunkt, der als ‚individueller Geist‘ einen Teil unseres Wesens darstellt, gleichzeitig Teil einer viel größeren Realität ist, von der das meiste noch jenseits unseres menschlichen Verständnisses liegt. Dieses Unbekannte formt unser Bewusstsein ebenso, wie das Bewusstsein dem Unbekannten Form verleiht. Und dieser kosmische Tanz, diese gegenseitige Schöpfung führt in die Zukunft der menschlichen Evolution.“*[(22)]

Sollte damit wirklich die unbändige, fast weltweit etablierte ‚Nächstenliebe‘ als überholt gelten? Ich stelle mir das so vor, dass das Erdenkollektiv diesen hohen Anspruch in drei Entwicklungsstufen bewältigen könnte.

Die *ersten* eintausend Jahre lebte man die Nächstenliebe jüdisch-elitär nur auf das eigene Volk bezogen (Andersgläubige durften getötet werden). Selbst das zu erfüllen, war im damaligen Widder-Äon schon schwer.

Die *zweitausend* Jahre im nachfolgenden Christentum war die Nächstenliebe noch eingeschränkt, weil sie nur eine kleine Minderheit angenommen und auch tatsächlich gelebt hat.

Die *dritte* Entwicklungsstufe beginnt nun, und der Heiland meint: *„Ihr seid jetzt soweit, dass die Saat aufgehen kann, die ich gesetzt habe. Ihr habt das irdische Leben erforscht, und ihr habt den Ruf gehört, der aus geistigen Welten an euch herangetragen wird. So könnt ihr jetzt beide Blickwinkel zusammenfügen, um das zu vollenden, was ich begonnen habe. Es war vorher nicht möglich.“*

Erzengel Michael erklärte uns dazu im März 2007: *„Ihr besteht aus Liebe, doch ihr habt euch selbst beschränkt, die Liebe zu projizieren, die ihr wirklich* *seid; die Liebe, zu der ihr fähig seid; die Liebe, die eurer Göttlichen Natur eigen ist. Durch die Informationen, die jetzt gegeben werden, eröffnen sich euch Ausblicke jenseits von allem, was ihr euch früher vorstellen konntet, da sich der Schöpferplan in seiner Perfektion entfaltet. Ihr werdet euch der Herrlichkeit dessen bewusst, was vor sich geht, und wir sehen, dass ihr anfangt, vieles von dem zu glauben, was euch während der letzten Jahre erzählt wurde, indem ihr die Weisheit in eurem Heiligen Herzen/Heiligen Geist integriert und sie als eure eigene Wahrheit beansprucht. **Der Prozess des Eliminierens der Präkonditionierung vergangener Zeitalter ist komplex, aber notwendig, da ihr danach strebt, euer Unterbewusstsein und euer Bewusstsein zu klären, zu verfeinern und auszudehnen, um die höheren Wahrheiten von eurem Überbewusstsein/Höheren Selbst aufzunehmen.«* [(104)]

Nun möchte ich dazu auch einen Wissenschaftler zu Wort kommen lassen. Professor Dr. Henryk Skolimowsky aus Warschau, zwanzig Jahre an der Universität von Michigan und heute auf dem Lehrstuhl für Öko-Philosophie in Lodz berufen, hat nebenher fünfunddreißig Bücher in englisch geschrieben und erklärt in einem Interview in dem Buch »Politik des Herzens«[(22)] zur Energie der Liebe: *„Liebe ist fraglos die wichtigste Energieform. Liebe ist ein Phänomen, das uns vertraut erscheint und trotzdem ständig überrascht. Sie ist die ewige Energiequelle. Je mehr man liebt, desto mehr Energie hat man. Liebe ist die einzige Energie, die nicht verbraucht wird, wenn man sie gibt. Sie ist einer der großen Schätze des menschlichen Lebens und des Universums, die nie aufgebraucht werden können.*

Der Heilige Franziskus hat das sehr schön ausgedrückt: ‚Indem wir geben, empfangen wir.‘ Es ist sehr wichtig, das wirklich zu verstehen: In Hoffnung zu leben ermöglicht uns vielleicht nur, gewöhnliche Sachen zu erreichen. Liebe zu geben ermöglicht uns den aufrechten, inneren Gang und erfüllt das Leben mit Sinn...

Unsere Natur will mutig sein, will in Hoffnung leben, will nach den Sternen greifen und anderen Menschen in Liebe begegnen. Da geht es wieder um das, was ich die ‚Wieder-Verheiligung‘ des Menschen und der Welt nenne: um die Wiedergewinnung einer neuen Balance, weg von der Freudlosigkeit und Verwirrung der chaotischen Postmoderne hin zu Hoffnung, Sinn, Liebe, mit der wir unsere kleine Welt und die Welt als Ganzes neu erschaffen.“

Natürlich habe ich auch ein aktuelles Beispiel von seiten der Kirchenmänner und noch dazu von einem Galiläer. Elias Chacour ist katholischer

Priester, gebürtiger Palästinenser und damit auch Israeli. Seit 2006 ist er Erzbischof von Galiläa. In dem über ihn erschienenen Buch[106] wird ein Beispiel geschildert, wie ernst er das Evangelium nimmt (wobei zu bedenken ist, dass Palästina zu achtundneunzig Prozent aus Muslimen und weniger als zwei Prozent Christen besteht): *„Elias ist der geborene ‚Freund Abrahams‘. Als es im Spätherbst 1971 einen Blitzeinschlag in der Moschee von Ibillin gibt und diese vom Einsturz bedroht ist, bittet er den Vorbeter der muslimischen Gemeinde zu sich in die eigene Kirche. Hier, so sagt er ihm, könne er beten, bis die Moschee wieder hergerichtet ist. Der Scheich war erst verwirrt: Sie laden uns wirklich ein? Elias Chacour, mit Rom vereinigter Erzbischof der Palästinenser und Israelis sagt, ‚dass Christen und Muslime doch den gleichen Gott verehren.‘"*

Geben wir der *Nächstenliebe* eine neue Chance! Das ‚neue‘ Empfinden von Mitgefühl sollte zu einer aktuellen und zwischenzeitlichen Brücke in die endgültige kosmische Schwingung Nächstenliebe werden. *Empfinden und Fühlen* sind zwei Herausforderungen, um uns selbst besser kennen und sinnvoller positionieren zu können. So bekam ich auf La Palma durch das Medium auch eine allerhöchste Aussage dazu vom Heiland selbst: *„Es sind in der Zeit viele Bücher über mich und mein Leben auf der Erde geschrieben worden. Doch es gibt nur wenige Bücher, die von mir und meinem Geist inspiriert sind. Und es gibt viele, die sich berufen fühlen, über mich und meine Inkarnation auf der Erde zu schreiben. Doch nur die wenigsten schreiben aus meinem Licht, aus meiner Weisheit. Deshalb soll jeder prüfen, der liest, was er in sich empfindet, denn jeder Mensch hat einen gewissen Bewusstseinsstand erreicht.*

*Ihr alle seid auf dem gleichen Wege, auf dem Wege zurück zum Vaterhaus. Und niemand sollte sich **über** etwas stellen, sondern er sollte immer versucht sein, wenn er sich auf der Jakobsleiter eine Sprosse höher fühlt, die Hand hinunter zu reichen, damit ihm gefolgt werden kann. Denn das habe ich gemeint mit ‚Liebe deinen Nächsten wie dich selbst‘.*

Also urteilt nicht, sondern nehmt wahr! Seid Beobachter und versucht immer, dem Schwächeren zu helfen! Denn ihr ahnt nicht, wer euer Nächster ist. Seid liebevoll zu allen euren Geschwistern!"

„Alles, was ihr von anderen erwartet, das tut auch ihnen!"

(Mt. 7,12)

oder als deutscher Reim:

Was du nicht willst, dass man dir tu,
das füg auch keinem andern zu.

Dieses Ausdrücken eines Folgebewusstseins (Prinzip von Ursache und Wirkung) ist allgemein bekannt als sogenannte »Goldene Regel«. Das gleiche empfinden die Gläubigen in fast allen Religionen der Welt. Daher wurde das auch im »Projekt Weltethos« von Hans Küng und der »Erklärung zum Weltethos« durch das »Parlament der Weltreligionen« von 1993 wichtig. Der Schweizer Theologe Professor Dr. Hans Küng erhielt für seine interkonfessionelle Spiritualität höchste Auszeichnungen, darunter auch das »Große Bundesverdienstkreuz mit Stern«. Aus der Goldenen Regel werden hier vier Prinzipien als *unverrückbare Weisungen* entwickelt:

1. Verpflichtung zu einer Kultur der Gewaltlosigkeit
   und der Ehrfurcht vor allem Leben,
2. Verpflichtung zu einer Kultur der Solidarität
   und einer gerechten Wirtschaftsordnung,
3. Verpflichtung zu einer Kultur der Toleranz
   und einem Leben in Wahrhaftigkeit und
4. Verpflichtung zu einer Kultur der Gleichberechtigung
   und der Partnerschaft von Mann und Frau.

Alle diese acht kulturellen Handlungsweisen finden wir in der Frohbotschaft unseres Heilands, und somit könnte man sagen, dass damit das egozentrisch-vermännlichte Christentum wieder urchristlich **versöhnt** ist. Aber es bleibt nur beispielhaft, denn innerhalb der Christen ist die obige Auswahl der ethischen Verpflichtungen viel zu wenig bekannt. (Innerlich freue ich mich sehr über das Wort ‚Verpflichtung', denn das ist das moderne Gegenstück zum biblischen ‚du sollst...'.)

Außerdem wird uns bestätigt, dass Gleiches auch andere Glaubenssysteme erkannt haben. Wie nahe sich die großen Religionsstifter in den sieben Jahrhunderten zwischen *Buddha Gautama* zu Beginn und unserem *Christus Jesus* als geistigem Höhepunkt standen, zeigt der große deutsche Neugeistlehrer und Verfasser von über einhundert Büchern, Karl-Otto Schmidt, in seinem Büchlein »Die goldene Regel«[107], die er fast übereinstimmend in den Religionen jener Zeit formuliert fand:

Im Buddhismus: Erweise anderen die gleiche Liebe, Güte und Barmherzigkeit, von der du wünschest, dass sie dir entgegengebracht werde.

Im Parsismus: Licht und edel ist nur, wer das, was für ihn selbst nicht gut ist, auch anderen nicht zufügt.

Im Konfuzianismus: Verhalte dich anderen gegenüber so, wie du von ihnen behandelt werden möchtest.

Im Taoismus: Betrachte deines Nächsten Glück und Leid als dein eigenes Glück und Leid und trachte, sein Wohl wie dein eigenes zu mehren.

Im Judentum: Was du nicht willst, das andere dir zufügen, tue du auch ihnen nicht.

Im Christentum: Alles, was du willst, das die Menschen dir tun, das tue du ihnen zuvor.

Aus einem Rundschreiben von Pfarrer Jürgen Fliege, der dreizehn (13!) verschiedene, und von Wikipedia, das dreiundzwanzig verschiedene Versionen der Goldenen Regel zusammengestellt hat, ergänze ich noch folgende:

Im Islam: Niemand ist gläubig, der für seinen Bruder nicht ersehnt, was er für sich selbst ersehnt.

Im Hinduismus: Man sollte sich anderen gegenüber nicht so verhalten, wie man es sich selbst gegenüber ungebührlich empfindet.

Im Hellenismus: Tu anderen nichts an, was dich ärgern würde, wenn andere es dir antäten.

Aus Afrika: Wer einen Vogel aufspießen will, sollte zuerst an sich selbst ausprobieren, wie es schmerzt.

In Deutschland: Quäle nie ein Tier zum Scherz, denn es fühlt wie du den Schmerz.

Im Humanismus: Tue nichts, was du nicht möchtest, dass man dir tun soll.

Bei »ebay«: Wir fordern jeden dazu auf, sich anderen gegenüber so zu verhalten, wie er von ihnen behandelt werden möchte.

Die Universalität der »Goldenen Regel« zeigt uns, dass a l l e Menschen geradezu archetypisch das **Gute** als Veranlagung *in sich tragen und spüren*. Alle diese Formeln zeigen uns Erkenntnisse, die aus der Vereinigung unseres Kopfes mit seiner Vernunft und unseres Herzens mit seinen Gefühlen als manifestierte Schöpferenergien in die Welt gingen – überall auf unserer Erdmutter.

Auf eine weiträumigere Sicht dieser ethischen Grundregel verweist der führende Bewusstseinsforscher und Experte für Nahtod-Erfahrungen, Professor Dr. Kenneth Ring (im Buch »Politik des Herzens«[22]), denn vom Standpunkt der Erfahrung aus, dass wir alles, was wir anderen tun, wieder zurückbekommen, heißt das: *„Es gibt tatsächlich nur eine ungeteilte Person im Universum. Wir selbst! Alles, was wir tun, tun wir uns selbst an. Und das bedeutet: Obwohl es so ausschaut, als hätten wir voneinander unabhängige Körper und wären separate Personen, sind wir tatsächlich doch ein Wesen mit vielen Körpern. Die beste Art und Weise, diese Einsicht mit dem gesunden Menschenverstand in Einklang zu bringen, ist die geläufige Metapher, nach der wir alle gegenseitig miteinander verbunden sind. Aber eigentlich ist es mehr als das. Tatsächlich gibt es nur das Eine, die eine Essenz. Um miteinander verbunden zu sein, brauchen wir verschiedene voneinander getrennte Objekte. Aber dieses Getrenntsein ist eine Illusion, die uns das Bewusstsein im sogenannten normalen Zustand vorgaukelt. In einer Nahtod-Erfahrung zerbricht diese Illusion, und wir können die Einheit mit Allem unmittelbar erfahren. Wenn wir dann aus diesem Bewusstseinszustand zurückkehren und diese Erfahrung in unser Alltagsbewusstsein übersetzen wollen, dann sagen wir: Wir sind alle miteinander verbunden. Vielleicht können wir uns dem sprachlich einfach nicht weiter nähern. Aber es gibt nur ein Leben, und wir sind Teil davon. Und alles, was wir jedem Teil dieses einen Lebens antun, und sei es das geringste Teil, tun wir uns selbst an.“*

Damit, verehrte Leserin, lieber Leser, beende ich den dritten Teil meines Buches. Es sind sieben wichtige Lebensregeln, die in der christlichen Kirchenlehre vielzitiert und wohlbekannt sind, aber in der Anwendung ‚codiert‘ wurden. Vielleicht konnte ich eine Brücke bauen zwischen dem Heiland und uns modernen Christen, um von der *äußeren Religion* einen Weg zu bereinigen, der immer mehr zu einer *inneren Religion* werden kann. Dann kommen wir dem Heiland, der alle Tage bei uns ist, wieder näher und helfen mit, dass sich die neue »Religion des Herzens« aus den Verwicklungen mit alten und uralten Energien entwickeln kann.

Teil IV

Abb. 58: Der Heiland auf dem Teide, dem höchsten Berg Spaniens

6. Kapitel

Die Versöhnung

Vernunft und Gefühl – Gott und Göttin

In allen meinen Büchern habe ich immer wieder betont, wie sehr das Weibliche auf unserem ‚Planet der Männer' bedeutungslos gemacht worden ist und selbst heute noch in moderner Form bedeutungslos erhalten wird. Unter dem Überbegriff **weiblich** kann man allerdings ein sehr breites Spektrum verstehen. Dazu möchte ich an die Qualität unserer Schöpferkräfte erinnern: die DU-Schöpferkräfte unseres »Sakralen Zentrums« und die WIR-Schöpferkräfte unseres »Herzzentrums«. Lass uns kurz rekapitulieren:

Unser **Sakrales** ist die Schöpferenergie schlechthin. Hier schwingt vor allem die lebenserhaltende Energie mit und die Sehnsucht nach Vereinigung, welche Befriedigung und Frieden entstehen lässt: in der Sinnlichkeit, der Erotik und der sexuellen Energie; in der Ekstase und Lebensfreude, der schöpferischen Kraft und vielfältigen Kreativität; der Lebenslust und positiven Bindungen zu anderen Menschen und zum anderen Geschlecht; dem Selbstbewusstsein und der Begeisterungsfähigkeit. Das Potential, das die persönliche ‚Ausstrahlung' eines Menschen ausmacht, ist hier beheimatet.

Unser **Herzzentrum** sendet Primärenergien aus, also göttlich reine, noch unverfälschte Herzenskräfte wie Gefühle, Herzenswärme, Mütterlichkeit, Heilung, Harmonie, Mitgefühl und Intuition, aber auch die eigene Göttlichkeit, Schönheit und Größe, wie auch die Wahrhaftigkeit, die Freude des Seins, die allumfassende Liebe, die unerschütterliche Friedfertigkeit und die All-Einheit. („*...machs kurz und schreibe einfach ...alles umarmen...*", meint *Boldi* so beiläufig.)

Alle diese menschlichen Energiefelder und Kräfte lassen die Schwingung des *Weiblichen* – oder etwas wertneutraler: der *Göttin* – erkennen. C. G. Jung nannte dieses Energiepaket *Anima* oder die ‚innere Frau'. Dieses trägt grundsätzlich jeder Erdenmensch in sich, allerdings verschieden stark ausgeprägt. Erziehung, Schulung, Talente, Zielsetzungen, Zugehörigkeit und freier Wille entscheiden darüber, wieviel der/die einzelne von diesen Kräften der Göttin in seinem/ihrem individuellen Leben und seinen/ihrem Alltag mitwirken lässt.

Damit kommen wir eigentlich wieder zu der Urformel antiker Religionen zurück, die stets eine Göttin mit all diesen beschriebenen Qualitäten neben dem mächtigen Gott verehrten und damit wertvolle Bestätigungen ihrer in ihnen angelegten Lebensqualitäten besaßen. Durch die Naturverbundenheit und die Naturabhängigkeiten vor über zweitausend Jahren war das viel bedeutungsvoller als wir das heute allgemein meinen. Das Ungleichgewicht entstand erst – immer ausgeprägter – seit dem Erscheinen des einsamen und frauenfeindlichen Vatergottes des auserwählten Volkes und später durch das Ersetzen der ‚Mutter' in der Heiligen Dreifaltigkeit durch den männlichen Christusgeist. Damit wurde offiziell und von ‚oben' bestätigt, dass ausschließlich ‚der Geist' das Göttliche darstellt, und das war und ist für die Kirchenmänner eben Männersache.

Das dabei immer ausgeprägtere und unnatürliche Ungleichgewicht von männlich/weiblich haben wir uns im historischen Rückblick angesehen, und in unserer heutigen Situation des Menschenkollektivs hat es sich weiter zugespitzt. Ich hatte schon zwischendurch ein Buch geplant mit dem Titel »Planet der Männer«, doch es blieb dann bei einer kleinen Vortragsreihe unter der gleichen Bezeichnung.

Im Gegensatz zu Altertum und Mittelalter sind wir jetzt ‚human' vermännlicht, und im täglichen Überlebenskampf scheint das allgemein akzeptiert zu sein, denn die ‚Herrschaften' als Herrschende haben dazugelernt.

Ich hatte das kosmische Kreuz gewählt, um in meinen Vorträgen bildlich darzustellen, dass die ausufernden und peripheren Entwicklungen männlicher Egomanie nur durch die **Herzenskräfte** wieder zu vereinen und zurückzuholen sind. Ich hatte dabei aber mehr Schmerzliches als Schönes zu berichten und deshalb die Vortragsreihe schnell wieder eingestellt.

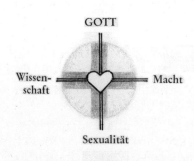

Abb. 59: Das moderne Patriarchat (Männerkreuz)

Hier nur ein kurzer Überblick: Die vier männlich dominierten und von den Egomanen gesteuerten Schwerpunkte unserer modernen Welt sind die **Religionen** (alle verehren ausschließlich männliche Götter), die **Mächte** (Militärs, Banken, Kirchen), die **Wissenschaften** (Forschung, Patentrechte, Medizin, Kultur, Presse) und die **Sexualität** (völlig männlich-orgastisch angepasst, blühender Mädchenhandel und Prostitution, ungeahntes Eheleid).

Abb.60: Kuan Yin

Aber in diesem früher sehr festgefahrenen Bild erkennt man schon Bewegung, was in unserer ‚so aufgeklärten' Zeit auch an der Zeit ist, denn für die Zukunft gilt die Prämisse, die uns Aquaria klar mitgeteilt hat: *„Solange Männlich und Weiblich nicht im Gleichgewicht sind, gibt es keinen Frieden, und solange es keinen Frieden gibt, gibt es keinen Aufstieg."* Denn dort, wo das seelisch aufgestiegene Menschenkollektiv hin soll, gibt es nur Liebe und Frieden und keine Mann/Frau-Probleme mehr.

Aquarias Erklärung an anderer Stelle habe ich als Grundlage für mein Männerkreuz gewählt: *„Die ‚Kosmischen Kräfte', die euch beim Aufstieg in die Einheit zurückziehen, sind weiblich. Sie vereinen alles, was sich durch männliche Kraft einmal verströmt hat, wieder im göttlichen Zentrum. Daher ist eure Zukunft von kosmisch-weiblichen Kräften getragen.*

Das darf kein Geheimnis bleiben, denn es bedeutet für jeden Erdenmenschen, dass ihn das Annehmen von weiblichen Kräften stärken wird und die Ablehnung schwächen. Dabei wird nur vorgegebenes Annehmen ebenfalls schwächen."

Ist ein solches Ausgleichen dieser jahrtausendelangen Gegensätzlichkeiten überhaupt denkbar? Der Heiland versicherte durch Georgia Fritz: *„Ihr seid jetzt soweit, dass die Saat aufgehen kann, die ich gesetzt habe... Jetzt ist die Zeit der Liebe des Herzens... Freuet euch!"* Ich sehe drei kosmische Ereignisse mit ihren mächtigen Energien, die diesen Wandel unterstützen, wenn wir bereit sind, uns mit unserem freien Willen *dafür* zu entscheiden. Zu jedem dieser drei Ereignisse können wir sagen: *...die Göttin kehrt zurück!*

- Im August 2005 konnte mit Hilfe der *weiblichen Sonnenkraft* das neue Kristallgitternetz der Erde vollendet werden.
- Seit dem 8. Juni 2006 kommt die *Liebesenergie der Venus* immer stärker in unsere Empfindungen, und
- *Aquaria*, die Energie des Wassermann-Äons ermöglicht die Zunahme der eigenen Schöpfermöglichkeiten unserer DU- und WIR-Ebenen.

Was ist mit der **weiblichen Sonnenkraft** gemeint? Hierbei zeigt sich wieder der Gegensatz des nordisch-germanischen und des römischen Erbes aus dem Altertum. In allen romanischen Sprachen trägt der Wortstamm *sol* (Sonne) den männlichen Artikel, denn dies war der Name des römischen

Sonnengottes. In den germanischen Sprachen ist *die* Sonne weiblich analog der Sonnengöttin *sunna*.

Es gibt unter den sogenannten »Aufgestiegenen Meisterinnen und Meistern« die chinesisch-buddhistische »Göttin des Mitgefühls« *Kuan Yin*. Sie übermittelte am 29. August 2005 eine sehr interessante Botschaft, aus deren Überarbeitung ich einige Auszüge vorstelle: *„Als das Erdgitternetz dahingehend manipuliert worden war, dass die weibliche Sonnenenergie ausgeschlossen wurde, vergaßen die Menschen, dass Frauen auch mächtige Erschaffer sein können. Ihre schöpferische Funktion wurde darauf beschränkt, Kinder zu gebären, und die Mondgöttinnen wurden zu den ‚Müttern' und Erhaltern der weiblichen Energie auf der Erde. Das führte zum Ergebnis, dass die Menschen durch die dualistisch und rational ausgerichteten Glaubenssysteme, die sich auf der Erde gehalten haben, darauf konditioniert wurden, das Männliche und das Weibliche als einen Gegensatz zu betrachten, und die Sonnenenergie dem Männlichen und die Mondenergie dem Weiblichen zuzuordnen...*

Die weibliche Sonnenkraft zu verkörpern, bedeutet aber stark, leidenschaftlich, kreativ und energetisch zu sein...

Eine Frau zu sein und die weibliche Sonnenkraft am Laufen zu haben, war bislang sehr schwierig. Frauen wurden dazu konditioniert, sich mit der weiblichen Mondkraft zu identifizieren, und die, welche auch ihre weibliche Sonnenkraft ausleben wollten, mussten meist den Weg der männlichen Sonnenkraft gehen, was zu inneren Konflikten führte – nämlich zwischen dem äußeren Leben in der männlichen Sonnenkraft und dem inneren Modell von weiblicher Mondkraft, das scheinbar nicht zu dem passte, was sie als Frauen waren und lebten.

Durch die erneute Erdung der weiblichen Sonnenenergie ist das archetypische Modell der Feuergöttin und ihrer intensiven, doch weiblichen Macht und Schöpfungskraft den Frauen nun wieder zugänglich. Es wird eine Menge Frauen auf dem Planeten geben, die zum gegenwärtigen Zeitpunkt beginnen werden, sich weitaus wohler zu fühlen mit dem was und wer sie sind. Und eine Menge Männer werden in Partnerschaften und Freundschaften mit Frauen ein weitaus besseres Verständnis davon erlangen, mit wem sie eigentlich zusammen sind.

Hinzu kommt, dass die Menschen fähig sein werden, das Männliche und das Weibliche jenseits des dualistischen Denkens ganz differenziert zu verstehen, und das wird die alten Muster dualistischer Gedankenkreisläufe, samt den damit so häufig verbundenen Urteilen, schließlich auflösen...

Bei der ‚Geburt' des neuen Gitternetzes, die zugleich eine ‚Vermählung' der göttlichen weiblichen Kraft mit der göttlichen männlichen Kraft auf dem Planeten beinhaltete, war auch die Große Mutter Isis dabei. So wurde eine Ausgewogenheit erreicht, und diese wird durch die besagte Vermählung des göttlichen weiblichen Prinzips mit dem göttlichen männlichen Prinzip auf der Erde versinnbildlicht. Dies ist ein Schlüssel, welcher Seelenpartnerschaften zwischen Erdenwesen ermöglicht, die wie eine perfekte und ausgeglichene Vereinigung des göttlichen männlichen Prinzips und des göttlichen weiblichen Prinzips gelingen können.“ Weiter heißt es: „Wenn diese alten Energien gelöst und entschlackt sind, dann kann die weibliche göttliche Kraft klar durch die Herz- und Sakralchakren fließen. Die Aktivierung des Herzens bringt die Energien von bedingungsloser Liebe und Harmonie hervor. Die Aktivierung des Sakralchakras bringt Kreativität, Leidenschaft, Sexualität und Fülle!“ [108]

Sehr interessant finde ich als Ergänzung von seiten der modernen Wissenschaft den Bericht des internationalen Forschers, Autoren und Biochemiker Walter Last, der über die Neurochemie der Sexualität schreibt: *„Sexualität, oder genauer sexuelle Energie nimmt Einfluss auf unsere Gesundheit, unsere Intimbeziehungen und unsere Spiritualität, doch welches Ausmaß dieser Einfluss hat, ist uns kaum bewusst.“* [109] Sogar die spirituellen Gegensätze wie Angst (Kortisol) und Liebe (Oxytocin) können heute hormonell definiert werden. (www.reuniting.info/science)

Besonders interessant ist, dass sich zum heutigen Zeitpunkt auch **Isis** wieder aktiv mit einschaltet, was auch auf ihre Beteiligung an der ‚Erschaffung' des Christentums – Jesus und Maria Magdalena – hinweist. *Muttergöttin Isis* als antiker Kult, teilweise auch im römischen Germania, konnte ja erst im sechsten Jahrhundert endgültig verdrängt beziehungsweise von ihrer Person abgekoppelt werden. Wenn Maria Magdalena in ihrem »Manuskript« richtig verstanden wird, lebte diese Göttin-Isis-Energie in *Mutter Maria* (WIR des Herzzentrums) weiter und könnte jetzt ergänzt werden von der Göttin-Isis-Energie der Maria Magdalena (DU des Sakralzentrums).

Der zweite große Energiewandel unserer Tage ist der aktuelle **Venus-Sonnen-Transit**, der vom 8. Juni 2004 bis zum 6. Juni 2012 besteht. Er kam zeitlich nach der »weiblichen Sonnenenergie« und wirkt natürlich noch verstärkend, denn mit dem Planeten Venus ist die kosmische Energie des Weiblichen, der Gefühle und der Liebe in allen nur denkbaren Formen verbunden. Seit Jahrtausenden war das so, und der energetische Gegenpol, das Männliche und Kriegerische, ist der andere Nachbarplanet unserer Erde, der Mars. In dessen Polarität zur Venusenergie stecken wir heute noch. Die Ichsucht und das einseitig-materialistische Verstandesdenken, das nur teilweise als Vernunft zu erkennen ist, dominiert noch.

Doch die ‚geistig-himmlisch-kosmische' Planung hat wohl noch andere Möglichkeiten vorgesehen. Aus der geistigen Ebene der »Aufgestiegenen Meisterinnen und Meister« wurden und werden wir darauf hingewiesen, dass in den acht Jahren des aktuellen Venus-Sonnen-Transits (also bis 2012) unser Planet zum Ausgleich der noch einseitigen marsianischen Erdschwingung eine Flut von venusischen Energien der wiederkehrenden Weiblichkeit, Sinnlichkeit und Liebe in allen nur denkbaren Formen erhält. Es sind die Energien, die wir als DU- und WIR-Frequenzspektren kennen.

Da natürlich auch unsere Köpfe, und damit sind besonders die linken Hirnhemisphären gemeint, mitbeteiligt sind, funktioniert das bisher noch nicht so richtig. Über unsere **rechte Hirnhälfte** allerdings, in der unsere Kreativität und Individualität angelegt ist und in der das mitgebrachte Urwissen matrilinear weitervererbt wird, können diese venusischen Energien ebenfalls aufgenommen werden. Aus der geistigen Welt wird das bestätigt: das *Endliche* ist in der linken und das *Unendliche* in der rechten Hirnhemisphäre angelegt. Eine irdische Definition bezeichnet links als *Logos* und rechts Systemwissenschaftler Professor Dr. Ervin Laszo in dem Buch »Politik des Herzens«[22] überträgt dieser jene Qualitäten unserer Hirnhälften auf unsere Kultur und fordert für die **rechtshirnige Zukunft** ein Paradigma: „*Wir müssen den Sprung schaffen zu einer ganzheitlichen organistischen Empfindung, die dann auch eine wissenschaftliche Grundlage haben kann.*" Laszo arbeitete auch an dem Film und Buch »Bleep« mit.

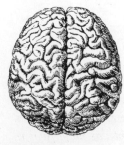

Abb. 61: Das menschliche Gehirn

Christa Mulack schreibt dazu: „*Das religiöse Empfinden entspricht den Eigenschaften der rechten Hirnhälfte, die mit ihrem synthetisch-ganzheitlichen metaphorischen Denken als typisch weiblich angesehen wird, da in der Tat Frauen in ihr mehr zu Hause sind als Männer, die meist nur unbewussten Zugang zu ihr haben. Weiblicher Vielfalt entsprechend ist diese rechte Hemisphäre bei der Frau weniger spezialisiert als beim Mann, so dass sie bei Ausfällen der linken Hälfte deren Funktion übernehmen kann. Das ist beim Mann nicht möglich, da bei ihm die Funktionen der rechten stärker festgelegt sind, genauso festgelegt wie sein dogmatisches Glaubensgebäude."*

Der Gehirnforscher und Arzt Dr. Andrew Newberg beschäftigt sich mit der Neurowissenschaft in Verbindung mit spirituellen Erfahrungen, ist Co-Autor des Bestsellers »Der bewusste Gott« und bestätigt im Buch des Filmes »Bleep«: *„Das Gehirn ist zu Millionen von unterschiedlichen Dingen fähig, und die Menschen sollten wirklich erfahren, wie unglaublich sie sind und wie unglaublich ihr Verstand tatsächlich ist. Wir haben nicht nur dieses sagenhafte Ding in unserem Kopf, das so vieles für uns tun und uns beim Lernen helfen kann, sondern es kann sich auch verändern und anpassen und uns weiter voranbringen, als wir bisher gekommen sind. Es kann uns dabei helfen, uns selbst zu transzendieren."*

Auch aus dem Hyperraum kommen durch verschiedene Kanäle interessante Erklärungen zu unserem gespaltenen Denkorgan, und ich stelle drei verschiedene ‚Absender' vor. Die lemurisch-spirituelle Gruppe »lightworker« erfuhr zu unserem menschlichen Gehirn im März 2007: *„Die elektrischen Impulse, die zwischen diesen Hälften hin und her reisen, sind das, was es euch erlaubt, das Spiel auf die Weise zu spielen, wie ihr das momentan tut. Das ist die physische Darstellung des Schleiers. Jetzt, wo ihr das Spiel verändert, muss sich auch eure eigene Biologieblase verändern, um euch zu helfen, den höher schwingenden Status zu halten, den ihr euch verdient habt. Die ersten dieser Änderungen haben mit der Wieder-Vernetzung dieser Gehirnhälften begonnen, die es euch erlauben wird, dass die zwei Hälften eures Gehirnes auf eine Weise miteinander kommunizieren, zu der ihr vorher noch nie fähig gewesen seid. Dies ist nicht nur ein Lichtarbeiterphänomen, sondern das wird jeden Menschen auf dem Planeten verändern."* [110]

Erzengel Michael übermittelte uns durch Ronna Herman im September 2006 unter anderem: *„Schaltet euren ‚mentalen Autopiloten' ab, und werdet der Regisseur eurer Reise und eurer Erfahrungen. Stellt euch auf eure eigene mentale Radiostation ein, und sucht Gedanken, Schwingungsmuster und Klänge, die erhebend und ermächtigend sind. Negatives, kritisches Denken besteht aus niederen, zerstörenden Frequenzmustern. Wenn ihr nicht das mögt, was in eurer Welt vor sich geht, erhebt eure Gedanken und verändert euren Geist, so*

dass ihr ‚balancierte, erhebende Frequenzmuster der Gedanken und Absichten'
projiziert.

*Lernt, mit eurem **ganzen Gehirn** zu denken, was bedeutet, sowohl eure lineare, analytische, nach außen gerichtete, linke Gehirnhälfte zu nutzen als auch eure intuitive, kreative, nach innen gerichtete, rechte Gehirnhälfte. Zapft euer geniales Potential oder die Lichtpakete der Weisheit an, die in eurem Gehirn in Lichtmembranen gelagert sind, die auf das höherdimensionale oder das ‚kosmische Warenhaus' des Wissens eingestimmt sind.*

Geliebte Träger des Lichts, wenn ihr mehr vom Plasma der Erneuerung integriert und harmonische Vertreter des Lichts werdet, sind wir nun fähig, mit euch zu interagieren und durch euch zu arbeiten, um wunderbare neue Dinge zu erschaffen, und Wunder jenseits eurer größten Vorstellungen werden sichtbar werden. Wir umschließen euch mit dem Licht des Lebens aus dem Herzzentrum unseres Vater-Mutter-Gottes und des Höchsten Schöpfers."[104]

Saint Germain erklärt uns unter anderem: *„Euer Gehirn ist, wie es der Dualität entspricht, in zwei Pole unterteilt."* Die beiden Gehirnhälften steuern die jeweils andere Körperhälfte, sie brauchen einander, sind voneinander abhängig und existieren in uns als unsere zwei Urprinzipien. Die linke Seite ist ähnlich einer Festplatte bei der Geburt ‚leer', und das Neugeborene lebt ganz aus der rechten Gehirnhälfte heraus. Saint Germain erklärt weiter: „Um aber zu wissen, welcher Weg der wahre Weg für euch ist, ist es notwendig, den Kontakt zu eurer rechten Gehirnhälfte zu nutzen... diese zwei Gehirnhälften miteinander zu verbinden. Die Kapazität eurer linken Gehirnhälfte ist sehr bewusst stark begrenzt worden. Selbst wenn ihr über noch so viel mentale Logik verfügt, ist es euch selten möglich, mehr als 15% für euch nutzbar werden zu lassen.

Das bedeutet nicht, dass der männliche Pol schwächer ist als der weibliche Pol. Im Gegenteil! Dieses bedeutet lediglich, dass in dieser Erderfahrung das weibliche Prinzip in euch *das* Prinzip ist, dem ihr mehr Aufmerksamkeit zukommen lassen dürft, weil es *das* Prinzip ist, das ihr zu integrieren sucht. In Wahrheit sucht ihr, es anzugleichen.

Es ist Gottes Sehnen nach der gleichwertigen Göttin an seiner Seite, das hier auf Erden Erfüllung erfahren möchte. Löst ihr diese Aufgabe, löst ihr die Begrenztheit in eurem Mental. Dann darf sich auch dieses wieder in seiner ganzen Größe ausdehnen."[100]

Durch Celia Fenn übermittelte Michael im April 2007 außerdem folgendes: *„Denn ihr werdet herausfinden, dass der Schlüssel darin besteht, eurem Höheren Selbst zu vertrauen, **dass euer Herz und eure Seele besser wissen**, was eurem höchsten Wohl dient und dass die Entscheidungen auf Herzens- und auf Seelenebene in der Geschwindigkeit holografischer Zeit getroffen werden können und nicht die langsamen, linear verlaufenden Denkbewegungen des Egoverstandes benötigen, um euch zum Erfolg zu führen. Ihr seid derzeit dabei zu lernen, wie ihr als multidimensionale und holografische Wesen funktioniert – und das bedeutet, in dem Sekundensplitter zu leben, welcher die Gegenwart ist und in jenem ‚Gegenwärtigen Moment‘, Entscheidungen auf Herzensebene zu treffen.“* [103]

Dieses Wissen ist eine wichtige Voraussetzung, um größere Veränderungen zu bewirken, denn dadurch können jetzt auch unsere mächtigen Kräfte der ICH-Schöpferebene mitbeteiligt sein, das vorhandene Ungleichgewicht auf den Gefühlsebenen zu harmonisieren.

Gleich auf den ersten Buchseiten von »Bleep« empfängt die Leserinnen beziehungsweise Leser die Schlüsselfrage zum **neuen Wissen**: *„Vorausgesetzt, wir sind uns nur 2.000 Bits von 400 Milliarden Bits an Informationen bewusst, die wir pro Sekunde verarbeiten... Wenn wir uns gegen neues Wissen aussprechen... wieviel von unserem ‚Bewusstsein‘ spricht dann? Wie können wir über all die Dinge, die wir kennen, alles wissen?“*

Daher werden diese acht Jahre des Venus-Sonnen-Transits auch als die ‚Meisterjahre‘ des Erdkollektivs bezeichnet – mit dem Hinweis, dass die Menschen der ‚Neuen Zeit‘, also des dritten Jahrtausends, wieder in ihr schöpferisches Gleichgewicht kommen können, denn erst wenn die weiblichen und die männlichen Energieebenen wieder im Gleichgewicht und in Harmonie und somit in der *mächtigen Einheit* schwingen, löst sich die marsianische Energie auf – dann sind wir ‚erlöst‘.

Hier wiederhole ich das Zitat des Heilands aus dem Thomas-Evangelium: *„Wenn du aus den Zweien Eins machst, und wenn du das Innere wie das Äußere und das Äußere wie das Innere machst und das Oben wie das Unten, und wenn du aus dem Männlichen und dem Weiblichen ein und dasselbe machst..., dann wirst du eingehen in das Königreich Gottes.“*

Kommen wir zur Energie der dritten Göttin: **Aquaria**. Brigitte Jost hat sich schon mit ihrem Buchtitel klar ausgedrückt: »Aquaria – die Göttin kehrt zurück«.

Der Geistausgießer *Aquarius*, der Wassermann, wurde schon im Altertum erwartet. Im Alten Testament taucht er bei dem großen Visionär und Propheten Joël (vermutlich im vierten Jahrhundert vor Christus) auf und im Neuen Testament in der Pfingstpredigt des Heiligen Petrus: *„In den letzten Tagen wird es geschehen, spricht Gott, da will ich von meinem Geiste ausgießen über alles Fleisch, und eure Söhne und Töchter werden weissagen, und eure Jünglinge werden Gesichte schauen, und eure Greise werden Träume träumen. Selbst über meine Knechte und Mägde will ich in jenen Tagen von meinem Geist ausgießen, und sie werden weissagen..."* (Apg. 2,17f-18) Petrus hat dabei, wie alle anderen, die ‚letzten Tage' sehr nahe erwartet und seinen Gemeinden empfohlen: *„Trachtet nach der Liebe, bemüht euch aber auch um die Geistesgaben, am meisten jedoch darum, **dass ihr prophetisch zu reden vermöget**."* (14,1)

Abb. 62: Der Geistausgießer

Nun, das war wohl etwas verfrüht. Wenn wir aber ‚die letzten Tage' auf unser irdisches Patriarchat und auf den Maya-Kalender beziehen und ‚Geistausgießen' astrologisch dem Äon des Aquarius zuordnen, dann scheint es sich doch tatsächlich zu bestätigen: Weltweit *boomt* es mit Hellsichtigkeit (mehr bei den Mägden als bei den Knechten), aber auch mit den anderen urchristlichen Geistesgaben wie zum Beispiel mit den Geistheilungen.

Dann taucht plötzlich Aquaria auf. Der Trost des Heilands: *„...es war vorher nicht möglich...",* scheint auch hier zuzutreffen. Die männlichen Astrologen sprachen von alters her von *dem* Aquarius, aber der am Himmel gut sichtbare Teil des Sternbildes war schon immer ein Doppelstern und trägt als astronomisches Sternbild die korrekte Bezeichnung *aquarii*, die lateinische Mehrzahl von Aquarius.

Dies weist auf Aquaria hin, die ergänzende Energie für den benötigten Aufstieg der Menschheit. Das heißt, die angekündigte (männliche) Geistenergie der Liebe fließt uns aus dem Kosmos zu (siehe Abb. 53), und die er-

Abb. 63:
der Doppelstern *Aquarii*

wachende (weibliche) Herzensenergie der Liebe fließt uns aus der fruchtbaren Erdmutter zu (siehe Abb. 55, Aquaria, die göttlich-weibliche, kosmische Energie, trägt die ‚Mutter Erde'). Doch dabei hat stets das Weibliche kosmische Entsprechungen, so wie das Männliche seine erdigen – auch hierbei ist Gleichgewicht wichtig. Aktiviert sind dann von ‚oben' unsere Kopf- und Herzchakren und von ‚unten' unsere Herz- und Sakralchakren. Dieses Zusammenwirken ist Voraussetzung für unsere individuelle Vollkommenheit.

Es ist anzunehmen, dass das nun ein jahrelanger Veränderungs- und Anpassungsprozess sein wird. In kleinen Gesprächsrunden wird dabei bereits angesprochen, wie leidvoll diese inneren Prozesse sein können. Dabei tauchen immer wieder die Krebs- und Unterleibsleiden der Damenwelt auf, und es gibt mediale Aussagen dazu, dass immer stärker unser Körper reagiert und er das oft jahrzehntelange leidvolle Ungleichgewicht männlich/weiblich nicht weiter ertragen will. Die weibliche Anpassung an die männliche Egozentrik auch in der körperlichen Liebe kann so vieles zugrunde richten, dass sich dann die unglückliche weibliche Seele durch Zellwucherungen des Körpers aus dem Erdenleben verabschiedet – vermutlich einer der Hauptgründe dieser verheimlichten Disharmonien.

Logisch wäre, dass sich auf der männlichen Seite auch Körperproteste entwickeln, da sie ja genauso unter Verheimlichung leiden.

Doch es sind nicht etwa nur die zunehmenden Körperproteste der Prostata, wie man vermuten könnte bei dem Unwissen im Umgang mit einer liebevollen Sexualität. Prostatakrebs ist heute schon die häufigste Krebsart beim Mann. Es scheint vielmehr das ICH-Organ der Männer – den Kopf – zu treffen. So fand ich im Internet ‚zufällig' das Wort »Hirn-Insuffizienz«, und erstaunli-

Abb. 64:
Aquaria mit Erdplaneten

cherweise interessierte es mich sogar. Dabei wurde ich zu Dr. Johann Georg Schnitzer[111] geführt, der im Mai 2007 über das »Zivilisationskranke Gehirn« berichtete. Insuffizienz bedeutet medizinisch die ‚*ungenügende Leistung eines Organs'*, und Schnitzer stellt fest, „*wie massiv die endemische Ausbreitung der Gehirn-Insuffizienz in Deutschland eingesetzt habe.*"

Weiter schreibt er: „*Aus den vom Statistischen Bundesamt in Wiesbaden erhaltenen und weiteren vom Gesundheitsministerium veröffentlichten Zahlen wurde ersichtlich, dass z.B. bereits etwa 6% der Frühberentungen in Deutschland wegen Krankheiten des Nervensystems erfolgen. Die jährlichen Kosten für die Behandlung psychischer Erkrankungen liegen bereits um ca. 5 Milliarden EUR höher als die gesamten jährlichen Krebsbehandlungskosten! Das von den Krankheiten der Bevölkerung lebende ‚Gesundheitswesen' (= Krankheitsunwesen) hat sogleich das Aufkommen endemischer Gehirn-Insuffizienz als neues Geschäftsfeld entdeckt und Psychopharmaka in Massen unters Volk gebracht.*"

Diese beiden Hinweise möchte ich so stehen lassen, da ich für eine kritische Beurteilung nicht kompetent bin. Es sieht jedoch nicht so aus, als würde ich hiermit irgendwelchen Übertreibungen zum Opfer fallen. Diese beiden Beispiele können uns darauf aufmerksam machen, wie dringend notwendig Verhaltensveränderungen in den verschiedensten Bereichen geworden sind. **Die massiven neuen Energien gehen an keinem von uns spurlos vorüber**, denn zuerst, bevor sich etwas großes anderes tut, fordern die neuen Energien jeden einzelnen von uns heraus. („*...aus dem stillen Versteck hinter dem lauten Getöns von euch Menschen*", meint der verächtlich blickende *Boldi*.)

Wo bleibt nun die menschliche Vernunft, und wo bleibt Gott, wenn ich laufend über Göttinnen berichte?

Viele Initiativen, Regelungen und sogar Gesetze entstehen aus der **menschlichen Vernunft**. (*Boldi* drückt mir gleich wieder eins rein: „*...nuuuur durch Notwendigkeiten, nie durch Vernunft!*") Bei Wikipedia wird das folgendermaßen erklärt: „*Mit ‚Vernunft' als philosophischem Fachbegriff wird die Fähigkeit des menschlichen Geistes bezeichnet, universelle Zusammenhänge in der Welt und ihre Bedeutung zu erkennen und danach zu handeln – insbesondere auch im Hinblick auf die eigene Lebenssituation... Die Vernunft ist das oberste Erkenntnisvermögen, das den Verstand kontrolliert und diesem Grenzen setzt bzw. dessen Beschränkungen erkennt... Der Begriff ‚Verstand' wird heute in Abgrenzung zur Vernunft dann verwendet, wenn ein Phänomen* *gesondert, abgetrennt von einem größeren Zusammenhang, betrachtet wird. In der Umgangssprache werden die beiden Begriffe allerdings nicht streng voneinander unterschieden."* Das ist eine ähnliche Parallele wie bei den Begriffen *Wissen* und *Weisheit*.

Intelligentes, ehrliches, faires, wohlwollendes, gemeinschaftlich denkendes und v e r n ü n f t i g e s Verhalten wäre schon ausreichend, um den Himmel auf die Erde zu holen. Da würden die Göttinnen und Götter mit herabsteigen und mit uns feiern. Doch für wann wäre das denkbar?

Jetzt kommt noch die berechtigte Frage auf: Wo bleibt bei meinem Berichten **Gott**? Im Allgemeinverständnis versuche ich nicht mitzureden, denn da sind die Meinungen zu bekannt wie auch zu verschieden. Nachdem der christliche namenlose, aber ‚liebende Vater' mit dem ‚Gott, der Herr' des Alten Testaments zusammengeschnürt wurde, weiche ich dem möglichst ganz aus und bilde mir ein: **Gott ist in dir, in mir, in euch, in uns allen.**
Anstelle der kopforientierten Entscheidungsformel »entweder-oder« helfe ich mir mit der generösen Herzformel »sowohl als auch« und glaube erkannt zu haben, dass es in der Schöpfung nur einen Gott geben kann, aber viele Aspekte davon, denen wir je nach Zeitalter und Region verschiedene Namen gegeben haben. Das allerhöchste davon stelle ich mir als **Ur-Einheit** vor, und alles, was als ‚göttliche' Schöpferenergie diese Einheit verlässt, ist zwangsläufig Teilenergie. So erkannten und erkennen die verschiedenen Priestersysteme der Erdenmenschheit richtigerweise *ihren* Teil als *ihren* Gott oder *ihre* Göttin oder beide zusammen oder was immer gerade opportun war oder ist.

Zu dieser ‚geteilten Unteilbarkeit' fand Dürr ein schönes Gleichnis: *„Wir haben überhaupt nur das Eine. Aber dieses Eine ist differenziert. Wenn ich ein Gemälde betrachte und von dessen Schönheit spreche, das ist das Eine. Wenn ich aber auf die einzelnen Dinge in diesem Gemälde zeige, beispielsweise auf das Auge der Madonna, dann deute ich auf eine Unterschiedlichkeit innerhalb des Einen, auf ein Element der Vielheit, das zur Einheit gehört. Das Auge der Madonna ist nämlich nicht ein Teil des Bildes, sondern nur eine Artikulation. Ich schneide das Auge nicht heraus, sondern richte nur meine Aufmerksamkeit auf eine Stelle des Bildes."*[85]

Der Autor und Wissenschaftler mit dem Pseudonym Morpheus schreibt in seinem Buch »Transformation der Erde – interkosmische Einflüsse auf das Bewusstsein«: *„Neueste Forschungsergebnisse ordnen in unterschiedlichen historischen Kulturkreisen den gleichen ‚Göttern‘ unterschiedliche Namen zu. So wird aus dem Anunnaki-Fürsten Enki aus Babylon in Ägypten Pta. Aus Marduk (Babylon) wird in Ägypten Re, im alten Hellas Zeus und wandelt sich im Alten Testament zu Jahwe."* [44]

Ich weiß noch, wie lange mich der berühmte Psalm 23, *„Der Herr ist mein Hirte..."*, beeindruckt hat, ich aber irgendwann erkannte, dass ich damit die altorientalische Viehzüchterenergie wiederbelebt habe und mir erst später klar wurde, dass das wohl nicht die richtige Adresse sein kann. Dann fand ich eigene Formulierungen für meine Gebete. Daher nannte ich mein zuletzt geschriebenes Buch auch »**Alles** ist Gott«, und darin habe ich über all diese Bereiche genügend philosophiert.

Ich werde nie die Bilder in den Pressemedien vergessen, als die Familie Bush den Irak überfiel. Vor dem Angriffsbefehl zeigte sich Saddam groß und betend zu Gott (arab.: *Allah*), und gleichzeitig zeigte man den Mister President, ebenfalls inbrünstig betend zu seinem Gott. Und nach den Presseaufnahmen war alles vergessen (könnte von *Boldi* stammen).

Jeder von uns Menschen ist ein Unikat und unterscheidet sich also von allen anderen. Und genauso unterschiedlich kann auch das innere Verständnisbild eines jeden **Menschen** von seinem **Gott** sein – heute so und morgen so –, und das ist und bleibt Privatsache der beiden. Philosophisch können wir auch sagen, ein Mensch ist gottzugewandt, ein anderer gottabgewandt, wieder andere schon völlig gottbewusst oder völlig gottlos. Diese Entscheidungen können insgeheim oder auch demonstrativ gefällt werden, aber nach außen hin sieht das meistens doch etwas anders aus, da müssen sich zu viele von uns an irgendeine gängige Meinung oder dem Zeitgeist anpassen.

Daher kann und will ich mit meinen Überlegungen niemanden in seiner *Überzeugung* und seinem *Gottvertrauen* antasten, gerne aber sein göttliches Herz berühren und ermutigen – trotz aller irdischen Begrenzungen. Ich bin jedes Mal dankbar, wenn ich einem praktisch-gläubigen, für mich sehr wertvollen Mitmenschen begegnen darf. Unsere Jüngeren, wenn sie sich von ‚Gott‘ berührt fühlen, können sich heute viel freier und individueller entwickeln, als die älteren, ‚religiös‘ erzogenen Generationen.

Ich bin da auf zwei interessante Berichte gestoßen, welche diese Entwicklungen veranschaulichen und altgewohnte Religiosität in neuen Gesichtern wie zum Beispiel das der **Ethik** zeigen. Der Fernsehbericht von Franz Alt vom 19. Juni 2007 behandelte das Lebenswerk der ehemaligen Religionslehrerin Rosi Gollmann. In Indien wird sie die ‚Mutter Theresa aus Deutschland‘ genannt, denn sie hat dafür gesorgt, dass eine Million Blinde sehen können, dass 100.000 Kindersklaven von Kinderarbeit befreit wurden und jetzt in die Schule gehen. Und sie hat dafür gesorgt, dass sich eine Million Frauen in Frauengruppen organisieren und wichtige gesellschaftliche Veränderungen stattfinden: So werden in vielen Dörfern Südindiens neugeborene Mädchen nicht mehr getötet, in mehreren Regionen wurde die Tempelprostitution überwunden – und die ersten Dörfer für Leprakranke wurden gebaut. Rosi Gollmann hat mit ihrer Arbeit Millionen Menschen auf dem indischen Subkontinent zu einem würdevollen und selbstbestimmten Leben verholfen.

Ein zweiter Bericht macht ebenfalls große Hoffnung. »DER SPIEGEL« (24/2007) berichtet unter der Überschrift »Ethik verändert die Wirtschaft« in einem Interview Erstaunliches. Der gebürtige Berliner Autor und Soziologe Professor Nico Stehr, international beauftragt und geehrt, beobachtet eine moderne ‚Wissensgesellschaft‘ und erklärt: *„...alle Märkte verändern sich radikal. Sicher ist es bei den Lebensmitteln, bei der Kleidung, bei der Unterhaltung und auch beim Reisen am deutlichsten zu erkennen, aber auch die Finanzmärkte sind betroffen. Überall spielen moralische Kriterien auf einmal eine Rolle: Maximen wie Nachhaltigkeit, Fairness, Solidarität."* Zuletzt antwortet er in diesem Interview: *„Ökonomen gehen in der Regel davon aus, dass kulturelle und ethische Prozesse den Markt nicht tangieren, sie glauben, der Markt operiere ausschließlich nach seinem eigenen Code. Aber diese Auffassung gehört der Vergangenheit an. Wir sehen ja, dass Ethik den Markt verändert."*

Lächelst Du wieder weise, lieber Heiland? Ja ja, ich weiß schon, wir lernen es auch noch alle, und die Voraussetzungen dafür waren noch nie so gut wie in unserem neuen Jahrtausend. Solches Lernen und ‚Sich-ent-wickeln‘ wird nie mehr so schmerzvoll sein wie früher.

Gott sei Dank!

Ein deutscher Michel?

Ich meine das im übertragenen Sinn, denn den »deutschen Micheln« hat man eine Zipfelmütze übergezogen, und mit ,Schlafmützen' habe ich es nicht. Ich meine vielmehr die Tatsache, dass der Erzengel Michael der **Schutzpatron der ,Teutschen'** ist. *„Auf Verlangen Kaiser Ludwig des Frommen weihte das Konzil zu Mainz im Jahre 813 die Woche nach Herbstbeginn, der Tag- und Nachtgleiche, die den Feiern für Wodan gewidmet war, dem Erzengel Michael (Michaelis am 29. September). In Norddeutschland war Michael mit seinen zahlreichen Michaelskapellen besonders populär."* (Wikipedia)

Zwischenzeitlich war der Heilige Michael weitgehend in Vergessenheit geraten. Zwar gibt es seit Jahren einen sogenannten Engel-Boom, aber dieser öffnet dem stärker werdenden Interesse für das Geistige erst einmal die romantische Türe. Wer sich dann auch für die zunehmende Literatur interessiert, kommt auf den Weg. Und wer sich gar dazu entschlossen hat, mit Erzengeln in seiner Wohnung oder seinem ganzen Dasein zu leben, weiß gleich viel mehr über die göttliche Macht dieser kosmischen Engelbewusstseine, und dieses Buch wäre auch nicht so geworden ohne ihre Mitwirkung (*„...schweig, Boldi!"*). Es ist zwar völlig unwichtig, aber ich gestehe es trotzdem: Als früherer Geschäftsmann bin ich fünfzehn Jahre lang »Audi Quattro« gefahren, und bei der geringeren Verkehrsdichte auf den damaligen Autobahnen war das ein freudiges Erleben. Dabei wurde mir allen Ernstes aus der geistigen Welt erklärt, für Geschwindigkeiten über zweihundert Stundenkilometern gäbe es eine Eliteeinheit der Schutzengel – Vertrauen lohnt sich eben.

Der Autor Hans-Werner Schroeder schreibt in seinem Buch »Mensch und Engel«[114], es sei »Michael-Zeit«, denn Michael habe die Zeitregentschaft übernommen. Dazu erklärt er: *„Michael hat heute die Aufgabe, die Menschen der zu stark, zu einseitig gewordenen Verirdischung wieder zu entreißen. Diese Verirdischung war notwendig – als Stufe auf einem Weg, nicht als Ziel; nun ist es Zeit, diese Stufe zu verlassen und eine höhere zu erreichen. Die Tatkraft und Initiative, die der Mensch während des gabrielischen Zeitalters an der Eroberung der Erde entfaltet und geübt hat, soll nun ins Geistige gewendet werden, allerdings ohne der Erde untreu zu werden; **im Irdischen muss der Mensch heute die Kraft zum Geiste finden.**"*

Dies entspricht nicht nur den Forderungen Rudolf Steiners, sondern ist bis heute die astrologische Aussage zu **Aquarius**, dem Geistausgießer: Fortschritt auf geistiger Ebene, Toleranz und Humanität. Mit dem neuen Äon beginnt die Öffnung ‚nach oben‘, dort wo wir die geistige Welt versinnbildlichen und ‚aufsteigen‘ aus dem leidvollen Lernen im polaren Fische-Äon. Schroeder erklärt weiter:

„Die Menschheit soll die Welt des Geistes entdecken und erobern lernen, wie sie am Beginn der Neuzeit die Erde entdeckt und erobert hat. Mit aller Macht strebt Michael diese Wendung ins Geistige an; aber er stößt auf eine im Irdischen ‚etablierte‘ Menschheit, die das Materielle als einzige Wirklichkeit erfährt. Aus dieser inneren Spannung entsteht die kritische Situation unserer Zeit. Wird es Michael gelingen, die Menschheit von der einseitigen Faszination des Irdischen loszureißen und sie an die Wahrnehmung der geistigen Welt heranzuführen?“

Der *Heilige Michael*, der den ‚Drachen‘ tötet (was immer man auch darunter verstehen mag), hat sich auch zu einem der großen **Geistführer** unserer Zeit entwickelt. Er meldet sich an vielen Stellen unseres Globus‘ in spirituellen Gruppen, welche seine Botschaften medial empfangen und (meistens im Internet) veröffentlichen. Ausführlich geht er auf die verschiedensten Themen unserer Zeit ein, vor allem auch die Bereiche des weiblichen Erwachens, der Herzenskräfte und des Einheitsbewusstseins.

Zu Weihnachten 2006 übermittelte Celia Fenn für »starchild«[103] eine Botschaft von ihm mit dem Titel »Der kosmische Feuertanz«, in welcher der Erzengel Ratschläge gibt, unter anderem auch die Aufforderung ‚**Das Herz ist der Schlüssel**‘. Er diktierte: *„Während ihr euch durch die ‚Zone der Ängste‘ bewegt, jene altertümliche und kristallisierte Grenze aus Ängsten und Lügen, werdet ihr ein wahrer Krieger des Herzens sein müssen. Bleibt auf euer Herz ausgerichtet, und erlaubt es eurem Verstand nicht, sich in Ängste und Kleinmütigkeit hinein zu verweben. Zu dieser Zeit des Jahres, wenn die Menschen auf jedes Ereignis häufig ängstlich oder gereizt reagieren, ist es so wichtig, dass ihr die mentalen und emotionalen Urteile aus eurem Bewusstsein ‚entlasst‘ und nur aus der Liebe eures Herzens heraus lebt...*

Es ist eine Tatsche, liebste Lichtarbeiter: Je mehr ihr in eurer Herzenergie seid, um so leichter wird es euch fallen, mit den galaktischen Strömen des Lichts und der Liebe umzugehen. Denn die himmlische Energie fließt direkt in euer Herzchakra und dann in euren physischen Körper und dann in das kristalline Gitternetz der Erde, welches auch als Paradiesmatrix bekannt ist...

So, in dieser Zeit der erhöhten Strahlkraft lasst die Energie durch euren Körper und hinein in das kristalline Gitternetz fließen. Ihr könnt dieses mittels geplanter Feierlichkeiten des Lichts und der Freude tun. Nutzt diesen Monat, um zu feiern: Singt, tanzt, spielt Musik, spielt, genießt euer Essen, habt wunderbaren Sex..., erlaubt es eurem physischen Körper, ein Instrument der Freude und des Lachens eurer Seele zu sein. Teilt diese Freude und dieses Lachen zusammen mit anderen. Wenn möglich, geht in die Natur, verbindet euch mit den Devas und den Naturgeistern und den Feen! Spielt im Kosmos, spürt den Fluss der Liebe und des Lichts, lasst alle Ängste los... Alles ist gut und so, wie es sein sollte!"

Dazu noch ein Abschnitt aus seiner Januar-Botschaft 2007: *„Die neue Erde, welche auf bedingungsloser Liebe basiert, ist nun dabei, in ihrer Manifestation immer deutlicher in Erscheinung zu treten, und sie wird von Tag zu Tag stärker. Jene, welche in die Welt der neuen Erde übergetreten sind, werden die positiven und liebenden Energien von Unterstützung und Freude empfinden,* **während sie damit beginnen, von der Herzebene her zu leben und immer begabter in den Fähigkeiten werden, Fülle und Wunder zu erschaffen.**
Ihr Liebsten seid die Pioniere und Führer, welche die neue Erde manifestieren werden, während ihr eure Wahrheit lebt und eurer Herzensfreude folgt **und Wohlstand und Freude und Liebe erschafft.**"

Genau das können wir mit unseren Schöpferebenen der Herzen und der Sakrale fleißig kreieren. Das, wovon uns in der Vergangenheit die kirchlichen und bürgerlichen Männersysteme befreien und wovor sie uns ‚schonen' wollten, können wir heute mit unseren wesentlich mehr gewordenen Möglichkeiten f r e i er-*schaffen* und er-*leben*.

In der Dezember-Botschaft 2006 bot der mächtige Erzengel etwas an, was uns von so vielem Banalen frei werden lässt: *„Ruft uns und wir werden euch führen und helfen – auf jede mögliche Art und Weise.* **Wisst, dass ich immer bei euch bin und dass ihr innig geliebt werdet.**"

Das gleiche kennen wir von **Mutter Maria** und vom **Heiland.** Allein diese drei Angebote, welche die höchsten Licht- und Liebesenergien beinhalten, die Kosmos und Himmel zu bieten haben, sollten uns doch endlich befreien aus der Matrix unserer irdischen Ängste.

Alle drei göttlichen Wesen kommen aber nicht als ‚Erlöser' zu uns. Wir können sie bitten, uns energetisch in ihr grenzenloses Bewusstseinsfeld aufzunehmen, dann können wir uns ganz leicht frei machen. Müssen wir dafür etwas bieten? Ja, die Grundschwingungen, die ich Herzenskräfte nenne: Wahrhaftigkeit, Friedfertigkeit, Liebe und vor allem Vertrauen.

Das und Angstfreiheit ermöglicht uns die ersehnte Glückseligkeit auf Erden.

Wie richtig ich mit meiner Vorstellung liege, dass die christlichen Kirchenlehren lediglich neu verstanden werden müssen, erklärt auch Erzengel Michael durch Ronna Herman, aus deren Übermittlung vom April 2007 ich zitiere: *„Es gibt viele Facetten des Schöpfungsprozesses, die sich zur Zeit vermischen, und auch viele Lehren der Meister/Avatare vergangener Zeitalter kommen jetzt zusammen, um die neue ‚Göttliche Blaupause der Zukunft' zu erschaffen. **Lehren und Techniken der Vergangenheit werden auf den neuesten Stand gebracht,** verfeinert und vereinigt, und all die großen Meister und Wesen des Lichts aus der Vergangenheit haben kraftvolle Facetten ihrer Gottes-Selbste in den verschiedenen Lichtstädten plaziert, um ihre Göttliche Essenz hinaus in den Kosmos auszustrahlen.*

*Wir haben euch gesagt, dass der geliebte Joschua die Grundlage gelegt hat und die Erde mit der Göttlichen Blaupause der Zukunft versehen hat – **die Zukunft, die sich nun entfaltet.** Sein Hauptziel war es, **den Weg** für die Auferstehung und den Aufstieg der Menschheit vorzubereiten. Der spiralförmige Rückweg, dem die Menschheit folgen muss, wurde durch unseren Mutter-Gott erschaffen und ermächtigt und ist nun voll verankert und aktiviert. Damit die Neue Erde die volle Herrlichkeit der Göttlichen Göttin reflektiert, war es entscheidend, dass das Heilige Herzzentrum innerhalb des Kristallinen Gittersystems der Erde mit den höher-dimensionalen Frequenzen der Einheit erfüllt wird: eine perfekte Balance der Göttlichen männlichen und weiblichen Qualitäten, der Eigenschaften und Tugenden unseres Muttergottes und unseres Vatergottes.* "[104] (Die Heraushebungen stammen von mir.)

Ich wurde einmal gefragt: *„Was bringe ich denn dem lieben Gott mit, wenn ich etwas von ihm will? Wenn ich von meinem Chef privat eingeladen bin, komme ich doch auch nicht mit leeren Händen. Ich meine aber kein Opfer wie früher."*

„*Und wenn schon*", schrieb ich ihm zurück, „*es könnte schon zu einem Opfer werden, wenn Du ihm Dein Ego mitbringst und (sicherlich etwas wehmütig) überreichst – aber er hat vollstes Verständnis, und vielleicht wirst Du sogar umarmt dafür.*" (Ist diesmal von mir und nicht von *Boldi*.)

Freiheit ist wie Licht und Sonne

Der unbequeme und vermutlich deshalb ermordete italienische Parlamentsabgeordnete Giacomo Motteotti (1885-1924) hatte erkannt: „*Die Freiheit ist wie Licht und Sonne; man muss sie verloren haben, um zu verstehen, dass man ohne sie nicht leben kann.*" Die obige Überschrift ist schon lange meine innere Sehnsucht und passt zu meinem Leben auf der Insel. Diese Freiheit ist auch ein Teil der Versöhnung mit der Welt. Dazu gehören aber auch eine *innere Freiheit* und eine *geistige Freiheit*.

Innere Freiheit hat etwas mit innerer Stärke zu tun. Diese Stärke unserer geistigen Kräfte gibt uns die innere Freiheit und weitgehende Unabhängigkeit von Äußerlichkeiten, wodurch sie uns die *Selbst-Findung* und danach die *Selbst-Verwirklichung* erleichtern – frei von materiellen Ängsten, von dem anbindenden Haben, von tausend Vorschriften, von äußeren Verpflichtungen und falschen Werten, endlich frei von einst selbstgesuchten Zwängen, die vielleicht inzwischen unsere Gefühlswelt und unsere Seele erdrücken. Solche innere Freiheit bedarf auch manchmal des äußeren *Nein*sagens, wobei es vermutlich weniger um die dabei gewonnene zeitliche Freiheit geht, sondern mehr um die eigene Stärke, die man dabei spüren kann. (*Boldi* flüstert mir ins Ohr: „*...das ist der Mut der kleinen Leute.*")

Dieser inneren Stärke, mit der wir viel zu oft zu zaghaft umgehen, steht ein geistiges Potential zur Verfügung, von dem wir kaum etwas ahnen und wissen. So heißt es auch in dem ermutigenden Buch »Aquaria«: „*Die Sternenmenschen erinnern uns mit Nachdruck daran, dass wir am stärksten und machtvollsten sind, wenn wir im Zustand innerer, heiterer Gelassenheit und urteilsfreien Mitgefühls sind, ganz unerheblich, was um uns herum geschieht. Durch diese Gemütszustände kommen wir in Resonanz mit der Urschwingung im Kosmos.*

Wir dürfen uns vergegenwärtigen, dass alles, was geschieht, auf der Realität der Unantastbarkeit des persönlichen, freien Willens und der geistigen Freiheit aller Lebewesen beruht, auch wenn das manchmal äußerlich nicht deutlich erkennbar ist."

Diese **geistige Freiheit** verstehe ich hier nicht politisch wie das EU-Parlament ihren jährlichen Sacharow-Preis (den zum Beispiel im Jahr 2005 zwei Frauenrechtlerinnen erhielten, und 1988 war der erste, der ihn erhielt, Nelson Mandela). Geistige Freiheit wünsche ich euch allen, liebe Leserinnen und Leser, im Sinne dieses Buches – *geistige Freiheit* von uralten Lehren und Systemen, von Sündenlast oder Karmaschuld, von Selbstmitleid und Opferrollen, von unkritischen Vorstellungen von sich selbst und anderen. Geistige Freiheit empfinde ich selbst ganz stark, wenn ich Entscheidungen treffe nach der Formel des Heilands: *"...es gibt nur Wissende und Unwissende"* – diese Schwingung macht frei! Ich empfinde sie auch bezüglich vieler Themen, die ich decodieren konnte, mit der Bestätigung durch den Evangelisten Johannes, der uns versichert: *"Ihr werdet die Wahrheit erkennen, und die Wahrheit wird euch frei machen."*

Diese Freiheit meine ich! Sie tut unendlich gut, sie stärkt uns innerlich, macht uns wieder gesund, und sie bietet uns viele Chancen, wieder glücklicher zu werden.

Solche Freiheit ist auch spirituelle Lebenskunst. Bei konsequenter Betrachtungsweise bringt sie uns aber auch mindestens eine gewisse Verpflichtung: *Die Freiheit, die wir selbst gerne hätten, sollten wir auch dem anderen gönnen und tolerant jedem anderen die Freiheit zu seinem eigenen individuellen Weg und Lernprozess lassen.* Da haben wir wieder die »Goldene Regel«: *"Alles, was du willst, das die Menschen dir tun, das tue du ihnen zuvor."*

Freisein durch Versöhnung

Den Metaraum, das riesige astrale Zwischenreich, habe ich bisher vorwiegend von seinen lichtarmen Seiten geschildert, aber in den oberen Zonen dieser Geisteswelt schwingen fast himmlische, licht- und liebevolle Sphären unter der Leitung unzähliger Engel. Der Benediktiner Griffiths erklärt: *"Engel sind reine Energiewesen, pure Intelligenz, die nicht an einen Körper gebunden ist. Und auch da gibt es eine Hierarchie von Energiefeldern. Wir sprechen z.B. von Schutzengeln, die über das Alltagsleben, und von Erzengeln, die über höhere Organisationsformen wachen. Darüber sind Intelligenzen, die weit über die Menschheit ins Universum reichen... Natürliche Intelligenz ist immer der Ausdruck von Liebe. Und Liebe ist die Art, wie Intelligenz sich zum Ausdruck bringt und sich mitteilt...*"

Die christlichen Kirchen sprechen von Läuterungszonen, die den dort angesiedelten Seelen großartige Erkenntnismöglichkeiten vermitteln und uns Irdischen in meditativen Zuständen oder generell bei unseren nächtlichen Seelenreisen in diese Sphären offen stehen.

Zwei Tatsachen sollten wir für den sehr schwierigen Verhaltensbereich einer **Versöhnung** aber vorab akzeptieren, nämlich dass wir schon unzählige Male in verschiedensten Rollen auf diesem Planeten inkarniert waren und außerdem, dass auch von uns irgendwo auf dem Planeten heute noch ‚unerledigte' Restenergien schlummern, es können ja ganz schwache sein. Vielleicht war es damals für unseren unsterblichen Geist viel bequemer, im ‚Himmel' auf Wolke Nummer dreizehnvierzehn irgendeine Harfe zu zupfen und von einer schönen Göttin oder einem schönen Gott zu träumen. Viele Texte und Durchgaben berichten von ‚himmlischen' Beschäftigungen, die in der seelischen Besucherzone des Metaraums viel angenehmer sind als in der ‚Fremde' der materiellen und niedrigschwingenden Erfahrungsebene. In diesen Sphären der 4D und aufwärts gibt es ja keine Zeitbegriffe mehr.

Unsere *Befreiung von alten Emotionsspeicherungen* ist eine großartige und zeitgemäße Versöhnungsmöglichkeit, die uns die neuen kosmischen Schwingungserhöhungen für das Neue Zeitalter quasi als Zugabe bereitstellen. Dabei werden wir von niemandem ‚erlöst', sondern es wird uns gezeigt, wie wir das selbst schaffen können. *„Ihr seid jetzt soweit..."*, versichert Jesus.

Schon lange vertrete ich die Theorie, dass Unzählige der milliardengroßen Erdbevölkerung *jetzt in dieser Zeit* inkarniert sind, um etwas Altes und Zurückgebliebenes wiederzuerleben und zu erkennen und ‚aufzuarbeiten'. Dieses ‚Alte' kann uns in ‚Wiederbegegnungen' treffen oder einfach in Empfindungen und Emotionen, in Erlebnissen und Erfahrungen, in Schwächen und Ängsten, in Verlusten und Ruhestellungen, in Krankheiten und ‚In-sich-gehen' – der Geistigen Welt fällt da stets sehr viel Individuelles ein.

Wichtig ist die Erkenntnis, dass diese jahrtausendelang gefürchtete astrale und emotionale Jenseitsdimension des Metaraums eben auch *dual* ist und *ihre zwei Seiten* hat: die dunkle und die lichtvolle Seite oder die angstmachende, zehrende und die Hoffnung machende, erfüllende Seite. Das war schon immer so.

Nachts erhebt sich die Seele, die auch *Astralkörper* genannt wird, in die ‚Sternenwelt‘ (lat.: *ad astra*) oder den Metaraum, ihre wirkliche Heimat. Auch der Prophet Mohammed soll einst gefragt worden sein: *„Schläfst du eigentlich noch wie andere Menschen auch?"*, und geantwortet haben: *„Nur mein Körper schläft, ich nicht."*

Die Sirianerin Ag-agria übermittelte dazu (am 7. März 2007): *„Einige unter euch suchen diese höheren Reiche nachts im Schlafzustand auf, während ihr physischer Körper ausruht. In solchen Zeiten vereint ihr euch wieder mit Freunden, die zur Zeit nicht (mehr) auf der Erde inkarniert sind, und erhaltet Führung hinsichtlich der euch zugewiesenen Aufgaben. Normalerweise verblassen diese Erinnerungen an derartige Treffen. Einige können aber aufwachen und sich außerordentlich beschwingt und erfrischt fühlen, ohne zu wissen, warum."* [115]

Dadurch kann allmählich ein erweitertes Verständnis entstehen und die fantastische Möglichkeit, unsere heimkehrenden Schöpfungen, also unsere ‚energetischen Kinder‘, wie verlorene Söhne in unser Herz zu schließen und in Liebe statt in Abwehr anzunehmen. Meinte der Heiland das mit *„...ihr seid jetzt soweit..."*?

Engel erklären im Buch »Aquaria«: *„Ihr seid Schöpferinnen und Schöpfer aller eurer Gedanken und Gefühle, die ihr aussendet und die sich zu Wesenheiten formen, die irgendwann einmal zurückkehren.*

Alle eure Schöpfungen kehren zu euch zurück.

Ihr braucht Mitgefühl und Liebe für all eure Schöpfungen, auch wenn sie mal ‚danebengegangen sind‘.

Es kommt ausschließlich das zu euch, was zu euch gehört.

Es kehrt alles wieder, was ihr je ausgesendet habt. Was ihr von euch weist, kommt unwillkürlich in veränderter Form und verstärkt in euer Leben zurück. Wenn ihr etwas Unangenehmes ablehnt, wird es auf andere Weise zu euch kommen. Das Unangenehme sucht sich die Gestalt, die ihr akzeptieren könnt, selbst wenn es sich öfters umkleiden muss. Es versucht, so lange eure Aufmerksamkeit zu gewinnen, bis ihr es angenommen habt. Schiebt daher nichts vor euch her, erledigt eure Angelegenheiten, sobald die Zeit reif ist, das heißt, sobald sie bei euch anklopfen."

Erzengel Michael übermittelt uns durch Ronna Herman folgenden Ausschnitt in seiner April-2007-Botschaft: *„Wisset, dass die Situationen oder Probleme, die euch über den Weg laufen, um gelöst zu werden, nicht auf der Ebene gelöst werden können, auf der sie entstanden sind. Ihr müsst euch über die Konflikte des Ego-Selbstes erheben und jede Situation durch einen Filter der Liebe und vom Standpunkt eines Selbst-Bemeisterers sehen. Stellt euch vor eurem geistigen Auge eine Ganzheit vor, die niemals deformiert wurde, eine Welt, die keine Unvollkommenheiten hat, und ein strahlendes, perfektes IHR, die in diesem Paradies leben."* [104]

Auf der Meditations-CD »Sternen-Engel-Liebe 1«[116] wird ein Weg aufgezeigt, all die zurückgekehrten Energien in unser Herzzentrum zu nehmen und im Innersten zu vereinen, denn: *„...was sich vereint, ist geheilt und ist wieder in göttlicher Einheit.*

Erkennt! Erfühlt! Alle Gegensätze haben einen gemeinsamen Mittelpunkt, aus dem sie ursprünglich kamen. Alle eure gegensätzlichen Schöpfungen treffen sich in euren Göttlichen Zentren – den Heiligen Herzräumen – wieder.

In euren Herzzentren finden derzeit große Veranstaltungen statt: Manche von euch feiern dort Gottesdienste, andere Jubiläen, Hochzeitsfeste, Konzerte, Jubel im Fundbüro... Wir gratulieren und freuen uns am meisten über eure Lachorgien... Ihr habt allen Grund, viel zu lachen.

Es ist nur ein Bewusstseinsakt – ihr Lieben –, denn ihr habt im Herzraum bereits alles, was ihr braucht. Euer Lebenszentrum ist euer Herzraum. In eurem Herzraum gibt es noch ein weiteres Energiezentrum: das Göttliche! Viele von euch nennen es ‚Gottesfunken'. Wir sprechen von der Göttlichen-Ur-Einheit-allen-Seins. Im Zentrum eures Herzens findet ihr das Abbild eures göttlichen Wesens, welches ihr seid – eine ewig sprudelnde Quelle göttlicher Energie. In dieser göttlichen Quelle seid ihr mit allem verbunden, was existiert.

Das, was ihr ablehnt, erhält keine Liebe und kann daher nicht heilen. Es kommt nicht in die Einheit. Es kommt nur das zu euch, was ihr durch innere Resonanz anzieht, und das heißt: Ihr seid energetisch auch mit dem, was ihr ablehnt, verbunden.

Eine Ablehnung bedeutet, dass ihr etwas von euch wegstoßt, was eigentlich zu euch gehört. Ihr lehnt dabei immer einen Teil von euch selbst ab. Wird das Erschaffene von seinen Schöpfern abgelehnt, kann es sich nicht mit ihnen vereinen. Dadurch verliert ihr Kraft. Würdet ihr das von euch irgendwann einmal Erschaffene annehmen, so würdet ihr wieder ein Ganzes." (Aquaria)

Wer sich aus dieser Sicht ‚geistiger Kinder' mit irgendeiner Situation ‚aussöhnen' möchte, die ihn immer wieder belastet, die sich ihm immer wieder präsentiert, dem lege ich eines der schönsten und berührendsten Gleichnisse des Neuen Testaments (Lukas 15,11-32) ans Herz, das da lautet: *„Und er sprach: Ein Mensch hatte zwei Söhne. Und der jüngere von ihnen sprach zu dem Vater: Gib mir, Vater, das Erbteil, das mir zusteht. Und er teilte Hab und Gut unter sie. Und nicht lange danach sammelte der jüngere Sohn alles zusammen und zog in ein fernes Land: Und dort brachte er sein Erbteil durch mit Prassen. Als er nun all das Seine verbraucht hatte, kam eine große Hungersnot über sein Land, und er fing an zu darben und ging hin und hängte sich an einen Bürger jenes Landes; der schickte ihn auf seinen Acker, die Säue zu hüten. Und er begehrte, seinen Bauch zu füllen mit den Schoten, die die Säue fraßen; und niemand gab sie ihm. Da ging er in sich und sprach: Wie viele Tagelöhner hat mein Vater, die Brot in Fülle haben, und ich verderbe hier im Hunger! Ich will mich aufmachen und zu meinem Vater gehen und zu ihm sagen: Vater, ich habe gesündigt gegen den Himmel und vor dir. Ich bin hinfort nicht mehr wert, dass ich dein Sohn heiße; mache mich zu einem deiner Tagelöhner! Und er machte sich auf und kam zu seinem Vater. Als er aber noch weit entfernt war, sah ihn sein Vater und es jammerte ihn; er lief und fiel ihm um den Hals und küsste ihn. Der Sohn aber sprach zu ihm: Vater, ich habe gesündigt gegen den Himmel und vor dir; ich bin fortan nicht mehr wert, dass ich dein Sohn heiße. Aber der Vater sprach zu seinen Knechten: Bringt schnell das beste Gewand her und zieht es ihm an und gebt ihm einen Ring an seine Hand und Schuhe an seine Füße und bringt das gemästete Kalb und schlachtet's; lasst uns essen und fröhlich sein! Denn dieser mein Sohn war tot und ist wieder lebendig geworden; er war verloren und ist gefunden worden. Und sie fingen an, fröhlich zu sein. Aber der ältere Sohn war auf dem Feld. Und als er nahe zum Haus kam, hört er Singen und Tanzen und rief zu sich einen der Knechte, und fragte, was das wäre. Der aber sagte ihm: Dein Bruder ist gekommen, und dein Vater hat das gemästete Kalb geschlachtet, weil er ihn gesund wieder hat. Da wurde er zornig und wollte nicht hineingehen. Da ging sein Vater heraus und bat ihn. Er antwortete aber und sprach zu seinem Vater: Siehe, so viele Jahre diene ich dir und habe dein Gebot noch nie übertreten, und du hast mir nie einen Bock gegeben, dass ich mit meinen Freunden fröhlich gewesen wäre. Nun aber, dass dieser dein Sohn gekommen ist, der dein Hab und Gut mit Huren verprasst hat, hast du ihm das gemästete Kalb geschlachtet. Er aber sprach zu ihm: Mein Sohn, du bist alle Zeit bei mir, und alles, was mein ist, das ist dein. Du solltest aber fröhlich und guten*

Mutes sein; denn dieser dein Bruder war tot und ist wieder lebendig geworden, er war verloren und ist wiedergefunden."

Und die Versöhnung mit dem Weiblichen? Ich sehe wieder zwei Ebenen, die äußere und die innere. Äußerlich bedeutet Versöhnung mit den Frauen nach all dem, was wir im historischen Rückblick erkannt haben, unseren **männlichen Respekt.** Allgemeine Anerkennung, persönliche Beachtung und liebevolle Ehrerbietung sollten unseren Respekt vor Frauen auch im Alltag erkennen lassen, auch wenn sie weiterhin mit dem Einparken Probleme haben werden. Ehrliche Wertschätzung versöhnt für die vielen zurückliegenden Verletzungen im Leben. Die ganz alten, historisch grausamen und beschämenden ‚Verletzungen' sind sicher schon längst wieder ausgeglichen, denn das »Prinzip von Saat und Ernte« rechnet genau und gab jedem schon längst wieder Ausgleichsmöglichkeiten.

Innerlich bedeutet das Versöhnen mit dem Weiblichen das Versöhnen **mit unseren eigenen weiblichen Anteilen** – dem Yin, der Anima und der Aquaria. Ich meine, dass auch da Versöhnung not tut, zuerst einmal Beachtung und überhaupt Anerkennung. Das scheint nicht nur für uns Männer, sondern inzwischen genauso für die Damenwelt zu gelten, die sich in fast allen Lebensbereichen dem männlichen Zeitgeist anpassen musste, ihn oft sogar übertrumpfte und manchmal richtig ‚vermännlicht' ist (nicht nur weltweit als Soldatinnen).

Lieben statt Leiden bringt Licht in die Welt!

Mein geliebter und verehrter Freund und Bruder! Du weißt, dass ich versuche, Deine Nähe, die ich so schätze, auch meinen Leserinnen und Lesern näherzubringen. Es hat mir richtig Spaß gemacht, die vielen Erkenntnisse anderer Forscher zusammenzutragen und meine Überzeugung damit zu belegen. Du weißt, wie es mich schmerzt, dass diejenigen, die es besser wissen müssten, Deine riesige und unendliche Liebe manches Mal missbrauchten.

Trotz all der schmerzlichen Vergangenheitsschilderungen bin ich so glücklich, dass ich dieses Buch schreiben kann, dass ich einmal das ausdrücken und ausdrucken kann, was ich mir wünsche. Und ich fühle mich bestätigt, wenn Du uns Erdlingen des neuen Jahrtausends erklärst, dass es jetzt soweit ist, dass die Saat aufgehen kann, die Du einst gesetzt hast – die ganz große und ganz wichtige Chance, die unsere Generationen haben. Es ist gleichzeitig auch eine verant-

wortungsvolle Chance, wenn wir bedenken, dass wir alle, auch die, welche dieses Buch lesen, sicherlich ,damals' mitbeteiligt waren an den Missverständnissen und oft auch Missbräuchen in Deinem Namen.

Das Wissen, wie es besser und richtig gewesen wäre, liegt in unseren Herzen. All das Wissen, um ein friedvolles, glückliches und liebevolles Miteinander zu erleben, liegt im Herzen eines jeden Menschen. Das Wissen, dass die körperliche Liebe im DU und die herzliche Liebe im WIR eine neue Zukunft erleben lassen, trägt jeder von uns in sich, aber das ICH will es immer noch besser wissen.

Hilf uns bitte allen, besonders meinen Leserinnen und Lesern, so wie Du mir durch wunderschöne Begegnungen immer wieder hilfst, auf dass wir alle diese neue und großartige Chance möglichst gut und oft nutzen. Lass uns bitte in diesem Leben die Liebe besser verstehen und diesmal den Impulsen unserer Herzen nachgeben.

Johannes

Ja, die Zeiten haben sich schon ganz beachtlich verändert. Daher empfehle ich die Überschrift meines letzten Kapitels »Lieben statt Leiden bringt Licht in die Welt« als eine **alte Erkenntnisformel für die Neue Zeit**.

Dabei denke ich zurück an die Zeit vor rund sieben Jahren, als ich viel mit meinen Vorträgen unterwegs war. In diesen hatte ich erläutert, dass wir viel leichter durchs Erdenleben kommen können, wenn wir uns öfter ,innerlich-führen-lassen'. Dabei setzte ich bei meinen Erklärungen voraus, dass Gott beziehungsweise das Göttliche in uns ist. Ich erinnere mich noch daran, wie ich eines Abends feststellte, dass zu dieser damals noch recht ungewöhnlichen Behauptung alle nickten und Zustimmung signalisierten und es in der anschließenden Fragenbeantwortung auch der Tenor war: *Gott ist in uns.* Ich hatte dann im Hotel eine unruhige Nacht, denn ich spürte das Neue, so, als wenn ich bis dahin etwas verschlafen hätte. In vielen nachfolgenden Gesprächen habe ich dann getestet und mit bewusstem Augenkontakt behauptet: Gott ist in dir! Und jedes Mal habe ich spontan Akzeptanz gespürt (wenn wir nicht tiefer weitergeforscht haben).

Das war der Start zu meinem dritten Buch. Darin versuchte ich, eine Türe zu öffnen für dieses neue Verständnis von innerer Göttlichkeit, und das ist **das geschmückte, weite Portal unserer Herzen**; ein Portal, das uns dann ins kosmische Herz schweben lässt – jenseits von Raum und Zeit, unser eigentliches Zuhause. Das Thema **Herz** war somit ein erstaunliches Erleben: Mit meiner (immer noch männlichen) Meinung zu ,Herz' und ,göttlichem Herzzentrum' schwamm ich auf einmal mit dieser Flutwelle, einer weltweiten Welle, einer Herzen-Globalisierung.

So baute sich sehr leicht die Brücke vom »Sich-führen-lassen« zur »Stimme des Herzens«, und ich empfahl: Die Stimme deines Herzens ist immer rein, ist reines Licht. Wenn du diese Stimme verstehst, ihr die Führung überlässt und danach lebst, wirst du, dein Leben, heil – aus innerer wie aus äußerer Sicht.

So kam das sehr beachtenswerte Buch »Politik des Herzens – nachhaltige Konzepte für das 21. Jahrhundert, Gespräche mit den Weisen unserer Zeit«[22] zu mir, und ich konnte feststellen, dass auch die dort interviewten Wissenschaftler auf dem neuen Trip sind: *Aus dem Herz, über den Kopf, in die Hände.*" Auf der Rückseite des Buches heißt es weiter: *"Politik des Herzens ist eine Grundhaltung, die statt rationaler Distanz mitfühlende Identifikation fordert und eine Synthese versucht, in der Politik und ökologisches Engagement zur spirituellen Disziplin werden, wo der rational-wissenschaftliche Blick ehrfurchtvolles Staunen auslöst, wo das Zulassen von Gefühlen zu vernünftiger Politik führt und die Natur als kreative, beseelte und intelligente Kraft verstanden wird, in der wir uns spiegeln und von der wir lernen können. Diese Politik muss nicht erst neu entwickelt werden. Sie ruht bereits in unseren Herzen.*" (Danke für diese wertvolle Vorarbeit, Geseko von Lüpke!)

Geliebter Heiland! Sind es heute mutige Wissenschaftler, die in der Theorie anstelle der theologischen Gottes-Staaten zeitgemäße Herzens-Staaten anstreben und, wie man lesen und erleben kann, mit Überzeugung auch schon Fundamente dafür legen? Das passt so haargenau zu meinen Wünschen und Träumen von unserer neuen irdischen Heimat und unserer himmlischen Zukunft. Dies ist nämlich schon sehr lange mein tiefer Wunsch, den Du mich mit meinem ersten Buch ausdrücken ließest: das Friedenreich naht!

Du meintest während Deiner Erdenzeit, ...der Himmel sei in uns. Wir hatten das wohl nicht richtig verstanden und haben nachgedacht und überlegt und versucht, es den Gläubigen verständlich zu machen, und es wurde zuletzt ein ‚Himmel irdischer Köpfe'. Doch nun ist es soweit, dass wir begreifen, dass es ein **Himmel der Herzen** *sein sollte. Dafür tröstest Du uns jetzt aus Deiner Welt: „...viel Zeit ist vergangen aus eurer Sicht, jedoch erfüllt sich der Plan aus unserer Sicht in den vorgesehenen Zeitabständen." Danke, wir sind also auf dem Weg!*

Ich habe im ganzen Buch von einer »Religion der Herzen« geschwärmt, von dem Großartigen, das wir in uns ahnen; von dem Frieden, der uns in Stille versinken lässt; von der Hingabe, zu der wir fähig sind, wenn wir lieben; von der inneren Andacht, die uns erfüllt, wenn wir die Schöpfung bestaunen und von dem inneren Wissen, das wir hüten und an das wir uns nur zu erinnern brauchen.

Ich schwärme weiter davon, dass Du es bist, der bei j e d e m von uns ist, **dass Du in unserer Nähe bist.** *Jedem hilfst Du, so wie Du damals für j e d e n Freiheit und Freude und Frieden gefordert hast – ob Sklave oder Frau oder Aussätziger.*

‚In-unserer-Nähe-sein‘ heißt für mich, dass wir uns alle Dir annähern können, am leichtesten auf unserer Herzebene, denn diese ist multidimensional.

Aus Deinem Herzen strahlst Du uns an *– auf dem neuen Gemälde – mit Deinem Licht, Deinem Heil und Deinem Frieden. So kann sich auch jeder Mensch Dir annähern durch sein Herz, denn dieses schwingt noch in der reinen göttlichen Primärenergie wie das Deinige – als Schwester und Bruder der einen großen geistigen Familie.*

Auf dem Gemälde ‚strahlst‘ Du uns auch mit Deinem Blick an, der uns nicht mehr loslässt, so als wolltest Du uns auch damit sagen: Ich bin immer bei dir!

Ich weiß: Wenn wir den Himmel auf Erden haben wollen, müssen w i r ihn holen, denn außerhalb unseres Planeten ist überall lichtvoller, friedlicher ‚Himmel‘. Doch ich weiß, dass wir unsere eigenen Spielchen machen wollten und dabei etwas verpasst haben. So wie Du mir gestern erklärt hast, dass ich mir alles, aber auch alles verzeihen soll, was mich an die Vergangenheit bindet, so bist Du auch kollektiv schon wieder bereit, u n s zu verzeihen und zu trösten:
„...ihr habt das **irdische Leben** *erforscht, und ihr habt den Ruf gehört, der aus den* **geistigen Welten** *an euch herangetragen wird. So könnt ihr jetzt beide Blickwinkel zusammenfügen, um das zu vollenden, was ich begonnen habe.“*
Danke, geliebter Heiland!

Johannes

Was dürfen wir vollenden? Was können wir vollenden? Das, was wir uns dafür ‚ausgedacht‘ haben, hat bisher nicht richtig funktioniert – die Ernte dessen, was der Heiland damals gesät hat, ist dürftig ausgefallen. Aber er kennt uns ja und erstaunt uns jetzt, wenn er meint, unsere kollektive Evolution sei trotzdem in der Vorgabe, sei im Zeitplan.

Lasst uns doch den bisherigen und verjährten Standpunkt ändern und unser Programm *updaten!* Wenn wir statt *aus-denken* uns *ein-fühlen*, dann kommen unsere Schöpferprogramme vom ich-orientierten Kopf in die **inneren Dimensionen unserer Gefühle**, in die unserer Herz- und unserer Sakralzentren. Auch diese Zentren haben ihre Kreativität, ihre Phantasien, ihre Erinnerungen, ihr Heimweh. Wie wäre es, wenn wir in dauernder Liebe leben würden – *wie im Himmel?*

Ich bin sicher, dass wir schon auf dem Wege sind,

...wenn wir diese göttliche Schwingung als geistiges Licht in uns aufnehmen können. Wie sähe dann unser Leben aus? Fühle hinein in das Zusammenleben in der Familie, am Arbeitsplatz, in der Freizeit! Fühle hinein in ein Leben in Freude mit anderen, mit allen auf unserem Planeten! Fühle noch einmal den weltweiten Jubel wie bei der Fußball-WM im deutschen Land!

...wenn wir diese Gedanken und Gefühle zu Visionen werden lassen, sie zu Visionen machen, unseren Sehnsüchten Gestalt geben und unser Herz außen auf unserer Brust tragen wie unser großer Bruder – und es auch strahlen lassen wie er auf seinem Gemälde,

...wenn er unseren Herzensgefühlen empfiehlt: *„Lasst es einmal zu, dass die göttliche Liebe und das göttliche Licht euren Panzer durchdringen können, den Panzer, der euch schützen sollte, der das bisschen, das von euch übrigbleibt, wenn ihr euch einen Panzer erschafft, bewahren sollte,"*

...wenn Herbert Grönemeyer von Herzgefühlen singt, sein Bruder Dietrich das Buch »Lebe mit Herz und Seele – Sieben Haltungen zur Lebenskunst« schreibt und auf der Bestsellerliste landet,

...wenn der »DER SPIEGEL« bei einem politischen Interview feststellt »Frauen arbeiten effizienter«, ‚offiziell' aber von ‚Bauchgefühl' (Hannelore Kraft) spricht, denn wir sind noch nicht soweit, dass amtierende Politikerinnen vom Herzen sprechen können,

...wenn der mit dem »Alternativen Nobelpreis« geehrte Quantenphysiker Hans-Peter Dürr erklärt: *„Die Quantenphysik sagt uns ja nicht nur, dass die Wirklichkeit ein großer geistiger Zusammenhang ist, sondern auch, dass die Welt und die Zukunft offen ist. Sie ist voller Möglichkeiten. Darin steckt ungeheuer viel Ermutigung und Optimismus. Wir leben in einer noch viel größeren Welt, als wir gemeinhin annehmen. Und wir können diese Welt gestalten! Unsere westliche Konsumkultur, unser lebensverachtendes wirtschaftliches Wettrennen stellen doch nur eine winzige Nische innerhalb unserer Möglichkeiten dar. Trotzdem glauben viele Menschen, dass die wirtschaftlichen Sachzwänge Naturgesetze seien. Nein, es sind menschengemachte Zwänge",*[112]

...wenn Drunvalo Melchizedek von einem »Erde-Himmel-Herz« spricht und meint: *„In der Einheit können wir einiges tun. Arbeitend wie Eines, können wir unsere Erfahrung und unsere Weisheit miteinander teilen, uns andern gegenüber auf eine neue Art öffnen, um Vertrauen, Harmonie und Heilung in unser Leben zu bringen, so dass schließlich die ganze Welt ins Gleichgewicht kommen kann. Es ist deine Wahl, und es beginnt mit dir und mir",*

...wenn in der Presse der Teamgeist nicht nur beim Fußball gefeiert wird: *„Das Idealprofil eines guten Teamplayers baut auf den Soft-Skill-Kompetenzen auf: Kommunikative Fähigkeiten, Diplomatie und Vermittlungsgeschick sind zentral. Wichtig ist aber auch der Blick nach vorne, ohne Kollegen links liegen zu lassen. Gift fürs Team sind hierarchisches Denken und sture Hartnäckigkeit. Konstruktive Kritik ist erlaubt und sogar gewinnbringend – doch persönliche, emotionale Attacken bringen das Arbeitsklima sofort auf Minustemperatur."* (www.web.de am 5.7.2007)

...wenn Brigitte Jost in ihrem Kapitel »Das vergessene innere Zentrum« schreibt: *„In unserem Herzzentrum finden wir unsere Liebesfähigkeit, die unsere innere Göttlichkeit und Erfüllung ist. Im »Kosmischen Zentrum« in unserem Herzzentrum ist das göttliche Wesen der Liebe – das Große Göttliche, welches in allem ist und durch das wir mit allem eins sind.*

Wir können uns das so vorstellen, dass sich in unserem Herzzentrum ein ursprüngliches Zentrum befindet, das mit allem verbunden ist, was existiert. Es ist gewissermaßen ein Dimensionstor überallhin und auch die Empfangsstelle von allem, was zu uns kommt. Es ist unser Kommunikationszentrum mit dem Göttlichen; und weil das Göttliche in allem ist, was existiert, haben wir dort auch Verbindung mit allem. Dort befindet sich unsere größte Informationsquelle, zu der wir jederzeit Zugang haben",

...wenn Solara, das internationale Medium, zum Jahr 2007 erklärt: *„Die neue Matrix, die hereinkommt, ist das Lotusherz. Das Lotusherz ist nicht nur die Grundlage für all unsere zukünftigen Bestrebungen, sondern auch für die Erfüllung unserer kühnsten Träume. Das Lotusherz unterscheidet sich sehr von der Einheit des Herzens, weil es die tiefsten und wahrhaftigsten Herzenswünsche mit unserer wahren Bestimmung und Aufgabe vereint, während es gleichzeitig dem Ganzen Einen als Ein Wesen dient. Wir müssen uns nicht länger zwischen unserer persönlichen Sehnsucht oder der Erfüllung unseres wahren Schicksals entscheiden, denn sie unterscheiden sich nicht länger voneinander. Diese beiden Weg sind zu einer klaren, starken Überholspur verschmolzen"*[117] und

...wenn der Heiland liebevoll durch Regine Zopf (in ihrem Buch »Jesus – Für meine Freunde«[3]) erklärt: *„Eine neue Ära der Freude beginnt, und bevor diese Ära beginnen kann, wollte ich die Kreuzigung in ganz neuem Licht darlegen, denn sie hat den Schatten des Leids über meine Lehre geworfen und die Freude und die Liebe eingeengt und eingeschränkt. Das war nie in meiner Absicht."*

Statt Blumen

Geliebter Freund und großer Bruder, lieber Heiland!

Es war eine wunderschöne Zeit, mit Dir zusammenzuarbeiten. Es war so eine ganz andere Art, Dich zu spüren. Es war kein Beten oder Danken, was es natürlich auch oft gab, es war schon fast ein Zusammenleben – weit über tausend Stunden lang. War es das wundervolle Erleben, von dem die Mystiker schwärmen? Das Zusammen-Sein? Ich war zwischendurch richtig süchtig nach Dir, in Deiner Schwingung zu sein, alles andere zu vergessen, die Zeit zu vergessen, um bei Dir zu sein.

Ich weiß jetzt, wie schön es ist – es ist wunderschön, zeitlos zu sein, und ich kann heute bestätigen, dass ich dabei sehr glücklich war.

Jetzt bin ich natürlich auch glücklich, dass ich unser Werk ‚im Kasten' habe. Es war trotzdem eine spürbare Spannung da, auch Anspannung, aber eine schöne. So, wie wenn ein Architekt sein Projekt plant und plant und es genießt und spürt, dass es gelingt. So, wie ein Erfinder, der jahrelang seine Idee verwirklichen will und auf einmal erlebt, dass es funktioniert und er vor Freude und Glück weint! So, wie wenn man verliebt ist! Zugleich mental und mit Gefühl, eben Kopf und Herz zusammen!

Es ist wunderschön, Dich zu erleben, geliebter Heiland. Kommst Du jetzt in unserem Buch wieder einmal auf die Erde? Nicht in einer Krippe, sondern auf einer kleinen versilberten Scheibe mit Milliarden Bits, die in einer modernen Druckerei zu Papier gebracht werden – eine tolle Erfindung!

Du wirst schon wieder erwartet, Du wirst immer erwartet, von einigen von uns so dringend wie damals. Und dazu lächelst Du weise: „...oh, ihr mit eurer Zeit, die es im ganzen Kosmos nicht gibt."

Es ist wunderschön zu spüren, dass es D i c h gibt, und ich kann Dich bestens weiterempfehlen. Ich gönne jedem, dass er zwischendurch so sein kann, wie ich es bei Dir sein konnte. Es war und ist einmalig schön.

Lächelst Du auch weise über unsere verschiedenen, sehr irdischen Vorstellungen von Dir: leidend am Kreuz, segnend als Statuen, heilend auf Gemälden, rettend im inneren Erkennen und väterlich im Gebet? Tausenden bist Du bei ihrer ‚Arbeit' erschienen, in ihrer Not, in schmerzlichen, aber auch in unvergesslichen Momenten des Glücks. Auf dem Gemälde der Heiligen Faustina erscheinst Du uns mit Deinen unvergesslichen Augen, die tief in unser Inneres blicken, und auf der neuen Zeichnung in unserem Buch zeigst Du Dich uns weise lächelnd mit einem Blick in die zeitlose Zeit – wir nennen es Zukunft.

Geliebter Heiland, ich danke Dir, dass ich es sein darf, der heute solche Erkenntnisse weitergeben kann, und ich hoffe, dass ich Dich immer richtig verstanden habe. Gott sei Dank, dass Du mir nicht zürnst, wenn ich danebenliege mit mancher Erkenntnis und ich eben noch nicht soweit bin – Du lächelst eben wieder weise. Ich will doch nur der Sache dienen, ich will allen sagen und schreiben und bestätigen, dass es Dich gibt und Du alle Tage bei uns bist – noch schneller als »google« –, wenn wir Dich brauchen.

Bitte verzeihe uns weiterhin unsere Zweifel und unsere Ängste und was wir noch so alles produzieren. Habe bitte weiter Geduld mit uns, und habe uns bitte weiterhin lieb!

Dafür danken wir Dir, manchmal unter Tränen!

Dein kleiner Bruder Johannes

Das ist nicht mein letztes Wort!

Liebe Leserin, lieber Leser,
trotzdem kommt auch bei uns der Abschied.

Ich bedanke mich für deine Begleitung bis hierher. Dabei sind ja die Hauptpersonen du und der Heiland. Ich bin nur der Pfadfinder, der ich in meiner Jugend schon mit Begeisterung war, und der Pfad und der Weg seid ihr beide. Wenn wir uns bisher einigermaßen gut verstanden haben, streckenweise sicherlich auch ganz ausgezeichnet, dann erlaube ich mir, die Richtung der Wegschilder einfach ein bisschen zu verdrehen. Das ist kein Übermut, sondern Erfahrung, denn außer den schon breit ausgetretenen Zickzack-Aufstiegen gibt es auch direktere Wegstrecken, insgesamt natürlich unzählige Wege ‚in den Olymp'. Jede ‚Wahrheit' ist ein Weg zu ihm und wie es in dem Film »mana« heißt: *„Alles kann dir Kraft geben, wenn du daran glaubst."*

Natürlich gibt es dabei wieder äußere und innere Wege, und wenn man bei den inneren auch nicht so schwitzen muss, so können sie streckenweise trotzdem beschwerlich werden. (*„...und vor allem schwindel-frei!"*, redet uns *Boldi* ins Gewissen.)

Auf dem äußeren Aufstiegsweg empfehle ich, bei allen Kreuzen mit einem leidvollen Jesus wegzusehen, denn für manche von uns könnten es Wege werden, die nicht weiterführen. Dafür bauen wir uns als Wegmarkierungen kunstvolle und manchmal heitere ‚Steinmännchen', die wir uns als kunstvolle Statuen des strahlenden Heilands visualisieren – viele und immer mehr, damit aus dem mitfühlenden ‚Kalvarienberg' des Leides ein hoffnungsprühender Licht- und Lebensweg des neuen Jahrtausends wird. (*„...und oben auf der Hütte wird gefeiert!"*, freut sich schon mein Kleiner.)

Und der innere Aufstieg? Da sehe ich wieder zwei ganz wichtige Richtungen, die schon nach wenigen Schritten zu einer neuen Sicht und zu einem ungeahnten Weitblick sowie zu angst- und schwindelfreier Lebensfreude führen können. Es sind ‚Fühl-Wege' (bitte weitersagen).

Fühle einfach manchmal die Hand des Meisters auf deiner Schulter, sie ist pure Kraft, reine Liebe und ist absolute Vertrauenssache – auf diesen Fels, der du dann bist, kann gebaut werden, er muss nicht erklommen werden. Der einzige Zweifel, der dich weiter begleiten wird, dürfte die Frage sein, ob nun das Bewusstsein des Meisters bei dir oder in dir ist. Genieße dein Grübeln und stell dir sein weises Lächeln dabei vor!

Und der andere Fühl-Weg? Das sind deine Gefühle. Diese innere Göttin ist keine Konkurrenz für den Heiland, sie ist nur eine Versinnbildlichung dessen, was er als ‚Weg in die **Vollkommenheit**‘ gemeint hat. Wir wissen nicht, welche Gedanken sich die Übersetzer damals gemacht haben, aber ich interpretiere es als Vereinigung, als Einheit, als Einssein, als Aufhebung aller Trennungen und alles Dualen, zum Beispiel auch an der Basis, im Sakralen, die Vereinigung der weiblichen und der männlichen Qualitäten – im Körperlichen wie im Geistigen. Das Glück dieser Vereinigungen landet dann nicht auf der lauten Hütte am Gipfel, sondern nimmt den Lift in den ‚Siebten Himmel‘.

Genug theoretisiert? Ich wünsche dir beziehungsweise euch, uns allen gutes Wanderwetter! Die Sonne, die Göttin *sunna*, unterstützt das innere Licht des Heilands und das von uns. Aber vergiss bitte nicht das stabile Schuhwerk für diese Kraxelei, denn wir leben immer noch auf der wunderschönen Göttin Erde und benötigen ihre Anbindung, Trittsicherheit nennt man das. (*„...ich sehe schon die, die denken, es ginge auch mit Sandalen, hahahahaaaa!“* – naja, er muss eben immer das letzte Wort haben!)

Das ist das Thema für die ganze Welt, für die Weltengemeinschaft. Meine Botschaft ist somit immer noch hochbrisant und hochaktuell, und nur die Liebe wird euch diesen neuen Weg, der in Richtung der göttlichen Liebe und des göttlichen Lichtes weist, einschlagen lassen.

Jesus zu Regine Zopf

Adiós – und viel Erfolg!

Euer Johannes

Der Autor *Johannes Holey* über sich:

Bis 1998 war ich Unternehmer in einem renommierten Familienbetrieb und bekleidete Ehrenämter, unter anderem als Bankvorstand, bei der IHK und im Industrieverband. Trotz kommerzieller Auslastung (oder gerade deswegen) hatte ich im Jahre 1995 mein Erlebnis mit dem Jesus-Bewusstsein und begann mein erstes Buch (überwiegend nachts) zu schreiben (»Jesus 2000«). Dieses Bewusstsein von Jesus begleitet mich bis heute weiter. Damals lernte ich, mein Managerdenken immer mehr auszutauschen in das ‚Mich-führen-lassen'. Zugleich wurde es eine Entwicklung vom Haben zum Sein.

Heute konzentriere ich mich als religiös-philosophischer Sachbuchautor und Vortragsreferent bevorzugt auf den laufend zunehmenden Bewusstseinswandel der Erdenmenschheit, der in einigen Jahren seinen Höhepunkt erreicht haben wird. Die Aufklärung der Zu- und Umstände, wie das heutige Menschheitskollektiv aus sich selbst und mit Unterstützung ‚himmlischer' und außerirdischer Energien und Wesenheiten seine seelische Evolution abschließen kann, ist mein dringendes Anliegen.

Ich lebe (überwiegend ohne Fleisch, Alkohol und Fernsehen) auf der wunderschönen und bereits höher schwingenden Atlantikinsel La Palma, pflege aber unverändert meine herzliche Anbindung auch an Deutsch-Land.

Über meine weiteren Arbeiten klärt meine Internetseite auf:

www.johannes-holey.de

Ich bin bekennender Christ, gehöre aber keiner Glaubensgemeinschaft an.

Zitierte Wissenschaftler

Alt, Dr. Franz 54, 78, 129, 335

Belezkij, Prof. Dr. Alexander 181

Beyerlein, Dr. F. X. 172, 254

Boylan, Dr. Richard 177

Brosseder, Prof. Johannes 95

Csikszentmihalyi, Prof. Dr. Mihaly 313

Devereux, Dr. Paul 62

Douglas-Klotz, Dr. Neil 207, 208

Drewermann, Eugen 73

Dürr, Prof. Dr. Hans-Peter 253, 291, 333, 350

Eco, Prof. Umberto 297

Ehmer, Dr. Manfred 48

Fox, Dr. Matthew 253

Fromm, Prof. Dr. Erich 120, 248

Grönbold, Dr. Günter 201

Hanish, Dr. Otoman Z.A. 27, 41, 77, 200, 208

Hauke, Prof. Dr. Manfred 240, 241

Hörisch, Prof. Jochen 51

Hurrelmann, Prof. Dr. Klaus 261

Jung, Prof. Carl Gustav 54, 99, 110, 111, 321

Kant, Prof. Dr. Immanuel 51, 173, 247

Kehl-Zeller, Dr. Robert 107

Keller, Prof. Dr. Werner 91

Küng, Prof. Dr. Hans 316

Lamsa, Dr. George M. 32

Laszo, Prof. Dr. Ervin 326

Mauch, Dr. Walter 228

McDowell, Prof. Josh 172

Morpheus 126, 306, 334

Mulack, Dr. Christa 245, 326

Newberg, Dr. Andrew 327

Normann, Dr. Hartmut 30

Piñero, Prof. Antonio 66, 199

Planck, Prof. Max 237, 252

Radin, Dr. Dean 125

Ring, Prof. Dr. Kenneth 55, 101, 318, 345

Sacco, Dipl.Ing. Joachim A. 72, 173

Schnitzer, Dr. Johann Georg 331

Shiva, Dr. Vandana 61

Shucman, Dr. Helen 21, 68

Sitchin, Zecharia 177

Skolimowsky, Prof. Dr. H. 314

Somé, Prof. Dr. Malidoma 309

Stehr, Prof. Nico 335

Stein, Dr. Edith 75, 94, 171, 182, 192, 248, 260, 261

Steiner, Dr. Rudolf 109, 213, 223, 226

Teilhard de Chardin, Prof. Dr. Pierre 246, 280

Thiering, Dr. Barbara 140

Yitik, Prof. Dr. Ali Ihsan 57

Zillmer, Dr. Hans-Joachim 238

Namenregister

Ag-agria 214, 343
Albig, Jörg-Uwe 51
Altinger, Hans 82
Aquaria 52, 59, 89, 112,
115, 116, 125, 130, 167,
209, 210, 213, 239, 258,
280, 286, 309, 311, 323,
330, 331, 340, 343, 344,
346
Aquarius 35, 54, 59, 89, 90,
112, 115, 116, 130, 239,
330, 337
Beckenbauer, Franz 190
Benedikt XVI. 81, 118, 171
Berger, Franz 150
Bibl, Viktor 247
Bleep 48, 125, 151, 326, 327,
329
Boldi 22, 45, 52, 55, 69, 83,
107, 117, 130, 140, 153,
159, 187, 189, 191, 193,
218, 225, 236, 257, 258,
259, 262, 272, 273, 274,
277, 289, 305, 307, 321,
332, 334, 336, 340, 354
Brown, Dan 15, 16, 40, 81,
86, 120, 195
Brückmann, Udo 170
Buttlar, Johannes von 177
Caesar, Julius 28, 136
Chacour, Elias 314
Christus universalis 89, 126,
140, 191, 246, 280
Churchward, James 98
Constantinus, Kaiser 27,
127, 134, 139
Cooper, J.C. 98
Däniken, Erich von 177
Decius, Kaiser 32
Deml, Franz 47
Descartes 9, 39, 250, 253,
254, 259
Deschner, Karlheinz 216,
217, 244
Dick, Doris Angela 99, 268
Dispenza, Joe 151
Divyanand, Soami 243

Doherty, Earl 133
Dowling, Levi 21, 156
Eckhart, Meister 122, 123,
228
Ejia 309
Eklaar 258
El 140, 141, 211, 212, 226
Ermel, Gisela 179, 181, 185,
186
Falksohn, Rüdiger 71
Faustina, Hl. 37, 48, 74, 86,
271, 353
Fenn, Celia 312, 329, 337
Fliege, Jürgen 45, 123, 317
Franz von Assisi, Hl. 62, 64,
123
Freeman, Laurence 173
Fritz, Georgia 7, 57, 72, 79,
323
Gardner, Laurence 119, 160,
202, 240, 244
Germain, Saint 159, 209,
210, 231, 232, 302, 328
Goethe, von 113, 131, 272
Göldner, Gisela 117
Gramann, Ulrike 287
Griffiths, Bede 100, 111, 341
Grönemeyer, Herbert 350
Gsänger, Hans 109
Gustus, Sandie 71
Hagl, Siegfried 220
Heim, Burkhard 223
Helios 133, 242
Herman, Ronna 327, 339,
344
Hildegard, Hl. 8, 122
Hipparchos 28
Hötzendorfer, Claudia 73
Hugo, Victor 122, 263
Isis 56, 102, 146, 165, 241,
242, 325
Jäger, Peter Willigis 58, 292
Jakobias 20, 21, 22, 151,
159, 175, 184, 213
Jan 6, 22, 65, 67, 68, 150,
172, 177, 179, 187, 195,

196, 197, 198, 199, 226,
257
Jan van Helsing 67
Josef 56, 57, 62, 64, 114,
116, 128, 130, 145, 146,
159, 161
Jost, Brigitte 6, 18, 21, 52,
104, 112, 137, 168, 222,
266, 309, 330, 351
Kammerer, Christine 48
Kehl, Robert 243
Kersten, Holger 201
Kissener 176
Konfuzius 54, 137, 167, 222
Kössner, Johannes 198
Kuan Yin 323, 324
Langbein, Walter-Jörg 92,
155, 160, 161, 211, 250
Last, Walter 325
Le Bon, Gustave 106, 132,
207, 224, 229, 297
Leick, Romain 260
Leloup, Jean-Yves 162, 166,
167
Lennarz-Pung, Claudia 165
Lewis, Harvey 29, 151, 156,
170
Lorber, Jakob 139, 150
Lüpke, Geseko von 348
Luther, Martin 95, 174, 246,
249, 250
Luzifer 218, 219, 220, 225,
226
Mandela, Nelson 277, 278,
281, 341
Maria Magdalena (MM)
12, 15, 16, 21, 40, 44, 46,
49, 55ff, 64, 78, 81, 83, 86,
114, 116, 120, 124, 130,
146, 159, 195ff, 208 235,
298, 325
Martinus 78
Mayas 103, 108, 109, 116,
194, 223
Meckelburg, Ernst 39, 47,
253, 302
Melchisedek, Drunvalo 285

Michael, Hl. 27, 126, 178,
  194, 241, 312, 313, 327,
  329, 336, 337, 339, 344
Mirin Dajo 42, 65
Mithras 75, 76, 133, 134,
  137
Möller, Peter 188
Mose 41, 50, 54, 82, 150,
  155, 179, 185, 213, 307
Motteotti, Giacomo 340
Mrazek, Sabine 239
Neumann, Therese 122, 171
Nietzsche, Friedrich 76, 247
Normann, Dr. Hartmut 30
Obel, Gunther 107
Omnec Onec 183
Origines 160, 219
Papus 103
Paulus, Hl. 30, **76**, 120, 127,
  132, 152, 187, 212, 235,
  241, 249, 280, 292, 308
Pestalozzi, Joh. Heinrich 11
Pythagoras 54, 99, 167, 222
Rahn, Claus 43
Riehm, Ria 99
Rinser, Luise 162
Risi, Armin 72, 173, 183
Ritzer, Michael 27, 241, 243,
  244
Rockefeller, Nick 287
Rowling, Joanne 40, 258
Saizew, Wjatscheslaw 181
Sananda 159, 182, 183, 202
Sara 57
Schick, Alexander 16
Schmidt, K.O. 316
Schoen, Ludwig 42, 164
Schroeder, Hans-Werner
  336, 337
Schuré, Eduard 144
Schweer, Thomas 219
Sifontes, Cecilia 283
Simmons, Shraga 133, 153
Sitchin, Zecharia 177
Smothermon, Ron 299
Solara 351
Strohm, Eckard 128, 144
sunna 135, 324, 355
Suzuki, Daisetz 95

Swedenborg 51
Tabor, James 16, 145
Tessari, Sylvia 21, 151
Toynbee, Arnold 144
Valtorta, Maria 145, 206
Vogt, Walter 171
Vyvamus 67
Wallimann, Silvia 95, 100
Weingarten, Susanne 106
Weishaupt, Adam 9, 254,
  255, 257, 259
White Eagle 286
Wille, Otto 142
Wolf, Elke-Claudia 178, 267
Zopf, Regine 14, 21, 77, 96,
  174, 209, 274, 312, 352,
  355

Sachregister

2012 6, 61, 109, 114, 115, 126, 179, 215, 288, 325ff
Akascha 99, 113
Alexandria 27, 28, 142, 192, 216, 241, 294
Atlantis 144, 228
Auferstehung 11, 55, 60, 89, 94, 95, 99, 124, 164, 171ff, 175ff, 181, 193, 199, 297, 339
Außerirdische 176, 177, 178, 193, 196, 197
Bethlehem 8, 137
Buchstabenglauben 25, 33, 62, 72, 119, 120, 132, 247
Chakren 233, 234, 237, 304
DU 77, 232, 233, 271, 272, 280, 307, 308, 310, 323, 325, 326, 347
Ego 115, 184, 225, 226, 276, 282, 284, 285, 340
Engel 20, 21, 22, 33, 60, 70, 131, 144, 159, 175, 184, 202, 213, 218, 274, 298, 336, 341, 343
Erlöser 75, 76
Eschatologie 108
Essäer 8, 29, 128, 135, 139ff, 144, 151, 154, 282
Essener 29, 141
Fische-Zeitalter 54, 55, 113, 114, 115, 130, 239
Frauenfeindlichkeit 120, 163, 211, 217, 239, 249
Frequenzen 231, 339
Friedfertigkeit 9, 43, 66, 74, 79, 83, 117, 203, 282ff, 321, 339
Frühchristen 75
Ganzheitlichkeit 234, 235, 236, 304
Gemeinschaft 135
Gitternetz 125, 310, 337, 338
Gnosis 199, 200, 250
Harmonie 115

Hyperraum 9, 48, 52, 53, 56, 57, 93, 161, 207, 209, 223, 224, 227, 262, 281, 283, 306, 327
ICH 111, 232, 233, 234, 236, 300, 305, 308, 310, 311, 347
Individualisierung 115
Kali-Yuga 109, 113, 288
Kaschmir 9, 175, 201
Kosmos 52, 66, 93, 104, 133, 177, 183, 191, 199, 209, 222, 231, 253, 268, 299, 309, 330, 338, 339, 340, 352
Kreuz 8, 12, 13, 14, 17, 19, 33, 34, 38, 60, 63, 64, 66, 73, 77ff, 83, 84, 87, 91, 92, 94ff, 100ff, 105, 110, 119, 124, 155, 174, 190, 191, 216, 233, 244, 274, 279, 322, 353
Kreuzigung 9, 11, 55, 59, 68, 91, 96, 130, 133, 169, 170, 174ff, 181, 187, 191, 193, 198, 201, 302, 352
Maya-Kalender 330
Metaphysik 64, 173, 222, 247
Metaraum 48, 52, 113, 210, 222, 223, 224, 341, 343
Mitgefühl 44, 62, 64, 96, 112, 174, 234, 271, 285, 293, 298, 310, 311, 312, 315, 321, 343
Mithras-Kult 76
Morgenstern 9, 214, 218, 222
Mystik 64, 122, 123, 142, 261
Nächstenliebe 26, 53, 101, 117, 119, 217, 230, 295, 306, 308, 309, 310, 311, 312, 313, 315
Nazareth 8, 118, 139
Nazoräer 8, 139, 140, 141, 240, 244

Neue Zeit 15, 35, 37, 64, 75, 79, 89, 112, 256, 288, 310, 342, 347
Neue-Welt-Ordnung 77, 257
New-Age 20, 246, 280
Numerologie 136
Photonenlicht 126, 194, 310
Photonenring 55
Plejaden 55
Propheten 180
Qumran 29, 141, 156, 241
Reformation 9, 25, 100, 246, 247, 249
Reinkarnation 294
Rio de Janeiro 36, 38, 71
Schatten 281
Schöpferebene 285, 288, 291, 305
Selbstfindung 115
Selbst-Verwirklichung 340
Sonnenstürme 126
Tempel 281
UFO 180, 181
Universum 52, 100, 176, 184, 212, 223, 253, 318, 342
Ursache und Wirkung 296
Vegetarismus 135
Venus-Sonnen-Transit 215, 220, 325
Vollkommenheit 281
Wassermann-Zeitalter (siehe Aquarius)
Weltwunder 36, 135
Wiederkunft 108
WIR 233, 234, 236, 280, 300, 307, 308, 310, 325, 347
Wolke 9, 109, 182, 185ff, 342
Wunder 8, 29, 38ff, 44ff, 49, 50, 65, 74, 97, 136, 150, 153, 155, 173, 192, 193, 208, 209, 214, 230, 249, 286, 291, 328, 338
Wunderknabe 8, 150, 151

Bildquellen

(1) Zeichnung von Brigitte Jost
(2) Privatarchiv
(3) a bis d Privatarchiv, c unbekannt
(4) George M. Lamsa »Die Evangelien in Aramäischer Sicht«
(5) unbekannt
(6) www.willienelson.com
(7) www.Irg.usfc.br
(8) Schwester-Faustine-Sekretariat, Brilon
(9) siehe Quellennachweis 13
(10) Privatarchiv
(11) Kloster-Sekretariat siehe S. 86
(12) Privatarchiv
(13) Mediatrix-Verlag, 84503 Altötting
(14) www.frugalsites.net/jesus/crucifixion.htm
www.zum.de/zum/Faecher/G/BW/Landeskunde/rhein/gesch...
www.bugwonder.com/andy/e.koerbecke.html
(15) Wikipedia
(16) »DER SPIEGEL« 16/2004, S.155
(17) »Maria« Verlag Herder ISBN 3-451-28417-0, S. 226
(18) wie (1)
(19) www.klosterkirche/de/.../kreuz-
(20) www.treff.bundeswehr.de
(21) wie (1)
(22) Wikipedia
(23) Privatarchiv
(24) Privatarchiv
(25) »Das Zeitlater der Kelten« von Simon James, Weltbildverlag, S. 144
(26) www.allgaeu-orient.de
(27) www.planet-wissen.de
(28) Archiv von Ludwig Schoen
(29) wie (1)
(30) (a) www.skeptic.com
(b) http://user.cs.tu-berlin.de/~calle/ufo/index.html
(31) www.sprezzatura.it/Arte/Arte_UFO_3.htm
(32) wie (31)
(33) www.sananda-net.de
(34) Privatarchiv
(35) unbekannt
(36) Kalender »Salvator Mundi« im Adelmann-Verlag, 57392 Schmallenberg
(37) www.rio-production.de
(38) Privatarchiv
(39) www.neuschwanstein.com/deutsch/schloss/innenraeume/sieg
(40) wie (17), Seite 170
(41) www.vigi-sectes.org
(42) »Kurier der Christlichen Mitte« 6/2007, 59329 Wadersloh
(43) www.mariahimmelfahrt-marpingen.de/Geschichte/
(44) Privatarchiv
(45) www.krishna.com
(46) Wikipedia
(47) Privatarchiv
(48) Brockhaus
(49) Wikipedia
(50) www.apfn.org
(51) »Hände weg von diesem Buch«, S. 185 (siehe Buchanhang)
(52) wie (51)
(53) wie (1)
(54) Privatarchiv
(55) Prokino Filmverleih GmbH, 80538 München
(56) wie (13)
(57) Privatarchiv
(58) Privatarchiv
(59) Privatarchiv
(60) www.hranajanto.com
(61) Wikipedia
(62) »Wassermann« 4/2004 Heft 32, 76228 Karlsruhe
(63) »Aquaria« Seite 13, im Amadeus-Verlag
(64) wie (1)

Farbtafeln

(1) Privatarchiv
(2) wie (8)
(3) wie (8)
(4) wie (1)

Quellenverzeichnis und Anmerkungen

1 Buch »Das Wassermann-Evangelium« von Levi H. Dowling, Schirner 2004
   Dowling (1844-1911), in Ohio als Sohn eines Pionierpredigers (Disciples of Christ) geboren, war schon mit achtzehn Jahren Pastor einer kleinen Kirche, studierte dann Medizin und wurde Arzt. Später verbrachte er vierzig Jahre mit Literaturstudium und stiller Meditation, bis er sich in jenem Stadium höheren geistigen Bewusstseins befand, das ihn befähigte, aus der Akascha-Chronik »*Das Wassermann-Evangelium von Jesus dem Christus*« zu schreiben, eine philosophische und praktische Grundlage der Religion des Wassermann-Zeitalters

2 Buch »Ein Kurs in Wundern« Greuthof Verlag. Das hochphilosophische Buch erschien 1994 auf Deutsch und ist ein dreibändiges, vom jenseitigen Bewusstsein Jesu durchgegebenes Werk, das über einen Zeitraum von sieben Jahren ab Mitte der Sechzigerjahre von der amerikanischen Psychologin Dr. Helen Shucman niedergeschrieben wurde

3 Buch »Jesus – Für meine Freunde« von Regine Zopf, Archantaya-Verlag, 2005 (www.archantaya.de)

4 Medium (lat.: *Zwischenglied*) ist die Bezeichnung für eine Person, die über die Fähigkeit der außersinnlichen Wahrnehmung verfügt und Kontakte in die geistige Welt herstellen kann

5 Medium Sylvia M. Tessari in 78354 Sipplingen, Tel.: 07551-2905

6 **Kanonisch** nennt man die in der Lehre der christlichen Amtskirchen anerkannten Schriften, darunter die vier Evangelien. **Apokryph** (griech.: *verborgen*) nennt man diejenige Gattung religiöser Literatur, die nicht in einen Kanon der ‚Heiligen Schriften‘ aufgenommen worden ist, obwohl diese einen Anspruch auf Echtheit erhebt. **Häretisch** bedeutet ketzerisch und wurde von der Kirche Roms abgelehnt oder verfolgt

7 Buch »Das Evangelium des Lebens« von Dr. Otoman Zar Adusht Hanish, Verlag Mazdaznan, Hannover 1985

8 Buch »Das mystische Leben Jesu« von Harvey Spencer Lewis, Amorc-Bücher, 2006

9 aus »Nexus-Magazin« 10/2007 (www.nexus-magazin.de)

10 aus dem Beitrag »Endzeit ab 11. August 1999?« im »Magazin 2000plus«

11 Wie kann ein Gott, der zu Völkermord (1.Samuel 15:3), zu Brudermord (Exodus 32:27-28), zu Kannibalismus (Leviticus 26:29), zu Raub und Diebstahl (Exodus 3:22), zur Sklavenhaltung (Leviticus 25:44-46), zur Diskriminierung von Frauen, zur Verachtung von Kindern (Leviticus 27:2-8), zu Geld- und Raffgier (Exodus 25:3, 33:5) und zu Tierquälerei (Exodus 29:36) auffordert, derselbe Gott sein, wie jener, der Jesus schickte, um der Menschheit Liebe, Vergebung und Gewaltlosigkeit zu verkünden?
   (gefunden bei »www.globalfire.tv/nj/06de/religion/christusverrat.htm«)

12 Joanne K. Rowling wird in »Forbes« als 746. Milliardärin des Jahres 2006 aufgezählt

13 Buch »Das Wunder – Mirin Dajo« von Luc Bürgin, Kopp-Verlag, 2004 und (www.mirindajo.nl)

14 (www.philomena.ch und -.us)

15 Buch »Das Manuskript der Magdalena« von Tom Kenyon und Judi Sion, KOHA-Verlag, Burgrain 2002

16 Buch »Das Ewige Evangelium« Band 1 von Franz Deml, Turm-Verlag, Bietigheim 1980

17 Buch »Die Weisheit des Westens« von Dr. Manfred Ehmer, Patmos-Verlag, Düsseldorf 1998

18 »raum&zeit« Nr. 132, ehlers verlag GmbH, 82515 Wolfrathausen

19 Buch »Aquaria – die Göttin kehrt zurück« von Brigitte Jost (siehe Buchanhang). Brigitte ist spirituelle Künstlerin und Autorenkollegin (www.brigitte-jost.de) und eine Vertreterin der neuen Weiblichkeit mit übernatürlichen Informationen. Eine kurze Erklärung zum erwähnten Thema: Unsere Seele (Astral- oder Emotionalkörper) kehrt nachts zur Erholung, zum Lernen oder zum Helfen in die lichten, vielfältigen Sphären des Metaraums zurück. Für uns ist diese Welt ätherisch, für alle dortigen Wesenheiten ist sie materiell, wie es unsere Welt für uns ist. Es gibt nur Licht, kein Dunkel, nur Liebe und Frieden, doch die Menschenseelen sind auch noch geteilt in weiblich und männlich, was aber nicht auf die dort ebenfalls ‚lebenden‘ Engelwesen zutrifft. Nur ganz selten erinnern wir uns im Tagesbewusstsein an diese seelischen Ausflüge, manchmal als Traumausschnitte oder auch als Déjà-vu-Erlebnisse

20 »Journal of Religious Culture« Abhandlung Nr. 56 (2002) ISSN 1434-5935-E. Weber

21 Das Medium Georgia Fritz in »www.Seelenfuehrung.de« und »www.Mutter-Maria.com« übermittelt Botschaften der Mutter Maria, darunter die zitierte vom 30.10.2006 mit dem Titel »Maria spricht für ihre Kinder über das Neue Zeitalter« und die Botschaft »Interview mit der Heiligen Familie« im Sommer 2005

22 Buch »Politik des Herzens« von Geseko von Lüpke, Arun-Verlag, 2003

23 Zum Thema »Praxis der außerkörperlichen Erfahrung« gibt es Bücher von Robert Peterson und von Johannes von Buttlar

24 »NEXUS-Magazin«, 14482 Potsdam, Paul-Neumann-Str. 57 (www.nexus-magazin.de)

25 Die Zeitschrift »Aufklärungsarbeit« wurde zwischenzeitlich eingestellt

26 »DER SPIEGEL« 51/1993

27 Buch »Jesus Christus« von Fieber, Reinmöller und Richter im Bergkristall-Verlag, 2000

28 aus der Zeitschrift »Visionen – das Magazin für ganzheitliches Leben« Heft Dez. 2006

29 Buch »Johannes der Täufer« von Hans B. Altinger, Drei Ulmen Verlag, München 1996

30 Buch »Und die Bibel hat doch recht« von Werner Keller Naumann & Göbel (Taschenbuch, Oktober 2002)

31 Buch »Lexikon der biblischen Irrtümer« von Walter-Jörg Langbein, Aufbau-Taschenbuch, 2006

32 Buch »Erwache in Gott« von Silvia Wallimann, Verlag Tamaron, 2003

33 Buch »MU, der versunkene Kontinent« von James Churchward, Wildpferd Verlag, Aitrang 1990

34 Buch »Kristallklare Herzensperlen aus meiner Hand« von Doris Angela Dick, Selbstverlag, 94136 Thyrnau, Lärchenstr. 7

35 Lebensenergie wird in Bovis-Einheiten (BE) nach dem System des französischen Forschers Antoine Bovis (1871-1947) gemessen. Bisher ist das nur von sensitiven Pendlern oder Rutengängern möglich und wird als Grenzwissenschaft angesehen. Einige Energiebeispiele: Der menschliche Neutralwert liegt bei rund 6500 BE, Himalaya-Salz bei rund 18000 BE, die Cheops-Pyramide bei rund 170000 BE und höchste globale Kraftorte haben bis zu 750000 BE. Bei über 10000 BE kommt der *ätherische Bereich* in Bewegung, noch stärkere Werte wirken auf das höhere Bewusstsein (Wikipedia)

36 Das abgebildete kosmische Kreuz in 925-Silber bietet Frau Barbara Müller in 51515 Kürten, Breibacher Weg 83, Tel.: 02268-908366, an

37 Die Swastika steht für ‚Güte und das Gute’, verbunden mit der Sonnensymbolik. Das Hakenkreuz erscheint im Buddhismus, Jainismus und Hinduismus. Im Hinduismus ist es verbunden mit Vischnu, einer Sonnengottheit. Hakenkreuze werden üblicherweise in Tempeln, an Häuser, auf Wagen und an Stallungseingängen angemalt, um das Böse abzuwenden. (Dictionary of Hindu, Thames & Hudson, London 2002, ISBN 0-500-28402-04, Seite 185)

38 Buch »Vom Märchen der unheilbaren Krankheiten« von Gunther Y. Obel, Oktarius-Verlag, Ebrach 2003

39 Interview im Buch 22: Laszo ist Gründer des »Club of Budapest« (Gegenstück zum »Club of Rome«) und Autor von über 60 Fachbüchern

40 Buch »Hüterin des Heiligen Gral« von Laurence Gardner, Bastei Lübbe, 2006

41 Artikel »In Erwartung des Messias« im »Kurier der Christlichen Mitte – für ein Deutschland nach Gottes Geboten« Nr. 12/1999 (www.christliche-mitte.de)

42 (www.starchildglobal.com/deutsch/index.htm)

43 (www.astronews.com/news/artikel/2004/11/0411-001p.html)

44 Buch »Transformation der Erde« von Morpheus, Argo-Verlag, 2006

45 Im »Kurier der Christlichen Mitte« Juni 2007 wird (wohl recht diplomatisch) dargestellt, dass es in der BRD 25,9 Mio. Katholiken, 25,4 Mio. Protestanten und 25,4 Mio. Atheisten & Sonstige gibt. Der Rest von 5,8 Mio. bildet sich aus Muslimen, Orthodoxen, Freikirchen und Juden

46 Buch »Das Jesus-Puzzle. Basiert das Christentum auf einer Legende?« von Earl Doherty von Lenz, Angelika (Taschenbuch, März 2003)

47 »Warum für Juden Jesus Christus nicht der Erlöser ist« von Rabbiner Shraga Simmons in der »Jüdische Allgemeine Wochenzeitung« vom 25.3.2004 (www.lomdim.de/md2004/02/0204_12.htm)

48 (www.beepworld.de/members11/bacularia/mithraskult.htm)

49 Buch »Die fünf Weltreligionen« von Helmuth von Glasenapp, Diederichs Verlag, München 1996

50 1. Gott *Janus*, 2. Jahresende *februaris*, 3. Gott *Mars*, 4. *aprilis* (die Sonne liebend), 5. Göttin *Maia*, 6. Göttin *Juno*, 7. Kaiser *Julius Caesar*, 8. Kaiser *Augustus*, 9. *septem* = 7, 10. *octo* = 8, 11. *novem* = 9, 12. *decem* = 10

51 Buch »Jesus von Qumran« von Barbara Thiering, Gütersloher Verlagshaus, Gütersloh 1993

52 Buch »Die verfolgten Nachfolger Christi« von Otto Wille, Verlag Universelles Leben, Würzburg 1987

53 aus der Buchbeschreibung »Die Lehren der Essener« in »raum&zeit« 78/95

54 Buch »Die Engel von Atlantis« von F. E. Eckard Strohm, Licht-Verlag

55 Buch »Das Friedensevangelium der Essener«, Verlag Bruno Martin, Südergel-lersen 1977

56 *Goy* beziehungsweise *Goyim* (Mehrzahl) sind ‚Menschenrinder' (Talmud), ein Schimpfwort für sämtliche Nichtjuden. *„Nur die Juden sind Menschen, die Nichtjuden sind keine Menschen, sondern Tiere."* (Kerithut 6 b)

57 Buch »Heliand – Evangelium des vollkommenen Lebens« von Edmond Székely, Drei Eichen Verlag, 2002

58 (www.andranleahs.de/Aufgestiegene_Meister.htm)

59 Buch »Das Evangelium der Maria« von Jean-Yves Leloup bei Ansata, München 2005

60 Buch »Das Geheimnis der Maria Magdalena« von Dan Burstein und Arne de Kreijzer, Goldmann, 2006

61 (www.wegbegleiter.ch)

62 Ich empfehle den Katalog des Kopp-Verlags, 72108 Rottenburg, Pfeiferstr. 52, (www. kopp-verlag.de)

63 Der Artikel »Wo sind sie geblieben?« erschien in »Atlantis 2000« Nr. 3/91, Suhl 1991

64 Prospekt des »Regenbogen« e.V. in CH-5703 Seon, Postfach

65 Buch »Ich kam von der Venus« von Omnec Onec, Omega-Verlag, 2000

66 (www.ermel.alien.de/Himmelfahrt.htm)

67 Buch »Die Materielle Realität« von Johann Kössner, Eigenverlag in A-3860 Heidenreichstein

68 (www.bunkahle.com/Aktuelles/Religion/Aramaeisches_Vaterunser.html)

69 Buch »Das Tor zum goldenen Zeitalter«, ch.falk-verlag, seeon 2004

70 Autorin Al-Hadja Maryam, Direktorin des deutschen »Office für Pilgerwesen und Islamische Angelegenheiten«, München. Zitat aus »Magazin 2000plus« Nr.135 S.77

71 Buch »Banken, Brot und Bomben« Band 1 von Stefan Erdmann, Amadeus-Verlag, 2005

72 (www.ancient-mysteries.de/esoterik/index.htm)

73 Buch »Das Kreuz mit der Kirche« von Karlheinz Deschner, Zweitausendeins, 1998

74 Buch »Mutter Erde wehrt sich« von Smith, Braeucker, Zürrer und Risi, Govinda-Verlag, 1998

75 Zeitschrift »Lichtfocus« im Elraanis-Verlag, Ausgabe vom 31.5.04 (www.1spirit.com/alunajoy)

76 Der deutsche Physiker Burkhard Heim (1925-2001) führte die Theorien Einsteins weiter und entwickelte eine einheitliche Feldtheorie, die »Heimsche Quantenfeldtheorie«, die revolutionär ist und leider in ihrer Tragweite überhaupt nicht erkannt wird (http://de.wikipedia.org/wiki/Burkhard_Heim). Ein wesentlicher Grund dürfte sein, daß Heims Werk kaum in andere Sprachen übersetzt wurde und so kompliziert ist, daß nur ganz wenige Menschen auf dem Planeten es wirklich verstehen. Heim war ein Genie mit einem absoluten Gedächtnis, und er konnte Fremdsprachen binnen Wochen lernen. Nach seinen Berechnungen besteht die Welt aus 12 Dimensionen (deckt sich mit den 12 Archetypen der Astrologie), und das Universum entstand nicht mit einem Urknall, sondern entwickelte sich – in Übereinstimmung mit Weisheitslehrern wie Drunvalo Melchizedek – ‚sanft' aus reiner Geometrie (!) heraus. Aus diesem Grund ist die Heilige Geometrie so wichtig und die Grundlage für Astrologie und Numerologie (http://www.amanita.at/d/d-neu.htm)

77 Buch »Die Bombe unter der Achselhöhle! Praktische Tips für die ganze Familie« von Dr. Walter Mauch bei Herbig, 2007

78 Die Bezeichnung *sakral* kommt vom medizinischen Namen *os sacrum* (heiliger Knochen) des Kreuzbeins, das aus drei verwachsenen Wirbeln besteht. Auf diesem *heiligen* Unterbau steht unsere Wirbelsäule. Als Störungen und Blockaden des *Sakralchakras* werden angegeben: Unfähigkeit, das Leben zu genießen, seelische Kraftlosigkeit, Motivationslosigkeit, Eifersucht, Schuldgefühle, zwanghaftes Sexualverhalten, Sexgier, sexuelles Desinteresse, Suchtgefährdung, starke Stimmungsschwankungen, Triebhaftigkeit, Menstruationsbeschwerden, Erkrankungen von Gebärmutter und Eierstöcken, Prostata- und Hodenerkrankungen, Potenzstörungen, Pilzerkrankungen der Geschlechtsorgane, Geschlechtskrankheiten, Nierenerkrankungen, Blasenprobleme, Harnwegsinfektionen, Schmerzen im Bereich der Lendenwirbelsäule, Hüftschmerzen, Folgeerscheinungen mangelnder Entgiftung

79 Buch »Kolumbus kam als letzter« von Dr. Hans-Joachim Zillmer, LangenMüller, 2004

80 Buch »Lexikon der christlichen Antike« von Johannes B. Bauer und Manfred Hutter, Alfred Kröner Verlag, Stuttgart 1999

81 Zeitschrift »Magazin 2000plus« Alte Kulturen 1/233 im Argo-Verlag, 87616 Marktoberdorf, Sternstr. 3 (www.magazin2000plus.de)

82 Buch »Jesus überlebte die Kreuzigung« von Soami Divyamand, Sandila-Verlag, 2002

83 Buch »Jesus – der Gesalbte der Frauen« von Christa Mulack, Kreuz-Verlag, 1997

84 Buch »Das ist Christentum« von Rainer Schepper, Angelika Lenz Verlag, 1999

85 (www.septembergrau.de/modules.php?name=Content&pid=1)

86 Unter einem *Paradigma* (griech.-lat.: *Beispiel*) versteht man die ‚in einem Zeitabschnitt herrschenden Grundauffassungen‘ – heute sagt man dazu auch ‚herrschende Meinung‘. Fritjof Capra verwendet den Begriff *Paradigmenwechsel*, um die von ihm postulierte Wende zu einem harmonischen, freiheitlichen und ganzheitlichen Neuen Zeitalter zu kennzeichnen

87 aus »Magazin 2000plus« Heft 4/2007 im Artikel »Ein Zündmechanismus der Illuminaten – das religiöse Wesen der Politik« von Dr. F. X. Beyerlein

88 (www.verschwoerungen.info/wiki/Liste_der_Verschw%F6rungstheorien)

89 Wenig bekannt ist, dass es in der Zeit von 1890 bis 1914 bereits ein deutsches Wirtschaftswunder gab (zweitgrößte Volkswirtschaft der Welt nach den USA). Das Wirtschaftswunder in der Aufbruchzeit des Deutschen Reiches wird international nicht gezählt

90 Wikipedia: „Offizielle Quellen schätzen, dass Angehörige der Roten Armee gegen Ende des Zweiten Weltkrieges und in der Zeit nach Beendigung des Krieges über 2 Millionen deutsche Frauen vergewaltigten, Mehrfachvergewaltigungen nicht eingerechnet. Davon starben etwa 10-12 % an Verletzungen, wurden ermordet oder begingen Selbstmord." Das wären über 200000 Frauen und Mädchen. Über die Zahlen im Bereich der anderen Siegerarmeen, vor allem deren farbige Soldaten, erfährt man nichts. „Eine Erklärung für die Vergewaltigungen in so hoher Zahl sieht Norman M. Naimark in der aus dem Mittelalter herrührenden Tradition der patriarchalischen Gesellschaft, den (männlichen) Feind durch Vergewaltigen seiner Frauen zu demütigen und zu bestrafen, zumal Vergewaltigung stets mit Begriffen von ‚Ehre und Schande‘ zusammenhing."

91 Für ein besonderes Beispiel dafür halte ich die Lebensgeschichte der jungen Visionärin Jeanne d'Arc, ihre Verurteilung durch den Bischof von Beauvais und die spätere Heiligsprechung durch Papst Benedikt XV.

92 Allein in Deutschland soll die neueste »Gesundheitsreform« ein jährliches Volumen von astronomischen 245 Milliarden Euro umfassen. Dabei ist diese keineswegs eine ‚Reform der Gesundheit‘, sondern nur eine Reform des Einkassierens dieser Summen, die dann in Einnahmen der von den Krankheiten lebenden

Wirtschaftsgruppen verwandelt werden! (www.dr-schnitzer.de/forum-hirn-insuffizienz-br.html)

93 Ein Beispiel: In den ersten Griechischübersetzungen hieß der *aiōn* stets *Zeitalter*, in den späteren wurde daraus *Ewigkeit*. Im Sinne der Konkordanz wurde es heftiger, und es spiegelt sich im Grunde der Kampf zwischen der griechisch-biblischen und der römischen, mehr rechtlich-gesetzlichen Auffassung des Evangeliums wider. Die Reformatoren haben dann, ohne es zu wissen und zu wollen, römischen ‚Sauerteig' mit übernommen (Paul Petry und Alexander Thomsen unter: www.come2god.de). Bei Luther heißt es dann völlig unklar *Welt*.
Aber ich meine noch etwas anderes. Das griechisch-alexandrinische Wissen kannte die astrologische (früher gleichzeitig astronomische) Zeitrechnung des ‚Platonischen Weltenjahres', und ein Zwölftel davon ist ein rund zweitausendjähriger *Äon*, z.B. das Fische-Zeitalter.

94 gefunden in der Zeitschrift »NATUR UND HEILEN« 5/2001

95 (www.theodor-frey.de/teilhard_wege.htm)

96 (www.jungewelt.de/2007/06-15/046.php)

97 (www.illoyal.kampagne.de/nr07/seite8.html)

98 Buch »Marias Botschaft an die Welt« von Annie Kirkwood, Falk, Seeon 2002

99 Moderne holographische Lasertechnik ist nur namensgleich mit den tieferen Seinsordnungen jenseits von Raum und Zeit und ihrer energetischen Konzentration und Wirkung. In diesem Sinne verstehe ich ein Hologramm als Bewusstsein, das ein Bild angenommen hat oder Bilder, die wir sehen wollen. Wenn wir uns vorstellen, wir würden in einem Kino räumlich im Film selbst mitleben, dann wäre das für unsere fünf irdischen Sinne ein Hologramm.
Dies gilt auch für die globale Energiehülle kollektiver morphischer Felder, nämlich Verhaltensfelder, mentale, soziale und andere organisierte Felder in Gesellschaften, Organismen usw., die alle die Fähigkeit haben, die Einbildung von Getrenntsein (»Alles ist Gott«) aufzuheben und Ganzheit wiederherzustellen (Sheldrake)

100 Buch »Das Tor zum goldenen Zeitalter«, ch.falk-verlag, seeon 2004

101 In der Grenzwissenschaft werden die *sieben Prinzipien* des Weisheitslehrers Hermes Trismegistos auch *Hermetische Gesetze* (Hermetik) genannt. Das 2. Prinzip ist das der *Entsprechung*. Es lautet: *„Wie oben, so unten; wie unten, so oben"*, und analog dazu: *„Wie innen, so außen; wie außen, so innen."*

102 Buch wie 22. Somé lehrt afrikanische Spiritualität

103 (www.starchildglobal.com/deutsch/index.htm)

104 (www. erzengel-michael-botschaften.de/index_Michael.htm)

105 Zeitschrift »GralsWelt« Heft 11/Juni 1999 Verlag der Stiftung Gralsbotschaft in 70192 Stuttgart, Lenzhalde 15

106 Buch »Elias Chacour – Israeli, Palästinenser, Christ« von Pia de Simoni und Maria Czernin, Herder-Verlag, 2007

(www.sonnenseite.kjm4.de/ref.php?id=725b6591277ms40)

107 Büchlein »Die goldene Regel« von K. O. Schmidt, Drei Eichen-Verlag, 1985

108 (www.esoterium.de/article.php?sid=1249)

109 Magazin »Nexus« Nr. 11 (Juni/Juli 2007) in 14482 Potsdam, Paul-Neumann-Str. 57 (www.nexus-magazin.de)

110 (http://transbeacon.lightworker.com/2007/2007_03-REBOOT-de.htm)

111 (www.dr-schnitzer.de/forum-hirn-insuffizienz-br.html)

Bei »www.sabinehinz.de« heißt es u.a. zum Psychiatriegeschehen (4.5.2007): „So liegt auch den aktuellen Schulmassakern eine völlig andere Ursache zugrunde, als jene, die offiziell verkündet wird: Während sich Politiker, Medien und arglose Bürger nämlich noch Gedanken um die Auswirkungen von Computerspielen machen, treiben psychiatrische Lobbyverbände eine Gesetzgebung voran, die folgendes vorsieht: Jedes Schulkind soll per psychiatrischer Reihenuntersuchungen auf mögliche (!) Verhaltensauffälligkeiten getestet werden und bei negativem Ergebnis alsdann per Gesetz zur Einnahme von Psychopharmaka wie z.B. Ritalin verpflichtet werden. Bei Verweigerung droht den Kindern eine Zwangspsychiatrisierung und den Eltern der Sorgerechtsentzug.

Sollte eine derartige Gesetzgebung wie von der Psychiatrie geplant durchgehen, bedeutete dies, dass damit alle Schulkinder in Europa und Amerika bereits im Kindesalter zu potentiellen psychiatrischen Patienten gemacht würden. Oder in anderen Worten: Hunderte Millionen Neukunden für die Psychiatrie und Pharmaindustrie, die aktiv in die – meist lebenslange – Psychopharmaka-Abhängigkeit getrieben werden und damit nachweislich zu potentiellen Drogenabhängigen, Selbstmördern und Gewalttätern gemacht werden."

112 Buch »Das Jesus-Buch« von White Eagle, Aquamarin-Verlag, 1991

113 Buch »Drehbuch für Meisterschaft im Leben« von Ron Smothermon, Context Verlag, Bielefeld 1993

114 Buch »Mensch und Engel« von Hans-Werner Schroeder, Verlag Freies Geistesleben, Stuttgart 2002

115 aus »UFO-Nachrichten« Nr. 2 (www.ufo-nachrichten.com)

116 Meditations-CD »Sternen-Engel-Liebe 1« ISBN 3-9807106-7-X

117 (www.nvisible.com/deutsch/Surf2007de.html)

118 Entspannung lässt sich messen: der Alpha-Zustand. Die Aktivität des Gehirns lässt sich an ihren elektrischen Strömen erkennen. Diese kann man messen und im sogenannten Elektroenzephalogramm EEG darstellen. In der Medizin diagnostiziert man damit vor allem Erkrankungen des Gehirns. Generell zeigt uns die elektrische Hirnaktivität unsere innere, nervliche Anspannung bzw. Entspannung an. Bei der Messung werden Elektroden an die Schädeldecke angelegt. Man erhält ein Kurvenbild, das den Rhythmus der Hirnströme wieder-

gibt. Die Hirnströme werden auf einer Skala von 0 bis 35 in Hertz (Hz) gemessen. Die nach dem griechischen Alphabet bezeichneten unterschiedlichen Stadien (Delta, Theta, Alpha, Beta) reichen von der tiefen Schlafphase bis zur heftigen, stressbedingten Erregung.

Im **Alpha-Zustand** erzeugt das Gehirn Ströme im Frequenzbereich von etwa 7-14 Hertz. Der Mensch ist dabei geistig wach, befindet sich aber in einem Entspannungszustand, der von Ruhe und Harmonie geprägt ist. Problemlösungen fallen hier leicht. Beide Gehirnhälften sind aktiv. Erst bei dem Wert um 10 sind die beiden Hirnhälften in ihrer Aktivität entspannt und ausgewogen. Wirken beide harmonisch zusammen, wird unser Denken kreativ und erfolgreich sein.

Dafür gibt es verschiedene Trainigsmethoden, die bekannteste ist die Silva-Mind-Control-Methode. Kontaktadresse: The Silva Method, A-4400 Steyr, Neubaustr. 26, Tel.: 0043-07252-45136, Fax: 451364, www.silva-meth.at

119 »www.feg-bern.ch/jesus/jesus.html«

Ein Film von und mit Jan van Helsing

Seit Napoleon geistert die Behauptung durch die Welt, die Pyramiden von Gizeh seien Grabmäler gewesen. Fakt ist jedoch, daß niemals die Mumie eines Pharaos in einer Pyramide entdeckt wurde. Doch wozu dienten die Pyramiden - vor allem die sogenannte "Cheops-Pyramide" - dann tatsächlich?

Stefan Erdmann und Jan van Helsing sind durch ihre Sachbuch-Bestseller weltweit bekannt. Beide Autoren sind seit Jahrzehnten auf dem Globus unterwegs und jeder von ihnen hat weit über 70 Länder bereist. Vor allem Stefan Erdmann ist mit den ägyptischen Pyramiden derart verbunden, daß er inzwischen über 40 mal in Kairo war.

Wohl kaum ein freier Forscher hat in den vergangenen Jahren so viel Zeit auf dem Plateau und so viele Stunden und Nächte in der großen Pyramide verbracht, wie er - davon ist man auf dem Gizehplateau überzeugt.

Bei ihren Forschungen entdeckten sie sensationelle Tatsachen, die alle bekannten Theorien über die Funktion der Großen Pyramide über den Haufen werfen könnten. Waren die Erbauer der großen Pyramide technisch weit fortgeschrittener als bisher angenommen?

In der "Cheops-Lüge" ist die spannende Entdeckungsreise von Stefan Erdmann und Jan van Helsing in einer Kombination aus Dokumentation und Spielfilm von Regisseur Christoph Lehmann unterhaltsam verarbeitet.

ISBN 978-3-940289-00-1
DVD-Laufzeit: ca. 78 min
21,00 €

Bis zum Jahr 2012 – Der Aufstieg der Menschheit

Johannes Holey

*Die Zeit drängt...
wenn die Voraussagen stimmen,
daß wir bis Ende 2012 wieder
paradiesische Zustände haben werden –
auf unserer Mamma Erde und
ihrer zukünftigen Menschheit*

Planet und Menschheit stehen heute am Beginn eines neuen Zeitalters, dem Wassermann-Zeitalter. Damit wird zugleich der Beginn einer neuen, höheren Schöpfung eingeleitet. Einer Schöpfung auf der Basis einer feineren Schwingungsfrequenz und der dabei entstehende Prozeß der Transformation ist bereits voll im Gange. Diese Schwingungserhöhungen werden in den Jahren bis 2012 stetig ansteigen und die Geschwindigkeit des Ablaufs der Umwandlung wird weiter rapide zunehmen.

Dieses Buch klärt auf:
- Warum trafen viele Prophezeiungen bisher nicht ein?
- Was könnte aber davon bis 2012 doch noch auf uns zukommen?
- Was können wir und die Menschheit dabei noch verbessernd beeinflussen?
- Der Planet Erde hält den Dichterekord (den höchsten Grad der materiellen Dichte) und wird bis 2012 einen Bewußtseins-Doppelsprung durch die vierte in die fünfte Dimension bewältigen,
- dazu stehen der Menschheit neues kosmisches und göttliches Licht an dieser Multi-Schnittstelle kosmischer Zyklen-Enden zur Verfügung und
- das Wissen, das wir dafür benötigen, trägt jeder in sich.
- Praktische Anleitungen führen in eine neue zeitgemäße Lebensweise.

„Jeder, der dieses zusammenfassende Buch gelesen hat, bekommt einen top-aktuellen Überblick, der sich aus etwa achtzig Werken anderer Autoren und etwa gleichviele Berichte alternativer Forscher zur gleichen Thematik zusammensetzt. Und für jeden, der dieses aufklärende Buch gelesen hat, wird verständlich sein, was sich bei seinem seelischen Aufstieg in den höheren Schwingungsbereich vollziehen wird – in seinem Leben und in seiner Zukunft – und in welcher Form er mitwirken kann und muß, damit die kommenden Ereignisse anstelle von Ängsten Grund zur Lebensfreude bieten werden."

Jan Udo Holey alias Jan van Helsing

ISBN 3-9805733-7-0 • 20,30 Euro

ALDEBARAN-Versand
50670 Köln • Weißenburgstr. 10 a
Telefon 02 21 - 737 000 •Telefax 02 21 - 737 001

ALLES IST GOTT

Johannes Holey
mit Hannelore H. Dietrich

...die empfehlenswerte Weiterführung zu Jan's neuem Werk „Hände weg von diesem Buch"

In 130 kurzen Kapiteln führt das Buch schrittweise in eine noch klarere mutige Individualisierung der Leserinnen und Leser und wird zum allmählichen Werkzeug der eigenen und ganz persönlichen Selbstfindung. Und damit auch des Findens beglückender Lebensziele.

Die in uns angelegten Schöpferkräfte – unsere göttliche Matrix – werden einfach erklärt und praktisch dargestellt. Mit Erstaunen erkennen wir neue Möglichkeiten und den Reichtum verdrängter Gefühle, die bald schon unseren eigentlichen Selbst-Wert erahnen lassen.

Das tägliche Machtspiel zwischen unserem Kopf und unserem Herzzentrum wird schrittweise zu einem göttlichen Lebensspiel – denn unser Kopf ist entweder eigensinnig oder überbeschäftigt oder angstkonfrontiert und daher manipulierbar, wogegen die reinen und meist noch ursprünglichen Kräfte unseres Herzzentrums uns neue, eigene, kraftvolle und zukunftsweisende Lebensqualitäten offen legen.

Spielregel: Jeder Mensch ist Schöpfer seines Lebens, seines Alltags und seiner Gesundheit durch seine Gedankenkräfte – nach der Regel „der Gedanke lenkt die Kraft"

Spielregel: Gott/Göttin sind in jedem von uns selbst. Daher ‚erschaffen' wir unser Leben allmählich ohne die versteckten inneren Ängste – Tag für Tag *mit unseren eigenen unerschöpflichen Herzenskräften*

Spielregel: Sind unsere bewußten Gedankenkräfte mit unseren reinen Herzenskräften im Gleichgewicht, kann keine andere ‚Energie' oder Macht uns bremsen oder manipulieren
und viele andere Spielregeln mehr...

Es ist ein „Energie-Buch des Fühlens" und wer dabei ‚kopflos' versucht, es aufzunehmen, ist von Anfang an *in Resonanz mit seiner vergessenen Göttlichkeit.*

ISBN 3-9805733-4-6 • 19,70 Euro
ALDEBARAN-Versand
50670 Köln • Weißenburgstr. 10 a
Telefon 02 21 - 737 000 •Telefax 02 21 - 737 001

DVDs von Johannes Holey

Laß dich einfach führen

Die Gaben der inneren Signale wie des Spürens, der Intuition, des ersten Gedankens, Impulse, Träume und Visionen, Herzensgefühle wie z.B. das Gewissen, Ahnungen (im Herzen, im Magen, im Bauch, im ‚Urin') und vieles mehr helfen uns auf dem Weg unserer Selbst-Findung. Wir haben alles, was wir brauchen, *in uns* – wir müssen es nur geschehen lassen.

Johannes Holey erklärt Ihnen wie!

57 Min – 13,30 Euro

Gott ist in Dir und will gelebt werden

Wir müssen nicht ein Leben lang Gott im Außen suchen, sondern wir brauchen uns nur zu ‚erinnern'. Wer sich darauf einlässt und mutig immer besser damit ‚umgeht', **wird zu einem neuen Menschen.**

Es ist die leichteste und schnellste Form, mit sich selbst und seinem Umfeld und seinem Alltag in Harmonie, in Gleichgewicht und inneren Frieden zu kommen.

65 Min – 13,30 Euro

Geistige Führung in der Zeit des Übergangs bis 2012

Man sagt, wir würden in der sog. ‚Endzeit' leben und der wirtschaftliche Niedergang, die auffallende Zunahme der Naturkatastrophen und das weltweite Grassieren alter und neuer Ängste können ja tatsächlich dafür passen.

Johannes Holey erklärt, was sich hier vollzieht und wie wir damit umgehen können.

57 Min – 13,30 Euro

Bezugsquelle: Aldebaran-Versand, Köln

AQUARIA – Die Göttin kehrt zurück

Brigitte Jost

Neue Botschaften von Engeln und Sternenmenschen über eine ganz andere Zukunft

Dieses Herzensbuch über die kosmosweite Macht und Schönheit gelebter Liebe schenkt neue Hoffnung und Freude. Es bringt ein Stück Himmel auf die Erde und trägt somit zum Frieden bei. Eine neue intensive Lebensqualität kann erwachen. Die hierfür notwendige Integration der Göttin, der Weiblichkeit, zieht sich wie ein goldener Faden durch alle in diesem Buch behandelten Themenkreise hindurch. Texte, Botschaften in feiner und verständlicher Sprache und Zeichnungen wie auch farbige Gemälde mit großer Ausstrahlungskraft führen Leserinnen und Leser in den faszinierenden Zauber überirdischen Lebens hinein; etwa in unsere mögliche Zukunft?

Mediale Gespräche mit der Göttin *Aquaria*, den Engeln, einer Jupiteranerin und einem Marsianer schenken wertvolle Einblicke in kosmische Zusammenhänge. Verblüffend neue Sichtweisen tun sich auf, zum Beispiel über das sogenannte Jenseits, über die weltweit verschwiegene heilige körperliche Liebe, über Naturkatastrophen und über die Abwendung eines Dritten Weltkriegs. Brigittes atemberaubende außerkörperliche Erlebnisse in einer hochentwickelten ätherischen Sternenzivilisation, in der so himmlisch gelebt und geliebt wird wie es auch für uns Menschen möglich ist, verleihen dem Buch eine tief berührende Krönung. Aus dem Inhalt:

- Das Geheimnis des Herzzentrums
- Unsere wahre Größe
- Die Wiederkehr des *Göttlich-Weiblichen*
- Das Geheimnis der *kosmischen Engel*
- Unterstützung durch Sternenmenschen
- Einblicke in ätherische Sternenwelten
- Der Bewusstseins-Aufstieg im Astralen
- Wir sind nicht allein beim Liebesspiel
- Das Wunder der körperlichen Liebe
- …und vieles mehr

„Dieses Buch verströmt mit jeder Seite, mit jedem seiner schönen Bilder eine so strahlende und lichtvolle Herzenergie, dass man alleine schon dadurch ganz tief berührt wird. Beginnt man dann einzutauchen in die herrlichen Welten, die darin geschildert werden, wird man zunehmend zuversichtlicher, dass auch wir unseren Planeten zu solch einem Paradies formen können. Dieses Buch ist ganz offensichtlich ein ganz wertvolles Liebes-Geschenk des Himmels! Es motiviert, inspiriert und öffnet Herzen. So erschaffen wir gemeinsam die schönste Vision einer Neuen Erde – des Himmels auf Erden! Tiefsten Dank an alle, die dieses göttliche Werk geschaffen haben." (Claudia Stury, CH)

ISBN 3-938656-88-3 • 19,70 Euro

ALDEBARAN-Versand
50670 Köln • Weißenburgstr. 10 a
Telefon 02 21 - 737 000 •Telefax 02 21 - 737 001

MEDITATIONS- und MUSIK-CDs

Brigitte Jost mit Musikbegleitung von Elodin (www.brigitte-jost.de)

„Gesang und Klang wie im Himmel – Heavenly Harmonies"

Brigitte Josts herzvoller Engelgesang mit hoher Intensität, begleitet von obertonreicher Musik in vollem Klangvolumen, öffnet und berührt tief die Herzen. Brigitte singt mit gefühlvoller Hingabe und ohne viele Worte, die von ihr empfangenen Melodien der Engel. Vier Musikstücke mit melodischen, meditativen, sphärischen, ekstatischen wie auch leicht rhythmischen und tranceartigen Passagen nehmen die Zuhörer auf eine außergewöhnliche Klangreise mit.

„...Selten eine so berührende, schöne Stimme gehört!" (Amazon-Rez.)

ISBN: 3-938656-33-6   € 19,80

„Sternen – Engel – Liebe 1"

Meditation und Engel-Botschaft ...hol Dir den Himmel auf die Erde!

Das erste Album von Brigitte aus der Reihe "Sternen-Engel-Liebe" mit Musik von Elodin enthält eine geführte Herz-Meditation, eine Engel-Botschaft und zwei Musikstücke. Wir verbinden uns bewusst mit unserem heiligen Herzzentrum, wodurch sich Ängste und Sorgen auflösen können. Ein Kanal in höhere Licht-Dimensionen befähigt uns, eigene Botschaften zu empfangen und mehr Himmel in unseren Alltag zu holen.

„Für mich ist sie die Nummer 1!" (Amazon Rez.)

ISBN 3-9807106-7-X   € 18,90

„Sternen – Engel – Liebe 2"

Meditationen in Lebenskrisen

Zwei geführte Meditationen, ein Engel-Heil-Mantra wie auch Herzensgebete hüllen uns in heilsame Liebesschwingungen ein. Schwebende Sphärenklänge und die von Brigitte gesungene Heilmelodie der Engel schenken tiefe Ruhe und Geborgenheit. Wir erleben hautnah, wie es ist, von der mitfühlenden Liebe der Engel gehalten zu werden.

„Etwas ganz Besonderes!" (Amazon Rez.)

ISBN 3-9807106-9-6   € 18,90

„Sternen – Engel – Liebe 3"

Die Göttin kehrt zurück – Himmlischer Gesang und Musik

Dieses gechannelte Album ist eine Inspiration von Mahoa – einem Engel der Liebe – um die Göttin zu integrieren, Liebe für die Erde zu verstärken, persönliche Liebesfähigkeit zu wecken wie auch Beziehungen zu heilen und zu erneuern. Zwei geführte herzöffnende Heil-Meditationen, Engelbotschaften und Brigittes Musik mit Engels-Gesang heben uns in lichte Dimensionen der Liebe, Göttlichkeit und des inneren Gleichgewichts.

„Eine Wohltat und ein Hochgenuss für die Sinne!" (Amazon Rez.)

ISBN 3-938656-72-7   € 18,90

WER HAT ANGST VOR'M SCHWARZEN MANN?

Jan Udo Holey/Jan van Helsing

Immer wieder hört man Berichte – meist von Hospiz-Mitarbeitern, aber auch von Ärzten, Krankenschwestern und Pfarrern –, daß einem Sterbenden kurz vor seinem Ableben ein „schwarzer Mann" erschienen ist; eine Gestalt, die in unserem Kulturkreis als „Freund Hein", „Boandlkramer" oder „Sensenmann" bezeichnet wird.

Eine solche Begegnung hatte beispielsweise auch Herr Franz G. aus Berchtesgaden, bei dem in der Nacht vor einer Klettertour ein „schwarzer Mann" am Bett stand und diesem erklärte, daß *„die Zeit reif sei"*. Am nächsten Tag stürzten er und sein Kamerad ab, wobei der andere sein Leben verlor und er nur schwerverletzt überlebte.

Was denken Sie, wenn Sie solch eine Geschichte hören? Handelt es sich hierbei nur um eine Einbildung, Halluzination, Rauscherfahrung oder eine schlichte Ausschüttung von Bildern aus dem Unterbewußtsein?

Ähnlich nüchtern wäre Jan van Helsing auch mit solchen Berichten umgegangen, hätte er nicht selbst eine Begegnung mit diesem „schwarzen Mann" gehabt – zwei Wochen vor einem schweren Autounfall.

Fasziniert von der Erscheinung dieses Wesens, beeindruckt von dessen Präsenz und vor allem unheimlich neugierig geworden, versuchte Jan van Helsing über zwei Jahre hinweg mit diesem Wesen in direkte Verbindung zu treten, was schließlich im Dezember 2004 gelang.

In einem spannenden und weltweit einzigartigen Interview wurden unter anderem folgende Fragen erörtert:

Wer ist dieses Wesen?	Welche Rolle spielt der Schutzengel?
Holt es die Seelen ab?	Was denkt es über die Religionen?
Wo bringt es diese hin?	Hat es jemals Gott gesehen?
Gibt es einen Teufel?	Gibt es eine Hölle?
Wer beherrscht die Welt?	Gibt es kosmische Gesetze?
Wer ist der Antichrist?	Wie geht es im Himmel zu?
Was ist der Sinn des Lebens?	Wie sieht unsere Zukunft aus?

ISBN 3-9807106-5-3 • 19,70 Euro
ALDEBARAN-Versand
50670 Köln • Weißenburgstr. 10 a
Telefon 02 21 - 737 000 •Telefax 02 21 - 737 001

HÄNDE WEG VON DIESEM BUCH!

Jan Udo Holey/Jan van Helsing

Sie werden sich sicherlich fragen, wieso Sie dieses Buch nicht in die Hand nehmen sollen. Handelt es sich hierbei nur um eine clevere Werbestrategie? Wohl kaum. Wie Sie wissen, wurden zwei Bücher von Jan van Helsing aufgrund ihres brisanten Inhalts verboten. Und die etablierten Medien lassen auch kaum einen Tag verstreichen, ohne die Bevölkerung vor den Ideen des *"gefährlichsten Sachbuchautoren Deutschlands"* zu warnen.

Nun rüttelt Jan van Helsing erneut an einem Weltbild – an Ihrem! Daher ist der Rat: **„Hände weg von diesem Buch!"** durchaus ernst gemeint. Denn nach diesem Buch wird es nicht leicht für Sie sein, so weiterzuleben wie bisher. Heute könnten Sie möglicherweise noch denken: *„Das hatte mir ja keiner gesagt, woher hätte ich denn das auch wissen sollen?"* Heute können Sie vielleicht auch noch meinen, daß Sie als Einzelperson sowieso nichts zu melden haben und nichts verändern können. Nach diesem Buch ist es mit dieser Sichtweise jedoch vorbei!

Sollten Sie ein Mensch sein, den Geheimnisse nicht interessieren, der nie den Wunsch nach innerem und äußerem Reichtum verspürt hat, der sich um Erfolg und Gesundheit keine Gedanken macht, dann ist es besser, wenn Sie den gut gemeinten Rat befolgen und Ihre Finger von diesem Buch lassen.

Sollten Sie jedoch immer schon gefühlt haben, daß mit dieser Welt etwas nicht stimmt, sollten Sie die letzten Geheimnisse unserer „aufgeklärten" Welt interessieren und sollten Sie jemand sein, der es vom Leben noch einmal wissen will, dann ist das Ihr Buch!

Sagen Sie aber nicht, man hätte Sie nicht gewarnt! Denn Jan van Helsing wird Ihnen von Dingen und Ereignissen berichten, die Ihnen die Möglichkeit einräumen werden, Macht über Ihr eigenes Leben zu bekommen und die Kraft, andere daran Teil haben zu lassen. Und wer über Macht verfügt, der trägt auch eine große Verantwortung.

Daher sind Sie vor die Wahl gestellt: Möchten Sie auch weiterhin gelebt werden oder ist der Zeitpunkt jetzt gekommen, Ihr Schicksal selbst in die Hand zu nehmen? Die Entscheidung liegt bei Ihnen!

ISBN 3-9807106-8-8 • 21,00 Euro

ALDEBARAN-Versand
50670 Köln • Weißenburgstr. 10 a
Telefon 02 21 - 737 000 •Telefax 02 21 - 737 001

DIE KINDER DES NEUEN JAHRTAUSENDS

Jan Udo Holey/Jan van Helsing

Mediale Kinder verändern die Welt!

Der dreizehnjährige Lorenz sieht seinen verstorbenen Großvater, spricht mit ihm und gibt dessen Hinweise aus dem Jenseits an andere weiter. Kevin kommt ins Bett der Eltern gekrochen und erzählt, daß *„der große Engel wieder am Bett stand"*. Peter ist neun und kann nicht nur die Aura um Lebewesen sehen, sondern auch die Gedanken anderer Menschen lesen. Vladimir liest aus verschlossenen Büchern und sein Bruder Sergej verbiegt Löffel durch Gedankenkraft.

Ausnahmen, meinen Sie, ein Kind unter tausend, das solche Begabungen hat? Nein, keinesfalls! Wie der Autor in diesem, durch viele Fallbeispiele belebten Buch aufzeigt, schlummern in allen Kindern solche und viele andere Talente, die jedoch überwiegend durch falsche Religions- und Erziehungssysteme, aber auch durch Unachtsamkeit oder fehlende Kenntnis der Eltern übersehen oder gar verdrängt werden. Und das spannendste an dieser Tatsache ist, daß nicht nur die Anzahl der medial geborenen Kinder enorm steigt, sondern sich auch ihre Fähigkeiten verstärken. Was hat es damit auf sich?

Lauschen wir den spannenden und faszinierenden Berichten medialer Kinder aus aller Welt, darunter

- die hellsichtig-medialen Kinder, die in Kontakt mit der geistigen Welt – mit dem ‚Jenseits' – stehen,
- die Kinder, die sich an ihr letztes Leben erinnern können,
- die *Indigo-Kinder*, die durch ihr hyperaktives Verhalten, ihre extreme Art, sich nicht anzupassen, und ihren hohen IQ auffallen,
- die supermedialen chinesischen Kinder, die nicht nur in der Lage sind, mit den Ohren oder den Händen zu lesen, sondern auch Gegenstände aus dem „Nichts" zu materialisieren, und
- die Kinder, die eine neue – bisher als *„mutiert"* bezeichnete – DNS aufweisen und daher nicht nur gegen infiziertes Blut resistent, sondern selbst gegen Krebszellen immun sind.

ISBN 3-9807106-4-5 • 23,30 Euro
ALDEBARAN-Versand
50670 Köln • Weißenburgstr. 10 a
Telefon 02 21 - 737 000 •Telefax 02 21 - 737 001

BUCH 3 – Der Dritte Weltkrieg – NEUAUFLAGE

Jan Udo Holey/Jan van Helsing

Ist das Schicksal der Menschheit vorherbestimmt...?

Im Jahre 1871 erstellten die Führer einer Geheimloge einen Plan, wie sie über drei Weltkriege die Welt – sprich die Zentralbanken, die Börsen, das Öl, die Energie- sowie die Wasserversorgung, die Medien und die Medizin – in ihre Gewalt bringen können. Auf dem Weg zur „Neuen Weltordnung" – einer Weltregierung kontrolliert von diesen Schattenmännern – sollte der Erste Weltkrieg inszeniert werden, um das zaristische Rußland in ihre Hände zu bringen. Der Zweite Weltkrieg sollte über die Manipulation der zwischen den deutschen Nationalisten und den politischen Zionisten herrschenden Meinungsverschiedenheiten fabriziert werden und der Dritte Weltkrieg sollte sich, diesem Plan zufolge, aus den Meinungsverschiedenheiten ergeben, die man zwischen den Zionisten und den Arabern hervorrufen würde. Es wurde die weltweite Ausdehnung des Konfliktes geplant.

Spätestens jetzt sollten Sie hellhörig geworden sein, denn die Verwirklichung des letzten Abschnitts können wir gerade live in den Medien miterleben – die Inszenierung eines Weltkriegs! Der Anschlag auf das WTC in New York war nur eine weitere Etappe auf dem Weg zur Weltregierung, wobei die Angst vor (selbst inszenierten) Terroranschlägen dazu genutzt wird, die Freiheit des Einzelnen scheibchenweise einzuschränken – Aufhebung des Bankgeheimnisses, Überwachung der Bürger, Einführung des bargeldlosen Zahlungsverkehrs bis hin zur Implantierung von Mikrochips unter die Haut.
Interessiert es Sie, ob es tatsächlich dazu kommt, und wenn ja, wie dieser Krieg ausgehen wird? Die in diesem Buch aufgeführten Prophezeiungen von über einhundert verschiedenen Sehern aus der ganzen Welt haben alle genau diesen Dritten Weltkrieg vorausgesehen und die weitere Entwicklung der irdischen Menschheit im Detail beschrieben.

Jan van Helsing als Profi auf diesem Gebiet läßt Sie jedoch nicht mit diesen Informationen im Regen stehen, sondern nimmt Sie bei der Hand und zeigt Ihnen auch die positiven Aspekte der prophezeiten Ereignisse, beschreibt ausführlich, wie der Einzelne mit dieser Situation umgehen kann, wie er durch eine bewußte Umkehr im Denken als auch im Handeln nicht nur dem Sog der Negativität des Alltags entrinnt, sondern mit den hier präsentierten Werkzeugen sein Leben auch bewußt neu gestalten kann.

ISBN 3-9805733-5-4 • 25,50 Euro

ALDEBARAN-Versand
50670 Köln • Weißenburgstr. 10 a
Telefon 02 21 - 737 000 •Telefax 02 21 - 737 001

BANKEN, BROT UND BOMBEN – Band 1

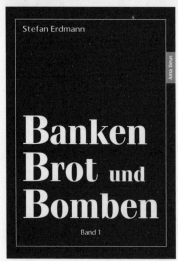

Stefan Erdmann

Band 1

Die historischen Hintergründe...

„Es ist egal, ob George W. Bush oder Al Gore Präsident wird – Alan Greenspan ist der Chef der Notenbank..." las man vor der letzten US-Präsidentschaftswahl in der Süddeutschen Zeitung. Wer ist denn dieser Greenspan, daß er offenbar mehr Einfluß hat als der angeblich mächtigste Mann der Welt – der US-Präsident? Oskar Lafontaine war sich offenbar dieser unsichtbaren Macht bewußt, als er sich zu folgendem Satz hinreißen ließ: *„Die Weltpolitik wird von einem Hochfinanz-Imperium regiert."*

Sicherlich sind die meisten Personen, die heute die Welt steuern, aus dem Wirtschafts- und Finanzbereich. Doch der wahre Grund, warum sie so mächtig sind und die Geschicke der Welt über unsichtbare Fäden lenken, liegt mitunter in ihrer Mitgliedschaft in Geheimlogen. Diese Logen hüten nämlich einige höchst brisante Geheimnisse, die teils Jahrtausende zurückreichen und deren Wissen den Globalisten diese ungeheure Machtausübung erst ermöglicht. Interessiert es Sie, worüber diese Logenmänner Kenntnis haben und was sie vor Ihnen verborgen halten?

Die Antworten auf diese und viele andere brisante Fragen präsentiert hier Stefan Erdmann in seinem Zweiteiler **Banken, Brot und Bomben**. Nach jahrelanger Recherche, vielen Reisen durch fünf Kontinente und einigen höchst aufschlußreichen Interviews mit Insidern enthüllt er in **Banken, Brot und Bomben** bisher unveröffentlichte Informationen, die das Wirken dieser Dunkelmänner in der Weltgeschichte nachweisen und ihr globales Spiel um die Neue Weltordnung – einer Weltregierung in Form eines modernen Sklavenstaats – dem Leser schlüssig erklären.

In Band 1 untersucht Stefan Erdmann nicht nur die erstaunlichen Parallelen zwischen Moses und dem ägyptischen Pharao Echnaton sondern auch von Tutenchamun und Jesus und zeigt die Wahrscheinlichkeit auf, daß beide Pharaonen zu Hebräern umgefälscht wurden, was nicht nur die Abrahamreligionen auf den Kopf stellen, sondern auch erstmals sinnvoll die Widersprüche im A.T. erklären könnte. In Band 1 führt er den Leser quer durch die Geschichte bis in die Gegenwart und zeigt damit auch die Verbindung der alten Kulturen und der Geheimnisse um die Personen Jesus und Moses mit den modernen Geheimgesellschaften der Freimaurer und Illuminaten auf.

ISBN 3-9807106-1-0 • 19,70 Euro

ALDEBARAN-Versand
50670 Köln • Weißenburgstr. 10 a
Telefon 02 21 - 737 000 •Telefax 02 21 - 737 001

GEHEIMAKTE BUNDESLADE

Stefan Erdmann

Was wissen Sie über die Bundeslade? War Ihnen bekannt, daß es sich hierbei um den bedeutendsten Kultgegenstand der Juden und Christen handelt? Doch was verbirgt sich in ihr, was genau ist sie? Waren die zehn Gebote darin aufbewahrt? War es eine technische Apparatur oder gar ein Gerät zur Kommunikation mit den Göttern?

Offiziell ist sie nie gefunden worden. Einige Quellen behaupten, sie sei spurlos verschwunden. Andere glauben, sie wird in Äthiopien aufbewahrt. Sogar in Jordanien, Südfrankreich und im Himalaja wurde sie bereits vermutet. Wieder andere behaupten, sie sei im Besitz einer geheimen Gesellschaft und wechselt seit Jahrhunderten regelmäßig ihren Ort.

Stefan Erdmann enthüllt in diesem Buch erstmals Details über einen geheimnisvollen Fund der Tempelritter im Jahre 1118, den diese aus Jerusalem nach Frankreich brachten und der die Grundlage für ihren unermeßlichen Reichtum wurde. Auf seiner Spurensuche traf er sich unter anderem auch mit Vertretern verschiedener Logengemeinschaften und fand erstmals Verbindungen zwischen den Templern, den Freimaurern, den Zisterziensern und der Thule-Gesellschaft. Diese Verknüpfungen waren die Grundlage für geheime militärische als auch wissenschaftliche Operationen und es wurde offenbar, daß das Grundlagenwissen für den Bau deutscher Flugscheiben während des Zweiten Weltkrieges, wie auch für das US-amerikanische Philadelphia Experiment im Jahre 1943 zum Teil aus Geheimarchiven der Zisterzienser stammte.

Auf seiner Suche nach der Bundeslade und ihren Hütern fand Stefan Erdmann neue, bisher unveröffentlichte und hochbrisante Informationen, die nicht nur weitere Hinweise für das sagenumwobene Atlantis und die weltumspannende Pyramidenkultur liefern, sondern die Spur führt direkt in die gegenwärtige Weltpolitik…

ISBN 3-9807106-2-9 • 21,00 Euro

ALDEBARAN-Versand
50670 Köln • Weißenburgstr. 10 a
Telefon 02 21 - 737 000 •Telefax 02 21 - 737 001

AUDIO-CDs mit Jan van Helsing

JAN VAN HELSING
Interview mit Jan van Helsing

Jan van Helsing stellt sich in einem fast dreistündigen Interview – geführt durch Stefan Erdmann – den wichtigsten Fragen seiner Leser. Auf 3 CDs hören Sie seine Ausführungen zu Themen wie: seinem eigenen Fernsehsender, sein Erlebnis mit dem schwarzen Mann, seinem Buchverbot, Reichsdeutsche, seiner geplanten Expedition zu den Samadhi-Höhlen, der Macht des Wünschens, seinem Dokumentarfilm über die Pyramiden in Kairo, die aktuelle Weltlage und den Konflikt mit dem Iran, die Illuminati und das Prinzip Luzifers, sein erstes Nahtoderlebnis und vieles anderes mehr...

3 Audio-CDs • Laufzeit: 170 Minuten • ISBN 3-938656-01-8 • 17,00 Euro

STEFAN ERDMANN
Geheimpolitik und verbotenes Wissen – Interview mit Stefan Erdmann

Sind wir ein Produkt der Evolution? Oder hat der liebe Gott gar die Erde und den Menschen in sieben Tagen erschaffen? Oder ist der Mensch sogar eine Laune der Götter? Oder gab es womöglich noch einen weiteren Einfluß? Die Atlanter, Lemuria, Mu? Waren sie einst die Baumeister und Schöpfer der Pyramidenkultur rund um unseren Planeten? Auf diese und andere Fragen gibt Stefan Erdmann in diesem Interview – geführt durch Jan van Helsing – Antworten und zeigt die Bedeutung dieser unterdrückten Wahrheiten bis in die heutige Weltpolitik auf.

3 Audio-CDs • Laufzeit: zirka 190 Minuten • ISBN 3-938656-02-6 • 17,00 Euro

JO CONRAD
Die unerwünschte Wahrheit – Interview mit Jo Conrad

Jan van Helsing befragt Jo Conrad zu den Angriffen gegen ihn, Hintergründen des Krieges gegen den Terror, scheinbar unheilbare Krankheiten und Glaubensvorstellungen. Jo Conrad will mit seiner Arbeit klarmachen, wie sehr wir heute einseitige Informationen vorgesetzt bekommen, die uns davon abhalten sollen, uns von vorgegebenen Gedankenmustern zu befreien und zu einem Verständnis des Lebens zu finden. Viele Ängste werden gezielt genährt, um uns zu bestimmten Reaktionen zu bewegen. Jo Conrad will die Menschen anregen, über grundlegende Fragen des Lebens neu nachzudenken und sich von Ängsten zu befreien, und Vertrauen in ein sinnvoll geordnetes Leben zu finden.

2 Audio-CDs • Laufzeit: zirka 100 Minuten • ISBN 3-938656-04-2 • 14,00 Euro

www.secret.TV

Deutschlands erster Fernsehsender für Grenzwissenschaften und Hintergrundpolitik!

Was ist secret.TV?

Am 1.1.2007 ging secret.TV online - Deutschlands erster Fernsehsender für Spirituelles, Grenzwissenschaften und Hintergrundpolitik.

Neben Dokumentationen, einer Nachrichtensendung und Reportagen produzieren wir eine Talkshow mit dem Titel "unzensiert". Diese wird moderiert durch den bekannten Sachbuchautor Jo Conrad.

Der Hintergrund für diese Sendung war und ist, daß Personen, die eine unbequeme Meinung vertreten, in den etablierten Nachrichtensendungen, Magazinen und Talkshows zerrissen und lächerlich gemacht werden - und nicht zuletzt auch kriminalisiert. Solche Menschen haben hier die Möglichkeit, auszusprechen!
Ebenso haben wir Menschen zu Gast, die eine brisante Entdeckung gemacht oder etwas erfunden haben - sozusagen alles, was ungewöhnlich, ungeklärt, mysteriös und rätselhaft ist.

Bisherige Gäste waren:

Johannes von Buttlar, Erich von Däniken, Andreas von Rétyi, Udo Grube (Bleep), Günter Hannich, Hartwig Hausdorf, Trutz Hardo, Richard Weigerstorfer, Morpheus, John Rengen (Pharma-Insider), Martina Krämer, Hans-Peter Thietz, Prof. Michael Vogt, Elke von Linde, Dr. Helmut Pfeifer, Stephan Berndt, Rechtsanwalt Christian Steinpichler, Peter Köpfer (Handleser), Martin Frischknecht (Alpenparlament), und viele andere...

Schauen Sie bei uns rein und sehen Sie die Welt mit anderen Augen!

www.secret.TV